高等院校秘书学专业精品系列教材

现代秘书实务

（第六版）

向国敏 著

首都经济贸易大学出版社
Capital University of Economics and Business Press
·北京·

图书在版编目(CIP)数据

现代秘书实务／向国敏著. -- 6版. -- 北京：首都经济贸易大学出版社，2023.8
ISBN 978-7-5638-3547-8

Ⅰ.①现… Ⅱ.①向… Ⅲ.①秘书学 Ⅳ.①C931.46

中国国家版本馆 CIP 数据核字(2023)第 122492 号

现代秘书实务（第六版）
向国敏　著
XIANDAI MISHU SHIWU

责任编辑	杨丹璇
封面设计	砚祥志远·激光照排　TEL：010-65976003
出版发行	首都经济贸易大学出版社
地　　址	北京市朝阳区红庙（邮编 100026）
电　　话	（010）65976483　65065761　65071505（传真）
网　　址	http://www.sjmcb.com
E - mail	publish@cueb.edu.cn
经　　销	全国新华书店
照　　排	北京砚祥志远激光照排技术有限公司
印　　刷	北京市泰锐印刷有限责任公司
成品尺寸	170 毫米×240 毫米　1/16
字　　数	523 千字
印　　张	25.25
版　　次	2005 年 8 月第 1 版　2008 年 2 月第 2 版　2011 年 8 月第 3 版 2015 年 1 月第 4 版　2018 年 3 月第 5 版 **2023 年 8 月第 6 版**　2024 年 6 月总第 10 次印刷
书　　号	ISBN 978-7-5638-3547-8
定　　价	49.00 元

图书印装若有质量问题，本社负责调换
版权所有　侵权必究

第六版前言

　　本次修订根据党的二十大精神充实了有关内容;根据2022年1月24日中共中央政治局会议审议批准,2022年2月25日中共中央、国务院发布的《信访工作条例》,修订了《信访工作》一章的有关内容;此外,根据一些使用本教材的教师的意见和建议,对有关章节的内容作了进一步的充实、调整,修改了对部分概念的表述,补充了新的实例分析。希望这一版的修订能够给教材的使用者带来更多的帮助。

向国敏

2023年4月于上海

前　　言

从20世纪80年代我国第一批秘书学专著问世算起，秘书学在我国已经走过了近1/4世纪的历程。秘书学的发展见证了我国改革开放的历史，改革开放又不断促进秘书学的成熟与完善。秘书实务就是为适应改革开放的需要而产生和发展起来的一门秘书学的分支学科。

然而长期以来，"秘书实务"一词并没有被完全当成学科的名词而使用，有些书籍冠以"秘书实务"，却未作学科界定，以至秘书实务常常成为推销书籍的一种包装名称。

强调秘书实务的学科性，有助于大大拓展秘书实务研究的深度和广度。众所周知，秘书学是一门研究秘书活动规律的学问，而秘书活动的根本职能是辅助领导实施管理，由此可见，秘书学归根到底是一门辅助管理的学问。秘书实务作为秘书学的分支学科，在辅助管理的范畴之内，研究空间极为广阔。同时，由于秘书实务具有很强的实践性和应用性，其研究的具体领域和具体内容应当随着秘书工作实践的发展而不断地深入。

基于上述认识，本书一方面力图从学科的角度廓清秘书实务的一些基本范畴和概念，将其与一般的秘书学理论(如秘书学概论)书籍区别开来；另一方面则努力从横、纵两个向度上提升秘书实务的内涵，使之成为一本实用性和规范性较强的教材。本书不仅吸收了秘书实务研究的一些最新成果，而且还引用了国家最新颁布的有关规范，如国务院2005年1月5日发布的《信访条例》、国务院办公厅2003年9月21日修订颁布的《电子公文传输管理办法》、国家档案局2003年7月28日发布的《电子公文归档管理暂行办法》等。秘书专业的学生以及秘书工作者通过本教材的学习和训练，可以基本上掌握秘书实务的知识点和操作技能，从而能够适应新世纪秘书工作的需要和发展。

由于秘书实务的具体研究领域十分广泛，加之编写时间较为仓促，书中难免存在疏漏和错误，在此，诚恳希望广大读者和秘书学专家提出宝贵意见。

向国敏
2005年5月于华东师大

目录

CONTENTS

第一章　秘书实务概述　/ 1
　　第一节　秘书实务的含义、内容和作用　/ 1
　　第二节　秘书实务的性质和特点　/ 3
　　第三节　秘书实务的原则和方法　/ 6
　　思考与练习　/ 13

第二章　文书写作　/ 14
　　第一节　文书概述　/ 14
　　第二节　文书写作的基本要求　/ 22
　　第三节　文书的结构元素、体例和标印格式　/ 32
　　第四节　党政机关公文写作　/ 56
　　第五节　其他文书写作　/ 78
　　思考与练习　/ 91

第三章　文书处理　/ 92
　　第一节　文书处理的含义和原则　/ 92
　　第二节　行文方式和行文规则　/ 93
　　第三节　文书处理程序　/ 97
　　第四节　文书管理　/ 112
　　第五节　文书立卷与归档　/ 118
　　第六节　电子文书处理　/ 128
　　思考与练习　/ 133

第四章　会议准备工作　/ 134
　　第一节　会议概述　/ 134
　　第二节　建立会议管理系统　/ 141

I

第三节　制定会议规则 / 146
第四节　确定会议议题和名称 / 148
第五节　安排会议议程和程序 / 152
第六节　确定会议成员 / 155
第七节　安排会议时间和地点 / 157
第八节　安排发言、分组活动和专题会议 / 160
第九节　制发会议通知和证件 / 163
第十节　准备会议用品和筹集预算经费 / 173
第十一节　准备会议文书 / 175
第十二节　布置会场 / 177
第十三节　制订会议预案 / 191
思考与练习 / 193

第五章　会议服务工作 / 194
第一节　接站、引导、报到与签到 / 194
第二节　安排食宿、余兴活动和作息时间 / 197
第三节　会议值班和返离工作 / 201
第四节　会议记录工作 / 203
第五节　编写会议简报 / 210
第六节　选举、评选和表决工作 / 214
第七节　议案和提案处理 / 223
第八节　会议文书的收集与归档 / 226
思考与练习 / 228

第六章　安排领导活动 / 229
第一节　安排领导活动概述 / 229
第二节　安排领导会议活动 / 235
第三节　安排考察访问和慰问活动 / 252
第四节　安排仪式与典礼活动 / 255
第五节　组织展览和参展 / 273
思考与练习 / 278

第七章　接待工作 / 282

第一节　接待工作概述 / 282
第二节　接待的准备 / 287
第三节　迎送、陪同与合影 / 293
第四节　会　见 / 298
第五节　会　谈 / 305
第六节　宴　会 / 312
第七节　礼宾次序、国旗升挂与接待礼仪 / 325
思考与练习 / 331

第八章　信访、督查工作与危机管理 / 333

第一节　信访工作 / 333
第二节　督查工作 / 345
第三节　危机管理 / 350
思考与练习 / 357

第九章　办公室日常事务 / 359

第一节　办公室日常事务概述 / 359
第二节　保密工作 / 361
第三节　值班工作和日常接待 / 369
第四节　完成交办事项和管理办公用品及用房、用车 / 373
第五节　接打电话与收发传真 / 376
第六节　印信管理和大事记 / 381
思考与练习 / 392

第一章　秘书实务概述

> 领会秘书实务的性质、特点、作用、原则,掌握秘书实务的方法并应用。

第一节　秘书实务的含义、内容和作用

一、秘书实务的含义、内容

(一)秘书实务的含义

秘书实务,顾名思义,就是秘书工作的实际事务。在秘书学中,秘书实务具有以下含义:

(1)从秘书学科体系的角度来看,秘书实务是秘书学科的一门分支学科。秘书学科可以分为理论秘书学、历史秘书学、应用秘书学等。系统阐述秘书工作基本理论和基本规律的知识体系属于理论秘书学,一般称为"秘书学概论"或"秘书工作原理";研究和介绍秘书工作起源、发展、沿革及其规律的知识体系属于历史秘书学,称为"秘书工作史";而具体研究和传授各项秘书业务工作的方法、程序和技能的知识体系则属于应用秘书学,称为"秘书实务"。

(2)从秘书工作职能的角度来看,秘书实务是指秘书工作中为领导者提供具体事务服务的职能。秘书工作的职能可以分为根本职能和具体职能两大层次。秘书工作的根本职能是辅助领导实施管理,具体职能包括决策辅助、信息处理、关系协调、督促检查和事务服务五个方面。其中事务服务职能俗称办文、办会、办事,正是秘书实务的具体内容。因此,秘书实务是秘书工作职能的一个组成部分,与决策辅助、信息处理、关系协调、督促检查的职能相互联系和渗透,构成秘书工作的整体。

(二)秘书实务的内容

秘书实务的具体内容十分广泛,概括起来主要有以下几方面:
(1)拟写文书。
(2)处理文书。

(3)组织会议。
(4)安排领导活动。
(5)接待工作。
(6)信访工作。
(7)督查工作。
(8)协助领导处理危机。
(9)其他办公室日常事务,如保密工作、值班工作、完成领导交办事项、管理办公用品和用房、接打电话、收发传真、管理印章与介绍信、编写大事记等。

二、秘书实务的作用

秘书实务作为秘书工作的组成部分,其根本职能是辅助领导实施管理。秘书实务是通过以下具体作用来实现这一根本职能的:

(一)推动领导管理系统的信息环流

党的二十大报告指出:要坚持科学决策、民主决策、依法决策,全面落实重大决策程序制度。领导管理过程是个动态控制系统,由研究、决策、执行、监督、反馈五个相互关联的子系统构成,连接各个子系统并贯穿管理控制全过程的是信息。信息经过研究系统的收集、分析、加工后,以意见、方案、报告和简报的形式提供给决策系统。决策系统一旦做出决策和指示,信息便以命令、决定、决议、通知、批示以及会议、口头等形式(统称指令)传递到执行系统加以执行。反馈系统对执行中和执行后的信息加以收集,同决策目标进行比较分析后提出修正建议,回输给决策系统。决策系统根据反馈的信息和决策目标,或强化原来的决策和指示(正反馈),或加以调整和修正(负反馈),然后输出执行。这样,经过多次循环往复,决策一次比一次更准确,一次比一次更完善,最终实现决策目标。由此可见,现代领导管理控制系统的健康运行是建立在信息的有效环流基础之上的。一旦信息环流的过程遇到阻塞、断路,或者受到其他干扰,就会影响领导管理控制系统的正常运作,甚至导致整个组织的瘫痪。领导管理控制系统如图1-1所示。

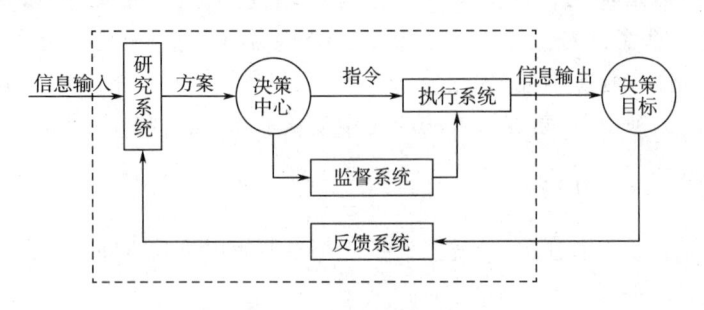

图1-1 领导管理控制系统

然而，信息本身并不具备运动的能量。它必须借助某种载体和外力，才可被传递、被感知、被利用。现代管理信息的载体形式和传递手段有文书、会议、电话、电视、报刊、计算机网络、社交媒体等，而这些恰恰是秘书实务的具体对象。正是秘书人员所做的收发文件、组织会议、通信联络、接待洽谈等实务，才推动了领导管理控制系统的信息环流，从而达到推动整个组织系统不断完善和发展的目的。

(二)实现秘书工作的各项职能

在秘书工作中，决策辅助、信息处理、关系协调、督促检查和事务服务这五大职能在辅助领导实施管理的根本职能的统帅下，相互渗透、互为条件。决策辅助、信息处理、督促检查和关系协调这四种职能只有通过具体的办文、办会和办事过程，即秘书实务，才能最终得到发挥和实现。离开了秘书实务，实现秘书工作的职能就是一句空话。因此可以说，秘书实务是实现秘书工作各项职能的充分必要条件。

(三)提高领导管理效率

秘书实务对于提高领导管理的效率具有重要作用。比如，秘书人员拟写文稿、拟办文件、筹办会议、安排活动、接待挡驾、通信联络、完成交办事项等具体实务，就是为领导工作开山筑路、铺垫代劳、拓展延伸，给领导提供时间和精力补偿，避免领导被具体事务干扰，以便领导腾出时间，集中精力，着手重大决策，开展政务活动。

第二节 秘书实务的性质和特点

一、秘书实务的性质

秘书实务是秘书工作的重要组成部分，秘书实务具有秘书工作的基本属性。

(一)从属性

秘书实务中大量的事务都是因领导工作的需要而发生，并且围绕领导工作这一核心展开的，因此，秘书实务毫无疑问应当从属于领导工作。领导工作是秘书实务的核心和灵魂，脱离了领导工作，秘书实务便会迷失方向、失去意义。秘书实务是领导工作的基础和保证，没有秘书系统具体操作各项事务，领导工作就难以开展。秘书实务的从属性特征决定了秘书实务总体上呈现被动性，要求秘书部门和秘书人员在开展秘书实务时，必须以辅助领导机关和领导实施管理为目的，以领导机关和领导的决定、指示和意图为准绳，以是否有利于实现组织目标为检验秘书实务质量与效率的终极标准。

(二)服务性

从根本上说,秘书实务的目的就是辅助领导实施管理,因此,为领导机关和领导服务,是秘书实务的根本出发点和落脚点,是秘书实务的首要任务。领导机关和领导是组织的核心,领导机关和领导的管理和服务对象涵盖整个组织,所以秘书实务在为领导机关和领导提供服务的同时,还应当为整个组织(包括组织内的各个职能部门、垂直领导的下级机关以及全体群众或员工)提供服务。秘书实务的服务性要求秘书人员树立强烈的服务意识,化被动为主动,积极地、创造性地做好各项事务工作。

二、秘书实务的特点

秘书实务的性质决定了秘书实务具有以下特点:

(一)综合性

(1)范围广泛。秘书实务所涉及的范围是根据领导工作的范围确定的,也就是说,凡是领导职权范围所涉及的工作皆属秘书实务的服务领域。当然,秘书部门不是职能部门,不会具体执行机关的业务职能,但在所有业务职能的信息传递、落实执行、监督检查、协调反馈等方面扮演了特定的角色,发挥了重要的作用。因此,秘书实务的范围必然涉及各个职能部门和下属单位。正因为如此,许多人把秘书工作部门说成"不管部",意即样样工作都要管。

(2)形式多样。秘书实务的具体手段、方式可谓丰富多样,打字印刷、电话微信、邮件传真、接待挡驾、文字拟稿、文书管理、信访处理、组织会议、安排活动、对内服务、对外联络等,不一而足。这就要求秘书人员具备宽阔的知识面,掌握多种工作技能,成为秘书实务的多面手。

(3)相互交织。秘书实务的各项内容虽然具有各自特点和表现形式,但并不是相互割裂的,在实践中,常常是你中有我,我中有你,彼此联系,相互交融。例如,信访工作是秘书实务的一项重要内容,离不开接打电话、组织会议、处理文书、督促检查等秘书实务的支持。又如,会议组织和安排是秘书实务经常性的业务,同文书拟写、电话联系、接待工作等实务不可分割。

(二)繁复性

秘书实务涉及范围广、工作头绪多,具有繁杂、琐碎和重复的特点,有些事情看似很小,却经常出现、需要反复处理,很容易使人产生厌倦和烦躁情绪。秘书人员在操作实务工作时应当做到耐心、细致、周到,善于计划统筹、总结经验、摸索规律,不断提高秘书工作的效率。

(三)程序性

秘书实务虽然繁杂、琐碎,但在处理过程中有较强的程序性。这些程序的种类包括:

(1)自然性程序,即按工作活动的自然进展程序处理事务。一般工作的自然程序表现为准备、计划、布置、执行、检查、总结、评比、表彰。

(2)理论性程序,即用科学的方法总结秘书实务的经验和教训,探索秘书实务的规律并上升为科学理论,制定出合理的工作程序,反过来指导秘书实务。秘书实务一旦有了科学理论的指导,方向就会更加明确,效率就会显著提高。

(3)指令性程序,这里所说的指令是指领导对办理某项事务的具体指示和要求。

(4)法定性程序,即根据法律、法规和规章所规定的程序办理事务。公文写作、文书处理、信访工作、保密工作、印章管理等秘书实务工作都要严格按照相关的法定程序处理。

(5)技术性程序,有些依赖技术支持的秘书实务,如电话、传真、电脑的操作,电视电话会议组织等,都有一套技术操作的程序,必须遵循。

(6)经验性程序,秘书人员在秘书实务的实践中会积累和创造大量的经验,形成符合本单位实际的工作程序,这些经验性程序往往具有宝贵的价值。

以上程序是相互联系的,一项具体的秘书实务往往会存在几种程序性要求。程序性特征要求秘书人员精通业务知识,熟悉有关规定,掌握操作技能,勇于实践探索,善于总结规律,不断提高办事程序的科学性。

(四)突击性

秘书实务中经常会遇到两种需要突击办理的事务:一类是计划中需要集中办理的事务,如各种年度大会、年终的立卷归档、领导重要活动的安排等;另一类是事先无法预料、无法做出计划安排的事务,如领导临时交办的事项、突发性危机事件等。这两类事务一旦出现和发生,秘书人员必须紧急行动,集中时间和精力投入工作,以最快的速度完成任务。

(五)潜隐性

秘书实务同其他部门的工作相比,具有潜在和隐蔽的特点,其表现有三个方面:

(1)活动名义的假借性。秘书在操办实务过程中,需要经常同其他部门或其他机关联系和交往。但这些联系和交往只有在领导的名义下进行,或者说对外代表领导时,才具有法律或行政上的效力。

(2)活动过程的幕后性。秘书实务绝大多数是在幕后进行的,其活动的内容和过程很少为公众所了解,也不可能成为新闻追踪的对象。

(3)劳动成果的利他性。秘书是为领导服务的,秘书实务是领导工作的基本保证。然而,秘书实务的成果却最终要转化为领导工作的成果,或者被领导工作的成果所涵盖。领导工作的全部成果凝聚着秘书人员的智慧和心血。秘书实务的全部成果最终只能以领导的名义公布于世,秘书个人无任何署名权。

充分认识秘书实务的潜隐性特点,对于加强秘书人员的修养具有重要意义。它要求秘书人员时时处处摆正与领导的关系,不计较个人的名利得失,善于谦让,乐为人梯,甘当幕后英雄和无名英雄。

(六)机要性

在秘书实务中,秘书人员必然要接触大量的秘密。这些秘密大致可以分成三类:第一类是国家秘密,一旦泄露,会给国家的安全和利益造成重大损失;第二类是商业技术秘密,这类秘密一旦泄露,会给企业或当事人造成一定的经济损失;第三类属于领导系统内部不宜公开或者暂时不宜公开的事项,如正在酝酿而尚未确定的干部任免事项、领导之间的意见分歧等。这类秘密一旦泄露,往往会给领导工作造成极大的被动。

秘书实务的机要性特征要求秘书人员增强保密观念,遵守保密制度,在实务工作中处理好公开性和机要性的关系,确保各类秘密的安全。

第三节 秘书实务的原则和方法

一、秘书实务的原则

(一)主动原则

秘书部门是领导机关的综合辅助部门,秘书实务从总体上讲具有被动性,这是毫无疑问的。但是,秘书人员以服务领导为首要职责,秘书实务要紧紧围绕领导工作的目标,这就必须化整体上的被动为工作上的主动。贯彻主动性原则要做到:

(1)随时掌握领导工作的目标、思路和发展脉络,在思想上与领导保持高度一致,不断增强做好秘书实务的自觉性,提高秘书实务的针对性。

(2)强调工作的预见性,掌握工作的主动权。首先,要对领导工作的需求进行预测。领导工作的需求有两类,一类是当前需求,满足这类需求的工作具有被动性,也较难预计。而另一类则是可能性需求。秘书完全可以根据以往的经验和领导工作的目标以及计划对可能性需求做出估计,做好准备。其次是对过去曾经发生、将来可能再次发生或者别处已经发生、本单位也可能发生的突发性危机事件,要加强预测,制订应急预案,在思想上、人员上、物资上和工作安排上早做准备,防患于未然。

(3)善于总结秘书实务的经验和规律,不断提出改进秘书实务的新方法,努力提高秘书实务的水平,以适应形势的发展变化和领导工作的新要求、新标准。

(二) 计划原则

秘书实务繁杂且重复、面广且量大,如果事先没有一定的计划,不分主次、轻重、缓急,东一榔头西一棒、眉毛胡子一把抓,势必精力分散、效率低下。因此,对于有时间性规律的工作以及当前需要做的工作,一定要事先定出工作计划,统筹安排,做到目标和任务明确、个人职责明确、完成时限明确,使繁杂琐碎的日常事务变得井井有条。

(三) 规范原则

秘书实务必须做到科学化、规范化和制度化。在长期的秘书工作实践中,我国已经建立了一整套行之有效的秘书实务规范。根据效力程度不同,这些规范可以分为两类:一类属于法定性规范,即以党内法规或国家法律、行政法规、地方性法规、部门规章以及地方政府规章的形式确定的秘书实务规范。在文书工作、会议工作、信访工作、保密工作、政府采购、印章管理等方面,法定性规范已经相当完备。另一类属于约定性规范,即在长期的实践中约定俗成的或由各机关自行订立的秘书实务规则,如接待工作细则、值班制度等。约定性规范必须服从法定性规范,也是对法定性规范的有益补充。对于法定性规范尚未涉及的秘书实务,各机关和单位(以下"机关"和"单位"如非特指,二者通用)应当制定科学合理的内部规章。只有这样,秘书实务才能走上科学化、规范化和制度化的轨道。

(四) 创新原则

规范原则要求秘书实务严格遵守操作规范和操作程序,这是无可非议的。然而,规范和程序并不是固定僵化、一成不变的。在工作实践中,秘书应当勇于改革创新,革除那些实践证明与现代秘书工作和领导工作不相适应的旧规范和旧程序。当然,旧的规范和程序一旦革除,必须由新的规范和程序取而代之。没有规范和程序,秘书实务会混乱无序;而墨守成规,按部就班,不善于在工作实践中总结新经验、创造新方法,也会造成服务滞后,影响领导工作的顺利开展。

(五) 协调原则

秘书实务从属于领导工作的性质以及秘书实务具有综合性的特征,决定了秘书部门与其他相关部门、秘书实务与其他相关工作存在广泛的联系,作为领导机关和领导的综合辅助机构,秘书部门经常处在这种联系的枢纽地位,需要通过具体的秘书实务协助领导推进整体协调,同时必须通过协调与各方面的关系来完成各项秘书实务。在某种意义上,秘书办事的过程就是协调各种关系的过程。"七分办事,三分协调",这是秘书实务的基本要领。

按协调的性质分,秘书实务中的协调主要有:

(1)工作协调。工作协调主要包括:领导会议及活动的安排、信访事项的具体落实、领导决策和指示执行情况的督促检查、发文处理中的会商会稿等。工作协调需要对任务分工、时间进度、资源配置进行统筹,在动态跟踪中合理调度,使各项工作协调发展。

(2)关系协调。秘书在操办具体实务中必然会遇到各种关系:从关系的向度来看,不仅有上下级关系和横向关系,还有内向关系和外向关系;从关系的性质来看,不仅有组织之间的职权和分工关系,还有利益关系、人际关系以及与公众之间的公共关系。秘书人员在操办秘书实务的同时,应该注重关系协调,依靠协调关系办事,反过来又通过办事协调各种关系,促使各种力量和谐一致,形成整体合力。

二、秘书实务的方法

(一)时间管理的方法

秘书实务面广量大,需要投入大量的时间和精力,而秘书的时间资源是有限的,这样就会出现繁重的工作和有限的时间资源之间的矛盾,以至于许多秘书再怎么拼命工作也还是觉得时间不够用。以下时间管理的方法会对提高秘书的时间利用效率有所帮助。

1. 制订时间计划

既然秘书时间宝贵,就要倍加珍惜,做到计划使用和定量使用。秘书的时间计划应当按天、按周、按月、按年制定,在实践中逐步积累经验,经常调整和更新,使其不断适应秘书实务的需要。

制订时间计划要注意以下几个问题:

(1)要与领导的时间计划相呼应,如有冲突,应服从于领导的时间安排。

(2)要根据工作的复杂程度和重要程度以及以往的工作经验,预测完成各项工作所需的时间,并作大体分配。

(3)要根据工作的轻重缓急程度,确定时间安排的顺序。重要且紧急事项优先安排,重要但非紧急事项其次安排,非重要或非紧急事项最后安排。除非遇到特别紧急并重要的事项,一般情况下不要打乱原来的工作时间安排。

(4)对于接待性事务以及外联性事务,要与对方协商后确定时间,列入秘书的时间计划。

(5)要将各项工作的时间计划按日、周、月、年制成时间表,并注意收集保存,作为今后查考工作和编写有关文书的依据。

(6)要尽可能在计划的时间内完成工作。

(7)每项工作完成后,要详细记录实际所花的时间,为今后制订同类工作的时间计划提供依据。

(8) 要对超过预期时间的工作进行分析,找出超期的原因,以便改进计划。

(9) 制订时间计划要留有余地,并随时根据领导工作的安排做出调整。

秘书时间计划表实例

20××年4月10日(周二)工作时间表

时 间	事 项	地 点	备 注	完成情况
8:30	接待××展览会办公室李先生,商量公司本年度参展和布展事项	会客室	1. 样品介绍 2. 摊位费价格 3. 布展期限	
10:00	向钱总汇报本年度参展及布展的计划	总经理室		
10:30	电话落实下午中层干部会议的出席情况			
11:00	检查下午干部会议会场布置和文件准备情况		重点:计财部和人力资源部下半年工作打算	
11:30	电话预定晚上杏花楼包房			
13:00	列席中层干部会并作记录	第一会议室	提前布置会场	
14:30	起草中层干部会议纪要		11日印发	
16:45	接××公司总经理	××机场	宝马车	
18:00	陪同钱总宴请××公司总经理	杏花楼	记录、结账	

【评析】

这份秘书工作时间表采用表格形式,将一天内所要完成的工作按时间、事项和地点清楚排列,有些事项还加了备注,提醒要点。最后一列还可填写该项工作的实际完成情况,以便后续跟进。这样的设计,不仅可以提醒自己尽可能按时间节点完成计划内的工作,具有备忘的功能,而且可以事后装订成册作为工作日志存档,以备查考。

2. 合理使用空余时间

空余时间有两种:一种是无法预见的,如火车误点、客人迟到等原因造成的空余时间;另一种是可以预计的,如等待代表团到来之前的时间,转乘飞机或火车的间隔时间等。秘书应当善于见缝插针，充分利用这些时间来思考问题、阅读报刊、整理文件、处理琐事等。这样可以腾出整块的时间集中精力处理较大的事务。

(二)提高效率的方法

1. 项目统筹法

项目统筹法是一种集目标管理、分工协调、进度控制、质量监督等方法于一体的综合性管理方法。组织重大会议、开展大型调研、筹备大型活动等，是秘书实务的重要内容。这类实务参与人数多，涉及范围广，整体协调配合要求高，需要采用项目统筹法进行管理控制。其具体做法是：

(1)将需要实施的项目合理分解成相互联系的若干任务。

(2)制定完成每项任务的质量标准和完成的时间进度要求。

(3)在通盘考虑、合理分工的基础上，把任务落实到每一部门和每一个人，并确定督促检查每项任务完成情况的责任人。

(4)将整体项目和每项任务的目标、质量标准、实施环节、进度节点、责任人等指标制成项目统筹计划表、计划任务书以及计划网络图，呈报领导审核批准；经批准后下发，使每一个工作成员都明确自己的工作职责和要求，以及自己的工作与其他工作的关系，增强整体协调的意识。

(5)在实施过程中，实行动态控制，及时收集有关数据并制成条形图，或运用计划网络管理的计算机软件进行系统计算和分析，找出关键问题，加以综合协调，最终完成各项任务。

2. 总分衔接法

秘书工作中，常常会出现这样的情况：一项事务尚未完成，新的工作已经迫在眉睫，于是秘书不得不放下手头的事务，去应付更为紧急的工作。但如果这种情况反复出现，一旦安排不当，就会使有些工作半途而废，或者前后脱节，影响工作效率。此外，有些秘书实务简单、重复、量大，长时间连续重复工作容易使人产生疲倦，导致效率下降。采用总分结合法，能够有效防止工作中途脱节，确保工作的连续性和完整性，提高工作的效率。

总分结合法的要点是：

(1)当新的工作压上来时，尽可能一鼓作气、一气呵成地完成手头的事务。

(2)如新的工作更为紧迫，且无法很快完成手头事务，必须中途暂停，应记下未完成事务的衔接点，留下备忘录，以便新的工作完成后可以迅速衔接原来的事务。

(3)如需完成一些简单、重复、量大的事务，如非限时完成，不妨拆分成若干目标，分阶段完成，有利于提高工作效率。

3. 备忘法

秘书实务看似繁杂琐碎，却事关重大，一不小心忘了哪一件，就会影响大局。因此，秘书人员必须具有强健的记忆力。但是俗话说，"好记性不如赖笔头"，秘书记性

再好,也难免有一失,使用备忘法能保证秘书万无一失。常用的备忘方法有以下几种:

(1)手册备忘法。专门准备一本手册,记载各项需要办理的事项和完成的期限,每做完一项便立即注销,并记录完成的时间,做些必要的旁注,留作日后查考。

(2)台历备忘法。秘书在台历上记上当天或计划的日期需要办理的具体事项。

(3)黑(白)板备忘法。将需要办理的事项写在黑(白)板上,悬挂于醒目处。这种做法具有较强的提醒作用,也适用于办公室内集体备忘。

(4)电子备忘法。即利用智能手机、电脑等电子设备来提醒、备忘。

备忘法实例

20××年4月6日(周一)备忘

1.××公司××总经理来访(上午8:00),陪同王总经理会见,做好记录,小接待室。

2.打印本周会议安排表并分发给有关人员。

3.收集并准备周五部门经理业务学习的资料并报请王总经理审核。

4.审核人力资源部要求以公司名义转发的文件。

5.代王总经理起草回复××公司的函并报王总经理签发。

【评析】

这份备忘有以下特点:一是把一天内要完成的主要工作内容、完成时间和要求写得非常简洁清楚;二是方便使用,可用于手册、台历、黑板、电子等多种备忘工具。

(三)请示报告的方法

对领导负责是秘书实务的基本点,请示报告是这一基本点的重要体现。强调请示,就是要求以领导的决定、指示为秘书实务的指针;强调报告,就是要让领导及时了解情况、掌握信息,准确分析问题、判断形势。

1.请示的方法

(1)请示的范围。秘书并非应当事事请示,请示的事项必须是秘书自己难以处理或无权处理的事项,常规性工作或在秘书职责范围内的事项无须请示,否则会给领导增添干扰,并且给领导留下遇事不敢负责的不好印象。因此,秘书一定要分清哪些问题可以自己处理,哪些问题必须先请示后处理,防止出现越权行事和矛盾上交这两种倾向。秘书必须请示汇报下列工作:①领导活动的安排;②重大信访案件的处理;③领导客人的接待;④领导批示的办理;⑤领导关心和交办的事项;⑥其他无法按照常规处理的新情况、新问题。

（2）请示的形式。秘书请示的形式主要有口头请示（包括当面请示、电话请示）和书面请示（包括纸质文书、传真、电子邮件、微信等）两种。情况紧急必须立即请示并办理的，可用当面请示或电话请示；重要事项应当书面请示；领导出差在外，情况重要但又不便电话请示的，可用微信、传真或电子邮件的方式请示。对于所有形式的请示，秘书都应当做好记录并加以保存。

（3）请示的要求。①事前请示。请示事项必须事前上呈领导，经批准同意方可办理。②对口请示。秘书一定要按照领导的职能分工进行对口请示，也就是要向具体工作的分管领导请示相关的工作。如分管领导做出了明确指示，就应当按其指示精神办理，不要再请示其他领导。除涉及多位领导的职权，一项事务不能分头请示或交叉请示多位领导，以免引起领导之间的矛盾。③协调请示。当一项工作涉及多位领导的职权，需要同时由各相关领导做出批示，而领导的意见不一致时，秘书应主动促请领导进行相互沟通，共同商讨解决的办法；有时秘书也可以提出一些两全的建议，供领导协商时参考。如仍未达成一致，秘书可请示主要领导。④逐级请示。一般情况下，秘书应当向自己的直接领导请示工作，不得越级请示。只有出现十万火急的情况，而直接领导由于出差、休假、健康等原因无法正常履行职责时，方可向上一级领导请示工作。⑤书面请示必须一文一事。

秘书请示实例

秘书小蒋的麻烦

伟达经贸公司行政部秘书小蒋上任不久就遇到了麻烦事。公司芮副总经理这几天出差，临走前关照小蒋，如果内蒙古××乳业公司来函，立即将内容告诉他。第二天，小蒋果然收到这家公司的公函，说正在与芮副总经理接谈的一个为期三年的代理销售的合作项目，因伟达经贸公司提出的条件太苛刻，对方将考虑取消合作意向。看完来函后，小蒋立即用电话向芮副总经理做了汇报并请示如何处理。芮副总经理表示等他回来后再说。由于对方是一家名气颇大的乳品生产企业，而且这一合作项目对伟达经贸公司的发展很重要，小蒋觉得事关重大，便又将此函转给了时总经理，并请示如何处理。时总经理看了对方的来函后，埋怨芮副总经理工作缺乏灵活性，当即指示小蒋回函接受对方的条件。小蒋回到办公室正要动手起草回函，又觉得应当把总经理的决定先告诉芮副总经理，听听他的意见。芮副总经理在电话中听了汇报后，对小蒋大光其火，说他多管闲事，并说对方来函只是一种谈判策略，他完全有把握谈成这个项目，现在既然总经理要管，那就让他去管吧，他今后不再插手，然后愤怒地挂断了电话。小蒋提着话筒半晌回不过神来，后悔不该急着向总经理汇报，弄得自己左右为难。

【评析】

　　秘书小蒋能从维护公司利益的高度想问题,这是难能可贵的,问题在于小蒋在处理这一事件时没有把握好向领导请示的方法。芮副总经理临行前已有交代,此事向他本人请示汇报,第一次通电话时又明确指示小蒋等他回来再做处理,可见芮副总经理对此事胸有成竹。再说,对方的来函只是提出将考虑取消合作意向,言下之意还有回旋余地,情况并非十万火急。在这种情况下,小蒋将此事越级上报给时总经理,不仅没有必要,也会使领导之间产生工作上的摩擦和误解,反而将事情复杂化,犯了秘书请示的忌讳。正确的做法应当是:根据芮副总经理的指示,等他出差回来后再办理,即使事关重大、十万火急,也应当由芮副总经理向时总经理汇报请示,小蒋不应当越级请示。这件事情对小蒋来说可谓一次不小的教训。

　　2. 报告的方法

　　(1)报告的范围。秘书报告的范围应当适度,范围太小,不利于领导掌握信息,影响领导做出准确判断;范围太大,也会浪费领导的时间和精力,干扰领导的工作。秘书必须报告下列情况:①秘书部门整体的工作情况(一般应定期报告);②本组织发生的或与本组织有关联、有影响的事件;③群众来信来访中反映的重要意见、建议和举报申诉事项;④领导决策和批示的办理结果;⑤领导临时交办的重要事项的完成情况;⑥秘书对改进领导工作的建议;⑦领导要求秘书报告的其他信息。

　　(2)报告的形式。报告可以分为口头报告和书面报告。书面报告的具体名称很多,如调查报告、研究报告、情况报告、工作报告、建议报告、答复报告、简报、信息等等,不同的种类具有不同的特点和适用范围。

　　(3)报告的要求:①报告的内容必须真实可靠、准确清楚;②报告要及时,规定答复或反馈时限的,应当按时报告;③报告要做到主旨鲜明,条理清楚,书面报告应当简要,不夹带请示事项。

思考与练习

1. 为什么说从属性和服务性是秘书实务的性质?
2. 秘书实务有哪些特点?
3. 秘书实务与管理信息的环流以及领导工作效率的提高有何关系?
4. 秘书实务要坚持哪些原则?
5. 试制订一份秘书时间计划。
6. 秘书如何提高自己的工作效率?
7. 秘书向领导请示要防止出现哪些错误做法?

第二章　文书写作

> 领会文书的含义、构成要素、特点、作用、分类、写作要求、结构元素、结构体例和标印格式；掌握常用公文、规范性文书、计划、总结、领导讲话等文书的适合范围和写法，并能够综合应用。

第一节　文书概述

一、文书的含义

文书是人们为了满足凭证和传递的需要，在一定介质上记录文字、图像信息而形成的书面材料。文书包括公务文书和私人文书两部分，本书所称的文书指公务文书。公务文书简称公文，是法定组织在公务活动中形成的。公文有广义和狭义两种解释。凡是法定组织（即依法登记成立的社会组织，如国家机关、政党、企事业单位、社会团体等）在其公务活动中所形成的文书都属于广义公文。广义公文包括狭义公文和一般公务文书两部分（见图2-1）。狭义公文专指以法定组织名义制作并对外发出的，具有法律行政效力、法定文种和规范体式的公务文书。一般公务文书则相对于狭义公文而言。凡具有公务性质，但或不具有法定效力，或无规范体式，或不对外发出仅供单位内部使用、留存的文书，均属于一般公文文书。例如调查报告、简报虽具有公务属性，但并不具有法定效力，因而不能划入狭义公文范围。又如会议记录和大事记也是公务文书，但由于一般不对外发出，故也不能视作狭义公文。当然，狭义公文和一般公务文书的划分不是绝对的。计划、总结、方案等一般公务文书，有时可以根据实际需要作为狭义公文的附件一起发出，成为狭义公文的有机组成部分，并具有一定的法定效力。

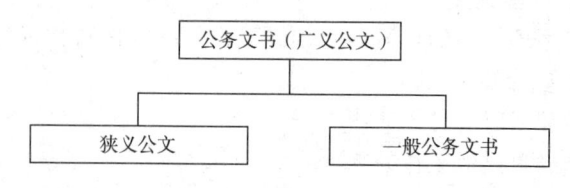

图2-1　狭义公文和广义公文关系示意图

二、文书的构成要素

(一)信息要素

文书是记录和传递信息的载体,信息是文书的内容。文书的信息包括主题信息和辅助信息两部分。

(1)主题信息。主题信息是指文书记载和传递的主要信息,是文书信息的核心部分,体现着文书制发的目的。主题信息通过文书的标题、主送机关(或称呼)、正文、署名(或发文机关)和成文日期等要素来表达。

(2)辅助信息。辅助信息是指因管理文书的需要,根据不同的主题信息而附加的要素,每一种要素表达一种特定的管理要求,如发文机关标志、发文字号、密级和保密期限、紧急程度、签发人、抄送机关、印发机关和印发日期等要素。辅助信息一方面补充说明文书的主题信息,另一方面也是文书管理的重要依据。

(二)符号要素

文书的信息必须通过一定的符号要素才能记载、表达、传递和感知。文书所使用的符号有以下形式:

(1)文字符号。文字符号(包括数码符号)是文书表达信息,特别是记载和表达主题信息的主要工具和主要形式,也是区别于音频、图像和视频等其他信息记录形式的重要特点。音频、图像和视频等其他形式也可以作为文字信息的辅助记录形式,必须与文书的主题信息相关联。

(2)图形符号。图形符号包括各种表达特定含义的图形、图像、图表和特殊符号。图形符号的作用主要有三个方面:一是辅助说明文字符号所表达的信息,如企业文书中,常常需要运用图形、图像和图表来说明某些指标数据及其相互关系;二是用于展示特定的形象,如组织概览、产品介绍等文书的写作,就需要配有实物、实景的图像等,做到形象具体、图文并茂;三是表达文书管理的特定要求,如"★"这一符号表示该文书属于国家秘密。

(3)格式符号。格式符号包含三个方面:一是文书内部结构元素(如标题、主送机关或称呼、正文、署名、成文日期等)的组合方式;二是正文结构布局的表现形式——结构体例,如大小标题、层次序号、章条款项等,其功能在于体现作者的写作思路和文书的主题内容及其逻辑关系;三是组成文书的各项书面视觉要素的形体样式,包括段落的字体、字号、色彩、位置和标注方式等,又称版式、标印格式,它们既可以起到突出显示文书辅助信息的作用,又可以增强文书或庄重或美观的视觉效果。

> **文书符号要素实例**
>
> **请　柬**
>
> 尊敬的王水照总经理：
> 　　经过一年的紧张准备,我商厦开业的一切准备工作就绪。现定于20××年6月18日上午9时正在我商厦(××路××号)一楼大厅隆重举行"××商厦开业典礼",恭请光临。
>
> ××商厦总经理　**宵刚**　诚邀
二〇××年六月十日
>
> 【评析】
> 　　这份请柬虽然篇幅短小,但标题、称呼、正文、署名和成文日期等结构元素完整、齐全,各自具有特定的功能和位置:标题居中,字体醒目,用"请柬"这一特定文种表达邀请者的诚意;称呼顶格书写,写明特定的邀请对象,礼貌得体;正文采用独段式结构体例,文字简明清晰,准确传递时间、地点、活动名称、邀请意图等主题信息;署名和成文日期位于正文的右下方,写明邀请者的身份并由邀请者亲署姓名,庄重诚恳;最后注明发出请柬的具体日期。上述各项结构元素搭配恰当、布局合理,有效地提高了信息表达的效果。

(三)物质要素

物质要素是文书赖以记录、传递信息的介质,它随着社会科学技术的发展而发展。目前通行的文书物质要素主要有两大类:一类是纸质文书,一类是电子文书(详见第三章第六节"电子文书处理")。纸质文书的物质要素由书面载体和显字材料组成。

(1)书面载体。书面载体是文书符号要素赖以附着的物质。纸质书面载体要求质地良好、能永久保存的白纸,质量要求和纸幅尺寸应符合《党政机关公文格式》(GB/T 9704—2012)的规定。

(2)显字材料。显字材料是附着于书面载体之上而组成文字字形的物质。显字材料应当同书面载体在颜色和亮度上形成明显反差,既便于阅读,也有利于运用自动化办公设备进行复制、翻印和传送,提高拷贝的清晰度。此外,显字材料还要求在书面载体上附着牢固,不易褪色,能永久保留文字字形。目前,显字材料一律用碳素墨水或蓝黑墨水字迹材料。

三、文书的特点

文书是特定的社会组织依法管理和进行公务活动的重要工具,也是秘书实务的主要对象。把握文书的特点,有助于秘书人员做好文书处理工作。

(一)工具性

文书是法定组织对内实施管理、对外进行公务联系的工具,是为特定组织的公务活动服务的。各级各类的法定组织通过文书的相互往来或公开发布,传达贯彻党和国家的方针政策,公布法规和规章,指导、布置和商洽工作,请示和答复问题,报告、通报和交流情况,从而实现对内管理和对外交流的目标。

(二)法定性

文书的法定性表现在三个方面:

(1)具有法定的作者。文书必须以法定的组织或其合法代表人的名义制发。文书的这一特点要求实际撰稿人必须忠于法定作者的制文意图。

(2)具有法定的效力。文书(尤其是狭义公文)一旦发出,便具有法定的效力,发文机关必须承担相应的法律和行政责任。下行的文书还具有法定的权威性,下级组织必须贯彻执行,拒不执行或执行不力的组织或个人都将受到法律、行政或者内部纪律的处罚。

(3)形成和发布文书必须符合法定的职权范围和法定的程序。任何组织只能在自己的职权范围内制发公文,如其内容超越自己的权限,必须经上级机关或有关部门批准方可发布。在发文程序上,公文须经领导的审批签发或经法定会议讨论通过,才具有法定的权威,才能发挥其法律或行政效力。

(三)规范性

规范性是指文书应当在名称、种类、适用范围、格式、处理程序等方面实行统一的标准和规范。文书的标准化和规范化,有利于不同的组织之间相互准确无误地传递信息、认知信息、处理信息,也有利于文书管理的信息化、网络化。《党政机关公文处理工作条例》(中共中央办公厅、国务院办公厅发布)、《党政机关公文格式》(GB/T 9704—2012,国家质量监督检验检疫总局、国家标准化管理委员会2012年6月29日发布,2012年7月1日实施)对我国现行公文的名称、种类、适用范围、标印格式和处理程序做出了明确的规定,秘书人员应当认真学习并准确掌握和运用。

(四)时效性

文书是为反映和解决公务活动中的现实问题而制发的,因此文书的时效性显得尤为重要。延误时间、错过机会,不仅会使文书失去应有的效用,成为一纸空文,而且会给实际工作带来一定的困难。同样,随着形势的发展变化,有些不合时宜的文书应当及时修订甚至废止。

四、文书的作用

(一)规范行为

文书具有规范各种社会组织、法人以及公民行为的作用,它规定什么可以做,什么不可以做,可以做的应该怎么做,如果做了不可以做的将受到怎样的惩处等。文书的规范行为作用是通过颁布命令、决定、决议、通告、通知等要求执行的公文以及条例、办法、规定等规范性文件来体现的,并依靠法律行政强制力或组织内部纪律得以保障。

(二)实施管理

文书是公务信息的载体,是法定组织实施管理的重要工具。决策、计划、组织、指挥、协调等管理职能需要通过一系列的文书来实现。各种方案、意见、报告、请示可以为制定决策和计划提供信息支持;命令、决定、决议、通知、纪要、函等文书,能发挥组织、指挥、协调的作用;总结、评估报告、简报等文书则可以起到反馈信息、总结经验、发现问题、分析趋势、提出对策的作用,为再决策提供科学依据。

(三)宣传教育

文书是法定组织对外宣传政策、树立形象,对内褒奖先进、批评错误、教育干部员工的重要工具。即使是规范性、指挥性文书,由于具有法定的权威性,代表领导机关的意图,因此往往能够统一人们的思想,振奋人们的精神,激励人们为实现共同的目标而奋斗。

(四)沟通交流

在现代社会中,社会组织之间的相互联系和交流日趋频繁。企业与企业、机关与机关、地方与地方、国家与国家,上下、左右、纵向、横向,无不需要依靠文书的传递来交流情况、联系工作、商洽业务和增进合作。函、纪要、意向书、合同、联合声明、共同宣言等文书在沟通立场、交流情况、联系工作、商洽业务、确立合作关系方面能发挥巨大作用。

(五)凭证依据

文书所记载的信息具有法定的权威性和法定的效力,因而是执行公务、履行权利和义务、依法维权的凭证和依据。即使在现实使命完成后,文书仍然具有历史的凭证和依据作用,可以继续供后人查考、研究和利用。

五、文书的分类

(一)按文书流向分

(1)外发文书。外发文书即由本机关制作并对外(包括上级机关、平级机关、下级机关以及社会各方面)发送的文书。

(2)收来文书。收来文书即本机关收到的、由外机关(包括上级机关、平级机关、下级机关以及其他社会组织)制发的文书。

(3)内部文书。内部文书即由本机关制作且不对外发送、仅限于内部使用的文书,如会议记录、简报、计划、总结以及会议中重要文书的讨论稿、草案等。

(二)按行文关系划分

(1)上行文。上行文即向具有隶属关系,或虽无隶属关系但在特定的业务范围内受其职权管理的高级别机关的行文。狭义公文的上行文有"报告""请示""意见"等。

(2)平行文。平行文即平行机关之间,或者既不隶属又无职权上管理与被管理关系的、级别不相等的机关之间,以及高级别机关与受对方职权管理的低级别机关的相互行文。狭义公文的平行文有"议案""意见""通知""函""纪要"等。

(3)下行文。下行文即向具有隶属关系,或虽无隶属关系但在特定的业务范围内受本机关职权管理的次级机关的行文。下行文又可以分为逐级下行文、多级下行文和直达到底下行文。狭义公文的下行文有"命令""决定""决议""意见""通知""通报""批复""纪要"等。

(4)多向行文。多向行文即特定机关根据工作需要,在自己的职权内同时向社会各个方面告知或要求遵照执行、办理的行文。狭义公文的多向行文有"公告""通告""公报"等。

(三)按保密要求划分

(1)保密文书。保密文书即在内容上涉及国家秘密、商业秘密和组织内部秘密,一旦泄露会对国家或有关企业、组织的利益造成损害的文书。这类文书要求采取一定的保密措施,控制或限定接触的范围,确保其安全。

(2)普通文书。普通文书即在内容上不涉及任何国家秘密、商业秘密和组织的内部秘密,无需保密但也不必公开的文书。

(3)公开文书。公开文书有两种情况:第一种是文种本身具有周知性、公布性特征,必须直接通过各种媒体或以张贴的方式公开发布的文书,如"公告""通告""公报"等;第二种是根据信息公开的有关规定和实际工作需要必须公开发布的文书。

(四)按办理时限划分

(1)平件。平件即按正常时限要求和程序办理的文书,办理时限不超过7天。

(2)加急件。加急件即涉及重要事项,需要优先办理的文书,办理时限不超过3天。

(3)特急件。特急件即事关重大,必须以最快速度和非常程序运转的文书,办理时限不得超过24小时。

六、公务文书的稿本

公务文书的形成和运转过程大致可以分成草本、标准本、复制本三个阶段,每个阶段又生成若干具体形态的稿本。稿本不同,其功能、价值和效力也不相同。

(一)草本

草本产生于公务文书作者的意志形成阶段,文字内容尚未最后确定,故不具备法律行政效力。具体稿本有:

(1)讨论稿。讨论稿即提交特定的会议讨论研究的文书。讨论稿一般适用于不需要表决或谈判的会议文书,征得的意见供制文机关或有签发权的领导参考。主持会议的领导如具有签发权,可以在讨论研究后当场决定是否将讨论稿转化为定稿。

(2)草案。草案特指某一组织的正式成员提交给特定会议审议、表决,或参与会谈的某一方提交各方谈判、磋商并共同签署的文书。决定、决议、法律、法规、规章、条约、声明、合同、纪要、协议书、备忘录等会议成果性文书,在提交时都应当被称为草案。这一点与讨论稿存在明显区别。较为成熟的草案可直接提交会议表决。对原有的规范性文书提出修正意见并提交特定会议审议、表决的文书被称作"修正草案"。

(3)征求意见稿。征求意见稿指公开或在一定范围内散发,征求意见的文书。征求意见稿可以公开发布,广泛征求意见,也可以有重点地个别征求意见,或者以会议的形式集体征求意见。有时重要文书的草案也可以先采用征求意见稿的形式,被称作"草案征求意见稿"。

(4)修改稿。修改稿即在讨论稿、草案或征求意见稿的基础上,综合各方面的意见加以修改后提交进一步讨论的稿本。修改稿可以有多次稿本。

(5)送审稿。在讨论稿、修改稿经过修改完善、文字内容基本成熟之后,提交上级机关审批或领导签发的稿本被称为送审稿。

(6)表决稿。表决稿特指经过多轮审议修改,文字内容不再变动,正式提交会议表决的最终草案。表决稿同送审稿的区别在于:前者适用于必须经过会议表决才能通过的文书,后者适用于提交给上级机关或领导签发的文书。

(二)标准本

标准本产生于公务文书法定作者意志确立阶段,具体又可以分为初始标准本和正式标准本。此时,文书或经领导签发,或经会议表决通过,或经与会各方协商或共同签署,文字内容已经完全确定,并具有法律或行政效力。标准本有以下几种具体稿本:

(1)定稿。定稿属于初始标准本。送审稿一旦经过领导的签发,草案、修正草案、表决稿一旦在会议上获得通过或共同签署,便转化为定稿,具有法律行政效力。领导签发的定稿不直接外发,是印制正本的依据,应当由发文机关归档保存备查。国际会议最后通过或共同签署的定稿又被称为最后文件或者共同文件。

(2)正本。正本具有以下特征:一是内容必须同定稿完全一致;二是发送给主送机关(即主要办理机关),也就是说,发给抄送机关的文书不属于正本;三是在格式上必须具备法定的生效条件,如加盖公章或由领导签署。在规范性文件中,有的正本被称为暂行本和试行本,这是两种执行期限较短的正本,同样具有法定效力。暂行本和试行本在颁布时必须在标题中加以注明。

(3)存本。存本即文字内容与定稿一致、外观格式与正本一致并且代表正本、留存发文机关备查的稿本。存本通常与正本一起缮印制作。存本的作用在于建立起定稿与已经发出的正本之间的联系,便于核查定稿与正本之间产生误差的原因。由于存本在印制后直接由本机关保存,因此一旦发现对外发出的正本与存本不一致,便可以确定是外部原因造成正本的错误;如果经查核,存本与正本一致,而存本与定稿却不一致,则可以断定问题出在内部的拟稿、审核、缮印、校对等环节。

(三)复制本

复制本产生于文书推动实际事务阶段。为了满足某种需要,发文机关和收文机关往往要对正本进行复制,于是产生了各种复制的稿本。复制本是否具有法律和行政效力,应视具体稿本的性质而定。

(1)副本。副本即经法定作者同意或受其委托,根据正本的内容与格式原样复制,同样具有法律和行政效力的稿本。副本的实际使用有下列几种情况:①发往抄送机关。②留本机关有关部门以备催办和答复询问。③多发给主送机关或签字单位几份,方便传阅、使用。以上三种情况的副本往往和正本一起缮印制作。④收文机关根据发文机关的授权或委托,按正本复制,然后发至规定的阅读范围。

对于谈判或协商达成的文书的副本,应当在条款中确认其法律效力,并规定副本的数量和保存方式,但一般不签字、盖章,或只盖章、不签字。

(2)翻抄本。翻抄本即未经法定作者同意,根据正本或副本自行翻印、复制、抄写、节录的稿本,不具有凭证依据作用和法律行政效力,只供阅读参考之用。

> **文书稿本标注实例**
>
> 某公司举行职工代表大会,会上要对是否批准上一届工会的工作报告作出决议。大会秘书处在提交给代表审议的决议文本的标题下面标注的稿本为"讨论稿",引起代表们的争论。有的代表认为不应当叫"讨论稿",而应当叫"草案",有的代表觉得应当叫"送审稿",还有的代表则认为应当叫"征求意见稿"。代表们各执一词,莫衷一是,结果此事不了了之。
>
> 【评析】
>
> 讨论稿、草案、征求意见稿和送审稿属于不同的文书稿本,性质与功能各不相同。讨论稿可以在会上讨论,但一般不采取表决的方式通过,而是经集体讨论后或由首长拍板决定,因此提交各种实行首长负责制的行政办公会议做出决定的文本应当标注为讨论稿。送审稿适用于提交领导或上级机关审批的文件。征求意见稿是指公开或在一定范围内征求意见的文书。而上述案例中所指的决议文本是提交给职工代表大会审议并需以投票表决的方式来通过的,因此,既不应当叫作讨论稿,也不能叫作送审稿或者征求意见稿,而应当标注为草案或表决稿这两种稿本。具体办法是,先向大会提交决议草案,如代表们没有意见或审议后无原则性修改,可直接对草案投票表决。如果审议后有修改需经再次审议,则第二次提交时应标注为修正草案。如果需要经过多次审议修改,则最后一次提交大会正式表决的草案应当被称为表决稿。

第二节 文书写作的基本要求

一、主题方面的要求

文书的主题即文书中通过各个材料所表达的中心思想和行文意图,是文书的核心、灵魂和统帅。文书写作对主题的要求是:

(一)正确

文书主题的正确性表现在三个方面:首先,要求秘书人员实事求是、全面科学地反映客观现实和发展规律,帮助领导系统以及相关系统全面掌握信息、客观总结得失、准确分析形势、科学做出决策。其次,文书中提出的意见、建议、措施和办法要切合实际、切实可行。文书往往是围绕一项具体的工作而制发的。能否正确有效地指导工作、解决问题、化解矛盾、预防危机,是衡量文书写作成败的最终标准。要坚决反对一切脱离实际的设想、无法操作的办法、难以兑现的承诺和哗众取宠的口号。

最后，要准确体现领导机关和领导的制文意图。秘书写作文书，其本质是代领导机关和领导发言，因此必须忠于并准确体现领导机关和领导的制文意图。脱离了领导机关和领导的制文意图，文书主题便无正确性可言。以上三个方面构成一个有机的整体，秘书人员应当全面理解贯彻。

(二) 集中

文书的主题要做到集中、简明、单一，具体要求就是"一文一事"，即一篇文书集中说明一个方面的问题，布置一个方面的工作。一篇文书如果想要说明的问题过多，想要布置的工作过杂，即"一文多事"，势必造成主题分散。尤其是写请示，如请示事项过多、涉及面过广，其中一个事项批复的耽搁往往会造成其他事项的延误。此外，"一文多事"还会给文书的立卷归档带来麻烦。

(三) 鲜明

文书主题鲜明就是指文书中所表达的立场、观点、态度、原则，必须旗帜鲜明，是非、善恶、褒贬、奖惩都应当泾渭分明，不可似是而非、含糊笼统、模棱两可；文书中提出的任务和要求应当清楚、明白，所提出的办法、措施应当具体而且切实可行。

二、材料方面的要求

凡是在文书中用来说明主题的引文、数字、事件、人物、时间、地点等，都可被称为材料。文书写作说到底是"为事而造文"，因此材料必须真实、可靠。为此要做到：

(一) 确凿

材料确凿是文书具有说服力和感染力的保证。具体应当做到：一要以事实为本。无论是汇报工作、反映情况，还是介绍经验、公开信息，都要坚持实事求是的科学态度，做到客观、真实，坚决反对弄虚作假、夸大事实、隐瞒真相。二要坚持调查研究，加强材料的核算和检验，提高材料的准确性和可靠性。要重点收集第一手材料，对转手材料要认真分析、研究，确认其可靠性和准确性。三要严格把好文书的起草、修改、审核、校对四道关，避免手工书写、电脑输入和印刷排版错误造成材料的差错。

(二) 切题

主题和材料是相互联系的，主题必须统率材料，反过来，材料是为表现主题服务的。因此，是否围绕主题、能否体现主题，是选择材料的首要原则，也是决定材料取舍的主要标准。材料的好坏不能孤立地看，只有当材料和主题放在一起时，才能衡量其价值。凡是能够有力地说明或突出主题的材料，就要决意入选；一切与主题无关或与主题相抵触的材料，应当坚决舍去。

(三) 典型

典型材料是指既具有独特个性,又能体现同类事物的本质特征和普遍意义的材料。在表扬性通报、经验介绍、先进事迹、调研报告等写作中,典型材料能发挥以一当十的作用,大大深化文书的主题,具有很强的说服力和感染力。

三、结构方面的要求

文书的结构是指文书的部分与部分、部分与整体之间的内在联系和外部形式的统一,具体要求是:

(一) 完整

首先,文书的各项结构元素应当相对齐备,不可无故残缺。文书的结构一般由标题、主送机关或者称呼、正文、署名、成文日期等元素构成,有的还需要增加稿本、题注、印章等结构元素。每项结构元素之间相互联系,共同组成公务文书的整体,为表达主题服务。其次,文书正文的各个组成部分应比例合适,详略得当,首尾呼应。

(二) 规范

结构规范是文书写作的重要特点,其表现是:

(1)结构的每一部分具有特定的功能。文书正文的结构一般包括开头、主体和结尾三部分。开头一般说明制发文书的目的、依据和原因;主体一般说明情况、经过、任务、要求、办法、意见等;结尾一般发出号召,提出希望、请求,或予以强调。内容简单的文书,可掐头去尾,不分段落,一气呵成。

(2)结构的每一部分有特定的写作模式。如:公文标题的模式一般为:发文机关+事由+文种;开头常常用"根据""为了""遵照"等词语;文书的结尾用语在同一文种中具有相同性或类似性,如请示的结尾用语一般为"以上请示请批复""特此请示"等。

(3)结构的每一个部分都有相对固定的位置,不可随意变动。比如标题应当置于公务文书的首部并居中,主送机关或称呼应当在正文的上方顶格书写,等等。

(三) 连贯

首先,正文的各部分要做到意脉相通,逻辑严密。比如,为了阐释政策、说明任务和工作要求,文书中必然会出现关于政策、任务、要求的提法。这些提法必须前后一致。不能一方面强调要严格执行,另一方面却说可以灵活掌握;也不能前面指出某种现象的危害性,后面又解释这种现象的合理性。

其次,语言形式上要有必要的过渡和照应。过渡是把相邻的层次或段落之间的关系加以提示,承上启下,使上下文之间能自然地衔接起来,引导读者的思路从上文过渡到下文。过渡一般有三种方法:一是使用过渡词语,如"但是""否则";二是使用过渡句,如"现将有关情况报告如下";三是使用过渡段,即用一个简洁而完整的自然段落承上启下。照应是使文书的内容相互呼应。前面说过的,后面要有着落;后面准备提到的,前面要有伏笔或者暗示。照应一般有三种情况及其作用:一是开头和结尾相互呼应,使结构显得更加严谨;二是内容和标题相互呼应,使主题更为突出;三是在行文中随时相互呼应,使文脉更加清楚。

(四)合理

所谓结构要合理,是指安排、组合观点和材料的方式必须适应主题表达的需要。通常有以下三种方式:

第一种是并列式结构,又称横式结构。它的特点是将所要表达的主题划分为若干并列又相互关联的层次,分别从不同角度来叙述、说明或证明主题,使正文呈现出一种多管齐下、齐头并进的格局。通知、计划、总结、合同等文书大多采用这类结构形式。

第二种是递进式结构,又称推进式结构或纵式结构。它对需要表达的主题采取一层深于一层的形式安排、组合观点和材料,使层次之间呈现一种层层展开、步步深入的逻辑关系,从而使主题得到深刻透彻的叙述、说明或者论证。从表现的内容来看,递进式结构又分为时序递进、主从递进、因果递进、表里递进(即从现象分析递进到本质分析)等。通报、报告、请示、纪要、调查报告等公务文书常常采用这类结构形式。

第三种是混合式结构,又称纵横交错式结构。有些文书需要表述的内容比较复杂,相对应的层次关系也比较复杂,不能只用单一的结构形式,需要把并列式和递进式结合起来,形成一种混合的结构形式。

(五)清晰

为了便于人们阅读、记忆、引用和执行,文书的结构可以采用章条款项法、层次编码法、大小标题法、撮要倒悬法等方法,达到层次分明、条理清晰的效果(详见本章第三节)。

四、语言方面的要求

语言是文书表达的工具,具体要求是:

(一)朴实

朴实、通晓,是文书语言最起码的要求。具体而言,一要做到语言通俗,不生造词语,不使用生僻字;二要语言质朴,不刻意雕琢,不玩弄辞藻;三要语言自然,不装腔作势,不说空话套话。

(二)简练

文书语言的简练是贯彻现代文书简便高效原则的重要方面,具体要求如下:

(1)避免重复。当一层意思包含另一层意思时,舍去被包含的意思。

语言重复实例
这一问题的妥善解决,得到了全体员工的广泛好评。
【评析】 　　上例的问题是"全体员工"一词的含义包含且大于"广泛"一词,既然用了"全体员工"一词就不必再用"广泛"一词,反之亦然。总之,这两个词语不能同时使用。

(2)遵从约定。当有些概念、术语已经成为社会约定的基本常识时,可省略多余的解释。尤其是业务文书,沟通双方约定适当使用代号和行业术语,可使语言显得十分简要,如税务方面的"抄税""清卡"等术语。

(3)运用数概。把若干并列的事项用数字概括后简称,既可以节约文字、便于引述,又能够帮助记忆和掌握,如"八项规定""四个自信"。

(4)使用简称。尽量使用规范性简称代替全称,包括地名、会议和活动名称、机构名称、文书名称等,如"京、津、沪""二十大""广交会""全国人大常委会"等。第一次使用非规范简称时,应当先写全称然后注明"(以下简称××××)"。

(5)共用中心词。若干词语的中心词相同时,可共用。如:"上班、下班",可简写为"上、下班";"各省、自治区、直辖市";等等。

(6)将双音节词简化为单音节词。如:"紧急需要"可简化为"急需";"迅速告知"可简化为"速告"。

(7)力戒浮文。文书的开头部分要"开门见山",主体部分应"要言不烦",结尾部分应"当断即断"。必要时,可以掐头去尾。

(三)准确

准确是文书语言的生命。文书语言含混不清、歧义丛生,会直接影响文书信息的表达和接受,有的甚至会造成严重后果。因此,文书语言应力求准确,具体要求是:

1.用词贴切,概念准确

概念是判断、推理、论证的基础。只有概念准确,才能进行正确的判断、推理、论证。概念是依靠词语表达的。但是,同一个概念可以用不同的词语来表达,同一个词语在不同的语境中也可以表达不同的意思。尤其是在汉语中,一词多义的情况非常普遍。因此,在运用词语表达概念时,既要准确把握概念的内涵与外延,又要符合特定的语境,做到用词贴切。具体有以下几方面的要求:

(1)词义单一、避免歧义。在特定的文书语境中,词所表达的概念只能有一个,不能出现多种理解的情况。如某企业一项奖励规定表述为:"产量超过计划的百分之四十者,奖励一万元。"这句话既可理解为产量必须达到计划的百分之一百四十以上,也可以理解为产量只要超过计划数的百分之四十即可,结果造成员工的误解。

（2）区别词语的感情色彩。汉语中有些词语的意义相同或相近,感情色彩却不同,如"逝世"和"死亡"、"闭幕"与"收场"等。词的感情色彩不同,使用的对象和场合亦不同。

（3）辨析词义差别。有些词表面上看意义很相近,但仔细辨析,却存在重要区别,使用时不可混淆。如"接见"与"会见"、"话题"与"议题"、"罚金"与"罚款"、"定金"与"订金"、"保修"与"包修"等词语,如使用不当,就会闹出笑话,甚至造成法律纠纷。

（4）正确划分、概括和限制概念。概念的划分就是明确概念外延的方法,是以对象的一定属性为标准,将一个概念分为若干个种概念的逻辑方法。划分概念必须按同一标准进行。比如,把"展会观众"这一母项分为专业观众、普通观众、学生观众、老年观众等子项,这是在划分概念时交叉运用了多种标准,造成了混乱。概念划分后所得子项的外延总和必须等于母项的外延,不能出现"划分不全"或"多出子项"的情况。

概括与限制是明确概念的方法。概括和限制要恰当,否则会造成概念的混乱。

概念概括不当实例

要加强工商、税务、纪检、监察等行政管理部门的队伍建设。

【评析】

这句话中的"行政管理部门"是上位概念,"工商""税务""纪检""监察"是下位概念。问题在于"纪检"是党务机关,并不属于行政管理部门。把"纪检"归入"行政管理部门",犯了概括不当的错误。修改的办法是去掉"纪检"一词。

概念限制不当实例

"进入布展现场的人员一律佩戴证件,严禁不戴证件的非布展人员进入现场。"

【评析】

这是一家会展企业制定的《布展须知》中的一个条款。其前半句话的原意是规定进入布展现场的所有人员都必须佩戴证件,但后半句话在"人员"这一概念前加了"非布展"这个限制词,意思变成只要是布展人员就可以不佩戴证件进入现场,由此造成前后表述相互矛盾。

(5)准确界定表达时间、空间和数量区间关系的词语。在文书写作中,人们常用"以前""以后""以内""以外""以上""以下"等词语来表达时间、空间和数量上的区间范围,由于这些词语并不明确是否包含本数,如不加说明,就会产生歧义。

"以上""以下"表述不当实例

凡超产百分之十以上者,可得一等奖;凡超产百分之十以下者,可得二等奖。

【评析】

这段话由于没有对"以上""以下"是否包含本数做出明确说明,因此就会出现超产正好达到百分之十究竟应当获得哪一级奖的分歧。因此应当明确写明"以上"或"以下"包含本数,或者采用"及以上"或"及以下"的方法明确界定。

---

(6)正确使用数量关系词。在表述数量增减时,常常将"为""到""了""是"等词同"倍""成""百分之""百分点""增长率"等配合使用,一旦使用不当,就会造成数据误差。

数量关系词表述不当实例

本届展览会的标准展位费从上届的8 000元/个下降至4 000元/个,下降了2倍。

【评析】

"倍"只能用于表述增加、扩大、上升的数量关系,而不能用于表述减少、缩小、下降的关系。此句用"倍"表述下降关系,明显属于用词错误。正确的办法是使用百分点(数)来表述下降的幅度,如"下降了50%"。

---

(7)正确使用日期代称。文书中常常用"今年(天)""明年""去年""上月(旬)""本年度(月、旬、周)""即日"等时间代称。在使用这些时间代称时,必须在上下文中有明确而具体的指称时间。重要的时间概念必须使用全称,年、月、日都必须写全,不得省略,不得用代称或简称。

错用"即日"一词实例

海报

今天下午2时在1号馆报告厅举行免费讲座,邀请××护肤品研究中心主任×××教授作题为"当前国际护肤品发展的三大趋势"的报告,欢迎参展商代表和观众踊跃参加。

××国际护肤品展览会组委会

即日

> 【评析】
>   这是一份某国际护肤品展览会举办期间主办单位贴出的举办护肤品讲座的海报。海报正文中写的讲座时间为"今天",落款时间为"即日"。海报贴出的当天,讲座现场爆满。但由于海报没有及时撤下,第二天下午,报告厅门前仍有大量观众等待进入会场听报告。在听了工作人员的解释后,观众们大呼上当,纷纷指责主办单位。事后,拟稿的秘书受到领导的批评。从写作的角度看,这份海报之所以误导观众,原因就是"今天"和"即日"都不是具体的时间概念,二者同时出现就是指当天。只要海报存续一天,观众就会把举办讲座的时间理解为当天。其实,只要将其中一个时间概念表述为具体日期,上述情况就完全可以避免。

(8)合理使用模糊语言。文书中适当使用模糊语言,可以使语言简洁明了,委婉含蓄。但是,如果使用不当,反而会给理解和执行文书带来困难。因此,模糊性较强的词语不能用于表达基本的和重要的概念。尤其是"大概""也许""可能""基本上""原则上"等模糊词语,使用时必须非常慎重。

2. 句子通顺,合乎语法,表意清晰

词是表达意义的最小单位。要表达一个完整的意思,必须按一定的语法规则将词或词组组织成为意义完整清晰的句子。具体要求是:

(1)句子成分要完整。句子一般由主语、谓语中心语和宾语三部分组成,不可残缺(主语在特定情况下可以隐含)。

> ## 句子成分残缺实例
>
> 今年,我公司要建立和健全各项规章制度等一系列工作。
>
> 【评析】
>   上例中主语是"我公司",宾语是"建立和健全各项规章制度等一系列工作"。去掉修饰性词组,全句紧缩后为"我公司要工作",显然缺少谓语动词。改正的方法是在"要"后面增写"做好"一词,改为"我公司要做好建立和健全各项规章制度等一系列工作"或删去"等一系列工作",改为"我公司要建立和健全各项规章制度"。后一种改法虽然语法通了,但少了"一系列工作"一词,意思单薄了许多。

(2)词语搭配要恰当。文书中的词语搭配要符合语法规则和社会的约定俗成,恰当合理。

词语搭配不当实例

后勤保障工作做得好坏与否是搞好机关事务管理至关重要的条件之一。

【评析】

上例中存在三方面的搭配不当：第一，"后勤保障工作做得好坏与否"是从"好"与"坏"两方面说的，而"搞好机关事务管理"则是从"好"一方面说的，前后明显搭配不当；第二，既然强调"搞好机关事务管理至关重要的条件"，那就不能把"搞不好后勤保障工作"作为条件之一；第三，"好坏"一词已经包含"好"与"坏"两个方面，后面再加上"与否"显得重复和矛盾。此句可以改为"搞好后勤保障工作是搞好机关事务管理至关重要的条件之一"。

（3）避免句式杂糅。所谓句式杂糅，是指把两个句子表达的意思杂糅成一个句子来表达，造成表达混乱、意思不清。

句式杂糅实例

会议是一种与会人员至少有三人以上参加的沟通活动。

【评析】

上例存在以下问题：一是句式杂糅。全句其实是由"会议是一种与会人员至少三人的沟通活动"和"会议是一种三人以上参加的沟通活动"这两句话杂糅而成的，导致：一是"与会人员"和"参加"这两个句子成分的重叠赘余；二是"以上"同"至少"词义不同，且"以上"一词是否包含本数未作界定，和"至少"合用属于前后搭配不当。

（4）标点符号要正确。标点符号是文书符号要素的重要组成部分，对文书的主题信息起着辅助说明的作用。不用标点符号或者标点符号使用混乱，会使文书的语言表意不清，造成理解和执行上的障碍。

标点符号错误实例

乙方提供的羊皮必须满足甲方的要求，面积在4平方尺以上、有剪刀伤的一律不要。

【评析】

　　上例是一份买卖合同的一项条款。谈判时商定的内容是乙方必须向甲方提供4平方尺以上的羊皮,羊皮上有剪刀伤的一律不要。按理"4平方尺以上"后面应当标句号。但制作合同文本时却将句号错写成顿号,使"面积在4平方尺以上"和"有剪刀伤"这两个词组变成了并列关系,全部列入"一律不要"的范围,这就违背了双方协议的初衷。由于合同签署时甲方未发现这一问题,签署后,乙方的供货部门便按签署的合同条款执行,结果导致合同纠纷。

(四)庄重

文书具有法定的权威性,与之相适应,文书的语言应当体现庄重性。要做到语言庄重,具体有下列几种方法:

1.正确使用公文专用词语

公务文书中有很多源自文言文的公文专用词语,使用频率高,实用性强,不仅简洁明快,具有特定的表达功能,而且体现公务文书语言的庄重性,具体有以下几类:

(1)开头词。如:为了、为使、根据、遵照、兹因、由于、鉴于、据查、近查等。

(2)称谓词。如:我、本、你、贵、该等。

(3)引叙词。如:收悉、电悉、获悉、欣悉、惊悉、痛悉、前接等。

(4)综合过渡词。如:为此、因此、对此、据此、有鉴于此、总之、综上所述、以上各条等。

(5)期请词。如:请、拟请、提请、恳请、特请、切盼、希、望等。

(6)表态词。如:同意、不得、照办、速办、迅即办理、准予、遵照执行、贯彻执行、参照执行、研究办理、供参考等。

(7)询问词。如:当否、妥否、可否、是否可行、是否同意、意见如何等。

(8)程序词。如:报批、报经、报送、报请、呈报、呈请、出具、非经……不得、核准、核定、核拨、审查、审定、审核、审批、审议等。

(9)结尾词。不同类型的公务文书使用不同的结尾用语。①执行类的文书结尾词有:此令;特令;现予发布实施;现于公布,自××××年×月×日起施行;以上通知(告),望遵照执行。②报请类文书的结尾词有:特此报告;特此请示;以上请示当否,请批复;以上意见如无不妥(当),请批转各地执行。③批复类文书的结尾词有:特此批复;此复。④周知类文书的结尾词有:现予公告;特此通告;特此通报;特此通知。⑤来往类文书的结尾词有:特此函复;即盼函复;为荷;为盼;为要;为感;为宜。

2.以陈述句和祈使句为主

文书中的句型以陈述句和祈使句为主,少用或不用感叹句和疑问句。陈述句便于直接明确地表明立场,解释概念,陈述事务;祈使句能明确要求人们应该做什么、不该做什么,这正符合体现文书语言庄重性的需要。

3. 主要运用消极修辞

在修辞方面,文书写作主要运用消极修辞,适当运用积极修辞。所谓积极修辞,就是运用比喻、拟人、借代、夸张等修辞格,使语言生动、形象的方法。消极修辞是相对积极修辞而言的,即不用任何修辞格而使语言明白、通畅、平匀、稳妥。文书写作在主要运用消极修辞的同时要体现语言的生动性和形象性,这就要处理好积极修辞和消极修辞的关系。

第三节　文书的结构元素、体例和标印格式

一、文书的结构元素及其表述方法

文书结构的元素是指表现公务文书主题信息的各个组成部分,包括标题、稿本性质、题注、作者名称或姓名、称呼或主送机关、正文、署名或签署、盖章、成文日期等。这些结构元素可根据文种的性质、特点和行文目的加以选择,合理组合,以确保信息表达的完整性。

(一)标题

文书标题是位于文书正文上方,总领概括文书内容、揭示主要信息的短语或短句。

1. 文书标题的作用

文书的标题不同于文艺文的标题,其作用是多方面的:

(1)概括事由、揭示主题。如《××市人民政府关于进一步加强会展市场管理的通知》这一标题,其中"进一步加强会展市场管理"揭示了该通知的事由。

(2)表明作者的法定身份。如《中华人民共和国商务部令》这一标题,表明法定作者是中华人民共和国商务部。

(3)说明文书适用空间和时间范围。如《上海市信访工作条例》这一标题说明该条例适用于上海;《××有限公司2022年度工作总结》这一标题说明该总结的空间范围是××有限公司,时间范围是2022年度。

(4)揭示文种,体现作者的制文意图。不同的文种具有不同的功能,如命令、决定和指示性通知在不同程度上要求强制执行,其中命令的强制性最高。准确标注文种,有助于正确传达并帮助有关机关和公众正确理解发文机关的意图,实现有效沟通。

(5)便于文书的引用、转发、汇编、归档以及计算机和网络检索。文书制发后,其标题就成为引用、转发、汇编、立卷、检索的标志和线索。

2.文书标题的组成要素

(1)发文机关或会议名称+事由+文种。这主要用于以机关或会议的名义发出文书,如《中共中央关于制定国民经济和社会发展第十三个五年规划的建议》《××市工会第五次代表大会关于××市总工会第四届委员会财务工作报告的决议》。

(2)发文机关或会议名称+文种,如《第三届全国公共关系论坛邀请函》《建筑师、工程师注册制度研讨会纪要》。

(3)适用范围+事由(主题)+文种,如《上海市防污条例》。其中:"上海市"是适用范围,"防污"是事由(主题)。

(4)事由(主题)+文种,如《出国举办经济贸易展览会审批管理办法》《信访工作条例》等。这类不写明适用范围的标题只适用于全国性的法律法规等规范性文书,不适用于地方性或者单位内部的规范性文书。

(5)适用范围+适用时限+事由(主题)+文种,如《××大学20××年度校务公开工作总结》。

(6)仅标明文种,一般用于少数约定俗成的文种,如《新闻公报》《请柬》等。

(7)复合式标题,由主题和副题组成。主题(又称正题)揭示文书的主题,副题(又称子题)补充说明作者、文种和适用范围等信息,常常另起一行用破折号引出。简报、调查报告、工作总结等都可以采用这种标题,如:

创新驱动,练好内功,做精做强
——××有限公司20××年度工作总结

3.标题制作要注意的问题

(1)发文机关要用全称或规范化简称,简称后必须特指,不能一称数指。如"华师大"这一简称就存在一称数指的情况,它可以指"华东师范大学"或"华中师范大学"或"华南师范大学"。遇到这种情况,应当使用全称或者增加区别性的文字,如"华东师大""华中师大""华南师大"。

(2)标题中的事由部分应当准确、简要地概括文书的主要内容,并注意语法的规范性和语义的准确性。

(3)标题中对被发布、印发、批转、转发的文书名称需加书名号,如:

中共上海市委关于转发《中共上海市人大常委会党组关于〈上海市五年立法规划的请示〉》的通知

又如:

××市××行业协会关于印发《××市××行业协会章程》的通知

(4)为了便于公文的引用、转发、汇编和归档,提高公文检索的效率,除纪要、章程、条例、办法等少数文种外,狭义公文的标题应当由发文机关、事由和文种三部分

组成,不应省略发文机关。

公文标题错误实例

关于处理××展览会违规举办的通报

【评析】

上例标题存在以下错误:一是缺少发文机关。这将会给文件的立卷、检索和引用造成不便。二是主谓搭配不当。"处理"的对象应当是主办单位而不是展览会。三是语法不通。"××展览会违规举办"属于主谓结构,不能充当"处理"一词的宾语。"处理"一词应当后接名词或名词性词组。

修改后的参考标题为:《××(发文机关)关于处理××(主办单位)违规举办××展览会问题的通报》。或者去掉"处理"二字,改为《××(发文机关)关于××(主办单位)违规举办××展览会问题的通报》。

(二)稿本性质

文书写作和印制时,除了正本和副本外,其他的稿本形态都应当在标题之后或下方注明,以区别于正本和副本的法定效力。规范性文件中的暂行本和试行本也必须标注,以免同普通正本相混淆。稿本性质有两种标注方式:

(1)提交会议讨论或审议表决、尚未产生法定效力的文书,需在标题之后或下方居中用圆括号标明"草案""修正草案""讨论稿""征求意见稿"。如:《第十四届全国人民代表大会第一次会议议程(草案)》。

(2)暂行本和试行本的"暂行"和"试行"既可作为定语置于文种之前,限定文种,也可置于文种之后用圆括号括入。如:《国际科学技术会议与展览管理暂行办法》《文物出国(境)展览管理规定(试行)》。

(三)题注

1. 使用题注的范围

题注是位于标题下方,说明该文书通过、签署、发布、修订、生效等有关信息的结构元素。需要标明题注的文书主要有三类:第一类是会议表决或者协商通过的文书,如决定、决议、公报、章程、条例、规定、办法、细则、宣言、倡议书等,这类文书发布时都应当标注题注;第二类是虽经小范围会议(如常委会、主席团、理事会会议)预通过,还需提交全体大会最后审议表决的草案、修正草案、表决稿等,应当标注题注;第三类是由领导签署生效的规章制度、实施方案、工作计划等文书,发布时一般作为发布性通知的附件,有时也可单独发布。单独发布时需要标注题注。

2. 题注的组成要素

（1）会议通过的文书由通过日期+会议名称+"通过"组成，如修订后重新发布，需标明修订会议名称和修订日期。

（2）单独发布由领导签署生效的文书，如改革方案、工作计划等，一般用通知的发文字号代替题注，也可同时标注发布日期。

（3）报经上级机关批准后发布的文书，题注中需写明批准机关名称和批准日期。

（4）单独发布的规范性文书，题注中也可标注生效实施日期。

3. 题注标注的形式

题注应当置于标题之下、正文之上，居中，用圆括号括入。题注中的日期可用阿拉伯数字表述。标注题注的文书，一般不再标注主送机关和成文日期。

会议通过的文书题注标注实例

上海市人民代表大会议事规则

（1990年4月30日上海市第九届人民代表大会通过，根据1993年1月9日上海市第九届人民代表大会第六次会议《关于修改〈上海市人民代表大会议事规则〉若干条款的决定》第一次修正，根据1998年1月14日上海市第十届人民代表大会常务委员会第四十一次会议《关于修改〈上海市人民代表大会议事规则〉的决定》第二次修正，根据2001年10月24日上海市第十一届人民代表大会常务委员会第三十二次会议《关于修改〈上海市人民代表大会议事规则〉的决定》第三次修正）

【评析】

《上海市人民代表大会议事规则》于1990年4月30日第一次发布后历经多次修正，题注中注明第一次通过和历次修正的日期和会议名称，体现了立法的严肃性和规范性，也为日后查考提供了线索。

单独发布文书的题注标注实例

党政机关公文处理工作条例
（中办发〔2012〕14号，2012年4月16日）

【分析】

《党政机关公文处理工作条例》于2012年4月16日由中共中央办公厅和国务院办公厅联合发布。发布时该条例是通知的附件，但是为了方便学习和执行，条例常常需要单独印发。单独印发时必须用题注的形式注明正式发布的发文字号和发布日期，以便于查考。

(四)作者名称或姓名

会议报告、讲话稿、调查报告、经验介绍材料等文书,由于在标题中不显示作者的名称或姓名,因此要在标题下方标明法定作者名称或报告人姓名。对于标明作者名称或姓名的文书,无须再在正文下方署名。

(五)称呼或主送机关

1. 称呼

称呼主要用于信函、讲话、报告、致辞一类的文书,表明致送和聆听对象。称呼要在标题之下空一行顶格书写,后标冒号。

2. 主送机关

主送机关即文书的主要受理机关。主送机关是一种特定的称呼。凡是以机关的名义制发并明确要求有关机关知晓或办理的文书,应标明主送机关。主送机关的写法有以下几种:

(1)单称,用于向一个特定的机关行文。使用单称要注意区域限制。在本地区、本系统可称上级为"省政府""董事会",但跨地区、跨系统行文时,必须写明地区或机关的全称或规范化简称,以免造成歧义。

(2)并称,用于同时向两个及以上的机关行文或称呼两个及以上的对象。主要的机关和对象应写在前面。

(3)统称,又叫泛称,即将同一类型的机关名称或称呼对象的共同中心语抽出,前面加"各"字,如"各省、自治区、直辖市""各区县局"。对于无共同中心语的机关,可按其性质统称,如"各直属机构""各人民团体"。统称写作应当清楚明确,不应写成"各有关单位",以免造成责任不清、相互推诿的情况。统称如不能涵盖全部受文机关,还可以采用统称加单称或并称的方法,如"各全国性学会、协会、研究会,各省、自治区、直辖市科协,各计划单列市、副省级城市科协,新疆生产建设兵团科协",其中"新疆生产建设兵团科协"属于单称。

(4)转称,用于主送某一机关,同时要求转送另一机关的公文,如"市政府并转报省政府"。

(5)递降称,主送机关从高到低,用于同时向多级下级机关的行文,如"各地、市、县委"。

称呼和主送机关在标题之下空一行顶格书写,换行顶格,末位标冒号。

对于一些向社会各界直接公布的文书(如命令、通告、公告、公报)和会议通过的文书(如决定、决议、纪要),可不标主送机关。

(六)正文

正文是完整表达文书主题信息的核心载体,一般分为开头、主体、结尾三部分。内容简单的文书,可掐头去尾,不分段落,一气呵成。

1. 开头

开头的方法多种多样,究竟采用哪一种方法,要考虑两个方面:一是根据文种的特点。文种不同,开头的写作方法往往各不相同。二是适应行文目的和行文内容的需要。常用的开头方法有:

(1)说明发文的目的、意图、意义和依据,多用于公告、通告、通知、函、预案、章程、条例、办法、规定等写作。

(2)揭示背景,确定全文的基调,主要用于各种工作报告、工作总结、经验介绍、演讲稿的写作。

(3)介绍和评价基本情况。情况报告、通报、简报、调查报告、纪要等文书的开头一般要概括介绍相应的基本情况。

(4)表达欢迎、欢送、祝贺、慰问、感谢等特定的信息,主要用于开幕词、闭幕词、欢迎词、贺信、慰问信、感谢信的写作。

2. 主体

主体的主要功能是说明具体情况、解释政策条文、布置工作任务、提出意见要求、回答询问质疑、总结经验教训、分析原因利弊等。

3. 结尾

结尾常有以下几种方法:

(1)发出号召、提出希望或执行要求。这主要用于要求下级机关或有关单位与个人遵守、执行或者响应、配合的文书。

(2)表示信心和决心。这主要用于工作报告、述职报告、决议、讲话稿等。

(3)提出请求。这主要用于请示、上行性意见、商洽函、请求批准函、议案、工作报告等。

(4)表达祝愿。这主要用于致辞和贺信等文书。

(5)加重语气、收束全文。一般的文书都可以用"特此决议""特此通知""特此函告"等结尾用语来加重语气、提请重视并收束全文。凡用"特此"引领的结尾用词,写作时要注意三点:一是另起行独立成段,以示强调;二是具有短语性质,末尾可以不加句号,如"特此通知";三是如果开头部分已经用了"现将有关事项通告(通知、通报、报告等)如下"的过渡语,则可省略这类结尾,以免重复。

(七)署名

署名又称落款。文书的署名有以下几种情况:

(1)署发文机关的名称。党政机关的公文一律要求在正文的下方署发文机关的

— 37 —

名称全称或者规范化简称。对于无固定标印格式、标题中又无发文机关名称的文书,如邀请函、工作计划和总结等,也应当署发文机关名称。

(2)署领导姓名。对于以领导名义发出的文书,由签发人在正文末尾处亲笔署名,用以证实其法定效力或体现礼节,又称签署。如公布法规和规章的命令,向法定性会议提出议案,对重要贵宾发出的请柬或邀请函,任免性通知以及重要的证书、聘书等文书,应当标明签署人的职务并由其亲署姓名。领导署名的文书一般不再署发文机关名称(文书标题和正文中没有写明发文机关的除外),也不需加盖公章(有特别规定的除外)。署名的文书需要批量印发时,可盖领导手书体签名章。联合发文需要署名的,应当由发文各方的领导共同署名或盖签名章。

(3)代表人共同签字。对于具有协议性质的文书,如合同、纪要、联合公报、共同宣言等,由有关各方派代表在文书的末尾共同签字,不能用签名章代替。签字人必须是法定代表人或者由法定代表人专门授权的人士。

(八)成文日期

成文日期是文书据以生效的时间,也是查考文书的重要途径。正文中没有特别说明生效日期的文书均以成文日期作为法定的生效日期。确定成文日期有以下几条规则:

(1)由领导签发的文书,以签发日期为准。

(2)经会议讨论通过的文书,以通过日期为准。

(3)谈判协商达成的文书,以各方共同签字的日期为准。

(4)需会签才能生效的文书或者联合发文,如各方签字的日期不同,则以最后签发的日期为准。

已在题注中写明会议通过日期的文书,无须在文末标注成文日期。狭义公文成文日期的标注形式和要求详见本节第三部分内容"公文标印格式"。

二、文书的结构体例

结构体例是文书正文结构的表现形式。文书正文的结构体例丰富多样,但总体上可以分为标志性结构体例和非标志性结构体例两大类。

(一)标志性结构体例

标志性结构体例是指采用突出醒目的文字符号标记文书正文的层次和段落,以表明层次与层次、段落与段落、层次与段落之间的逻辑关系,常用于内容较为复杂的规范性、契约性、综合研究性文书,其形式主要有以下五种:

1.序数式

序数式即用汉字或阿拉伯数字标注层次和段落,第一层为"一",第二层为"(一)",第三层为"1.",第四层为"(1)"。技术性文书也可全部采用阿拉伯数字分级编号,如:第一层次为"1",第二层次为"1.1",第三层次为"1.1.1",第四层次为"1.1.1.1"。

使用序数式结构体例有两种情况:一种是全篇每个层次从头到尾均用序数加以标注,如内容简单的规章制度、会议议程、会议程序等文书。另一种是开头部分不标序数,从主体部分开始的每个层次用序数加以标注。结尾部分可标序数,也可不标序数,如联合声明、倡议书、会议会谈纪要等。

2. 小标题式

小标题式即在层次或段落上方加写短语或短句作为小标题。小标题具有划分层次、概括层次和段落中心观点或主要内容、体现结构层次之间的逻辑关系、帮助受众阅读理解的功能。内容复杂且层次段落较多的文书,可以设多级小标题。

序数式和小标题式可以混合使用。即在每个小标题前依次加注序号,便于借助序号快速查找或引用有关内容。也可在小标题概括的较大层次中再用序数标注其中较小的层次或段落。

3. 段旨式

段旨式即将精辟的短语或短句置于自然段落的开头,以概括这一段落的主旨,然后展开具体说明、议论。段旨前若加注序数,则更能表现段落之间的逻辑关系,更便于查阅。段旨与小标题的区别在于段旨只限于概括某个自然段落的主旨,置于段首;而小标题则概括某一层次(可以包含若干自然段落)的主旨,其标注位置在该层次(或段落)的上方。

4. 章条式

章条式即用编、章、节、条、款、项、目统一命名和表述各个结构层次或段落。章条式结构体例具有名称统一、表述规范、容易辨识、便于查找以及便于书面和口头引用等优点,适用于章程、条例、规定、办法、细则、合同、协议书等需要依照执行并经常引用、解释的文书的写作。章条式结构体例分为三个层次:

(1)宏观结构层次——编、章、节。其主要功能是对条文较多、结构较为复杂的规范性文件划分较大的层次。

编属于最高的结构层次,适用于体系庞大、内容复杂的文书,如《中华人民共和国民法典》共分七编。编下面可以分章,如有需要还可以在编和章之间设分编,但不能直接分节或设条。

章是宏观结构层次中的基本层次。当文书的内容表述需要设置宏观结构层次时,应当首先设章。如果设章还不能满足需要,则向上延伸设编,编下面再分若干章。章下面可以分节,也可以直接设条。

节是介于章和条之间的辅助性结构层次,其功能在于帮助内容较多的章捋清条理、分类表述。章下面是否分节应根据需要。如果章下所设的条较多,涉及内容较广,可以在章与条之间设节。在同一文本中,有的章下面可以分节,节下面再设条,有的章下面可以不分节而直接设条。

编、章、节应当在名称前冠以汉字的序数词,后空一至二字缀以标题,并以较醒目的字体字号居中标识于该层次的上方,如:"第一章　　总则"。章和节一律依各自的上位层次(分编除外)从头开始编码。

编、章、节设置实例

中华人民共和国民法典
目录(节录)

第二编　物权
　　第一分编　通则
　　　　第一章　一般规定
　　　　第二章　物权的设立、变更、转让和消灭
　　　　　　第一节　不动产登记
　　　　　　第二节　动产交付
　　　　　　第三节　其他规定
　　　　第三章　物权的保护
　　第二分编　所有权
　　　　第四章一般规定

【评析】

　　民法典内容浩瀚,涉及面广,在宏观结构体例上设编、分编、章、节。编是最高结构层次,下面可以再设分编,也可以直接设章;章按照每个编单独排列顺序。第二编共设五个分编,从第一章排列到第二十章。章下面可以分节,也可以不分节,根据需要而定。节按照每个章单独排列顺序。

---

(2)中观结构层次——条。条是对某一个具体问题相对独立和完整的表述,是采用章条式结构体例的文书最基本的结构单位。设条必须遵守以下几点:一是凡需要采用章条式结构体例,应当首先考虑设条,并且以条为中心根据需要适当向上下两个方向增设结构层次;二是条的表述应当相对独立完整,条与条之间的内容表述不能交叉重复;三是除序言外,全文从头至尾都必须按条的先后顺序依次连续编码,不受编、章、节的制约。

　　条的表述方法有两种:一种是单纯用序号表述,即在"条"前面冠以汉字的序数词,如"第一条",后面不加标题,前空两字置于条的开头,后空一字直接书写条文。另一种是在条的序号后面空一字用圆括号加标题,如"第一条　(目的和依据)"。这主要用于条文较多且不设章的规范性文书,以便于按照条的序号和标题查找有关条文。

(3) 微观结构层次——款、项、目。微观结构层次的主要功能是对各自的上位层次进行细化,因而它们相对于各自的上位层次都具有较强的隶属性,不能单独设立。

款是直接设于条下的逻辑段,又称意义段,可以是单独的一个自然段,也可以由若干逻辑上相互关联且意义完整的自然段组成,是直接构成条的基本要素。条下面可以只设一款,也可以设若干款。设款必须注意以下几点:一是款在写作上必须遵循完整性和单一性原则。所谓完整性,是指一款应当完整表达一个主题或说明一个问题。当一款所涉的主题或问题需要分列若干自然段才能完整说明时,这一款内的所有自然段应当被视作一个完整的逻辑段。所谓单一性,一是一个款只能表达一个主题或说明一个问题,如果需要对前一个主题做进一步说明或补充完善,或者需要表达另一个与之相关但又并列的主题,则应当另设一款;二是同属一条的款与款之间既可以是意义上平行并列或程序上先后承接的关系,也可以是内容上补充完善的关系,不存在总与分关系,因此不需要在条的起始处设总领句;三是款无需标注序号,条下面如果只设一款,可直接读作"第×条",而无需读作"第×条第一款",条下面如果设若干款,则以自然段或逻辑段的先后次序作为的引用和读作的依据。

条与款写作实例

第六条 (组织机构)
　　××博览会的领导机构为××博览会组织委员会(以下简称"组委会")。组委会成员由××博览会主办单位和承办单位以及有关机构的负责人担任。
　　组委会下设执行委员会(以下简称"执委会")。执委会由组委会分管领导和办事机构负责人组成,负责与世界××组织沟通信息和工作对接,做好博览会相关事项的协调和组织工作。

【评析】
　　上例条文的标注采用序号+标题的形式,字体字号醒目,既突出主题,便于阅读理解,又便于依据条的序号查找和引用。该条共设两款,分两个自然段表述,不加序号。第一自然段读作"第六条第一款",余类推。两款意思表述相对独立,第二款是对第一款的补充完善,共同说明第六条"组织机构"这一主题。

项是款下面的结构层次,目是项下面的结构层次,二者都以列举的形式展开说明上一级层次内容。设置项和目必须注意以下几点:一是款与项、项与目之间都是总分关系,不是并列关系,这一点不同于款与款之间的平行并列或程序上先后承接的关系,表述时不能混淆。二是款下设项或者项下设目,第一自然段必须设总领句,后加冒号。项与项之间、目与目之间都是并列的分句,并在上一级层次框架内编码。三是每一项、每一目均应另起一行左空两字书写。项用汉字的基数词外加圆括号依

次表述,如"(一)";目用阿拉伯数字加点号依次表述,如"1."。序号后面不用标出"项"和"目"的字样,也不用空格,直接书写相关内容。句末标分号,最后一项或最后一目标句号。

款项标注实例

　　第八条　申请加入本会,必须具备下列条件:
　　(一)承认本会的章程;
　　(二)有加入本会的意愿;
　　(三)热心支持本会活动;
　　(四)个人会员具有大专以上文化水平。

【评析】
　　上例对条、款、项含义及其相互关系的把握非常准确,标注方法非常规范。该条中的五个自然段,彼此紧密关联,不可分割,共同构成一个意义完整的逻辑段,作为该条下设的款。第一自然段为款的总领句,(一)至(四)项是并列关系,是对总领句的列举说明。每一项都另起一行,用汉字序数加圆括号标注,末尾标分号,最后一项标句号。由于该条只设一款,款下设四个项,因此引用某一项时,读作"第八条第×项"即可。

(二)非标志性结构体例

　　非标志性结构体例是指主要通过自然段落的排列次序表达结构层次之间的逻辑关系而无需任何标志的表达方式。有些感谢信、欢迎词、邀请函、聘书、通知、公告等文书全篇一气呵成,适合使用非标志性结构体例。

非标志性结构体例实例

上海市人民代表大会常务委员会公告

(第51号)

　　《上海市公共文化服务保障与促进条例》已由上海市第十五届人民代表大会常务委员会第二十六次会议于2020年10月27日通过,现予公布,自2021年1月1日起施行。

上海市人民代表大会常务委员会
2020年10月27日

三、公文标印格式

为提高我国公文的规范化和标准化水平,2012年6月,国家质量监督检验检疫总局和国家标准化管理委员会联合发布了《党政机关公文格式》(GB/T 9704—2012),现介绍如下。

(一)版头

版头即标识于公文首页红色分隔线以上的各要素的统称。

(1)份号。份号即公文印刷份数的顺序号,其作用是便于登记、分发、核查和统计。带有密级的公文必须标明份号;如果发文机关认为有必要,也可对不带密级的公文编制份号。份号用6位三号仿宋体阿拉伯数字顶格编排在版心左上角第一行(一行指一个汉字的高度加三号汉字高度的7/8的距离)。

(2)密级和保密期限。如需标注密级和保密期限,一般用三号黑体字,顶格编排在版心左上角第二行;保密期限中的数字用阿拉伯数字标注。国家秘密必须标识"★"符号,"★"的前面用汉字标注密级,"★"后面标注保密期限。保密期限在年以上的,注明多少年,年以下的用"月"表示。如,"绝密★25年""秘密★1个月"。特殊情况下,保密期限为长期的,标为"绝密★长期"。公文的保密期限与密级的最长保密期限一致时,可免标保密期限,如"绝密★",并按该密级的最长保密期限处理。

(3)紧急程度。如需标注紧急程度,一般用三号黑体字,顶格编排在版心左上角;如需同时标注份号、密级和保密期限、紧急程度,按照份号、密级和保密期限、紧急程度的顺序自上而下分行排列。

(4)发文机关标志。发文机关标志表明公文的法定身份,由发文机关全称或者规范化简称加"文件"二字组成,也可使用发文机关全称或者规范化简称,不标"文件"二字。发文机关标志居中排布,上边缘至版心上边缘为35mm,推荐使用小标宋体字,颜色为红色,以醒目、美观、庄重为原则。字号以不大于上级机关字号为原则,根据本机关名称字数多少而定。联合行文时,如需同时标注联署发文机关名称,一般应当将主办机关名称排列在前;如有"文件"二字,应当置于发文机关名称右侧,以联署发文机关名称为准上下居中排布。

如发文机关过多造成首页不能显示正文,可采取只使用主办机关标志、缩小发文机关标志字号和行距等办法,确保首页显示正文。

(5)发文字号。发文字号即一份公文特定的代号,其作用是便于公文的登记、分办、查询、引用和归档。发文字号必须按机关代字、年份、发文序号的次序标注,如"沪府发〔2014〕2号"。年份要写全称,不应简化,用阿拉伯数字书写,外加六角括号,不能用方括号或者圆括号。序号是发文的流水号,按年度统一编制,用阿拉伯数码标识,不必前置"第"和虚位"00"。

发文字号位于发文机关标识下空两行,用三号仿宋体字,居中排列。联合行文时,只标注主办机关的发文字号。上行文的发文字号居左空一字编排,与最后一个签发人姓名处在同一行。

(6)签发人。上报的公文应当标注签发人姓名,以示对公文内容的郑重负责。签发人由"签发人"三字加全角冒号和签发人姓名组成,居右空一字,编排在发文机关标志下空两行位置,平行排列于发文字号的右侧。"签发人"三字用三号仿宋体字,签发人的姓名用三号楷体字。

如有多个签发人,签发人姓名按照发文机关的排列顺序从左到右、自上而下依次均匀编排,一般每行排两个姓名,回行时与上一行第一个签发人姓名对齐。签发人过多可能将正文挤出首页时,可适当增加每行签发人的数量。

(7)版头中的分隔线。发文字号之下 4mm 处印一条与版心等宽(156mm)的红色分隔线,其作用是将版头部分与主体部分隔开,增强公文页面的层次感。分隔线的高度推荐使用 0.35~0.5mm,具体高度可根据发文机关标志字体字号酌定。

(二)主体

首页红色分隔线(不含)以下、末页首条分隔线(不含)以上的各要素统称为主体。

1. 标题

公文标题位于红色分隔线下方空两行,居中排列,字号小于版头,大于正文,一般用二号小标宋体字。排列时,要做到排列对称、间距恰当、醒目美观。字数多的标题应当使用梯形或菱形排成若干行。回行时,要做到词意完整,排列对称,长短适宜,间距恰当,如不应将双音节词或固定词组拆开置于不同行的首尾,"的"字不排在行首。如果标题所占行数较多,出现把正文挤出首页的情况时,可将标题上移一至二行,即减少与红色分隔线之间的空行或不空行。

2. 主送机关

主送机关位于标题之下空一行,左侧顶格,使用三号仿宋体字,回行顶格。各主送机关中间根据机关的类型用顿号或逗号,末尾标全角冒号。如主送机关名称过多而使公文首页不能显示正文时,可将主送机关移至版记中的抄送机关之上。

3. 正文

公文首页必须显示正文。正文位置在主送机关名称下一行,每个自然段开头左空两字,回行顶格。正文中的数字、年份不能回行。正文使用三号仿宋体字,一般每面排 22 行,每行排 28 字,并撑满版心,特定情况下可以做适当调整。文中结构层次序数依次可以用"一、""(一)""1.""(1)"标注;一般第一层用黑体字、第二层用楷体字、第三层和第四层用仿宋体字标注。

4. 附件说明

公文如有附件,应在正文之下空一行左空两字用三号仿宋体字标识"附件"两字,后标全角冒号和附件名称。附件有两份或两份以上时,应当用阿拉伯数字标明序号,如"附件:1.××××××××";附件名称不用加书名号,后面也不加句号。附件名称较长需回行时,应当与上一行附件名称的首字对齐。

有的公文已经在正文中明确提到被发布、印发、批转、转发的文件名称,就不必再在正文之下标注附件,更不必标注"附件如文"的字样。

5. 发文机关署名、成文日期和印章

(1)加盖印章的公文。成文日期一般右空四字编排,印章用红色,不得出现空白印章。单一机关行文时,一般在成文日期之上、以成文日期为准居中编排发文机关署名,印章端正、居中下压发文机关署名和成文日期,使发文机关署名和成文日期居印章中心偏下位置,印章顶端应当上距正文(或附件说明)一行之内。联合行文时,一般将各发文机关署名按照发文机关顺序整齐排列在相应位置,并将印章一一对应、端正、居中下压发文机关署名,最后一个印章端正、居中下压发文机关署名和成文日期,印章之间排列整齐、互不相交或相切,每排印章两端不得超出版心,首排印章顶端应当上距正文(或附件说明)一行之内。

(2)不加盖印章的公文。单一机关行文时,在正文(或附件说明)下空一行右空两字编排发文机关署名,在发文机关署名下一行编排成文日期,首字比发文机关署名首字右移两字,如成文日期长于发文机关署名,应当使成文日期右空两字编排,并相应增加发文机关署名右空字数。联合行文时,应当先编排主办机关署名,其余发文机关署名依次向下编排。

(3)加盖签发人签名章的公文。单一机关制发的公文加盖签发人签名章时,在正文(或附件说明)下空两行右空四字加盖签发人签名章,签名章左空两字标注签发人职务,以签名章为准上下居中布局。在签发人签名章下空一行右空四字编排成文日期。联合行文时,应当先编排主办机关签发人职务、签名章,其余机关签发人职务、签名章依次向下编排,与主办机关签发人职务、签名章上下对齐;每行只编排一个机关的签发人职务、签名章;签发人职务应当标注全称。签名章一般用红色。

(4)成文日期用阿拉伯数字将年、月、日标全,年份应标全称,月、日不编虚位(即1不编为01)。

经会议表决通过的公文和法规、规章的成文日期应加括号标注于标题下方居中的位置,又称题注。

(5)为防止私加文字、变造公文,印章、成文日期不得同正文分离成两页。当公文排版后所剩空白处不能容下印章或签发人签名章、成文日期时,可以采取调整行距、字距的措施解决。

6. 附注

附注一般用来说明公文的阅读和传达范围、是否可以登报、翻印等注意事项,如"此件发至县团级""此件可登报""此件不得翻印"等。对于请示,应当在附注处注明联系人的姓名和电话。附注不是对公文内容做出解释或注释。如需对公文的内容或术语做出解释或注释,一般应当在被解释项或注释项之后采用句内括号或句外括号的方式解决。附注用三号仿宋体字标识于成文日期的下一行,左空两字,用圆括号括入。

7. 附件

附件应当另面编排,并在版记之前,与公文正文一起装订。"附件"二字及附件顺序号用三号黑体字顶格编排在版心左上角第一行。附件标题居中编排在版心第三行。附件顺序号和附件标题应当与附件说明的表述一致。附件格式要求同正文。如附件与正文不能一起装订,应当在附件左上角第一行顶格编排公文的发文字号并在其后标注"附件"二字及附件顺序号。

(三)版记

公文末页首条分隔线以下、末条分隔线以上的部分称为版记。

1. 版记中的分隔线

版记中的分隔线与版心等宽,首、末条分隔线用粗线(推荐高度为 0.35mm,合 1 磅)。首条分隔线位于版记中第一个要素之上,末条分隔线必须与最后一面的版心下边缘重合,也就是说,版记一定要置于公文末页版心的底部。如需标注抄送机关,中间需增加一条分隔线,用细线(推荐高度为 0.25mm,约合 0.7 磅)。

2. 抄送机关

抄送机关是指主送机关以外需要执行或知晓该公文的其他机关。需要抄送的机关有以下几类:

(1)有双重领导或被领导关系的单位;

(2)涉及对方职权范围,或必须让对方了解、请对方协作的单位;

(3)特殊情况下越级行文时被越过的机关;

(4)向下行文必须上报备案的上级机关。

如有抄送机关,一般用四号仿宋体字,在印发机关和印发日期之上一行、左右各空一字编排。"抄送"二字后加全角冒号和抄送机关名称,回行时与冒号后的首字对齐,同一系统内的同级机关之间用顿号隔开,不同系统的机关之间用逗号隔开,最后一个抄送机关名称后标句号。抄送机关较多时,依机关的性质、职权、隶属关系及其他逻辑关系依次排列。

如需把主送机关移至版记,应当将主送机关置于抄送机关之上一行,之间不加分隔线,编排方法同抄送机关。

3. 印发机关和印发日期

印发机关不同于公文的发文机关,是指负责印制公文的主管部门,一般应当是各机关的办公厅、办公室或文秘部门。如发文机关无单设的办公机构或文秘部门,也可直接标识发文机关。印发日期以实际印付的日期为准。印发机关和印发日期一般用四号仿宋体字,同占一行,编排在末条分隔线之上。

印发机关左空一字,印发日期右空一字,用阿拉伯数字将年、月、日标全,年份应标全称,月、日不编虚位(即 1 不编为 01),后加"印发"二字。

版记中如有其他要素,应当将其与印发机关和印发日期用一条细分隔线隔开。

公文如需翻印,还应当标识翻印机关的名称和翻印日期,其方法同上,但翻印日期后要标明"翻印"两字。

(四)公文的特定格式

1. 信函式格式

信函式格式相对简单,便于操作,常用于平行文和下行文中的通知、批复、函等文种。信函式格式与通用格式的区别是:

(1)发文机关标志使用发文机关全称或者规范化简称,不加"文件"二字,居中排布,上边缘至上页边为30mm,推荐使用红色小标宋体字。联合行文时,使用主办机关标志。

(2)发文机关标志下4mm处印一条红色双线(上粗下细),距下页边20mm处印一条红色双线(上细下粗),线长均为170mm,居中排布。

(3)如需标注份号、密级和保密期限、紧急程度,应当顶格居版心左边缘编排在第一条红色双线下,按照份号、密级和保密期限、紧急程度的顺序自上而下分行排列,第一个要素与该线的距离为三号汉字高度的7/8。

(4)发文字号顶格居版心右边缘编排在第一条红色双线下,与该线的距离为三号汉字高度的7/8。

(5)标题居中编排,与其上最后一个要素相距二行。

(6)第二条红色双线上一行如有文字,与该线的距离为三号汉字高度的7/8。

(7)首页不显示页码。

(8)版记不加印发机关和印发日期、分隔线,位于公文最后一面版心内最下方。

2. 纪要格式

纪要格式只用于党政机关的例行会议、专题会议形成的纪要文种。纪要格式与通用格式的区别是:

(1)纪要标志由"××××纪要"组成,居中排布,上边缘至版心上边缘为35mm,推荐使用红色小标宋体字。

(2)标注出席人员名单,一般用三号黑体字,在正文或附件说明下空一行左空两字编排"出席"二字,后标全角冒号,冒号后用三号仿宋体字标注出席人单位、姓名,回行时与冒号后的首字对齐。标注请假和列席人员名单,除依次另起一行并将"出席"二字改为"请假"或"列席"外,编排方法同出席人员名单。

纪要格式可以根据实际制定。

(五)页码

页码一般用四号半角宋体阿拉伯数字编排在公文版心下边缘之下,数字左右各放一条一字线;一字线上距版心下边缘7mm。单页码居右空一字,双页码居左空一字。公文的版记页前有空白页的,空白页和版记页均不编排页码。公文的附件与正文一起装订时,页码应当连续编排。

(六)公文用纸幅面尺寸及版面要求

(1)幅面尺寸。公文用纸采用 GB/T 148 中规定的 A4 型纸,其成品幅面尺寸为 210mm×297mm。

(2)页边与版心尺寸。版心即公文页面中央印有图文(不含页码)的区域;页边即版心四周的空白。公文用纸天头(上白边)为 37mm±1mm,地脚(下白边)为 35mm±1mm,订口(左白边)为 28mm±1mm,翻口(右白边)为 26mm±1mm。版心尺寸为 156mm×225mm。

(3)字体和字号。如无特殊说明,公文格式各要素一般用三号仿宋体字。特定情况下可以做适当调整。

(4)文字的颜色。如无特殊说明,公文中文字的颜色均为黑色。

下面是公文标印格式的几种样式(见图 2-2 至图 2-9)。

图 2-2 单个机关行文首页版式

×××××××××××××××××。
　　××××××××××××××××××××
×××××××××××××××××××××
×××××××××××。

　　　　　　　　　　　中华人民共和国×××
　　　　　　　　　　　　　　（印章）
　　　　　　　　　　　　2012年7月1日

（×××××）

抄送：××××××××,××××××,×××××,×××××,
　　　×××××。
×××××××××　　　　　　　　2012年7月1日印发

— 2 —

图2-3　单个机关行文末页版式

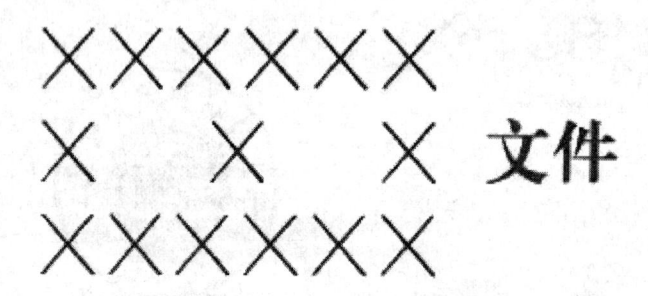

图 2-4　联合行文首页版式 1

图 2-5　联合行文首页版式 2

图 2-6 联合行文末页版式 1

```
×××××××××××××××。
    ××××××××××××××××××××××
××××××××××××××××××××××
××××××××××。
    附件：1. ×××××××××××××××××××
           ×××××
        2. ×××××××××××
                            ×××××××
                            × × × ×
                           2012年7月1日
(×××××)
```

— 2 —

图 2-7　联合行文不盖章附件说明页版式

图 2-8　带附件公文末页版式

中华人民共和国×××××部

000001　　　　　　　　　　　　×××〔2012〕10号
机　密
特　急

×××××关于×××××××的通知

×××××××：
　　×××。
　　×××。
　　×××。

图 2-9　信函格式首页版式

第四节 党政机关公文写作

一、党政机关公文的文种和适用范围

《党政行政机关公文处理办法》规定的公文共15种:决议、决定、命令(令)、公报、公告、通告、意见、通知、通报、报告、请示、批复、议案、函、纪要。《党政行政机关公文处理办法》是我国各行各业公文处理的指导性文件,其中对公文文种适用范围的规定具有普适性,企事业单位和各类社会组织都可以参照。

(一)决议

决议适用于会议讨论通过的重大决策事项。凡实行合议制、表决制的会议,如各种委员会、董事会、理事会、代表大会,都可以使用决议这一文种。

(二)决定

决定适用于对重要事项做出决策和部署、奖惩有关单位和人员、变更或者撤销下级机关不适当的决定事项。决定产生的程序有两种:一种是经会议表决通过,另一种是由首长签发。

决议同决定都可以用于对重要事项做出决策,区别在于:决议必须经过会议讨论或审议并表决通过,而决定既可以由会议表决通过,也可以经会议讨论后由首长签发。决议的内容比较原则化,决定的内容比较具体。

(三)命令(令)

命令(令)适用于公布行政法规和规章,宣布施行重大强制性措施,批准授予和晋升衔级,嘉奖有关单位和人员。

命令是最具有强制性的公文文种。使用命令的主体是国家各级立法、行政、司法和军事机关,命令必须经首长签署。党务机关、企事业单位和人民团体不使用命令这一文种。

(四)公报

公报适用于公布重要决定或者重大事项。公报主要适用于党的机关,有时国家机关也可用公报向社会公布统计、审计、监测数据等。

(五)公告

公告适用于向国内外宣布重要事项或者法定事项。各级国家机关以及企事业单位都可以使用。公告具有三个重要特点:一是公开性。公告属于应当公开发布的

文种,且面向国内外。二是庄重性。公告只有在涉及重大事项时才可使用,滥用公告会削弱它的庄重性。三是多向性。公告可以同时向多个方向发布信息。

公告的发布名义有两种:一种是以特定的会议名义发布,如人民代表会议、董事会会议等;另一种是以机关的名义发布。

(六)通告

通告适用于在一定范围内公布应当遵守或者周知的事项。

通告与公告的区别在于:一是受众范围不同。公告面向国内外,通告适用于国内和法定组织内部。也就是说,公告的受众范围比通告广。二是内容重要程度不同。公告用于公布重要事项,如法律、法规和规章等。相对而言,通告的内容则比较具体和一般,凡是需要社会有关方面周知的事项均可用通告发布,因而使用的范围较广。三是发布目的不同。公告的目的在于让国内外公众周知所发布的信息,公告的内容本身并不一定要求受众遵守或执行。如需遵守或执行,一般通过附件发布法律、法规、规章或其他需要强制执行的事项。而通告既可以用于周知目的,也可以直接发布要求相关受众遵守执行的政策、措施,具有强制性。

(七)意见

意见适用于对重要问题提出见解和处理办法。意见既可以下行,也可以平行和上行。上级机关制定的意见可以直接发给下级机关遵照执行。平行或不相隶属的机关之间也可以相互提出意见供对方参考。下级机关如需向上级机关提出意见或见解,或者需要请上级机关批转各有关机关共同执行的事项,可以使用上行性意见,并按请示性公文的程序和要求办理。请求批转的意见与请示的区别在于:请求批转的意见所涉及的事项一般都具有全局性或牵涉面较广,必须由上级机关批转方能开展。而请示所涉及的一般都是请示机关本身的事项,必须经上级批准同意才能解决或者办理,如增施机构、追加经费、批准项目、内部改革等事项。

(八)通知

通知适用于发布、传达要求下级机关执行和有关单位周知或者执行的事项,批转、转发公文。通知既可作为下行文,也可作为平行文。

通知与通告的区别是:一是适用范围不同。通知可用于对下级机关转发文件、布置工作、任免工作人员,通告则无这方面的功能。二是行文对象不同。通知的对象具有定向性,主送机关必须明确,通告的对象则具有多向性,无特定的主送机关。三是知晓范围不同。通知的内容可以有一定的限知性,有时还要确定密级,通告的内容都是公开的,无保密要求。四是传递方式不同。通知主要通过法定渠道下发或机要交通系统传递,有时也可以根据需要公开发表,通告则必须通过媒体或张贴的方式发布。

使用通知要注意区别不同种类通知的具体用法:

(1)印发性通知,用于在本系统内下发本机关领导的讲话内容、有关学习参考文献以及由本机关制订的内部工作计划和内部执行的规范性公文等。

(2)发布性通知,用于公开发布由本机关制定并要求有关方面遵守的除法规和行政规章以外的规范性公文。

(3)批转性通知,用于上级机关批准并转发下级机关上报的公文。公文一经批转,便代表批转机关的权威和意志。

(4)转发性通知,用于转发上级机关和不相隶属机关的公文。

(5)执行性通知,用于布置要求下级机关或有关单位办理、执行的事项。

(6)知照性通知,用于要求下级机关或有关单位周知、配合的事项。

(7)任免性通知,用于任免本机关或下级机关的工作人员。

(九)通报

通报适用于表彰先进、批评错误、传达重要精神和告知重要情况,属于下行文。

通报具有表彰先进、批评错误的功能,这一点同决定的表彰与惩处功能相似。二者的区别在于:一是作用不同。决定的作用偏重于对表彰和处罚事项进行决断,而通报的作用偏重于通过对个别典型的表扬或批评,推动面上的工作。二是内容不同。通报中可以包含表扬或处分决定的内容,而决定中不能出现"予以通报"的内容。三是行文方式不同。通报属普发性下行文,要求传达到所有下级机关,基层单位亦可将通报直接予以公布;决定则不一定要传达、公布,可视具体需要而定。四是归档方式不同。表彰性或处分性决定既归入文书档案,也归入当事人的人事档案;通报则一般不归入人事档案,只归入文书档案。

通报与通知都属于普发性的下行文,二者的区别在于:一是功能不同。通报通过表彰、批评、传达,发挥激励、教育、警诫、沟通的功能,不布置具体工作;通知可以布置工作,而不具有表彰和批评的作用。二是传达知照的重点不同。情况性通报用于传达带有普遍性、倾向性,需要各方面引起重视、加以防范的情况;而通知知照的事项较为具体。

(十)报告

报告适用于向上级机关汇报工作、反映情况,回复上级机关的询问,属于上行文。

(十一)请示

请示适用于向上级机关请求指示、批准,属于上行文。

请示与报告虽然都属于上行文,但性质不同,区别在于:一是行文目的不同。请示的目的在于请求上级机关的答复而使自己明确所请示的事项能否办、如何办。报告的目的在于让上级机关了解本单位的工作和情况,或者答复上级机关的询问,并不要求上级答复。因此,报告中不能夹带请示事项。二是内容表达不同。请示必须严格做到一文一事,不得一文数事;报告中有一部分属于综合性报告,内容上要求全面系统。三是行文时间不同。请示一定要事先行文,报告则在事前、事中、事后均可进行。四是语气不同。请示必须使用祈请性语气,报告则应当运用陈述性语气。

(十二)批复

批复适用于答复下级机关请示事项,属于回复性下行文。

(十三)议案

议案适用于各级人民政府按照法律程序向同级人民代表大会或者人民代表大会常务委员会提请审议事项。议案不适用于党务机关。

(十四)函

函适用于不相隶属的机关之间商洽工作、询问和答复问题、请求批准和答复审批事项,属于平行文。

在实际使用中,必须准确把握请求批准函与请示、批准函与批复的区别。请求批准函与请示的区别是:前者用于向无隶属关系、平级或级别低于本级但在职能上受其管理的机关(即有关主管部门)请求批准;后者则用于向具有隶属关系的上级机关或在某一职能上受其指导或管理的级别高于本级的有关机关请求批准。批准函与批复的区别是:批准函用于答复无隶属关系、平级或级别高于本级但在职能上受本机关指导或管理的有关机关的请求批准事项;批复则用于答复下级机关的请示。下级机关向上级机关请示,如上级机关授权其职能部门(与请示机关平级)代为答复,职能部门在答复时应当用函而不能用批复。

(十五)纪要

纪要适用于记载会议主要情况和议定事项。工作会议纪要可以作为下行文下发,联席会议纪要、会谈纪要可以作为平行文由各签署方保存。

纪要与决议都是会议中产生的文书,二者的区别在于:一是会议的性质不同。决议一般由具有法定程序的会议通过表决产生;纪要则较多地通过专业性、协调性、座谈讨论性会议通过学习、交流、研讨、协商产生。二是内容覆盖面不同。决议是围绕某项会议议题而产生的,一个文本只记载围绕一项议题所做的决议,不记载不同意见,一次会议中的不同议题,应分别形成不同的决议文本;纪要则应当全面反映会议的内容和过程,因此除反映议定事项和主要精神外,有时还可以反映会议中的不同意见和观点,而且一次会议只能产生一个纪要。三是产生的程序不同。决议须经法定程序表决或协商一致通过,一旦通过,文字上不得做任何修改。因此,决议必须在会议过程中产生,其通过的日期就是成文日期。而纪要的产生程序有两种:双边或多边性会议产生的具有约束力的纪要,必须在会议或会谈中达成一致并签字认可;而其他纪要一般在会议结束之后根据会议记录整理而成,有时还需主办机关或上级机关领导签发批准,故成文日期晚于会议日期。

二、常用公文的结构与写法

(一)决议的结构与写法

决议的结构由标题、题注和正文三要素组成。决议不写主送机关,也无需在文尾署名和标注成文日期。

(1)标题。标题一般由会议名称(必须写全称)、决议事项和决议组成。

(2)题注。决议必须经会议表决通过,因此必须写明通过该决议的会议名称和具体日期。

(3)正文。决议正文的结构分为以下几种情况:

①批准性决议的正文一般分为批准事项和对被批准文书或事项进行评价两部分。批准事项部分要说明被批准、通过的文书或事项的名称、会议的名称、被批准或通过文书的生效或施行的日期;有的决议还应当写明出席会议和参加表决的人数是否达到议事规则所规定的人数以及表决的情况。评价部分要反映会议多数人的意志,常用"会议认为""会议指出""会议强调"等作为叙述人称。对于比较重大的决议,还可在最后提出希望,发出号召。

②工作性决议的正文由决议的因由、决议事项和执行要求三部分组成。因由部分写明做出此项决议的背景、目的和意义。决议事项部分要写明决议的具体内容。执行要求部分应概括明确。

③接纳性决议的正文要写明接纳对象的基本情况和现实表现、是否符合接纳条件及表决结果等。

④政治性决议的正文应当写明做出决议的背景、对时局的看法和判断、决议的具体内容等。

决议写作实例

第十三届全国人民代表大会第一次会议关于政府工作报告的决议

(2018年3月20日第十三届全国人民代表大会第一次会议通过)

第十三届全国人民代表大会第一次会议听取和审议了国务院总理李克强所作的政府工作报告。会议高度评价过去五年我国经济社会发展取得的历史性成就、发生的历史性变革,充分肯定国务院过去五年的工作,同意报告提出的2018年经济社会发展总体要求、政策取向和对政府工作的建议,决定批准这个报告。

会议号召,……

【评析】

这篇决议由标题、题注、正文三部分组成。标题和题注的结构要素齐全,会议名称写全称,显得非常严谨和庄重。正文分为两个自然段,采用无标志性结构体例。第一段在对政府工作报告作出概括准确评价后,用明确的语言表明决议事项。第二段向全国人民发出号召。全文主题鲜明,结构合理,语言准确,具有号召力。

(二)决定的结构与写法

决定的结构形式有三种:

(1)由标题、题注和正文三要素组成,适用于需在法定会议上表决通过的决定。

①标题。标题由发文机关或会议名称、决定事项、决定组成。

②题注。题注的要求同决议。

③正文。正文包括决定因由和决定事项两部分。因由部分要交代决定的事实依据和法律、法规和政策依据以及决定的目的和意义。事项部分要具体说明决定的事项、贯彻的措施和要求等。因由部分和事项部分常用"特作如下决定"或"决定如下"等词语过渡。结尾时不必再写"特此决定"。

(2)由标题、正文、署名、成文日期四要素组成,主要用于向社会公开发布的决定。

①标题。标题由发文机关、决定事项和决定组成。奖惩性决定的标题要写明奖惩对象的集体名称或个人姓名以及奖惩名称,如《中共中央 国务院 中央军委关于授予杨利伟同志"航天英雄"荣誉称号并颁发"航天功勋奖章"的决定》。

②正文。向社会公开发布的决定包括决定因由和决定事项两部分,写法同上一种决定结构。奖惩性决定的开头概括写明奖励或处罚对象的基本情况、主要事迹或错误事实,主体部分写明奖励或处罚的目的、意义、依据、奖励称号或处罚等级,结尾部分发出号召。针对个人的处罚性决定的结尾可写明提出申诉程序。

③署名。署名位于正文右下方,署全称或规范化简称。

④成文日期。成文日期位于署名下方,用阿拉伯数字书写。

(3)由标题、主送机关、正文、署名、成文日期五要素组成,适用于对下级机关发布重大决策事项或变更、撤销下级机关不适当决定事项的决定。

①标题。标题由发文机关、决定事项、决定组成。

②主送机关。普发性(即发到所有下级机关,下同)决定的主送机关写统称。对于针对某一机关的决定,主送机关写单称。

③正文。正文包括决定因由和决定事项两部分,写法同上一种决定结构。

④署名和成文日期。标注要求同上一种决定结构。

决定写作实例

国务院关于取消一批行政许可事项的决定

各省、自治区、直辖市人民政府,国务院各部委、各直属机构:

经研究论证,国务院决定取消40项国务院部门实施的行政许可事项和12项中央指定地方实施的行政许可事项。另有23项依据有关法律设定的行政许可事项,国务院将依照法定程序提请全国人民代表大会常务委员会修订相关法律规定。

以上公布取消的行政许可事项……改革涉及的部门要制定完善事中事后监管细则,自本决定发布之日起20个工作日内将适宜公开的向社会公布并加强宣传、确保落实。各地区、各部门要抓紧做好衔接工作,认真落实事中事后监管责任,坚决维护公平公正的市场秩序。

附件:1.国务院决定取消的国务院部门行政许可事项目录(共计40项)
   2.国务院决定取消的中央指定地方实施的行政许可事项目录(共计12项)

国务院
20××年9月22日

【评析】

国务院这份决定由标题、主送机关、正文、署名和发文日期五项要素组成。标题结构完整,事由清晰。此件属于普发性下行文,因此主送机关采用统称,涵盖所有的下属机关,明确了执行该决定的责任主体。正文采用无标志性结构体例,分为两个自然段,第一段开门见山,直接说明决定事项;第二段对如何执行该决定提出了具体明确的要求和措施。结尾省去了"特此决定"一类的结尾用语,显得干净利落。需要具体执行落实的文件目录用附件标注于正文之后,表明与正文之间不可分割的联系。

(三)公告的结构与写法

公告的结构由标题、正文、署名和成文日期四要素组成。公告不写主送机关。内容简要的公告标题也可省略事由。股份公司董事会议公告以发布决议事项为主,文种也可写成"决议公告"。标题中一般不要省略发文机关,特殊情况下需要省略的,必须在正文右下方署发文机关。

(1)标题。标题一般由发文机关+公告事项+公告组成。如正文内容单一,也可省略公告事项。

(2)正文。正文包括公告的依据、公告事项。正文的内容及其写法要根据公告的性质来确定：

①宣布法定事项的公告应具体说明事项的性质、内容、批准或通过的法律依据、法定程序。如果是发布会议通过的规范性文件,应说明会议名称、所发布文件的名称、批准或通过的时间及文件生效或施行的具体日期。

②股份公司的决议公告开头一般要概括介绍会议的情况,包括时间、地点、主要议题、出席范围等,主体部分载明会议做出的各项决议事项。

③举行重大活动的公告(如校庆公告)要写明的活动目的、宗旨、名称、主题、程序、时间、地点、参加范围、参加办法等信息。

公告的最后可用"特此公告""现予公告"等词结尾,也可省去结尾用语。有的公告不分段落,一气呵成。

(3)署名和成文日期。标注要求同决定。

公告写作实例

××股份有限公司第×次董事会议公告

××股份有限公司第×次董事会议于20××年3月3日在公司第一会议室举行。

经与会董事表决决定:因×××收受贿赂,构成犯罪,撤销其××股份有限公司副董事长职务。会议还决定:撤销其××股份有限公司董事职务,并提交下一次股东大会通过。

××股份有限公司董事会
20××年3月5日

【评析】

这份公告的内容单一,所以标题省略了事由。正文采用非标志性结构体例,共分两段。开头第一段写明董事会议的法定名称和举行的时间地点,主体部分写明会议的决定事项。主题鲜明集中,语言简要准确。

(四)通告的结构与写法

通告的结构由标题、正文、署名和成文日期四要素组成。通告不写主送机关。

(1)标题。标题一般由发文机关+通告事项+通告组成。单位内部的通告可省略发文机关,内容较简单的通告标题可省略事由。

(2)正文。正文一般先交代通告的目的和依据,常用"为了""根据"等介词引导,要求简洁有力;然后准确清楚地说明通告的事项;最后可用"特此通告"结尾,也可用"以上通告,望遵照执行"予以强调。

(3)署名和成文日期。标注要求同公告。

通告写作实例

××市航运管理所关于确保河道疏浚施工和航行安全的通告

××路××货运码头河道自20××年×月×日至×月×日每日6时至19时进行疏浚施工,为确保施工和航行安全,特通告如下:

一、挖泥船艏、艉锚抛向上、下游各100米,八字开锚抛向对岸60米。开锚设有红、白浮标。

二、挖泥船应按规定显示信号,加强值班瞭望,随时采取安全措施。

三、锚泊区域内禁止其他船舶停靠。

四、航经挖泥区域的船舶应离挖泥船300米处鸣笛一长声,以便挖泥船松缆让航。

五、如因天气原因工程顺延,另行通告。

以上通告望各航运单位遵守。

××市航运管理所
20××年3月15日

【评析】

　　这份通告的标题三要素完整。正文开头直接点出河道疏浚确保航行安全这一通告的主题,并交代河道疏浚施工的时间和方位。然后用一句"特通告如下"过渡句转入主体部分。主体部分采用序号式结构体例,层次清晰,各项要求写得明明白白。结尾部分提出希望。整体结构完整合理。

(五)意见的结构和写法

意见的结构一般由标题、主送机关、正文、署名和成文日期五要素组成。

(1)标题。标题由发文机关+意见事项+意见组成。

(2)主送机关。上行和平行的意见应当写明主送机关,下行的意见如果要求下级机关普遍执行,也可不写主送机关,但应在附注中注明发至范围。

(3)正文。正文有两种写法:一种写法是将全文分为两部分,前一部分揭示背景、说明缘由、分析问题、发表见解、阐述目的和意义,要求做到概括而又深刻,为后一部分打好基础;后一部分提出解决问题的具体办法和对策,这是重点。另一种写法是将全文用序号和小标题分成若干层次,每一层次提出一条原则或具体办法。正文写作时应注意以下几点:

①明确性,即提出的建议或者意见要明确,不能含糊。

②系统性,即提出的各项建议或者意见要相互协调、配套。

③可操作性,即提出的建议或者意见应当切实可行,便于实施。

④预见性,即对在具体实施中可能会遇到的困难或出现的问题要有足够的估计,并有一套防范的对策和措施。

请求上级批转的意见的结尾应写"以上意见如无不妥,请批转××执行"。

(4)署名和成文日期。一般性意见的署名和成文日期标注要求与公告相同。要求下级机关普遍执行的意见如不写主送机关,可将成文日期标注于标题的下方。

意见写作实例

国务院关于加快发展节能环保产业的意见

各省、自治区、直辖市人民政府,国务院各部委、各直属机构:

　　资源环境制约是当前我国经济社会发展面临的突出矛盾。解决节能环保问题,是扩内需、稳增长、调结构,打造中国经济升级版的一项重要而紧迫的任务。加快发展节能环保产业,对拉动投资和消费,形成新的经济增长点,推动产业升级和发展方式转变,促进节能减排和民生改善,实现经济可持续发展和确保2020年全面建成小康社会,具有十分重要的意义。为加快发展节能环保产业,现提出以下意见:

一、总体要求

(一)指导思想……

(二)基本原则……

(三)主要目标……

二、围绕重点领域,促进节能环保产业发展水平全面提升(略)

三、发挥政府带动作用,引领社会资金投入节能环保工程建设(略)

四、推广节能环保产品,扩大市场消费需求(略)

五、加强技术创新,提高节能环保产业市场竞争力(略)

六、强化约束激励,营造有利的市场和政策环境(略)

各地区、各部门要按照本意见的要求,进一步深化对加快发展节能环保产业重要意义的认识,切实加强组织领导和协调配合,明确任务分工,落实工作责任,扎实开展工作,确保各项任务措施落到实处,务求尽快取得实效。

国务院

20××年8月1日

【评析】

　　国务院这份意见属于普发性下行文,因此主送机关采用统称,涵盖所有的下属机关。开头开宗明义,用一句话点明资源环境制约是当前我国经济社会发展面临的突出矛盾,把加快节能环保产业发展提到打破资源环境制约、推动我国经济社会发展的高度加以认识,并揭示了加快发展节能环保产业的意义。然后用一句过渡语转入主体部分。主体部分采用序号式结构体例,分层次提出加快发展环保节能产业的思路和具体政策措施。结尾段强调贯彻执行本意见的组织领导责任,语气坚决,要求明确。

(六)通知的结构与写法

　　通知的结构由标题、主送机关、正文、署名和成文日期五要素组成。不同种类的通知写法不同。

　　1. 印发、发布、批转、转发性通知的结构与写法

　　(1)标题。印发、发布、批转、转发性通知的标题应当标明发文机关+通知的类型+所印(转)发公文的名称+"通知"二字,如"国务院关于批转《××××××意见》的通知"。当被转发的文书亦为"通知"时,为避免标题中重复出现"通知"这一名称,可省去转发文书的"通知"二字并去掉"关于"二字,将标题由偏正结构改为主谓结构,如"××市人民政府转发《国务院关于××××××的通知》"。

　　(2)主送机关。印发、发布、批转、转发性通知一般为普发性下行文,故主送机关多为统称。

　　(3)正文。正文部分应说明所印发、发布、批转、转发文书的名称和执行的要求。结构安排上以一段式见多,写法上常常有以下几种:

　　①印发性通知可写作:"现将×××同志在××××会议上的讲话印发给你们,请认真组织学习",或"现将《×××办法》印发(发)给你们,请遵照执行"。

　　②批转性通知可写作:"×××批准《×××××意见》,现转发给你们,请认真贯彻执行"。

　　③转发性通知可写作:"现将《×××××××》转发给你们,请认真贯彻执行"。秘书部门(办公室)转发文书可写为"《××××意见》已经××××批准(同意),现转发给你们,请遵照执行"。

　　如需强调印发、发布、批转、转发的目的、意义以及学习或执行的具体要求,可再设一段展开说明。这类通知一般不写"特此通知"之类的结尾用语。

　　(4)署名和成文日期。要求同公告。

　　2. 执行性、周知性通知的结构与写法

　　(1)标题。标题由发文机关+通知事项+通知三要素组成。

　　(2)主送机关。要求下级机关或有关单位普遍执行或周知的,写统称或统称加

单称;要求某特定单位执行或知晓的,写单称或并称。

(3)正文。开头写明通知的目的、意义,然后用"现将有关事项通知如下"等过渡语承上启下,转入主体部分。执行性通知的主体部分要求准确清楚地说明具体的任务、要求、方法、步骤,结尾处可写"以上通知,望认真遵照执行"。周知性通知的主体部分直接写明周知事项的具体内容,简明扼要,如无特殊要求,一般以"特此通知"结尾,若上文已有类似的过渡词,则干脆省去结尾,以免重复。

(4)署名和成文日期。要求同上。

3. 任免性通知的结构与写法

(1)标题。标题由任免机关+任免事项+通知组成,如《××大学关于××学院领导班子职务调整的通知》。同时任免对象涉及多个单位,可以只写主要对象的姓名后加"等"字,也可将标题简化为《任命通知》《任免通知》。

(2)主送机关。主送机关一般写与任免事项有关的机关名称。普发性任免通知也可省去主送机关。

(3)正文。正文写明任免对象的姓名和任免的具体职务。必要时,应当说明任免的程序和原因,如:"经××××××会议讨论决定,并报经××××××批准,任命……"。同时任免多人职务时,应当按人分段写明每人的任免职务。

(4)署名或签署。党的机关任免通知署机关名称,行政机关的任免通知应由正职领导签署或盖签名。

(5)成文日期。要求同上。

通知写作实例

**××市人民政府办公厅关于进一步规范
以市政府名义举办的会展活动的通知**

各区、县(市)人民政府,市直机关各单位:

近年来,我市会展经济作为一个新兴产业迅速发展,各类大型展、会、节、演、赛等会展活动越来越多。特别是以市政府名义举办(包括主办、承办、协办、支持等,下同)的会展活动,不仅为各行业推广品牌、交流技术、洽谈贸易、寻求合作、拓展市场提供了有力的平台,也极大地促进了地方经济的发展,加快了城市建设的步伐。为更好地集中展示城市形象,规范会展活动管理,经市政府研究,现就进一步规范以市政府名义举办的各类会展及相关活动有关事项通知如下:

一、规范申办程序

(一)名义审定……

(二)申办方式……

(三)承办方责任……

二、切实做好安全保障(略)

三、做好重大活动的安排(略)
四、建立办会联动机制(略)
……

××市人民政府办公厅
20××年×月×日

(七)通报的结构与写法

通报的结构包括标题、主送机关、正文、署名和成文日期五要素。

(1)标题。标题由发文机关+通报事项+文种组成,通报事项应当明确表明表扬或批评的性质。

(2)主送机关。通报属普发性下行文,主送机关均用统称。基层单位向全体员工直接公布的通报,可省略主送机关。

(3)正文。通报的正文有两种结构形式:

①表扬性、批评性通报的正文由事实、点题、决定事项或处理意见、执行要求或号召四部分组成。被表扬或批评的事实应当真实、准确,具有典型意义。叙述时,时间、地点、人物(或单位)、经过、结果要清楚,材料的安排应当突出重点、详略得当。叙述方法一般为按时间发展线索顺叙,不做人物刻画和环境描写。点题即用议论的方法对发生事实的性质及其原因进行分析、解剖,揭示其深刻意义或者危害性。点题既要源于事实,又要高于事实,以帮助受众从中吸取经验或者教训,提高认识。决定事项或者处理意见部分应当说明处理的方式和结果或提出处理意见,责成有关部门落实。由于通报是面向全体受文对象的,故最后应对全体受文对象提出希望和要求。

②情况性通报的正文由两部分组成。第一部分叙述所需传达的精神或者情况,第二部分提出学习和贯彻的要求或者应当注意的问题。最后可以"特此通报"结尾。

(4)署名和成文日期。要求同公告。

通报写作实例

××市教育局关于××学校
发布虚假招生广告的情况通报

各区、市、县、自治县教育局、招生办,市直属(管)学校、单位:

　　近日,市工商局对××学校发布虚假招生广告的行为进行了严肃查处,现将有关情况通报如下:

据调查,××学校在未经教育行政部门审批同意该校为"中外合作"办学机构的情况下,于20××年5月中旬印制了8 000份含有"(中外合作)××学校目前已同'三国六方'外商联盟签订了3.5亿元的引资合作办学合同"等内容的招生广告单,对外从事招生宣传,共对外发送广告单3 000份。由于该校对上述内容不能提供有效证件,经市工商局认定,属于虚假广告宣传。目前,市工商局正在按照有关法律法规程序对该校给予相应的处罚。

学校招生工作是涉及千家万户切身利益和广大青少年成长成才的大事;招生宣传广告是引导广大考生科学选择求学成才道路的重要信息载体。××学校在未取得法定部门审批同意以及不具备有效证明的情况下,擅自向社会发布上述内容严重失实的信息,严重违背了有关教育和广告的法律、法规以及教育行政部门关于招生宣传工作的规定,也违背了教育者的职业道德准则。该校负责人和相关责任人要深刻反省,及时纠正这一错误行为,认真接受相关部门的教育和处罚。

全市各级各类学校要引以为戒,认真对照法律法规和国家、省、市招生工作的规定和要求,严格检查自身办学、招生行为,切实做到令行禁止、依法办学、诚信宣传、规范招生,努力办好让人民满意的教育。

各级教育主管部门要进一步加大招生工作的指导与监管力度,认真贯彻招生管理政策和各项规定,确保今年招生工作顺利推进和招生目标任务的圆满完成。

××市教育局
20××年×月×日

【评析】

这篇通报写得比较出色,值得借鉴。

首先,标题中发文机关、事由和文种三要素齐全,一看便明了这份通报的发文主体和发文意图。在事由中,作者使用了"虚假""查处"等词语,凸显了通报的批评性质,也表明了发文机关的立场和态度。

其次,主送机关写作规范、准确。主送机关是管理文案的致送对象,其确定依据是发文的目的。这份通报的目的在于通过××市工商局对××市公共关系学校发布虚假招生广告的行为进行严肃查处这一事件的通报,引起全市有关方面的重视,规范招生宣传工作。该通报主送机关的写作涵盖了该市教育局下属的各区、市、县、自治县教育局、招生办以及市直属(管)学校和单位,很好地体现了发文目的。

最后,正文主题鲜明、材料切题、结构完整、语言准确。该通报全文可分为四个层次:第一层次为开头第一自然段,交代通报的缘由,然后用"现将有关情况通报如下"过渡到下文;第二层次为第二自然段,说明通报的具体事实,材料准确、清楚、切题;第三、四自然段为第三层次,通过重申教育行政部门的有关规定,指出肇事单位错误的严重性和危害性,并提出处理的意见;最后一个自然段为第四层次,针对前面分析的典型案例向全市各级各类学校和各级教育主管部门提出加强检查和监管的要求。全篇紧紧围绕通报批评××学校发布虚假招生广告的违法行为,提醒、教育有关单位加强招生宣传管理的主题,层层展开,条理清楚,语言表述准确、简练。

(八)报告的结构与写法

报告的结构包括标题、主送机关、正文、署名和成文日期五要素。

(1)标题。标题由发文机关+报告事项+报告组成。

(2)主送机关。要写明主送的上级机关名称,一般写单称,特殊情况下写并称或转称。主送机关无需写上级机关的全称,如市政府的下属机关和部门向市政府上呈报告,主送机关写"市政府"即可。

(3)正文。报告的种类不同,正文的结构安排也有所区别。

①工作报告的正文一般有两种结构方式:一是总分式结构,即先总括汇报一个阶段工作的主要成绩和问题,然后分成并列的若干方面具体展开。这种结构方式多用于综合性工作报告。二是递进式结构,即整篇报告分为工作的情况、取得的经验、存在的问题、今后的打算和措施等几个方面,前后衔接,层层递进。

工作报告正文写作一要做到主题鲜明,脉络清楚;二要做到材料准确,详略得当;三要做到点面结合,重点突出。

②情况报告多为专题性报告,一般采用递进式结构方式,具体分为两种:一种为时间递进式,即按事件的发生、发展和最后处理的时间顺序来安排结构,适用于单纯汇报情况的报告。这类结构方式的报告写作时要做到情况清楚、内容集中、分析深刻;另一种是按情况、原因分析、处理意见和经验教训的逻辑次序排列结构,适用于既汇报情况又解决问题的报告。

情况报告正文写作要求做到:首先,开头部分一般要先总提所要报告的事项,以引出下文;其次,主体部分具体陈述时,何时、何地、何人、何事(过程和结果)等要素应当做到齐全、清楚;再次,分析原因应当全面、深刻,既要分别分析直接原因、客观原因和历史原因,更要揭示根本原因、主观原因和现实原因;最后,提出的措施要切实可行,既要治标,也要治本。

以上两种报告的结尾用语可用"特此报告""以上报告当否,请批示""以上报告,请审阅",但不能写"请批复"。如前面写有"现将有关情况报告如下"之类的过渡语,则可省去结尾用语。

(4)署名和成文日期。要求同通知。

报告写作实例

××市××厅关于第×届国际果蔬博览会工作的报告

市委、市政府：

　　第×届国际果蔬博览会，在市委、市政府的正确领导下，在联合国亚太经社会、中国工程院和山东省政府的高度重视和大力支持下，于9月23—27日在我市举办，获得了巨大成功。全国政协副主席、中国工程院院长徐匡迪，联合国副秘书长、联合国亚太经社会执行秘书金学洙，中国工程院副院长沈国舫，山东省副省长孙守璞，联合国亚太经社会国际信息通信与空间技术司司长宣增培，联合国亚太地区农业工程与机械中心副主任常平等海内外重要来宾出席了开幕式。

　　本届国际果蔬博览会主要有以下几方面的特点：

　　一是参会参展规模大、层次高。本届国际果蔬博览会，共有来自近40个国家和地区，以及国内28个省(自治区、直辖市)的有关政府机构、中介组织和果蔬企业参会参展，参会参展企业达750多家。参展展位共有1 070个，其中主会场610个，分会场460个。参会重要代表团共有110个，其中海外代表团80个，参会海外客商2 500多人。联合国亚太经社会、联合国亚太地区农业工程与机械中心、韩国果树协会、澳大利亚新南威尔士州政府、意大利那不勒斯市政府、日本国际劳务管理财团、荷兰SINUS协会、法国爱博集团等国际组织，以及中国工程院、中国商务部、中国农科院和国内武汉、无锡、大连、石家庄、衡水、商丘、青岛等地政府及中介机构均派代表团参会。意大利水果气调贮藏设备公司、德国汉兹勒保鲜工程有限公司、日本山口园艺株式会社、荷兰AV灌溉设备公司，以及北京福瑞通科技有限公司、天津勤德新材料有限公司等海内外知名企业前来参会参展。本届国际果蔬博览会，无论是参展企业数量还是展位数量，均创历届国际果蔬博览会之最。

　　二是经贸洽谈活跃，成果丰硕。(略)

　　三是专业展区比重加大，更趋合理。(略)

　　四是主会场和分会场互为补充，"会中会"丰富多彩。(略)

　　五是跨国采购聚焦烟台，洽谈采购十分活跃。(略)

　　六是"在线果蔬博览会"魅力初现。(略)

　　七是组织运作更加务实。(略)

　　总之，本届国际果蔬博览会从办会理念，到活动设计，再到组织实施，更加成熟，更加理智，更加务实，更加注重与国际接轨，注重体现特色，注重打造品牌，注重商务活动，注重技术和产品交易。(略)

　　本届国际果蔬博览会的圆满成功，首先得益于市委、市政府的英明决策和正确领导,得益于全市上下各有关方面的团结协作、密切配合。在具体工作中,新闻宣传、经贸洽谈、科技交流、接待服务、城市环境综合整治、基地和分会场建设、安全保卫、文化娱乐、卫生防疫等九个专门工作委,以及各县市区、市直有关部门和中央省属驻烟有关单位,根据筹备工作的总体要求,分兵把口,各负其责,心往一处想,劲往一处使,认真扎实地做好各项筹备工作,为会议的成功举办作出了积极贡献。

在总结经验、庆祝成功的同时,我们清醒地看到,本届国际果蔬博览会的组织筹备工作还有不尽人意之处,需要不断地改进和完善。下一步,我们将按照省委、省政府"东部突破烟台"的要求,根据市委、市政府集中发展食品加工四大支柱产业和打造"中国食品名城"的战略部署,对国际果蔬博览会继续进行改革和创新。一是进一步删繁就简,压缩形式上的东西,多安排一些实际性经贸活动。二是从第七届起全面推行专业化布展,使之更加符合国际展会要求。三是缩短会期,将会议由现在的5天改为4天。四是积极探讨上下结合、内外结合等多种形式办展方式。重点加强与海外知名展览公司的联系,实现合作办会的新突破。

以上报告请批示。

××市××厅
20××年12月4日

【评析】

这篇报告写得较有特色。首先,特点概括比较到位。文中所列七大特点反映了本届展会的基本面貌,而且针对每一特点均列出翔实的数据和材料加以说明,观点和材料相当吻合。其次,结构安排较为妥当。开头部分先介绍展会的时间、地点、举办背景、出席规格等情况,给人以总体的轮廓,然后用一过渡句很自然地转入主体部分,展开具体的介绍。主体部分按特点、经验、问题、解决措施的顺序一路写下来,脉络十分清楚。再次,语言朴素、简练,亦不乏生动之处。如"领导致辞简短而生动,酒会气氛热烈而轻松",句式工整;"更加成熟,更加理智,更加务实"一句,适当运用了排比修辞方法,增强了语言的感染力。最后,结尾用语"以上报告请批示"既准确又得体,符合上行文的特点。由于报告只需要上级了解,并不要求答复,因此结尾处不能写"请批复",但如果仅写"特此报告",又显得不够尊重。而用"请批示"既表达了请上级给予指导的意思,又区别于请示的结尾用语。因此,总体上看,这是一篇写得较成功的报告。

(九)请示的结构与写法

请示的结构包括标题、主送机关、正文、署名和成文日期五要素。

(1)标题。由请示机关+请示事项+请示组成,请示事项应当明确。

(2)主送机关。请示只写一个主送机关,不能多头请示。其他需要知晓的机关可列为抄送机关。请示的主送机关也不能写成领导姓名。和报告的主送机关写作一样,请示的主送机关也无需写上级机关的全称,写简称即可。

(3)正文。正文由三部分组成:

①请示理由。写请示理由既要摆情况,又要讲道理。摆情况必须实事求是,一是一、二是二,不堆砌、不夸大,突出重点,详略得当。讲道理应当理据相符、逻辑合理,不要空发议论、危言耸听。

②请示事项。这部分写作的要求一是主题明确、一文一事;二是请示事项的名称、数量、价格、实施方法等要表达清楚;三是用语得体,充分尊重上级领导。行文中应当用"拟""望""打算""计划"表达自己的要求,切忌使用"应当""必须""务必"等带有强求口气的词语。

③结尾用语。请示的结尾用语具有表达请求愿望的作用,不能省略。书写时一定要另起一段,写"特此请示"或"以上请示当否,请批复"等,以示郑重。

(4)署名和成文日期的要求同通知。

请示写作实例

保安部关于更换危险品仓库灭火器的请示

总经理:

　　我公司危险品仓库常年存放酒精、乙醇等易燃工业原料××吨,价值××万元人民币。该仓库现配备的灭火器大部分已超过有效期,必须报废,其余的也即将超过有效期。目前正值冬季,气候干燥,如发生火灾,将难以应急。上周五市消防局来该仓库检查时,明确要求我们尽快更换这批灭火器。为此,我部拟购买××型灭火器××件,所需资金×万元人民币,请予核拨。

　　特此请示。

保安部
2012 年 12 月 30 日

【评析】

　　这篇请示是一家公司的保安部上报给总经理的。写作的特点有以下几个方面:

　　第一,标题事由明确。该请示标题明确提出"更换危险品仓库灭火器"的事由,准确概括了全文的主题,具有较强的阅读提示作用。

　　第二,主送机关准确。由于资金审批的权限属于总经理,因此该请示主送机关写"总经理"完全合适。

　　第三,材料组织合理。该请示正文开门见山,直奔主题,在简要说明危险品仓库所储藏的危险品种类、数量和价值之后,话锋一转,摆出该仓库灭火器已经过期的事实,使两个事实之间形成强烈对照:一方面是仓库内常年存放的数十吨易燃易爆的危险品,价值数十万元,另一方面则是消防器材过期失效,消防安全隐患极其严重。一般说来,上述两个事实已经足够说服领导,但作者并未就此打住,又接连摆出两项事实加强请示理由:一是冬季干燥、容易发生火灾的气候因素,二是消防部门检查后提出的明确要求。这些材料相互关联、层层递进,有效地表明了危险品消防安全问题的严重性和急迫性。

第四,结构完整、严谨。该请示篇幅虽小,但结构完整严谨、意思到位。第一自然段重点写请示理由和请示事项,请示理由充分、有力,无夸大、虚假之处,请示事项中所购物品的名称、数量、价格清晰、具体,针对性强,要求明确。第二自然段"特此请示"一句既有强调作用,又照应了文种,收束全文。

第五,语言简练、得体。该请示全篇无冗字、冗句。"常年""难以应急""请予核拨"等书面语庄重、精炼。陈述理由时以客观事实为主,仅以"如发生火灾,将难以应急"一句点明问题的严重性和迫切性,且点到为止,不再铺张发挥,足见作者遣词造句时的缜密思考。提出请示事项时,用"拟"字代替"要求""决定"一类的刚性词语,委婉而又得体。

(十) 批复的结构与写法

批复的结构由标题、主送机关、正文、署名和成文日期五要素组成。

(1) 标题。批复的标题由批复机关+批复事项+批复组成。

(2) 主送机关。由于批复是答复请示事项的,因此批复的主送机关就是原请示机关。

对于答复联合请示的批复,主送机关应写明所有联合请示机关的名称。

(3) 正文。正文可以分以下几部分来写:

①开头。开头一定要引叙来文标题和来文字号。如果来文的标题未写发文机关,可在来文标题前加上"你们""你公司""你局"等。引叙来文后,可用"现批复如下"转入主体。

②主体。主体部分具体表述批复意见和事项,写作要求有:一是态度明确,用"同意""不同意"等明确语言表明批复的态度。如果使用"原则同意"一词,应表明"原则同意"之外的具体意见。部分同意的,必须将同意的事项和不同意的事项分别具体说明。二是不要重复请示理由,可对请示理由做适当肯定,但不可重复。如需对批复事项的意义进行阐述、发挥,应当比请示中的表述站得更高、看得更远、讲得更深。三是对重要问题的批复要适当说明批复的依据或否定的理由,必要时还应写明批复的程序,如"经××会议研究"。批复意见和事项较多时,可以将每一条意见分段标号,以便于下级学习、贯彻、执行。如果批复事项较简单,开头和主体之间可合

为一段,直接写明批复意见。

③结尾。结尾可提出执行批复的希望、要求,有的较为简单的事项则以"此复"结尾。如前面已有"现批复如下"的过渡句,则可省去结尾。

(4)署名和成文日期。要求同通知。

批复写作实例

××省民政厅关于同意××省公共关系协会成立登记的批复

××省公共关系协会筹备组:

你会20××年×月×日《××省公共关系协会筹备组关于成立登记省公共关系协会的请示》(×公协筹字〔20××〕1号)收悉。根据《社会团体登记管理条例》的规定,经审查,你会筹备工作符合要求,章程内容完备,具备成立社会团体的条件,特此批准成立登记,并依法取得社会团体法人资格,业务主管单位为××省文化厅。

你会成立登记后,要遵守宪法和有关法律法规及政策,按照核准的章程开展活动,自觉接受登记管理机关的监督管理和业务主管单位的业务指导,为发展公共关系事业、构建社会主义和谐社会做出贡献。

××省民政厅
20××年×月×日

【评析】

该批复写作有以下几个特点:一是标题用"同意"一词直接表明态度;二是开头引叙来文的时间、名称和来文字号,指明了该批复与所针对的请示的相互关系,便于将来查照核对;三是批复的依据合理合法;四是批复事项明确具体;五是提出的希望符合批复机关的身份和口气,政策性强,具有十分重要的指导意义;六是收束简练,省略了"特此批复"的结尾用语。

(十一)函的结构与写法

函的结构包括标题、主送机关、正文、署名和成文日期五要素。

(1)标题。函的标题由发函机关+事由+"函"组成。复函应当标明"复函"二字。

(2)主送机关。主送机关应写明致函对象,一般用单称或并称。

(3)正文。正文的结构根据不同的行文要求而有所不同。

①开头。询问函、商洽函的开头要交代去函的目的和原因。请求批准函的开头要说明请求批准的理由。复函的开头要引叙来函,先引来函标题,再引来文字号。如对方来函无发文字号,可写明来函的日期。

②主体。主体写明询问、商洽或请求批准的具体事项。商洽函要采用"对方姿态",即行文语气用词要尊重对方,并注意从对方的角度和立场来考虑和表述问题。复函的主体部分应当针对来函事项做出明确的答复。内容较复杂的函可以分项标号。

③结尾。通知函的结尾可用"专此函告"等;询问函的结尾用"函复为盼"等;商洽函的结尾可用"望大力协助为盼"等;复函可用"特此函复"等。

(4)署名和成文日期。要求同通知。

函写作实例

××省公共关系协会会员部关于地市级公共关系协会能否代为发展会员问题的复函

××市公共关系协会:

你会《关于地市级公共关系协会能否代为发展会员问题的函》(×公协〔20××〕10号)收悉,经研究答复如下:

省公共关系协会是从事公共关系理论研究、推广和实践的非营利性的群众性团体,充分依靠地市级协会发展会员,有利于提高我省公关会员的覆盖面,有利于增强我省公共关系协会的凝聚力。凡具备法人资格的地市级协会都可以代为发展省公共关系协会会员,所收取的会费按团体会员40%、个人会员30%的比例留给地市级协会作为开展此项工作的经费。

会员的入会手续要严格遵守省公共关系协会的有关规定,铜牌、会员证、会徽等均由省公共关系协会会员部统一办理。

××省公共关系协会会员部
二〇〇七年五月十日

【评析】

这篇复函写作比较突出的优点有以下几方面:

一是文种使用准确。来函单位是某市公共关系协会,与省一级公共关系协会的会员部是平级关系,相互询问和答复问题应当使用函和复函。

二是开头部分既引来文的标题,又引来文的字号,体现了规范、严谨的写作风格,同时便于有关方面查对原文。

三是答复意见明确,针对性强。全文紧紧围绕对方提出的能否代为发展会员这一问题,从省公共关系协会的性质和地市级协会代为发展会员的意义的高度概括阐明了答复依据,并且用明确的语言表达了赞成代为发展会员的意见以及会员费的留成比例,最后用强调性语气对代为发展会员的工作提出了要求,重申了铜牌、会员证、会徽等均由省公共关系协会会员部统一办理的规定,以避免管理上的混乱。

四是结构紧凑,语言简练。全文共分三段:第一段为开头,引叙来文,交代复函的缘由,然后用"经研究答复如下"一句过渡到下文;第二段为主体,明确表达答复的意见;第三段为结尾,提出要求。由于第一段已有"答复如下"的过渡句,最后不再写"特此函复"等结语,显得十分干净利落。

(十二)纪要的结构与写法

纪要的结构一般由标题、正文、署名和成文日期四要素组成。具有协议性质的纪要的必须由各方签署。

(1)标题。纪要的标题由会议名称+纪要组成。有时也可以写明纪要事项。

(2)正文。纪要的正文包括会议概况、会议内容和结尾三部分。

①会议概况部分。应当说明会议的名称、时间、地点,召集或主持会议的单位,会议主席(或主持人),出席会议的单位和主要领导,在会上做主要发言的单位及发言者的姓名、职务,会议讨论的主要议题和进行的主要活动,会议的基本成果等。

②会议内容部分。这部分是写作的重点,应当准确、全面地反映会议的主要精神和议定事项。写作方法主要有以下几种:①概述式,即把会议讨论的情况综合在一起,概括地加以叙述,适用于小型会议或问题较集中并且意见较一致的会议。②分列式,即把会议的主要精神和议定事项归纳成几个方面逐项叙述,每一方面可列出小标题或编上序号,以使条理清楚,适用于问题涉及面较广的会议和会谈。③摘记式,就是把与会人员的发言要点记录下来。一般在记录发言人首次发言时,在其姓名后用括号注明发言人所在单位和职务。为了便于把握发言内容,有时根据会议议题在发言人前面冠以小标题,在小标题下写发言人的名字。一些重要的座谈会纪要常用这种写法。

③结尾部分。结尾部分提出希望和要求,亦可省去不写。

(3)署名。双边或多边联席会议纪要应当由各方代表共同签署。

(4)成文日期。会议纪要成文日期的确定有三种情况:专题工作会议纪要一般以领导签发或上级机关领导审批同意的日期为准;行政办公会议纪要和研讨会纪要一般以会议实际召开的日期为准,成文时间置于标题之下,居中,用圆括号括入;合作会议纪要和会谈纪要以各方共同签署的日期为准。

纪要写作实例

××市市长办公会议纪要
（20××年2月2日）

20××年2月1日下午,市政府于市政府第一会议室举行市长办公会议,市长×××主持了会议,副市长×××、×××、×××、×××和市府秘书长×××出席了会议,市府副秘书长×××、×××及有关方面负责人列席了会议。

会议讨论和决定了以下问题：

一、同意市安全生产领导小组代表市政府拟写的《××市人民政府关于进一步加强安全生产工作的通知》,可按会议讨论的意见修改补充后在《××日报》上发布,不另行文。

二、审查同意《××立交桥的设计方案》。对于有关施工的筹备问题,另外召开专门会议进行研究。

三、原则同意《××市经委、市商业局关于深化商业企业改革若干问题的意见》,文件按会议讨论的意见修改后以市政府名义批转下发。

【评析】

这是一份典型的办公会议纪要。标题由市长办公会议名称和"纪要"组成。由于会议纪要在会议结束后由秘书起草,然后须经领导签发,因此发文日期晚于会议举行的日期,这是正常情况。成文日期置于标题下方并用括号括入。正文开头直接交代办公会议的时间、地点和名称,以及主持、出席和列席会议的领导姓名,然后转入主体部分。主体部分列举三项会议讨论决定的事项,事项的名称以及后续工作的要求写得清清楚楚、明明白白。

第五节 其他文书写作

一、规范性文件写作

（一）规范性文件的含义

规范性文件(即规范性文书,习惯上称作规范性文件,下同)有广义和狭义两种。广义规范性文件的含义比较宽泛,凡是用来规范人们行为、具有法律行政或组织纪律约束力,在一定时期内可以普遍、反复适用的公务文书都可以包括在其中;制定的主体比较宽泛,可以是具有立法权的机关,也可以是政党、社会组织、企事业单位等合法组织。狭义规范性文件是相对于立法性文件而言的,立法性文件属于法律范畴,只有具有立法权的机关才能制定发布。本书下指的规范性文件取广义性解释。

(二)规范性文件的主要文种和适用范围

1. 章程

(1)组织章程。组织章程适用于规定某个法定组织的性质、宗旨、任务、内部机构、成员条件、活动规则等,普遍用于各种政党、社会团体、企事业单位等组织,是法定组织内部带有根本性质的制度,一般须经该组织的全体成员或代表会议讨论并通过,并报有关上级领导机关或主管部门批准、备案。

(2)活动章程。活动章程适用于举办大型活动时,对活动的目的、宗旨、规则、程序、参加条件和办法等做出全面的规定。活动章程属于该项活动根本性的规章,一般由活动的主办方制定,并报有关部门审批备案。

2. 条例

条例适用于对某些方面的事项或某些组织做出全面、系统的规范,具有系统性、全面性和稳定性的特点。在我国国家行政机关中,国务院制定的行政法规才可以被称为条例,国务院各部门和地方人民政府的规章不得被称为条例。为具体贯彻实施上一级机关规范性文件而制定的条例被称为"实施条例"。

3. 规定

规定适用于对特定范围内的工作和事务制定带有约束力的措施。同条例相比,规定有以下特点:

(1)涉及的范围较窄。规定一般针对特定范围的工作和事务,或者对某项工作和事务做出部分的规范。

(2)侧重于约束。条例既规定对象的权利,也明确对象的义务。规定则侧重于明确对象的义务,即规定什么可以做、必须做,什么不该做或不准做。

4. 办法

办法适用于对某项工作和事务的处理方法、程序和手续做出具体的规范。为具体贯彻实施上一级机关规范性文件而制定的办法被称为"实施办法"。同条例和规定相比,办法具有以下特点:

(1)涉及事项较具体。办法所针对的工作和事务相对条例和规定来说更加具体。

(2)操作性较强。如果说规定侧重于规范什么应该做或不应该做的话,那么办法则侧重于解决应当怎么做,也就是解决具体的程序和手续问题。

5. 细则

细则是为完成某项工作任务或实施上一级机关的规范性文件而制定的具体标准和措施。细则是最微观、最具操作性的规范性文件。不再制定下位的实施性文件。

6. 规则

规则是指在一定范围内围绕某一事项或活动要求有关的组织和人员遵守的规定，如会议活动的"议事规则"。

7. 守则

守则是要求行业或者社会组织的全体成员共同遵守的行为规范。守则既可以由领导机构制定，具有强制性，也可以由全体成员共同约定，具有公约的性质。领导机构制定的守则应当用通知印发，公约性守则应在成员大会上通过。

(三)规范性文件的结构与写法

规范性文件的结构一般由标题、稿本、题注和正文或者由标题、正文、署名和成文日期等素组成。

1. 标题

标题由适用范围+事由+文种组成。

2. 稿本

提交有关部门审批或会议表决通过的，应当用圆括号标明稿本，如"送审稿""草案""表决稿"等。通过后正式公布时则无需标注稿本。

3. 题注

法定性会议通过或由政府机关发布的规范性文件应标明题注，写明会议名称或发布机关名称、通过或发布日期。标明题注的文书不再标注制定机关和日期。

4. 正文

规范性文件的正文应当采用章条式结构体例，总体安排上一般由总则、分则和附则三个部分组成：

(1)总则。总则放在开头，用以说明制定该项法规或规章的目的、指导思想、基本原则以及法律依据和适用范围，有的还应解释专用术语。如内容较复杂且全文分若干章，第一章为总则，下设若干条。如内容较简单且全文不分章，则第一条为总则。

(2)分则。主体部分统称分则，是对必须执行的各项规定的具体说明。分则一般分成若干章或若干条分别加以说明。

(3)附则。结尾部分为附则。附则用以说明该文件的解释权、生效或实施的时间、制定具体实施办法或细则的授权、比照执行或不适用的对象、与原来有关规章制度的关系等。附则一般作为最后一章并标"附则"二字。不设章的文书则以最后一条或若干条为附则。

5. 署名和成文日期

对于基层单位制定的规范性文件，应在正文右下方写明制定单位的名称和制定的日期。写明制定单位和日期的规范性文件无须标写题注。

规范性文件写作实例

20××中国体育品牌风云榜评选活动暨领袖年会章程
第一章　总则

第一条　"20××中国体育品牌风云榜评选活动暨领袖年会"（以下简称"活动"）是由中央电视台××频道、中国××杂志、××网主办，北京××管理有限公司承办，并与战略合作伙伴××博浪联合推出的一次全国性体育产业盛事。

第二条　（略）

第三条　本次活动分为以下两部分：

（一）中国体育品牌风云榜评选。由组委会组建专家评委会，从企业资产规模、市场占有率、公众美誉度、内部管理、创新能力、质量体系等方面对参选企业进行评估，并配以社会走访、网上投票等手段调查核实，在全国范围内广泛开展评选活动。

（二）体育产业领袖论坛。由政府相关人士、国际体育品牌专家、成功企业家代表作主题演讲，从体育市场的管理、中国体育品牌产业与本土化战略部署、体育品牌与质量体系、国内竞争与国际化进程、品牌代理与广告战略、经销与品牌维护等角度进行探讨。

第二章　组织机构

第四条　为使本次体育风云榜评选暨领袖年会工作优质有序地进行，组委会设以下部门为参加本次活动的企业和企业代表提供全方位服务：（略）

第三章　参与及评选办法

第五条　组委会将面向社会进行商务推广活动，寻求合作伙伴。凡登记参选的企业不得以任何形式参与组委会商业开发推广活动。

第六条至第十条　（略）

第四章　参选企业的权利义务

第十一条　参选企业及与会代表有权了解本次活动的章程、组织形式、评比办法等信息，并得到组委会承诺的服务。

第十二条至第十八条　（略）

第五章　组委会权利义务

（略）

第六章　附则

第二十八条　组委会的规定与国家的有关法律、法规相抵触时，应按国家的法律、法规执行。

第二十九条　本次活动如遇不可抗力原因不能举办或中途取消，组委会将另行通知。

第三十条　本章程最终解释权归本次活动组委会。

$\qquad$ 20××中国体育品牌风云榜暨领袖年会组委会

$\qquad$ 20××年6月8日

【评析】

　　该章程属于举办大型活动的章程,从内容上看,对活动的名称、组织者、宗旨、形式、组织机构、参加办法、评选规则、各方的权利和义务等都作了较为详尽的规定,具有较强的可操作性。体例结构采用章条式,总体安排分为总则(第一章)、分则(第二章至第五章)和附则(第六章),章条项设置合理,标注规范。这是规范性文件写作的较好范文。

二、计划、总结写作

(一)计划

1. 计划的含义与种类

　　计划泛指对未来工作或行动做出安排的文书。计划的具体名称和种类较多,各有特点。

　　(1)规划。规划是计划中最宏大的一种,其特点有:一是时间跨度长,一般为五年以上;二是涉及范围广,大都针对全局性工作或涉及面较广的重要工作;三是写作线条粗,相对于其他计划类文书,规划在内容和写法上往往是粗线条的,比较概括,带有方向性、战略性、指导性和约束性。

　　(2)设想。设想的特点有:一是内容上具有初步性,往往是为制订某些规划、长期计划或具体方案做准备的;二是写法上具有概括性,无须细致具体;三是时间上可远可近;四是范围上可大可小。时间上较为长远些的可称为"设想";范围上较为广泛的可称为"构想";时间较短、范围也较小的可称为"打算"。

　　(3)要点。要点适用于对未来的主要工作或某项工作的主要方面做出安排,写作上线条可以较为粗略,突出工作的重点,具有指导性和约束性。

　　(4)计划。作为文种名称的"计划"是指在任务、要求、分工、时间进度等方面较为详细具体的操作方案,其特点有:一是时间一般在五年以内;二是涉及范围一般都是一个单位或一个部门特定时期内的整体工作或者某项专题性工作;三是内容和写法比较具体、细致。

　　(5)方案。方案是针对某项内容和工作环节较为复杂的专题性工作或活动的计划,一般不用于定期的综合性工作,如有关年度的工作计划不能称为"方案"。方案在内容和写法上要考虑全面、周到,具有较强的操作性,和计划可以相互补充,如一些大型活动的总体方案往往需要通过具体的计划加以细化,一些综合性计划中提出的工作也必须通过制订具体的实施方案加以落实。为开展某项活动或者应对可能出现的危机而预先制订的方案叫预案。

(6)策划书。策划书主要用于举办需要在内容和形式上有所创新和突破的活动或者实施某项新的工作。策划书属于一种建议性文书,提供给领导机关或活动举办单位参考,本身并无约束性,只有被采纳确定后才转化为实施方案,具有约束性和指导性。在写作上,策划书要说明策划的背景和依据,具体分析策划对象,有时还要与以往的、其他单位的同类活动做纵向和横向的比较,以突出策划对象的特点和亮点。

2. 计划的结构和写法

计划的结构包括标题、稿本、题注、正文、署名和成文日期等要素。

(1)标题。标题一般由单位名称(适用范围)、适用时间、主题、文种四部分组成,如《中共××市委××××年度工作要点》。专题性工作或活动计划可不标单位名称和时间期限,如《××博览会接待方案》。

(2)稿本。有的重要计划需提交有关部门审批或会议表决通过,应当用圆括号标明"草案""修正草案""表决稿"等。

(3)题注。在会议上通过的计划应当标明题注,要求同规范性文件。

(4)正文。开头说明制订计划的起因、缘由、目的和指导思想。内容复杂的规划或方案也可以"序言"作为开头。主体部分是计划的核心,一般采取并列式结构,把这段时期所要做的各项工作按一定的小标题归并成若干方面加以表述,要求做到以下几点:一是在内容上做到目的清晰、任务清楚、分工明确、措施扎实、步骤稳妥、时限合理。二是在结构上要做到条理清楚、层次分明,内容表述顺序一般为从虚到实(即先写目的,后写具体任务和要求)、先主后次(即全局性、政策性工作在先,局部性、事务性工作在后)。三是在语言上要做到简明扼要,特别是涉及完成任务的数量、质量和时限要求的表述一定要准确、明白,不能含混笼统。四是在表达方式上应采用说明的方式,避免大段的议论,也不宜做逻辑上的推理。计划的正文一般只有开头和主体两部分,无须结尾,也不使用专门的结尾套语。

(5)署名。标题中已经写明制订机关名称或者采用题注的计划,一般可以省去署名,但如果标题中未写明制订机关名称,则应当在正文的右下方署名。

(6)成文日期。成文日期一般以制订该计划的机关或部门的领导签发的日期为准。经会议讨论通过的计划也可以采用题注的形式标明通过的日期。

计划写作实例

××协会20××年工作计划

(20××年×月×日××协会理事会全体会议通过)

20××年××协会继续以行业发展为己任,以服务于政府、行业和企业为宗旨,加强协会自身建设,努力提高服务质量,发挥行业中介组织的作用,做好企业与政府的沟通桥梁,推动行业交流与合作,不断适应新形势,树立新观念,解决新问题,推动中国展览业快速、健康、可持续发展。

一、继续办好展中展,促进行业交流与发展

第×届××国际展览和会议展示会(展中展)将于20××年1月16—17日在××国际展览中心举行……××协会继续秉承"大家的事情大家做"的工作理念,支持参展单位举办不同形式的业内活动,丰富展会内容,引进展览展示先进理念和技术。

(略)

二、继续推进××协会领导下的各专业委员会工作

(略)

三、促进建立企业诚信体系,加强行业自律

(略)

四、开展专业培训,提高会展从业人员素质

(略)

五、加强对外交流,为企业开展合作搭建平台

(略)

六、提高举办活动的质量与水平,增强协会凝聚力(略)

七、加强行业统计,为企业、为政府提供行业资讯

在20××年展会项目调查统计的基础上,进一步总结经验,完善行业统计内容,逐步建立起规范、权威的统计体系。统计工作将被逐步纳入协会长期的工作中,每年一次,特别是在会员范围内全面开展统计工作,逐步做到统计信息真实、可信,为企业、为政府提供有价值的行业资讯。

【评析】

这是一份从内容到格式都比较规范的计划。第一段开宗明义,阐明该协会该年度工作的宗旨和整体工作思路,然后分七个方面简要说明20××年度的工作设想,层次分明,脉络清晰。该计划不设结尾,干净利落。

(二)总结

1. 总结的含义和种类

总结是在工作告一段落或者结束后进行自我回顾、分析和评价而形成的文书。总结可分为工作性总结、经验性总结、问题性总结和全面性总结。工作性总结以回顾工作过程、概括工作业绩为主,不要求提炼经验、分析问题,主要用于向上级主管

机关或领导汇报工作、备案存档。经验性总结在回顾工作的基础上，要以较多的篇幅从正面介绍经验和体会，主要用于内部交流或公开发表。问题性总结偏重于对工作中存在或遇到的问题展开分析，提出相应的对策，主要用于内部研讨，一般不对外行文。全面性总结把上述三种总结的内容结合在一起，形成以"成绩—做法—经验—问题—对策"为基本框架的总结，用途较为广泛。重要工作的总结都可以采用全面性总结。

2. 总结的结构和写法

总结的结构一般由标题、正文、署名和成文日期等要素组成。

(1)标题。总结的标题较为灵活，主要有以下几种：

①由单位名称、时间范围、主题、文种构成。这类标题主要用于总结一定时间内的工作，如《××有限公司20××年员工培训工作总结》。

②由总结所针对的项目名称和文种组成，如《20××"迎新年、回报消费者"购物节工作总结》。

③由正题和副题组成。正题用一句或两句短语概括总结的基本观点、揭示总结的主题，副题说明总结的单位、时间范围、文种等。这类标题主要用于通过媒体、网络、简报等载体进行宣传、交流的总结，如《科学公正，扶优汰劣——20××年××市会展评估工作总结》。写好这类标题的关键在于正题要准确地概括总结的主题思想，体现独特的工作思路，具有一定的高度和深度，语言表达简洁、工整、有力。

(2)正文。正文部分的写作要根据不同类型的总结确定内容重点和结构形式。

①开头。开头要用非常简洁的语言概括说明开展某一阶段工作或某项活动的背景、依据、指导思想、工作或者活动的一般情况、基本效果和总体评价等。

②主体。主体有两种写法：一种是按"成绩—做法—经验(体会)—问题(教训)—对策(努力方向)"的递进式结构来安排。这种写法思维幅度较宽，总结的系统性较强，一些涉及全局性的工作以及比较重要的活动总结常采用这种写法，也可将做法和经验或者经验和问题揉在一块来写，夹叙夹议。另一种是采取并列式结构，即根据总结的重点，或按工作及其做法(工作性总结)，或按经验体会(经验性总结)，或按问题教训(问题性总结)，归纳成若干方面加以介绍、阐述、分析。

主体部分写作要求做到：一是立意要高，经验和体会的提炼和概括既要深刻又要恰当；二是问题要讲透，措施要扎实；三是材料要紧紧围绕主题，做到生动、翔实、重点突出，切忌报流水账；四是结构要严谨，层次要分明，具有较强的逻辑性；五是小标题和段旨要概括工作的特色和经验。

③结尾。结尾用一小段文字或归纳主题、照应开头，或展望未来、表达决心。如主体的最后部分指出了努力方向和目标或提出了下一阶段的工作思路，则可省去结尾。

(3)署名。写明总结单位的名称，位置有两种：一种在标题的正下方，另一种在正文的右下方。

(4)成文日期。成文日期一般以总结单位领导签发的日期为准。

总结写作实例

20××年××市会展工作总结

20××年,我市会展工作在市委、市政府的支持、关心和市会展工作领导小组的具体领导下,认真贯彻落实市委、市政府《关于进一步加快××会展业发展的意见》的精神,求真务实,开拓创新,各项工作取得了积极成效,为我市的经济社会发展作出了新贡献。

……20××年,我市荣获"中国十大会展城市"和"中国十大节庆产业城市",一批大型会展活动进入全国先进行列,圆满完成了年初确定的各项目标。

(一)会展工作合力不断增强,公共服务水平有了新提高

为促进我市会展业的快速发展……市各有关部门相互配合,认真贯彻《××市展览业管理办法》,加强工作协调和监管,基本杜绝了骗展和重复办展现象。……

(二)会展结构进一步优化,务实办展实现新突破

一是展会结构进一步优化。……××洽会与消博会、服装节、家博会、住博会等主要大型会展活动都取消了专场开幕式、招待酒会、文艺活动晚会,做到三者合而为一。务实办展迈出了坚实步伐。

(三)会展联动机制逐步完善,联合办展取得新进展

……

(四)会展举办水平不断提高,策划创意内容得到新强化

……

(五)会展宣传推介更加广泛,对外影响得到新扩大

……据不完全统计,20××年全市召开有关会展活动内容的新闻发布会达19余场……被境内外媒体报道的我市会展活动消息达1万余条。……

20××年,我市会展工作虽然取得了很大的成绩,但存在着不少薄弱环节,主要是:办展主体发展不快,会展业扶持政策力度有待进一步加大,各类会展人才紧缺,会展业统计工作薄弱,展会招商招展渠道不宽,部分会展活动实效不够明显,等等。这些问题亟待认真研究解决。

××市会展工作办公室
20××年×月××日

【评析】

这是一份某市会展工作的年度总结,有两大写作特色:

一是材料典型,组织合理。总结写作,材料取胜。所谓材料取胜,就是材料要典型、有说服力,材料的组织和归类要符合主题表达的需要,能体现材料之间的逻辑关系。这份总结的写作对象是全市性的会展管理工作,可列举的材料不可谓少,但如果不加选择地罗列,势必造成材料堆砌、杂乱无章、苍白无力,这也是许多总结写作常常犯的通病。该总结的独到之处就在于能够对众多的材料加以梳理,从中精选出能够充分表现主题的典型材料,合理组织,为本年度全市会展管理工作五个方面的成果和特色提供了强有力的支撑。

二是段旨写作力求工整,对成果和特色的概括较为恰当。总结写作中,段旨(即置于一个段落开头、用于概括该段落主旨的语句)是对成绩、做法、经验和问题的高度概括,也常常是一份总结中最精彩、给人印象最深刻的地方。这份总结分别用了五个段旨概括了20××年度全市会展工作的成果和特色:"会展工作合力不断增强,公共服务水平有了新提高""会展结构进一步优化,务实办展实现新突破""会展联动机制逐步完善,联合办展取得新进展""会展举办水平不断提高,策划创意内容得到新强化""会展宣传推介更加广泛,对外影响得到新扩大"。这五句段旨均采用复句形式,每一复句的两个分句均采用主谓结构,基本上做到了句法结构的工整。作者还刻意在每一复句的后一分句用了一个"新"字,尽管有些牵强和生硬(如"新强化""新扩大"),但至少显示了作者力图表达成果新、特色新的努力。

需要改进的地方有以下三方面:

第一,开头与主体之间缺少过渡。在会展文案写作中,凡存在总分结构关系的地方,从总到分应当有适当的过渡,使上下文之间的衔接显得比较自然。从结构上看,上述总结第一和第二自然段属于开头部分,概括介绍20××年度会展工作的主要成绩;第三自然段到倒数第二自然段为主体部分,分五个方面总结会展工作的成果和特色,和开头之间存在明显的总分关系。由于未设过渡句,开头与主体之间的转换显得较为突然。

第二,结尾部分对薄弱环节没有作适当的分析,也未提出改进的措施。当然,不是每份总结都需要对存在的问题展开全面的分析,提出详尽的对策,但至少应当作简要分析,或提出改进初步的意见,否则会给人一种轻描淡写的感觉。

第三,个别地方用词不当、语法不规范和意思前后矛盾。

1. 开头第一段是个简单句,却出现了"我市会展工作"和"各项工作"两个主语。"各项工作"属于多余的成分,应当去掉。

2. "我市荣获'中国十大会展城市'和'中国十大节庆产业城市'"一句末尾缺少与"荣获"对应的宾语,应当增加"称号"一词。

3. "基本杜绝了骗展和重复办展现象"一句中的"基本"与"杜绝"搭配不当。"基本"一词是有保留,不一定全部、彻底的意思,而"杜绝"一词则指全部、彻底,二者不能搭配使用。

4."×洽会与消博会、服装节、家博会、住博会等主要大型会展活动都取消了专场开幕式、招待酒会、文艺活动晚会,做到三者合而为一"一句的表述存在前后矛盾。既然"开幕式、招待酒会、文艺活动晚会"都取消了,怎么还会有"三者合而为一"?实际上"开幕式、招待酒会、文艺活动晚会"并没有被取消,而是合并为一场活动。

5."20××年全市召开有关会展活动内容的新闻发布会达 19 余场"一句中的"余"字使用不当。"余"在表示余数的概念时,应当同逢十及以上的整数搭配,如"10 余场""200 余场"等。"9"是个位数,因此"19"不可能还有余数。

三、领导讲话稿写作

(一)领导讲话稿的含义和种类

领导讲话稿是领导在各种场合发表的各种讲话、发言、报告、致辞的统称。讲话稿用于口头表达,因此写作时要特别注重听觉上的效果。领导讲话稿在不同的场合有不同的名称,不能相互混淆。

(1)讲话。讲话一般用于领导在重要会议上发表见解和政策。

(2)发言。凡在会议中以各种形式发表意见都可以叫作发言。狭义的发言一词仅用于身份平等的与会者之间的交流沟通,如领导在上级机关主办的会议上以及合作性会议上所做的陈述、交流和宣示。

(3)演讲。演讲专指在论坛以及其他公众场合,针对某个问题公开发表见解和主张。

(4)报告。报告指领导在法定性代表大会或专题会议上所做的工作汇报、任期述职、传达动员、学习辅导等,和公文中的报告性质不同。

(5)致辞。致辞指专门用于各种仪式和典礼上领导和来宾所做的开幕词、闭幕词、贺词、欢迎词、欢送词、祝酒词和答谢词等。

(二)领导讲话稿的结构和写法

1. 标题

领导讲话稿的标题有以下几种写法:

(1)写明单位名称、主题、文种,如《××大学 20××年行政工作报告》。

(2)写明会议名称、文种,如《第××届北京国际图书博览会开幕词》。

(3)正副标题。正题揭示主题,副题说明报告的场合和日期。如:

高举中国特色社会主义伟大旗帜　为全面建设社会主义现代化国家而团结奋斗
——在中国共产党第二十次全国代表大会上的报告

2. 报告日期或题注

标题下方标注讲话或报告的日期。如果会议报告已经获得会议表决通过,可以在标题下标写题注,注明通过的日期和会议名称。

3. 报告人

日期或题注的正下方注明报告人姓名,必要时还需注明身份。

4. 称呼

称呼的写法要根据文书的性质和称呼对象的身份、范围等情况确定,一般要把握这样几条原则:一是身份从高到低;二是先特称后全称;三是性别先女后男;四是尽可能覆盖全体参加对象。比如,提请代表大会审议的报告,应当称"各位代表";欢迎会上的致辞,应当首先称呼欢迎对象,再称呼其他参加对象,如"尊敬的×××先生,各位来宾,各位同志,女士们,先生们";介绍经验等一般性发言,应当先称呼领导,再称呼来宾,最后称呼代表,如"各位领导,各位来宾,各位代表"。称呼应顶格书写,后面加冒号。称呼对象较多时,可分类别称呼并分行书写。如:

尊敬的全国政协××副主席,

尊敬的省政协××副主席,

各位领导,各位嘉宾,

女士们、先生们、朋友们:

5. 正文

(1)会议工作报告的正文。开头一般先说明代表哪一机关向会议做报告,并提出审议请求;然后回顾总结所做的工作,所取得的主要成绩和经验。主体部分主要分析存在的问题和今后的打算、对策和具体措施。结尾部分发出呼吁或号召。会议上的工作报告常以"以上报告,请各位代表(委员)审议"作为结束语。

(2)欢迎词的正文。开头先用简洁的语言表白对来宾的光临表示热烈欢迎和感谢之意,给客人以亲切感。主体部分可因人因事,灵活多样:或交代举办活动的背景、目的、意义以及本次活动的特点;或回顾历史上双方友好交往、愉快合作所取得的成果,赞美友情,阐明共同面临的挑战和任务,期待进一步发展友谊、加强互信与合作;等等。结尾部分用简短的语言向来宾表示良好的祝愿,并预祝活动取得圆满成功。

(3)开幕词正文。开头向各位来宾表示欢迎;主体部分回顾过去的工作或者历届活动取得的成绩、经验或教训,提出本次会议或活动的主要任务,阐明主题、意义和指导思想,对与会各方提出希望和要求;结尾部分预祝活动圆满成功,或者宣布××(活动名称的全称)开幕。如果开幕式上另安排领导致欢迎词,可在仪式的最后环节由在场身份最高的人士宣布开幕:"我宣布:××(活动名称的全称)开幕!"。

(4)闭幕词正文。闭幕词开头一般用简明的语言说明本次活动是在什么情况下圆满结束、胜利闭幕的。主体部分用叙述的方法回顾总结本次活动的成就、经验和意义,并提出贯彻会议精神或对办好下一届活动的要求和希望。结尾部分向支持活动举办的单位和个人表示感谢,向参加单位和个人表示良好的祝愿,并郑重宣布会议闭幕。有些活动的闭幕词只有一句话:"我宣布:××××(活动名称)闭幕",无须专门成文。

(5)祝酒词的正文。祝酒词既可以表示欢迎或欢送,也可以用来相互祝贺谈判成功、项目投产、工程竣工等。表示欢迎或欢送的祝酒词,其开头和主体部分的写法与欢迎词和欢送词一致。其他祝酒词的开头一般要先说明祝酒的目的和对象,然后阐明活动举办或项目实施的意义,向对方表示真诚的感谢,并期待进一步的合作。祝酒词结尾应当另起一行,写上"最后我提议""现在我提议""请允许我举杯"等,再另起一行写明祝酒的对象和内容,再另起一行写"干杯"二字作为结尾。如果祝愿的对象和内容较多,要分别另起行书写。

6. 致谢

有些演讲、发言、致辞的最后可向各位听众表示谢意。

开幕词写作实例

第××届北京国际图书博览会开幕词

(20××年9月2日)

中华人民共和国新闻出版总署副署长　×××

各位来宾,女士们、先生们、朋友们:

晚上好!

很高兴在这里与大家相聚,共同庆贺第××届北京国际图书博览会开幕!在此,我谨代表北京国际图书博览会组委会,对海内外各界朋友的到来表示热烈的欢迎!

北京国际图书博览会自1986年经中国政府批准创办以来,在海内外各界朋友的大力支持和参与下,主、承办单位本着不断创新、不断发展,秉承"把世界图书引进中国,让中国图书走向世界"的办展宗旨,经过二十多年的发展和完善,已经成为中国出版界与国际出版界进行版权贸易、文化交流和展示出版成果的盛大节日,是中国对外科技、文化交流的重要舞台。随着博览会的规模不断扩大,影响日益深远,北京国际图书博览会已经成为国际上最为重要的图书博览会之一,为海内外科技、文化、教育的交流与发展做出了积极的贡献。本届博览会的展览面积为26 000平方米,设展台1 099个,展出海内外图书10万余种。本届博览会还首次设立了"主宾国"活动,法国作为"主宾国",参展规模为800平方米,安排了内容丰富的专业论坛和文化交流活动。我们有理由相信,第××届北京国际图书博览会一定会为书业界、文化界、科技教育界真诚的交流构建最有效的平台,一定会成为受到社会各界热烈欢迎的友谊盛会!

朋友们,文化是我们共同的财富,出版为文化的传播架起了友谊的桥梁。让我们携起手来,以书为媒,为世界文化的繁荣与发展,为人类的共同进步与发展,贡献出自己的智慧和力量!

【评析】

这篇开幕词的开头先对各位来宾表示欢迎,然后概括阐述北京国际图书博览会的宗旨、意义,简要介绍本届展会的主要特点,最后向与会各方发出提出希望、发出号召。格式规范,语言得体。

思考与练习

1. 试述文书、公务文书、公文的相互关系。
2. 文书有哪些特点和种类?
3. 上行文、平行文、下行文各有哪些文种?
4. 文书的各种稿本之间有哪些区别?
5. 文书写作的基本要求表现在哪些方面?
6. 文书的结构元素包含哪些方面?
7. 章、节、条、款、项、目应当怎样表述?
8. 试用计算机制作一份电子公文版式。
9. 试述公文的文种和适用范围。
10. 自拟事项,分别写一份通知、报告、请示、函、纪要。
11. 规范性文件的正文有哪几部分组成?各自的功能是什么?
12. 自拟题目,分别写一份计划和总结。
13. 领导讲话、演讲、发言、报告、致辞有何区别?

第三章 文书处理

领会文书处理的含义、原则、行文关系；掌握行文方式和规则、发文和收文处理程序、文书管理的方法和要求、文书立卷方法和步骤、电子公文处理程序，并能够综合应用。

第一节 文书处理的含义和原则

一、文书处理的含义

文书是信息的基本载体，文书处理是指围绕文书的拟制、办理、管理等一系列相互关联、衔接有序的工作，其目的有两点：一是运用信息化、科学化的手段，确保文书的高效运转，从而推动管理信息的环流，为领导系统实施有效管理提供信息支持；二是通过系统化的整理和归档，为信息的日后查考利用奠定基础。

二、文书处理的原则

(一)准确

准确是文书有效传递信息的基本保证。文书处理只有既迅速又准确，才能体现其法定效用。准确性必须落实到文书处理的每一个具体环节，如拟稿时使用的材料和语言要准确，缮印和校对文书时文字内容及标印格式要准确，文书的投递、分送、传阅对象要准确，等等。

(二)高效

文书运转的效率直接影响领导工作乃至整个机关的工作效率。文书处理的高效性原则包括：一是要求秘书人员树立强烈的时间观念和效率意识，具有雷厉风行的工作作风，及时准确地处理文书；二是要减少不必要的行文；三是尽可能消除重复的处理环节，缩短文书运转的周期；四是尽可能简化文字、篇幅、格式，以提高书写、输入、印制、阅读以及将来档案管理的效率；五是通过科学、合理的配置，使文书工作的组织形式、责任分工、人员组合始终保持最佳状态，从而从根本上确保文书处理工作的高效性。

(三)安全

文书处理必须以文书的安全为前提,包括信息安全和物质安全两个方面。信息安全是指要确保文书中的秘密信息不泄漏、不失密,为此必须建立严格的保密制度,采取切实的保密措施。物质安全是指要维护好文书,避免各种因素对文书造成的损坏,延长文书的使用寿命,为文书发挥历史作用奠定基础。

(四)统一

统一原则包括两个方面:一是统一标准。文书是一种全社会广泛运用的管理沟通工具,文书处理如果没有统一的标准,会导致信息混乱,进而妨碍管理系统的正常运作。因此,文书处理工作必须在文书名称、适用范围、标印格式、行文关系、行文规则、处理程序以及相应的技术规范等方面建立统一的标准,避免各自为政而造成沟通障碍。《党政机关公文处理工作条例》《党政机关公文格式》是党政系统文书处理的统一标准,各行各业应当参照执行,并根据本行业、本单位的实际制定相应的规范。二是要求统一管理。秘书部门(办公厅、办公室或企业的行政部)是文书处理的主管部门,统一负责本机关的文书处理工作并指导下级机关的文书处理工作。秘书部门内部应当设立专门的文书处理机构(如文书科)或者配备专职人员负责文书处理工作,一些关键性的文书处理环节,如收发、登记、分文、拟办、审核、复核、用印等,应当由秘书人员统一负责。

第二节 行文方式和行文规则

一、行文方式

(一)按行文对象的层级划分

1. 逐级行文

逐级行文即向直接的上级机关(含在职权上受其领导和管理的上一级机关)或直接的下级机关(含在职权上受本机关管理的下一级机关)行文。逐级行文要求下级机关的文书一级一级上报,上级机关的文书一级一级下发,这是确保法定组织之间以及法定组织内部正常的上下级关系和工作秩序的基本行文方式。

2. 多级行文

多级行文即同时向几个层次的上级或下级机关行文。多级行文能使几个层次的机关同时了解和掌握文书的精神,免去了逐级转报或转发的环节,提高了行文效率。下行文中的多级行文的表述方法有两种:

(1)在文书的主送机关中使用递降称,直接标明几个层次的下级机关名称。如某省委下发文件，主送机关写为"各市、县（区）委"，说明该文书直接发至地级市和县（含区）两个层次的下级机关。

（2）主送机关为直接下级机关，而在正文或附注中写明传达、发送、阅读的级别。比如，有写中共中央文件的主送机关为"各省、自治区、直辖市党委"，而在附注中规定"此件发至县团级"，说明该文书除了发给省部级机关之外，还应当发给地市级机关和县团级机关。

上行文中的多级行文极为少见，只有在遇到比较重大的问题，需要同时请直接上级和更高级别的上级了解情况或批复时才使用。

3. 越级行文

越级行文是一种在非常特殊的情况下越过直接上级或直接下级向更高的上级或更低的下级直至最高的上级或最低的下级的行文。符合下列情况之一的，可以越级向上行文：

（1）情况十万火急，如逐级上报会延误时机并给工作造成严重损失的重大事项，如战争、严重自然灾害等。

（2）上级机关或领导交办并指定越级请示、越级上报的事项。

（3）多次请示直接上级但长期未得到解决，只有请示更高一级上级才能解决的事项。

（4）与直接上级之间有严重争议，无法解决而根据有关规定可以请更高一级上级出面裁定的事项。

（5）对直接上级的检举或控告事项。

（6）无须报直接上级的事务性工作。

上级向下级的越级行文较少。

4. 直达行文

直达行文即通过组织渠道，将文书直接发至最基层的单位，或内部传达到全体群众的行文。其方法有两种：一是主送机关写直接下级机关，正文或附注中说明此件发至基层组织；二是直接称呼本组织的全体成员，如"全公司共产党员""全校师生员工"。

（二）按保密程度划分

（1）加密行文。加密行文即通过机要交通、机要通信、保密传真、数据加密网络、专人送达等保密渠道发送文书，主要用于涉密文书。

（2）不加密行文。不加密行文即在不加密的情况下按正常的组织渠道或通过普通的邮政、电信、网络手段发送文书。这种行文方式只能用于在内容上不涉及任何国家秘密、商业秘密或者组织内部秘密，无须保密也不需要公开的文书。

（3）公开行文。公开行文即通过新闻媒体或公开张贴的方式行文，其特点是传播速度快、范围广、效率高，适用于既无保密要求，也不限定阅读范围，需要迅速广为传播的文书。

公开行文与直达行文是两种不同的行文方式,二者的区别为:一是传播渠道不同。公开行文通过新闻媒体的渠道或张贴方式进行,而直达行文是通过组织渠道层层下发文件。二是保密要求不同。公开行文不得涉及任何秘密事项,而直达行文可以是密件。

(三)按行文的方向划分

(1)纵向行文。纵向行文即向具有隶属关系的上级机关或下级机关,或者向在职权上具有管理关系的高级别机关或低级别机关发送文书。纵向行文必须使用上行文种或下行文种。

(2)横向行文。横向行文即级别平等的机关之间,或既不相隶属又无职权上管理与被管理的级别不等的机关之间的相互行文。行文时,应使用通知、意见、函等平行文种。

(3)多向行文。多向行文即同时向多个方向发布文书。如公告、通告、公报、部分通知等文种可同时向平行和下辖的机关、单位发布。

(四)按行文主体的数量划分

(1)单独行文。单独行文即一个机关单独发文。

(2)联合行文。联合行文即两个或两个以上的机关共同发文,如联合请示、联合通知等。联合行文必须遵循相关的行文规则。

(五)按行文的名义划分

(1)直接行文。直接行文即发文机关以自己的名义直接向其他机关发送文书。

(2)授权行文。授权行文是指通过委托授权,由其他机关或个人代表本机关行文。授权行文的法定权威在于授权机关或授权人。授权行文有以下几种情况:一是授权秘书部门行文,如党政机关的办公部门经常根据党政机关的授权向下级党政机关行文;二是授权职能部门行文,如国务院可以授权某个部委答复某省政府的请示;三是授权新闻机构行文,如我国的新华社有时根据我国政府的授权向国内外发布公告;四是授权律师行文,如基层企事业单位往往授权律师公开发表声明。

(3)对口行文。对口行文即上下级机关的职能相同的部门之间相互行文。对口行文能减少由领导机关名义转发文件的环节,有利于加快文书运转的速度。

(4)批转行文。批转行文即上级机关批转下级机关的来文。批转行文具有权威性,下级机关不能批转上级机关或不相隶属的平行机关的来文。上级机关一般根据下级机关请求而批转文书。文书一经批转,便代表批转机关的权威和意志。

(5)转发行文。转发行文即一个机关转发上级机关或不相隶属的平行机关的来文。转发行文既可以是应来文机关的要求,也可以由转发机关根据实际需要主动转发。由秘书部门转发的文件往往代表领导机关的意志,受文机关应当按要求执行。

二、行文规则

(一)上行文规则

(1)原则上主送一个上级机关,根据需要同时抄送相关上级机关和同级机关,不抄送下级机关。

(2)机关的部门向上级主管部门请示、报告重大事项,应当经本级机关同意或者授权;属于部门职权范围内的事项应当直接报送上级主管部门。

(3)对于下级机关的请示事项,如需以本机关名义向上级机关请示,应当提出倾向性意见后上报,不得原文转报上级机关。

(4)请示应当一文一事。不得在报告等非请示性公文中夹带请示事项。

(5)除上级机关负责人直接交办事项外,不得以本机关名义向上级机关负责人报送公文,不得以本机关负责人名义向上级机关报送公文。

(6)受双重领导的机关向一个上级机关行文,必要时抄送另一个上级机关。

(二)下行文规则

(1)主送受理机关根据需要抄送相关机关。重要行文应当同时抄送发文机关的直接上级机关。

(2)机关的办公厅(室)根据本级机关授权,可以向下级机关行文,其他部门和单位不得向下级机关发布指令性公文或者在公文中向下级机关提出指令性要求。

(3)对于需经机关审批的具体事项,经机关同意后可以由职能部门行文,文中须注明已经机关同意。

(4)机关的部门在各自职权范围内可以向下级机关的相关部门行文。

(5)对于涉及多个部门职权范围内的事务,部门之间未协商一致的,不得向下行文;擅自行文的,上级机关应当责令其纠正或者撤销。

(6)上级机关向受双重领导的下级机关行文,必要时抄送该下级机关的另一个上级机关。

(三)联合行文规则

(1)同一系统的同级机关或部门、不同系统的同级机关或部门必要时可以联合行文。

(2)属于机关各自职权范围内的工作,不得联合行文。

(四)其他规则

(1)机关的部门之间依据职权可以相互行文。

(2)部门内设机构除办公厅(室)外不得对外正式行文。

第三节　文书处理程序

一、发文处理程序

(一)拟稿

(1)拟稿人和拟稿过程。拟稿(起草)是文书处理的起始环节,决定着文书质量的好坏。文书的拟稿一般有四种情况:一是重要文书由领导动手起草;二是专业性文书由职能部门拟写;三是全局性、综合性文书由秘书部门和秘书人员拟写;四是一些重要文书由领导挂帅,组织专门起草班子集体拟稿。秘书拟稿的一般过程为:领导交拟,秘书领会、吃透领导的意图,收集、组织材料,构思起草,讨论修改,送领导审阅。

(2)发文稿纸。文书拟稿应在按统一标准制作的发文稿纸(或称"拟稿纸")上书写或打印。用计算机处理文稿时,可将发文稿纸的标准格式制成模板文档,每次使用时打开模板文档即可输入有关信息。发文稿纸的格式如表3-1所示。

表3-1　××××××(机关名称)发文稿纸

发文字号	机关代字〔　　　〕　　号	密级	缓急
签发:		会签:	
主　送			
抄　送			
拟稿单位		拟稿人	审核人
印　制		校　对	份　数
附　件			
标　题			
(正　文)			

(二)审核

1. 文书审核的含义和意义

发文审核是指由本机关职能部门或经办人员拟写的、需由领导签发的送审稿,在送请领导签发之前,由秘书部门先行审查核准。发文审核应当由秘书部门统一负责,其意义在于:

(1)克服文牍主义。秘书部门审核文书的首要任务是确认行文是否必要。对不必文来文往或者可发可不发的文书严加把关,有利于杜绝不必要的发文,克服文牍主义倾向。

(2)促进政策协调。秘书部门直接辅助领导,能全面把握领导工作整体思路和具体的决策目标,能够在文稿审核中发现部门拟稿难免存在的部门主义倾向以及前后政策上的相互矛盾、重复和脱节的问题。秘书部门通过会商、协调和修改,能有效地纠正分散主义倾向,提高政策的协调性,促进组织的和谐发展。

(3)确保文书质量。秘书部门的审核把关能够解决文稿在内容表述、文字运用和格式安排等方面的问题,提高文书的质量,使文书更加准确地传递机关的制文意图,有利于推动工作。

(4)减轻领导负担。秘书部门的审核解决了文稿中的政策和技术层面的问题,大大节省了领导审阅、修改文书的时间和精力,有利于领导简政,提高领导工作效率。

2. 文书审核的重点

(1)程序方面:行文理由是否充分,行文依据是否准确;是否符合行文方式和行文规则;内容涉及的相关部门之间是否经过协商。

(2)内容方面:内容是否符合国家法律法规和党的路线方针政策;是否完整准确地体现发文机关意图;是否同现行有关公文相衔接;所提政策措施和办法是否切实可行;反映的情况是否真实准确。

(3)格式与表述方面:文种是否正确,格式是否规范;是否做到概念准确、简明扼要、条理清楚、标点正确、语法规范;人名、地名、时间、数字、段落顺序、引文等是否准确;文字、数字、计量单位和标点符号等用法是否规范。

3. 文书审核的主要方法

(1)把文稿内容同实际情况相比,检查有无脱离实际的内容。

(2)把文稿内容同上级(包括党和国家)、平行机关的有关文件精神以及本机关过去的有关规定相比,检查有无上下、左右、前后不协调的方面。

(3)把文稿的标题同文稿的内容相比,检查有无文不对题或者标题不能概括主题的情况。

(4)把领导制文意图同文字表述相比,检查有无词不达意或者有违领导意图的现象。

(5)把文稿同《党政机关公文处理工作条例》《党政机关公文格式》相对照,检查有无不规范的地方。

4. 文书审核的步骤

文书审核一般分为两步。第一步为通读,初步掌握文稿的主要意图、脉络和存在的问题。如发现问题,先用铅笔做上记号,不直接做修改。情况不清楚的,应向拟稿部门或有关单位了解。第二步为正式审核,即对文稿逐字、逐句、逐条、逐项进行认真审核。审核中发现的问题,按以下情况处理:

(1)经审核不宜发文的公文文稿,应当退回起草单位并说明理由。

(2)符合发文条件但内容需做进一步研究和修改的,由起草单位修改后重新报送。

(3)对涉及其他方面工作但未与有关部门协商一致的文稿,退回拟稿部门补办会签手续,也可由秘书部门出面组织有关部门会稿。

(4)对一些专业性较强的文稿,还可以向有关专家、学者咨询,或举行专家咨询会进行咨询、论证。

(5)对存在一般性文字错误,或者内容上虽需做较大改动但退回修改会耽误时间的文稿,在问明情况并征得拟稿部门的同意后,可由审核人员直接修改。

(三)签发

1. 签发的含义和作用

签发是指领导在秘书部门审核的基础上,对送审稿进行最后审阅,确认可以发出后,在发文稿纸的签发栏内写明发文意见并签字的行为。文书一经签发,便由送审稿转化为定稿,具有法律和行政效力。

2. 签发的要求

(1)涉及面广的文书和上行文由机关主要负责人签发。业务性文书可由具体分管的副职领导签发,如问题较为重要,也可请主要领导加签。办公厅(室)根据授权制发的公文由授权机关主要负责人签发或者按照有关规定签发。

(2)联合发文或内容涉及其他部门的文书由相关机关的负责人会签。一般由主办机关首先签署意见,协办单位依次会签。

(3)签发人应当在发文稿纸的签发栏内签署意见、姓名和完整日期;圈阅或者签名的,视为同意。

(四)复核

印发已经发文机关负责人签批的公文前,应当对公文的审批手续、内容、文种、格式等进行复核;需做实质性修改的,应当报原签批人复审。

(五)编号

1. 编号的方法

编号是指由秘书部门对需要发出的文书统一编排发文字号,方法有以下几种:

(1)按任职届别编号。在通过选举产生的领导机关中,需要由机关领导签署并公布的命令或以机关名义发布的公告、通告,一般在机关领导的任职期限内连续编号,换届选举后重新编号,标注为"第1号""第2号"等。

(2)按机关连续编号。在通过任命产生的领导机关中,需要由机关领导签署并公布的命令或以机关名义发布的公告、通告,一般按机关,不分年度也不按届别连续编号,标注为"第1号""第478号"等。

(3)按年份编号。普通的公文在一个年度内连续编号,第二年度起重新编号。按年份编号具体有两种方法:①总流水编号法,即不论文书由哪个职能部门制发,也不论文书的内容,一律编流水号,如"赣农发〔20××〕1号""赣农计〔20××〕2号""赣农宣〔20××〕3号"。该方法适用于规模较小、文书数量较少的机关。②分类流水编号,即根据发文的部门或文书的内容先分成若干小类,再按小类和年份编号,如"沪府办〔20××〕1号、2号、3号""沪人社〔20××〕1号、2号、3号"。该方法适用于规模较大、内设部门较多、文书数量较大的机关。

2. 编号的要求

(1)编号工作应在复核之后、缮印之前进行。过早编号会因领导的否决而导致空号,或者由于文书涉及问题复杂需要反复研究而拖延发文导致编号次序的混乱。

(2)发文字号中的机关代字由该秘书部门统一编制。机关代字一旦确定,应长期稳定。

(六)缮校

缮校包括缮印和校对两个环节。

1. 缮印

缮印即根据定稿制作正本的过程。缮印环节要求做到:

(1)排版、印制、装订严格执行《党政机关公文格式》的标准。

(2)分清缓急,注意保密。急件应先打先印,密件应指定专门的印刷单位或专人打印,必要时派人监印。印制密件的废弃纸张和校样要妥善处理,不得移作他用。

(3)委印和交割文书要办理签字手续并认真验收。

(4)严格按照确定的份数印制,不得擅自多印。

2. 校对

文书在正式开印之前,均应严格校对。

(1)校对的方法。校对方法有以下几种:

①折校法，即把校样折叠起来，放在原稿上逐行校对。

②交替法，即一手指校样，一手指原稿，逐字逐句左右交替校对。

③读校法，需两人协作进行，即一人读原稿，另一人看校样。读稿人应读准每个字音，报清楚标点符号、字体、字号、空距、另起段等，遇有罕见字、同音字以及特殊要求时，应特别加以说明。

（2）校对的要求如下：

①文字内容以原稿（即定稿）为依据。如发现原稿中确有错误需要改正，应当向拟稿人或核稿人提出，在拟稿人或核稿人做出修改或同意修改后，才能改动校样。除常识性错误外，校对人不得随意改动原稿的文字。

②普通文书实行两校一读，即校对两次后再通校一遍；重要文书至少实行三校一读。重要文书应将清样（即最后一次校定、准备付印的校样）送领导审批、修改。文书印好后，还应认真核对，确保万无一失。

③校对符号及其用法应按《中华人民共和国国家标准　校对符号及其用法》（GB/T 14706—93）执行。

（七）盖章或签署

1. 盖章

对于需对外发出的文书，除纪要和领导签署的之外，缮印后都应由秘书人员在落款处按规定的方式加盖机关的印章。用印必须注意以下几个方面：

（1）应以机关领导在文书原稿（即定稿）上的签发意见为依据。未经签发或不同意发出的文书不得盖章。

（2）印章、发文机关、签发人三者必须一致，即：印章上的印文与发文机关名称要一致；印章与签发人的职务要一致，哪一级机关领导签发，就盖哪一级的公章。

2. 签署

凡需领导签署的文书，由领导在文书正本的落款处亲署姓名。如印刷份数较多，可由秘书代盖领导手书体签名章。签署的权限仅限于正职或代理正职的领导拥有，副职不联署。签署人应与签发人一致。

盖章和签署必须符合《党政机关公文格式》的相关规定。具体要求详见第二章第三节。

（八）发文登记

1. 发文登记的作用和形式

一切向外发出的文书均需经严格的登记，以便于管理、查找、统计和催办。发文登记有簿式登记和计算机登记。

（1）簿式登记。簿式登记即以登记簿的形式记载所发文书的有关项目和数据。发文登记簿应当设封面，标明发文机关的名称、起止日期等项目，内页填写有关项目和数据。

(2)计算机登记。用计算机登记的,应建立专门的发文登记文件夹和发文登记 Excel 电子表格文档,文件夹和文档的名称应当写明发文机关(部门)和登记时间范围。

2. 发文登记的方法

(1)总登记。发文数量较少的单位可采取总登记的方法,将所有发出的文书按年度、发文时间先后流水编号登记。

(2)分类登记。发文数量多的单位可采用分类流水登记方法。分类的方法既可按来文机关的性质分,也可按发文的内容性质分。其方法应当与案卷类目一致,具体请参考本章第五节。

3. 发文登记的项目

(1)顺序号,一般以发文时间为顺序按年度编排,发文数量较多的单位可以分类编顺序号。编顺序号有利于统计发文数量和查找文书。

(2)发文字号。

(3)文书标题。

(4)附件,如附件同主件分开印制装订,则必须注明附件的名称。

(5)成文日期。

(6)密级和保密期限。

(7)缓急时限。

(8)份数。

(9)发送机关,写明主送、抄送机关名称。

(10)发送方式,如注明"传真""电报""邮寄""电子邮件""微信"等。

(11)发送时间,以公文版记中的印发日期为准,无印发日期的文书以实际发出的日期为准,急件要注明发送的时、分。

(12)签收人。如果采取派人送文或请对方前来领取文书的方式,签收人应在发文登记簿上签字。如采取邮寄或机要交通的传递方式,可在收到对方的回执后填上对方签收人的姓名。

(13)归档日期和归档号,在文书归档后填写。

(九)封发

1. 装封

除公开发布或以电信手段传递的文书外,纸质文书均需在对外发送前用信封套装并封口。装封具有防止泄露文书内容、保护文书、便于携带递送的作用。装封时要做到:

(1)信封上的受文机关名称准确清楚,地址、邮编要详细无误。

(2)保密件、急件必须在信封上标明密级和紧急程度;亲启件要写明收件人的姓名并加上"亲启"字样。

(3)重要文书应填写"发文通知单",并与文书一起递送,其内容包括文书标题、发文字号、份数、附件、清退日期等,并附上回执,请对方查对无误后签字、盖章并寄回。

(4)装封时要做到五查:查文书份数,查有无附件,查是否漏盖印章,查文书的受文机关与信封上的受文机关是否一致,查有无多发、重发或漏发的单位。

(5)封口要牢固,以避免文书在传递过程中滑出。保密件需用密封条封口,并在封口上加盖保密戳。

2. 传递

广义的传递包括文书处理所有环节之间的交接。这里所指的传递是狭义的,即文书印制后的传递。文书的传递有以下几种渠道:

(1)邮局寄发。邮局寄发用于传递普通文书,分为平信、挂号、快件等邮寄方式等。凡挂号与快递的文书,秘书应将有关单据妥善保存,以备查询。

(2)机要交通。机要交通是我国中央和省部级党政领导机关之间重要秘密文书的传递系统,中间环节少,保密制度严,可靠性强,用于少数密级较高、内容重要的文书。

(3)机要通信。机要通信机构是专门承担机要通信任务的系统,其设置形式有两种:一种设置于各级邮电部门内,另一种设置在县级以上党政机关的秘书部门内。除规定必须由机要交通传递的文书外,各级党政机关的秘密文书都要通过机要通信系统来传递。

(4)当面交接。发给机关或单位内设部门的文书,如果驻地集中,可采取送文上门或通知前来领取的方法当面交接,也可借集中开会的机会向各部门代表分发。当面交接秘密文书要遵守保密制度。

(5)集中交换。在机关集中的地区或办公区域可设文书交换站,各机关在规定的同一时间里相互交换、签收文书。设交换站集中交换文书,具有方便、快捷、成本低等优越性,适用于传递普通文书。

(6)电信发送。电信发送即运用电报、传真、互联网等电信渠道传递文书,其中互联网渠道包括电子邮件、公文传输系统、官方网站、企业微信号、官方微博等。

(7)公开发布。公开发布即采用公开张贴、报纸、广播、电视等方式直接向社会和群众发布文书,适用于需要公开行文的文书。

二、收文处理程序

(一)签收

1. 签收的含义和作用

签收是指收文单位的经办人员收到文件时在发文单位提供的簿单上进行签字的手续,其作用在于确认收到文书并为明确交接双方的责任提供书面凭证。

2.签收的方式

签收有以下几种方式：当面交接或专人送达时，在对方的送文簿（即对方的发文登记簿）上签字；通过邮递部门寄来的挂号件或通过机要交通部门传递的机要件，在文书投递单上签字；在文书拆封后，在信封内夹寄的发文通知单回执上签字；在设有外收发的机关中，当外收发向内收发交接文书时，收件人在外收发的收文登记簿上签字；收到传真件和电子文书后，以传真或电子邮件的形式回复加以确认。

3.签收的手续

（1）清点核对。对收到的公文应当逐件清点核对。①对有信封包装的文书，要检查核对所收文书信封上的收文机关和收文人是否与本机关一致，发现投递错误的不应签收，并及时退回。②检查信封是否有破损、开封等情况，如发现有破损和开封情况，应及时查明原因。在确认信封内文书没有受损、缺件、缺页和泄漏后，方可签字。③认真核对所收文书同对方送文簿或发文通知单上填写的项目是否相符，确认无误后方可签字。

（2）签字盖章。签字盖章即在核对检查无误后签署收件人姓名或盖章（亦可盖签收章），注明收到日期，收到急件应注明具体时间。

（二）拆封

拆封必须指定专人，其他人员未经同意不得拆封。拆封的要求如下：

（1）信封上标明送本机关或写明"办公室收"的文书，秘书可直接拆封。

（2）领导的亲启件未经特许，不得拆封。

（3）急件、密件应当先拆。

（4）拆封后如发现信封内的文件误送或发文手续不全，应及时与对方联系，弄清情况，酌情处理。

（5）拆封时要用剪刀沿封口剪开，注意不能剪去邮票、邮戳、邮编、地址等标记，更不能损坏信封内的文件。快递件应当保留包装上的单据。

（6）如信封内有对方的发文通知单回执，在确认无误并且文书完好无损后，应在回执上签字、盖章（可盖签收章），寄回对方。

（三）收文登记

1.收文登记的范围和作用

收到重要文书应当登记，以便于管理、查找、统计和催办。为提高效率，下列文书可不必登记：

（1）公开的和内部不保密的出版物。

（2）一般性的简报。

（3）已被综合性文件详细包括的文书。

（4）事务性的通知、便函等。

(5)领导的亲启件。但领导阅后交办的,应予登记。

2. 收文登记章

收文登记前应先在所收文书的眉首上加盖收文登记章,简称收文章。收文章的作用在于沟通文书与收文登记簿、文书与档案之间的联系,以便日后查找。收文章的内容包括收文单位名称、收文号(一般按年度编总流水编号,如收文较多,亦可编分类流水号)、收文日期和归档号。收文章参考样式如图3-1所示。

```
（收 文 机 关 名 称）
收 文 号
收 文 日 期         年    月    日
存 档 号
```

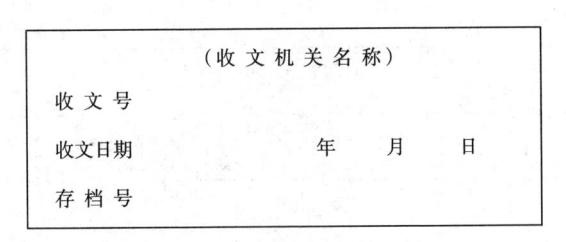

图3-1　收文章参考样式

3. 收文登记的项目

(1)收文号。编号应与收文章上的收文号一致。

(2)收文日期。收文日期以该文书实际收到的日期为准,急件还应当具体到时、分。

(3)来文机关,即所收文书的发文机关。

(4)来文字号,即所收文书的发文字号。

(5)来文标题。如无标题,应根据来文的内容拟填摘要。

(6)密级和保密期限。

(7)缓急程度。

(8)份数。

(9)承办单位。承办单位由秘书人员在分文时填写。

(10)签收人。签收人由具体承办该文书的人员在分文时签名。

(11)复文字号,即答复性文书的发文字号,用于批复和复函。

(12)归卷日期。

(13)存档号。

以上内容有的必须在拆封后立即登记,有的则在文书运转过程中补充填写。

4. 收文登记的形式

(1)簿式登记。簿式登记即以登记簿的形式记载所收文书的有关项目和数据。收文登记簿也应当设封面,标明收文机关的名称、起止日期等项目,内页填写有关项目和数据。

凡采用簿式登记并需要具体办理的文书,在登记的同时还要填写文书处理单。文书处理单随文书一起运转,记载领导的批办意见并留注文书办理情况,应当与文书一起归档。文书处理单的样式如表3-2所示。

(2)联单式登记。联单式登记即一次填写三联单或四联单。第一联为文书处理单,黏附在文书上随文书一起运转;第二联为收文登记单,装订成册后代替收文登记簿;第三联为收文分送单,分文时送承办部门留存备查,减少承办部门的重复登记;第四联为文书催办单,作为催办记录。

表3-2　××××(机关名称)文书处理单

收文号:　　　　　　　　　　　　　　　　　　收文日期:　　年　月　日

来文标题			
来文机关		来文字号	
批办意见			批 办 人: 批办日期:
拟办意见			拟 办 人: 拟办日期:
办理结果			承 办 人: 办理日期:

(3)簿单结合式。簿单结合式即先将来文用收文簿登记,然后对需要办理的文书填写二联单,一联为文书处理单,一联为催办单。

(4)计算机登记。用计算机进行收文登记,应建立专门的收文登记文件夹和收文登记电子文档,文件夹和文档的名称应当写明收文机关(部门)和登记期限。

5.收文登记的方法

收文登记的方法与发文登记的方法基本一致,也分为总登记和分类登记两种。文书量多的单位可采用分类流水登记方法。

(四)初审

对收到的公文应当进行初审。初审的重点是:是否应当由本机关办理,是否符合行文规则,文种、格式是否符合要求,涉及其他地区或者部门职权范围内的事项是否已经协商、会签,是否符合公文起草的其他要求。经初审不符合规定的公文,应当及时退回来文单位并说明理由。

(五)分送

收到的文书在初审通过后进入分送环节。分送前秘书人员应仔细阅读来文,根据文书的性质、内容和办理要求确定分送对象。内容重要或涉及全局性工作的批办性文书应先报秘书部门负责人拟办,再报领导批办。一般性文书且承办对象和承办要求明确的文书可直接转送有关业务部门承办。阅知性文书或者需要先传阅再办理的文书可根据规定阅读范围直接组织传阅。

对需退回存档的文书,分送时要在文书首页加注"阅后退回"的字样,限期退回的,写明退回的具体期限。

(六)拟办

1. 拟办的含义

拟办即由秘书部门负责人或经授权的秘书人员在仔细研究文书的基础上,提出如何办理文书的初步意见或建议,供领导批办时参考。下列文书需拟办:

(1)上级机关下达需要领导传阅或要求本机关办理落实的文书。

(2)下级机关和内设部门上报的需要领导阅知或本机关答复的文书。

(3)其他机关主送本机关需要答复的文书。

2. 拟办的要求

拟办是秘书部门辅助领导决策,当好参谋、助手的重要一环,也是秘书部门和秘书人员思想、政策水平和业务能力的集中体现,应予以高度重视。拟办时要求做到:

(1)了解机关内部机构设置和具体职能分工,掌握每位领导的职权范围,熟悉各项工作的流程和规则。

(2)在认真阅读文书、切实领会文书的精神实质和具体的办理要求的基础上,从本机关的工作全局出发,尊重客观实际,提出切实可行的建议。必要时可向领导提出多套方案以供选择。

(3)拟办意见力求简明扼要,语气应当是建议性、祈请性的。拟办人要亲署姓名,写明日期,以示郑重负责。

(七)批办

1. 批办的含义和权限

批办是领导对来文由谁办理、如何办理做出决断,是领导参与文书处理的重要环节。批办文书要分清职权:全局性、事关重大的文书由主要领导批办;业务文书由分管领导批办;日常事务性文书也可由秘书部门负责人批办。部分文书在领导批办、明确承办部门后,秘书要做好再分送的工作。

2. 批办的要求

(1)需组织传达和传阅的文书,要批明传达或传阅的范围、方法、时间。

(2)需本机关贯彻执行的文书,要提出具体的贯彻措施和步骤。

(3)需向下交办落实的文书,应批明承办部门或承办人员及承办期限和要求。需两个以上部门办理的,应批明主办部门。

(4)涉及工作领域较多的文书,应实行有关部门或有关分管领导会批制度。会批中产生分歧难以协调的,呈送主要领导批示。

(5)紧急公文应当明确办理时限。

(6)批办的语言要明确、清楚,姓名和日期要完整。

(八)传阅

1. 传阅范围的依据

收到参阅性文书或者需要先传阅再办理的文书,秘书要认真组织好传阅。组织传阅范围的依据一是来文中规定的阅读范围,二是领导批办意见中提出的阅读范围。

2. 传阅的方式

(1)阅文室传阅。规模较大、收到文书较多、阅读范围较广的机关应当专门设立阅文室,以便于集中管理文书,也便于领导和其他阅读对象随时抽空前来阅读。

(2)以人立户传阅。以人立户传阅即为每一位领导设立一个文件夹,将一段时间内领导需要阅读的文书组合在一起,呈送阅读。采取以人立户传阅的方法,必须填制文书送阅单,由领导阅后签字。文书送阅单参考格式如表3-3所示。

(3)以文立户传阅。如果文书只有一份,而阅读范围较广,可将该文书立为传阅的户头组织传阅。以文立户传阅应填制文书传阅单,每位阅文人阅读后应在文书传阅单上签字。文书传阅单参考格式如表3-4所示。

表3-3 ××××(机关名称)文件送阅单

阅文人：_____ _____年_____月_____日

序号	文件标题	来文机关	来文字号	密级	阅读范围
1					
2					
3					
4					
5					
6					
批示意见					

注：请于××××年××月××日前退回

阅文人签字：_____

签字日期：_____

(适用于以人立户传阅)

表3-4　××××(机关名称)文件传阅单

来文单位			来文字号	〔　　　〕　　号	
文件标题					
收文日期	年　　月　　日		收 文 号		
拟办意见			领导批示		
阅文人签名	阅文时间		阅文人签名	阅文时间	
	年　　月　　日			年　　月　　日	
	年　　月　　日			年　　月　　日	
	年　　月　　日			年　　月　　日	
	年　　月　　日			年　　月　　日	
	年　　月　　日			年　　月　　日	
备　注					

(适用于以文立户传阅)

3. 传阅的要求

(1)避免领导之间绕开秘书自行横向传阅文书,以免造成文书的压误或丢失。

(2)随时掌握公文去向,不得漏传、误传、延误。

(3)对已经传递给领导的文书,应加强催阅,以免压误。

(4)要将文书放在文件夹内进行传阅,避免直接磨损。

(5)如领导对传阅件有批示,应及时办理。

(九)承办

1. 承办的含义

承办是指承办部门或承办人员根据领导批办的意见和文书中的要求,对文书提出的事项具体办理落实。承办是文书处理程序的核心环节,也是文书发挥现实效用的基本保证。承而不办或办而不力,就会使文书处理工作前功尽弃,甚至延误时机,对各工作造成不利影响。

2. 承办的方式

(1)传达承办。对需要向下传达的文书,可以会议、电话或转发的方式进行传达。

(2)专案承办。对需贯彻执行的文书,指定专人或成立专门的工作小组(如专案组、调查组、督查组、起草小组等)进行专题研究,采取有效措施加以落实,或形成相应的文书,下发给下级部门和单位贯彻落实。

(3)答复承办,即以适当的方法答复对方的来文。答复的方法有电话答复、当面答复和复文答复等。

承办的过程往往需要拟制新的文书,如批转、转发文书时需要拟制通知,专案承办后往往要产生结案报告、处理决定,答复承办中的复文答复必须发出批复(针对下级的请示)、复函(针对不相隶属机关的问函)、报告(针对上级机关的询问)等。因此,承办往往是本机关发文程序的开始。

3. 承办的要求

(1)务求时效。承办部门收到交办的文书后,应当及时办理,不得延误、推诿。有明确办理时限要求的应当在规定时限内办理完毕,确有困难无法按时办理完成的,应当提前说明并获得同意。

(2)分清主办与协办。主办部门负责牵头、协调、拟稿,并与协办部门充分协商,取得一致;如果意见不一,应及时报请有关领导裁定。

(3)区分复文与不复文。凡可以采取口头、电话、派人联系等方法解决的问题,不必书面答复,但需做好记录。

(十)催办

1. 催办的含义

广义上的催办是指对每道文书处理环节的催促;狭义上的催办是指对文书承办环节的督促、检查,提醒承办部门和承办人员及时办理,防止文书的积压。

2. 催办的范围和重点

催办分为对内催办和对外催办。对内催办是指对本机关内部承办的文书进行检查督促,包括催阅、催批、催签、催印、催复。对外催办是指对向外机关发出的文书进行催询、催复。对内催办与对外催办互相联系,由于对外催办总要通过收文单位的内部催办而实现,对外催办的实效最终取决于各机关的内部催办,因此,从范围上说,对内催办是所有催办工作的重点,其中对急件、重要件的起草、签发、批办、承办等环节是催办工作的重中之重。

3. 催办的方法

(1)电信催办。文件发出一定时间后,秘书人员可用电话、短信、传真、电子邮件、微信等电信手段向承办部门或单位询问办理情况。每次电信催办的情况要记录在案。

(2)书面催办。重要文书在交办、转办一段时间后,可发催办函或催办通知单督促对方抓紧办理。催办函或催办通知单可以临时书写打印,也可以制成统一格式。

催办通知单参考格式如图 3-2 所示。

(3)派人催办。机关之间驻地较近或事关重大而又紧急的对外催办,可派专人前往催促办理。

××××（集团）公司办公室

催办文件通知单（存根）

××催字（＿＿）＿号

被催办单位	
文件标题	
催办文件字号		收文号	
交（转）办日期		催办日期	

××××（集团）公司办公室

催办文件通知单

××催字（＿＿＿＿）＿号

＿＿＿＿＿＿＿＿＿＿＿＿＿＿＿＿；

《＿＿＿＿＿＿＿＿＿》（收文号＿＿＿＿＿＿＿）

已于＿＿＿年＿＿月＿＿日交（转）给你们承办，请将办理情况速告（集团）公司办公室文书科。

电话：××××××××

××××（集团）公司办公室

＿＿＿年＿＿月＿＿日

图 3-2　催办通知单参考格式

4. 催办的要求

（1）组织落实。催办工作是一项经常性的工作。较大的机关应设置催办机构或专人负责催办工作，一般的企事业单位也应当指定专人专管或兼管催办工作。

（2）制度完善。催办工作需要制度保证。这些制度包括：①记录制度，即要求将每一次催办的情况记录在案。②及时反馈制度，即根据文书的轻重缓急和领导批示的办理期限，要求承办部门及时办理，并及时向催办部门反馈办理的情况。

(3)分工协同。一份文书的具体承办往往涉及若干部门和人员,因此,文书的催办要做到责任到部门、责任到人,同时各有关部门和人员要协同做好催办工作。

(4)检查汇报。应经常检查催办工作的情况,做好统计分析,对逾期未办理结束的文书应当重点分析,找出原因,提出解决的办法,向领导汇报。对内容重要而又屡催不办的文书,可请领导出面催办。

(5)做好记录。文书催办往往不是一次完成的,而是一个连续的动态过程,每次催办后秘书都要做好记录,以便为总结办文的经验、分析办文中存在的问题提供数据。

(十一)办结

1. 办结的含义

文书的办结是指由具体承办人在文书处理单上留注承办的结果、方式和日期,表明文书收文处理程序的结束。

2. 办结的方式和要求

承办的方式不同,办结留注的方式和要求也有所不同。

(1)以复文的方式承办的,应注明拟稿部门、复文名义、复文字号、复文标题、受文单位、复文的要点、复文的方式(传真、邮寄、电子邮件等)以及复文日期。

(2)以电话或面谈的方式承办的,应注明谈话人姓名、谈话的时间、谈话的地点、对方的单位名称、谈话对象的姓名和职务、谈话的要点。

(3)以传达、传阅的方式承办的,应注明何时何地在何种范围以何种方式传达或传阅。

(4)以专案的方式承办的,应注明调查结论和处理结果,并将有关结论性材料的名称(标题)、编号、承办机关或部门、承办人姓名、内容要点等一起留注。

(5)对于上级机关批示交办并查办的文书,应向上级机关书面报告承办结果。书面报告的发文名义、发文字号、主送机关、标题、成文时间等应当留注。

第四节 文书管理

一、文书质量管理

(一)文书质量管理的含义

文书的质量是指文书在内容、格式和印制方面的准确性和有效性。文书质量管理的目标就是提高每一份文书(包括形成和使用过程中产生的各种稿本)在主题思想、政策界限、措施办法、文字表述、格式安排、缮印校对等方面的正确性、鲜明性、科学性、规范性和可操作性。

(二) 文书质量管理的具体要求

(1) 文书拟稿除总体上要做到主题正确、鲜明、集中,材料真实、可靠,结构完整、规范、严密,语言准确、简要之外,还要符合下列要求:

①应当根据行文目的、发文机关的职权范围和与行文对象的隶属关系选择合适的文种。

②拟制紧急文书应当体现紧急的原因,并根据实际需要确定紧急程度。

③人名、地名、数字、引文准确。引用公文应当先引标题,后引发文字号。引用外文应当注明中文含义。日期应当写明具体的年、月、日。

④应当使用国家法定计量单位。

⑤文内使用非规范化简称,应当先用全称并注明简称。使用国际组织外文名称或其缩写形式,应当在第一次出现时注明准确的中文译名。

⑥文书用字必须按照国务院公布的《通用规范汉字表》执行。

⑦标点符号应按《标点符号用法》执行。

(2) 发文处理要加强发文审核和复核工作,严格把好政策关、事实关、数字关、文字关和格式关。未经秘书部门统一审核的文书,不得缮印、下发。缮印文书之前要把好校对关,做到文字和格式规范,文面清晰、整洁,防止漏页、多页,避免出现正文与印章、成文日期分别印在两页的情况。

(3) 收文初审要加强行文规则、文种、格式和签发要求的检查,如发现不合格文书,应退尽退。

二、文书数量管理

(一) 文书数量管理的含义

文书数量管理是指对一个机关发文总量进行控制,其目标是精简文书,克服文牍主义。

(二) 文书数量管理的具体要求

(1) 内容空洞、无实际意义的文书坚决不发。

(2) 可用电话、面谈或现场办公等方法解决的问题,可做好书面记录,不必另外专门行文。

(3) 能够通盘解决或综合处理的问题,可一次性发文,不要零星行文。

(4) 只要求特定单位执行的文书,不要普遍下发。

(5) 面向基层的文书可采取多级行文或直达行文的方式,不要层层转发。

(6) 面向基层或群众且不涉及秘密的文书,可采取公开行文的方式,无须另外行文。

(7) 外单位发来的抄送件,不再转发下级单位。

三、文书时效管理

(一)文书时效管理的含义

文书时效管理是指对文书运行的周期进行控制,其目标在于缩短文书处理每道环节所花的时间,加快文书运转速度,提高行文效率。

(二)文书时效管理的具体要求

(1)紧急文书必须在拟稿之前就确定紧急程度,做到急件先拟、先审、先印、先发。

(2)拟办和批办紧急文书应当提出明确的办理时限,承办单位应按规定时限抓紧办理,不得延误。

(3)收文初审发现不属于本单位职权范围或者不应由本单位办理的文书,应当迅速退回原发文机关或转寄应当收文的机关并说明理由,以免延误其他机关的办理时机。

(4)认真做好文书处理全过程的催办工作,如催拟、催签、催印、催发、催阅、催批等。对紧急而又重要的文书的承办环节要重点督促检查,及时了解和反馈承办的情况。

(5)在确保秘密的前提下,尽可能运用办公自动化系统处理文书,提高文书处理效率。

四、文书物质要素管理

(一)文书物质要素管理的含义

纸质文书的物质要素包括书面载体和显字材料两个方面。文书物质要素管理的目标是:维护文书物质要素的完整性、牢固性和耐久性,延长文书使用的寿命,为立卷和档案管理打好基础。

(二)文书物质要素管理的具体要求

(1)文书拟稿用纸和印刷用纸,以及其他需要立卷归档的文书用纸(如文书处理单、文书传阅单)等,其质量必须符合永久保存的要求,纸幅规格应符合国家标准。

(2)文书的拟写、修改、审核、签发、缮印、拟办、批办、留注应当使用钢笔或毛笔,不得使用圆珠笔、铅笔等;墨水应使用不易扩散、便于保存的蓝黑、碳素墨水,不得使用纯蓝、红色等易于扩散、褪色的墨水。

(3)做好文书平时的维护工作,具体要求是:

①平时存放文书要有条理。已经办理完毕的文书应当按案卷类目的具体条款

及时归卷,不能乱堆乱放,以免遗失;未办理完毕的文书可临时分类存放于硬壳容器中,容器上应标注目录。

②运转过程中的文书应放入文件夹,避免人为折叠、磨损。

③阅读、处理文书时,防止文书被茶水、饮料、墨水污染或遭受其他损坏。

④文书应存放于带有保险装置的铁皮文件柜中,室内严禁火种,并配备良好的消防安全设备。

⑤秘书人员对所管理的文书要勤整理、勤翻阅,发现缺件、缺页、破损等问题要及时寻找原因,予以补救。

五、文书的借阅和翻印管理

(一)文书借阅管理

1. 文书借阅管理的含义

文书借阅是文书利用的基本方式,文书借阅管理就是通过控制借阅范围、强化借阅手续、督促按时归还来保证出借文书的安全,提高文书的利用率。

2. 文书借阅管理的具体要求

(1)确定借阅范围。文书借阅的对象包括领导、职能部门以及其他有关部门和人员。文书出借之前,秘书要先确定借阅人是否属于该文书的阅读范围。一般情况下,借阅范围应当和阅读范围一致。阅读范围之外的有关部门或人员确需借阅文书,应当经领导批准。

(2)履行借阅手续。文书借阅必须办理借阅手续,由秘书人员在借阅文件登记簿上填写有关信息,并请借阅人签字。阅读范围之外的有关部门或人员借阅保密期限之内的秘密文书,应出具单位介绍信,并经领导签字同意。

(3)遵守借阅制度。文书借阅制度包括按时归还、严禁翻印复制、不得转借等制度。秘书人员应当向借阅人交代各项借阅制度并跟踪检查、督促,借阅人则应当自觉遵守。

(4)经常统计分析文书借阅的去向、频次,摸清借阅的规律,以便有针对性地做好借阅服务,提高借阅效率。

(二)文书翻印管理

1. 文书翻印管理的含义

翻印的文书有两种:一种是按原件重新排版打印的文书,称为翻印件;一种是用复印机或扫描仪复制的文书,称为复制件。

2. 文书翻印管理的具体要求

(1)绝密级和注明不准翻印复制的文书,一律不得翻印复制。翻印复制其他文书,须经本级领导批准。

(2)下级机关经上级机关委托可翻印指定的文书。翻印件应当与原件的格式一致,版记末尾需注明翻印的机关名称、翻印日期、份数和印发范围,并上报上级机关备案。

(3)经批准或委托翻印的文书与原件具有同等的效力,并按原件的要求进行管理。

(4)复印件作为正式文书使用时,应当加盖复印机关证明章。

六、文书的清退和销毁管理

(一)文书清退管理

1. 文书清退管理的含义

文书清退是指文书办理完毕后,将承办部门和承办人员暂存的文书回收到秘书部门。加强文书清退管理,能有效地防止文书查无下落和泄密,保证文书收集齐全完整,提高立卷质量。

2. 文书清退的范围

下列文书必须清退:

(1)秘密文书。

(2)发现有重大错误、必须防止扩散的文书。

(3)草本阶段的各种稿本,如讨论稿、征求意见稿、草案等。

(4)送领导或有关人员传阅的文书。

(5)未经本人审阅的讲话稿、发言稿。

(6)转交有关部门办理但必须由秘书部门立卷存档的文书。

(7)需要由秘书部门集中销毁的文书。

3. 文书清退管理的具体要求

(1)事先告知。除有重大错误、临时决定立即清退的文书外,一般文书的清退应事先发出通知,具体方法为:一是印发文书清退通知及文书清退目录(或通知单);二是在需要清退的文书上盖上"阅后退回"戳记;三是会上分发并需清退的文书标明"会后退回"字样,同时在会上口头通知,予以强调。

(2)加强催退。清退期限将到之前,秘书要通过电话或口头方式提醒有关方面按时清退,过期未退的,要加强催退。

(3)清点核对。文书清退时要仔细清点核对,如发现缺少份数或与清退目录不符,要当场记下,以便做进一步催退。

(4)交接签字。文书清退交接时,双方应在清退凭证上签字。清退凭证一式两份,双方各保存一份备查。

(二)文书销毁管理

1. 文书销毁管理的含义

文书销毁是对文书的物质毁灭。文书销毁管理就是在清退的基础上,通过对文书保存价值的鉴定,有选择地销毁无保存价值的文书,减轻文书后期管理的压力,同时有效地防止秘密文书的散失和泄漏。

2. 文书销毁的范围

(1)归档文书的重份件。一般情况下,收到一式多份的文书,如有保存价值,只需一份立卷,其余重份可以销毁。

(2)无保存价值的文书。

(3)上级授权或指定要销毁的文书。

3. 文书销毁的要求

(1)广泛收集。销毁文书之前应先向有关方面发出通知,告知销毁文书的范围、截止收集的期限、送交地点等。

(2)鉴定造册。文书收集后,要认真鉴定文书的价值,留出需要立卷的文书。对要销毁文书的信息应逐一登记在销毁文书清单上(见表3-5)。

表3-5　××××(机关名称)销毁文书清单

顺序号	发文机关	文书标题	发文字号	销毁份数	销毁原因	备注
审批人		销毁人			销毁日期	

(3)领导签批。销毁文书必须经领导签批同意。

(4)专人监销。销毁文书,尤其是销毁秘密文书,应当有两人以上押运到指定的造纸厂并当场监督销毁。任何个人不得私自销毁或者擅自以其他方式处理文书。

第五节　文书立卷与归档

一、文书立卷的含义和意义

(一)文书立卷的含义

对已办理完毕并且具有保存价值的文书,按其形成过程中的相互联系和规律组成案卷,叫文书立卷。

(二)文书立卷的意义

(1)有利于今后的查考和利用。文书立卷的过程中要对文书进行系统的收集整理,有规律地排列与组合,并且编制详细的检索目录,这就为今后的查考和利用提供了方便。

(2)有利于文书的安全与完整。立卷过程中,在收集齐全的基础上,按一定的方法,将一份份文件组成案卷,加上封皮装订成册,这就保证了文书的系统性和完整性,使其不易在查考利用中磨损和丢失,维护了文书的安全。

(3)为档案管理奠定基础。立卷前的文书与立卷归档后的档案是相互联系的。因此,文书立卷直接关系到档案的管理。高质量的文书立卷能为档案管理打下坚实的基础,使档案充分发挥历史凭证的作用,为将来的工作提供服务。

二、文书立卷的对象和范围

(一)文书立卷的对象

文书立卷的对象是指已经办理完毕并且具有保存价值的文书(包括电报)。这里所指的办理完毕,是指文书在处理办理程序上办理完毕。具体可以从以下几方面掌握:

(1)涉及工作时间较长的规范性和行政指挥性文书,对发文机关来说,在文书发出后就算办理完毕,便可将定稿和存本归卷;对收文机关来说,经过传阅、传达,并制定了本单位实行的具体措施、办法后,就算办理完毕,可以把来文归卷。

(2)不必办理或答复的文书,经有关负责人阅批和传阅后便算办理完毕,可以归卷。

(3)相互往来的文书,如请示与批复、问函与复函,对请示或询问单位来说,收到上级或对方的批复或复函并采取措施贯彻落实之后才算办理完毕;对批复或答复单位来说,在批复件或复函发出后就算办理完毕,可以归卷。

(4)涉及面较广的综合性文书,其中会产生许多具体工作的文件。只要该项工作结束,相应的具体文件就算办理完毕。

(5)信访案件、工程建设、会议等专门性文件,一般在所涉及的案件、工作、会议结束后就算办理完毕。

(二)文书立卷的范围

(1)上级来文中针对本单位或本单位应当贯彻执行以及参照办理的文书。

(2)本单位活动中产生的反映本单位主要工作职能活动和基本情况,以及今后工作需要查考的文书,包括这些文书的定稿、重要的草稿、讨论稿、修订稿。

(3)下级机关报送的有关方针政策性、请示性的或反映下级机关重要活动及重要情况的文书。

(4)平行机关与本单位业务有关的、相互协作的、有参考价值的来文。

文书立卷中,要反对两种倾向:一是"该归不归",即文件材料残缺不齐,不能全面系统地反映机关活动的工作面貌;二是"有文必档",即把无保存价值的文书,如一般的参考资料、重复的文件等,也立卷归档,造成无效劳动,浪费人力、物力和财力。

三、文书立卷的要求和方法

(一)文书立卷的要求

(1)遵循文书形成的规律,保持文书之间的历史联系,反映一定社会组织活动的真实面貌。每个社会组织在其公务活动中产生的文件不是孤立的,它是这一社会组织本身工作活动历史的记录。文件与文件之间的自然联系反映了特定的社会组织工作活动内在的历史联系,也体现了特定的社会组织之间的工作联系。只有把一个社会组织在一段时期内产生的全部文件和收到的全部文件收集齐全,做到应归尽归,再根据文件自然形成的规律和文件之间的联系进行立卷,才能全面真实地反映这一社会组织工作活动的历史面貌以及它与其他社会组织的历史联系,才能为今后的查考、研究和利用提供完整、系统的历史凭据和历史资料。

(2)正确鉴定文书的价值和保管期限。不同的文书反映社会组织工作活动面貌的作用是不同的。作用不同,其价值也不同。因此,在应归尽归、收集齐全的基础上,要先鉴定每份文书有无保存价值。对没有保存价值的文书应予剔除,避免"有文必档"的倾向。然后对具有保存价值的文书区别其保存价值的大小,同时确定其保存期限。确定文书保存价值和保管期限的原则是:

①凡是反映本组织主要职能活动和基本历史面貌,并且需要长远利用的文书,应当确定为永久保存。

②凡是反映本组织主要职能活动和基本历史面貌,并且需要在相当长的时期内查考利用的文书,应当确定为长期保存(16年至50年)。

③凡是反映本组织一般职能活动和历史面貌,需要在短时期内查考利用的文

书,应当确定为短期保存(不超过15年)。

(3)便于保管和利用。便于保管和利用,既是文书立卷的目的,也是文书立卷的要求。为此,应当做到:

①采用适当的技术,按一定的要求对立成的案卷进行加固,防止文书散落和直接磨损。

②编制详细的目录,以便于查找。

③限定卷内文书的数量,不至于太厚或太薄,一本案卷一般不超过200张纸。卷内文书太少时,可与其他性质相似、特征相同的文书综合立卷。

以上文书立卷的三点要求中,最根本的要求是保持文书的历史联系。当其他要求与此发生矛盾时,应当服从于这一根本要求。

(二)文书立卷的方法

文书立卷的方法就是按照文书的某些共同特征组合成案卷,这些特征通常被称为"立卷特征"。

(1)按作者特征立卷,即将由同一作者(法定组织或其代表)制发的文书组成案卷。按作者特征立卷,便于反映同一作者的活动和文件的来源、行文关系、文件的重要程度,一般用于上级来文和本单位制成的文书。

按作者特征立卷实例

(1)××局党委组织部20××年党员教育工作计划
(2)××局党委组织部20××年党员教育工作总结
(3)××局党委组织部20××年干部培训工作计划
(4)××局党委组织部20××年干部培训工作总结

以上文件的作者都是××局党委组织部,因此可以按作者特征结合时间特征立卷。参考案卷标题:

《××局党委组织部20××年党员教育、干部培训工作计划、总结》

---

(2)按问题特征立卷,即将反映同一问题的文书组成案卷。按问题特征立卷,能反映对某一方面或某一具体问题的处理情况。立卷时,应尽可能将问题确定得具体些,以便于今后的查找。但如果某一方面问题的文件不多,可以与同类性质的问题合并立卷。会议文件不能按问题分开立卷。属于同一问题的文书,如果保存价值相差悬殊,应分开立卷。

按问题特征立卷实例

(1)××市人民政府关于加快发展节能环保产业的意见
(2)××市2001—2025节能环保产业发展纲要
(3)××市发改委关于进一步做好促进节能环保产业工作的通知
(4)××市节能环保产业现状的调查报告

以上文件的共同特征是"节能环保产业"问题,因此可以按问题特征立卷。
参考案卷标题:
《××市人民政府、××发改委关于发展节能环保产业的意见、纲要、通知、调查报告》

(3)按名称特征立卷,即将相同文种名称的文书组成案卷。由于不同文种具有不同的适用范围和功能,因此,按名称特征立卷能反映机关活动的不同方式,也便于区分文书的不同保存价值。有些文书名称虽相同,但反映问题的性质和功能不同或保存价值不同,不宜按此法立卷。

按名称特征立卷实例

(1)生物学院20××年院务公开工作总结
(2)理工学院20××年院务公开工作总结
(3)管理学院20××年院务公开工作总结
(4)人文学院20××年院务公开工作总结

以上文件是某大学下属的四个学院的年度工作总结,"总结"是共同的名称特征,因此可以按名称特征结合时间特征和问题特征立卷。参考案卷标题:
《生物学院、理工学院、管理学院、管理学院20××年院务公开工作总结》

(4)按时间特征立卷,即将内容针对同一时间或同一时间内形成的文书组成案卷。按时间特征立卷可以反映一个机关在不同时期的工作特点,适用于内容针对的时间比较明确的文书。当文书形成的时间与内容针对的时间不一致时,可按下列情况分别处理:
①一般文书以成文日期为准。
②年度计划、总结等时间针对性较强的文书以内容针对的时间为准。具体来说,跨年度的计划,放在开始年度立卷;跨年度的总结,放在最后的年度立卷;总结与计划写在一起的,以内容的重点确定其立卷的年度。

③跨年度处理完毕的文书以办结的时间为准。
④跨年度的往来性文书,如相距时间不长,可按本单位发文或复文的时间立卷。
⑤某些专业的文书可按专门年度立卷,如兵役年度、粮食年度、教学年度等。

按时间特征立卷实例

(1)××大学关于20××年度扩招本科生的请示
(2)××市教委关于同意××大学20××年度扩招本科生的批复
(3)××大学招生办公室关于做好20××年度本科招生工作的通知
(4)××大学招生办公室关于20××年度本科招生工作的报告

以上文件共同针对20××年度这一时间特征和本科生招生问题特征,因此可以按时间特征结合问题特征立卷。参考案卷标题:

《××大学、××市教委、××大学招生办公室关于20××年度本科生招生的请示、批复、通知、报告》

---

(5)按地区特征立卷,即将来自同一地区或内容针对同一地区的文书组成案卷。按地区特征立卷便于反映一个地区的工作情况或对一个地区问题的处理情况,一般适用于对下级报送的文书的立卷。地区特征立卷不应与作者特征立卷相混淆。

按地区特征立卷实例

(1)××市20××年无障碍设施情况调查报告
(2)××市20××年残疾人就业情况调查报告
(3)××市20××年残疾人事业发展规划
(4)××市20××年各区县残联换届情况汇总表

以上文件共同针对××市这一地区特征,而且都围绕残疾人事业这一问题,因此可以按地区特征立卷。参考案卷标题:

《××市20××年无障碍设施调查报告、残疾人就业情况调查报告、残疾人事业发展规划、各区县残联换届情况汇总表》

---

(6)按通信者特征立卷,即将本单位与外单位就某一个或某几个问题的相互往来文书组成案卷。例如,问函与复函、请示与批复,就可采取按通信者特征立卷的方法。

按通信者特征立卷实例
（1）××街道办事处关于××公司堆放建筑垃圾影响社区居民生活问题的函 （2）××公司关于解决堆放建筑垃圾影响社区居民生活问题的复函 （3）××街道办事处关于××公司建筑施工噪声影响社区居民生活问题的函 （4）××公司关于建筑施工噪声影响社区居民生活的复函 以上文件是××街道办事处与××公司相互来往文书，符合通信者特征，因此可以按通信者特征立卷。参考案卷标题： 《××街道办事处与××公司关于解决堆放建筑垃圾和建筑施工噪声影响社区居民生活问题的函和复函(或来往文书)》

（7）按人物特征立卷，即将围绕同一人物产生的文书组成案卷，通常适用于人事档案。比如，将员工张志高历年的"新进人员登记表""毕业鉴定表""入党志愿书""入团志愿书"等文书材料组建为《张志高人事档案》。

（8）按会议名称或类型立卷，即将同一会议产生的文书组成一个案卷，适用于会议文书的立卷。比如，把在一次职工代表大会上行政领导所做的工作报告、工会主席所做的工作报告、大会主席团名单、会议议程以及通过的各项决议组成《××公司第×次职工代表大会文件》。

文书之间的联系是多方面的，具体立卷时，为了使案卷更加准确，常常以一个特征为主，结合其他若干特征，综合运用。例如：《××市20××年度各区县零售业发展调查报告》，这一案卷在立卷时以"零售业发展"这一问题特征为主，结合运用了地区特征、时间特征和名称特征。

四、立卷和归档的步骤

（一）编制案卷类目

案卷类目是在年初根据本单位文书形成的规律，对一年内可能产生和收到的文书，按立卷的要求和方法预先编制的立卷方案，又称预立卷类目。编制案卷类目既要反映本部门常规工作的各个方面，又要突出年度工作的重点。案卷类目由类和条款组成。

1. 类

编制案卷类目，先要确定类别。确定类别的方法有两种：

（1）按文书内容所反映的问题分类。这种方法较适用于内部机构不太稳定、文书种类较多的单位。以企业为例，案卷类目一般可以设综合、生产、技术、供销等类别。按文书内容所反映的问题分类，应当注意类别之间的界限划分要清楚，不能出现相互交叉、相互包含的情况。

(2)按单位内部的工作部门分类。以工作部门的名称为类别名称,适用于内部机构比较稳定的单位。如高校文书可以分成党务类、行政类等,其中行政类还可以按职能部门下设属类,如综合类、教学类、科研类、人事类、学生类等。

一个单位内部案卷类别的确定只能按照统一的标准或方法进行,还要与档案管理部门的案卷分类方法相一致。

2. 条款

类之下设条款。条款是年初预先拟制的一组文书的标题,有了这一条款,平时就可以将相关的文书归入其下。拟制条款应当运用立卷的特征,一般应反映出文书的作者、问题和名称,如《××公司20××年销售计划、合同》。条款拟好后,要按类别编号。

案卷类目实例

一、党务类(大类)

(略)

二、行政类(大类)

(一)综合类(属类)

(二)人事类(属类)

2-1 上级有关人事工作的文件(条款,下同)

2-2 本校人事工作的规章制度

2-3 本校教职工名册

2-4 本校教职员工名册

(略)

(二)平时归卷

平时归卷是指平时将已经处理完毕的文书有计划地收集,并依据案卷类目准确归卷。这样做既有利于平时查阅文书,又可以及时发现文书收集中的问题,采取措施加以解决。对具备立卷条件的文书还可以提前立卷,以尽量减轻集中立卷时的工作压力。平时归卷的具体要求如下:

(1)准备好文书归卷的容具,如卷夹、卷盒、文件柜等,将拟好的条款名称和编号填入标签,粘贴于卷夹、卷盒和文件柜的正面,对于竖放的卷夹、卷盒,还要在卷脊处贴上标签,以便文书"对号入座"。

(2)根据文书立卷归档的范围做好平时收集工作,做到应收尽收,收一份、归一份。

(3)对已归卷的文书要定期进行检查。发现归卷不准确的,要及时纠正;年初确定的案卷类和条款如与当年实际产生和收到的文书不相符合,要及时调整、修改、补充。

(4)对相关的工作已经全部结束并已收集齐全的文书可以提前立卷,以减轻年终集中立卷时的工作压力。

(三)组合案卷

1. 调整案卷

在正式立卷之前,还要对经过平时归卷和整理的文书进行案卷调整。调整的任务是检查同一条款内的文书是否已经收集齐全,是否有多余或重复的文书,文书之间是否保持着内在联系,文书组合是否体现了立卷的特征,保存价值是否一致,数量是否适当。

2. 排列次序

案卷调整后,要根据文书之间的联系确定卷内每份文书的先后次序。其方法有:

(1)时间排列法,即卷内文件一律按成文时间的先后次序排列。这种方法适用于严格按名称、作者和问题特征立卷的案卷。

(2)重要程度排列法,即按照卷内文件所反映问题的重要程度排列次序。其具体做法是:重要文书在前,次要文书在后;政策性文书在前,业务性文书在后;主件在前,附件在后;存本(正本)在前,定稿在后(草本阶段有多次稿本的,按稿本的顺序排列);转发件(包括发布、印发、批转件)在前,被转发件在后;结论性、决断性、判决性文书在前,依据性、证据性材料在后;请示件和批复件以本单位的文件在前,对方的文件在后,但如涉及人事、机构设置等重要问题,则批复在前,请示在后;不相隶属单位之间的函件往来,问函在前,复函在后。

(3)问题—时间排列法,即先将卷内文件按问题的重要程度分成若干组,每组再按成文时间的先后排列次序。这种方法适用于由若干个小问题构成的大问题或由几个不同问题组成的案卷。

(4)地区—时间排列法,即先将卷内文件按地区分成若干组,每组再按成文时间的先后排列次序。这种方法适用于由涉及几个地区的文书组成的案卷。

(5)作者—时间排列法,即先将卷内文件按作者分成若干组,每组再按成文时间的先后排列次序。这种方法适用于由几个作者产生的文书组成的案卷。

(6)通信者—时间排列法,即先将卷内文件按通信者特征分成若干组,每组再按成文时间的先后排列次序。这种方法适用于与两个以上单位往来的文书组成的案卷。

(7)问题—作者—时间或作者—问题—时间排列法,即先将卷内文件按问题或作者特征分成几个大组,再按作者或问题特征将每个大组分成若干小组,最后按成文时间的先后排列每个小组文件的次序。这种方法适用于由几个作者、涉及几个问题的文书组成的案卷。

(8)姓氏笔画排列法,即将卷内文件按姓氏笔画的多少排列次序。这种方法适用于处理人民来信来访的案卷。

3. 拟写案卷标题

案卷标题是对卷内文书特征的概括,其作用是帮助档案利用者查找具体的文件,并为档案的整理编目、登记及编制档案检索工作提供依据。拟写案卷标题,要求内容概括、确切,文字精练、准确,结构统一、完整。

案卷标题的结构一般应当由作者+问题+名称三部分构成,如《××市××局关于物价管理的报告、请示、规定、通知》。运用地区特征的,应标明地区;运用时间特征的,应标明年度;运用通信者特征的,应标明通信者名称。作者、问题、名称较多时,可以适当概括或用"等"字省略,如《同济大学等十所高校关于 2013 年招生工作的计划、总结、招生名单等》。

案卷标题拟好后,另纸书写,同案卷别在一起,待案卷装订后正式填写在案卷封面上。

(四)编目定卷

编目定卷工作必须执行国家标准《文书档案案卷格式》(GB/T 9705—2008)。

1. 填写卷内目录

凡永久和长期保存的案卷都要有卷内目录,以便于查阅和统计。对于短期保存的案卷,视其重要程度来决定是否填写。卷内目录的项目包括:

(1)顺序号,又称件号,即卷内每份文书所排列的序号。

(2)文号,即发文机关的发文字号。

(3)责任者,即发文机关。对于领导署名的文书,如领导的批示、信函等,责任者一栏填写领导的姓名。

(4)题名,即文书标题,应照实抄录。对于无标题或标题不能说明内容的文书,可由立卷人员自拟标题,外加方括号"〔 〕"。

(5)日期,即文书的成文日期。日期用阿拉伯数字填写,可省略"年""月""日"。时间以 8 位数字表示,其中前 4 位表示年,中间 2 位表示月,后 2 位表示日。月、日不足 2 位的,前面补"0",如"20220818"。

(6)页号,即卷内每份文书所在之页。

(7)备注,留待对卷内文书变化时做说明之用。

2. 填写备考表

备考表的内容包括本卷情况说明、立卷人、检查人、立卷时间。本卷情况说明应包括卷内文书的缺损、修改、补充、移出、销毁等有关情况。备考表由立卷人填写,注明填写日期并签字。

3. 填写案卷封面和卷脊

(1)案卷封面。案卷封面上的项目包括:

①全宗名称,即立档单位名称,应写全称或规范化简称,不得将本单位的名称简称为"本部""本委"。

②类目名称,即全宗内分类方案的第一级类目名称。

③案卷题名,即案卷标题。

④时间,即卷内文书所属的起止年月。

⑤保管期限。

⑥件、页数。装订的,填总页数;不装订的,填总件数。

⑦归档号,即文书立卷部门向档案管理部门归档移交时所编的案卷顺序号,又称文书处理号。

⑧档号。档号由全宗号(档案馆指定给立档单位的编号)、目录号(全宗内案卷所属目录的编号)、案卷号(目录内案卷的顺序编号)组成,由档案部门填写。

(2)卷脊。卷脊项目包括全宗号、目录号、年度、案卷号、归档号。案卷封面和脊背的填写一律要用碳素墨水或蓝黑墨水字迹材料,字迹要求工整。

(五)案卷归档

凡属立卷范围的文书,立卷后一律移交档案部门保管。归档时间一般在次年的上半年。移交时应编制案卷目录,其项目包括顺序号、案卷标题、起止日期、页数、保管期限、备注。

案卷目录最后应附有案卷移交备考表,写明移交案卷总数和移交时间,在交接时由移交人和接收人双方签字。案卷目录要一式三份,一份经双方签字后留立卷部门存查,另两份由档案部门保存。

文书立卷归档实例

王秘书的困惑

××文化传播公司是一家新建单位,文书工作从无到有,刚刚起步。该公司王秘书刚从大学新闻传播系毕业,被录用后负责公司的文书工作。王秘书笔头功夫不错,老板欣赏有加,可她对文书的平时管理和立卷工作却了解得很少。起初,她把所有文件都塞在一个文件柜中,可半年不到,柜子里的各种文件就塞得乱七八糟。有一次,老板急着要查一份合同正本,王秘书竟然花了半个多小时才找到,让老板等得好着急。事后,老板狠狠训斥了她一顿,责令限期改进。王秘书苦思冥想了好几天,终于想出了一个办法,她将全公司的文件分为两类,一类命名为"收来文件",另一类命名为"发出文件"。从此,她就把所有文件按这两个类别归卷保存。到了第二年初,王秘书打算将这两类文件分别立卷装订,结果发现每一类别中的文件实在太多太杂,按此分类立卷归档,今后借阅、查找肯定非常不便。她想给文件再加以细分,却想不出分类的好办法。

【评析】

  文书处理常识告诉我们，文书的平时归卷保管应当有条有理，每份文件的存放既要方便平时文书的查阅，又要有利于将来整理立卷。要做到这一点，就必须事先制订一套平时归卷的方案，也就是确定每份文书的存放地址，这种方案叫作案卷类目。王秘书想做的就是这件事，但她不知道，"收来文件"和"发出文件"只说明文书的大致来源，不能作为编制案卷类目的依据。编制案卷类目，要先给所有文书进行分类，分类的方法有两种：一是按组织机构分类，二是按问题分类。因为类比较宽泛，分类后，每一个类下面还要设条款。条款应当体现作者、问题和名称三个立卷特征。这样，按条款收集的文书就比较集中，立卷归档后查找也非常方便。王秘书所在的文化传播公司是个新建单位，内部机构可能还不太稳定，可以先把公司的所有文书按所涉及的问题分成若干类，如综合类、广告策划类、活动咨询类、教育培训类等类别，再结合作者、问题、名称等立卷特征制定具体的条款，比如，广告策划类可下设"××文化传播公司广告策划书""××文化传播公司广告策划合同"等条款。有了这样的立卷方案，王秘书平时存放文书就可以对号入座，一旦公司领导或其他部门人员需要查阅，就可以根据类别、条款和编号，快捷、准确地找到目标文件，非常方便。年终只要对每个条款下面的文书作适当调整就可以立卷了。

第六节　电子文书处理

一、电子文书概述

（一）电子文书的含义

  电子文书又称电子文件，属于数据电文的一种形态。数据电文是指以电子、光学、磁或者类似手段生成、发送、接收或者存储的信息，其形态包括文字、图像、语音、视频等。而电子文书是以文字形态为主，以与文字形态直接对应关联的语音、图像和视频形态为辅的数据电文。凡是以数字化形态存储于磁带、磁盘、光盘、云盘等载体，在通信网络上传输并依赖计算机等智能终端阅读、处理的文字，以及与文字信息直接对应关联的语音、图像和视频，都属于电子文书。秘书系统处理的电子文书有两类：一类是电子公文，由特定的具有公文管理权限的机关统一配置的电子公文传输系统处理形成并传输，适用于各级党政机关之间、企事业单位内部传输和处理公文。电子公文在计算机等终端显示的外观格式必须与纸质公文相同，打印的纸质副本格式应当与纸质公文完全一致,并具有与纸质公文同等的法定效力。另一类是一般电子公务文书,无统一规定的外观格式,可以是各种计算机软件格式的文档以及与文档主题信息对应关联的图片、音频、视频等,可通过普通的电子邮件、官方网站以及在微信、微博、QQ等社交媒体平台上注册的官方账号等渠道传输、公布。

(二)电子文书的特点

与纸质文书相比较,电子文书具有以下特点:

(1)以数字编码的形式存在。电子文书是数字化信息技术的产物,运用计算机生成和处理,其信息形态是数字化的。人们在计算机屏幕上看到由文字、图形等构成的电子文书形态只不过是电子文书的某种输出形式而已。而在计算机内部,无论是传输还是存储等处理,电子文书均以数字编码的形式存在。

(2)对设备的依赖性。电子文书的形成、传输直至归档保存都是在计算机硬件平台以及网络设备的支持下完成的,离开计算机和信息网络等设备,电子文书无法形成、传输和保存。

(3)物理结构与逻辑结构的非对称性。文书的物理结构是指其信息存储于载体的位置及分布情况,例如文书的标题、正文、附件、印章等结构元素各自在载体上的存储位置。文书的逻辑结构是指信息自身的结构,如文书中的文字排列、结构体例、页面顺序等。纸质文书的物理结构与逻辑结构是一致的,而且是直观的。排错了页码,不仅破坏了文书的物理结构,也破坏了逻辑结构。电子文书的物理结构和逻辑结构往往不对称。同一份电子文书的结构元素可以不在载体上连续存放,甚至可以存放在不同的载体上,而不影响其正常地显示输出。在电子文书信息的处理过程中,其物理结构经常发生变化,而其逻辑结构却可以保持不变。

(4)信息与载体的分离性。电子文书的存放位置不是固定的,而是可以变化的,甚至可以在不同的载体之间相互转换,其内容信息却不发生任何变化。一些有保密要求的网络还把电子文书分解后分别通过不同的途径传递,存放在不同的设备上,当需要时才临时组装起来。这个特征给电子文书的保管带来许多新的问题,处理不好,会直接影响其真实性、完整性和可靠性。

(三)电子文书管理要求

1.集中管理、明确分工

电子文书形成单位应当对本单位电子文书管理工作进行统筹规划,建立管理制度,规范工作流程,落实保障措施,对具有保存价值的电子文书实行集中管理。同时要明确分工,压实管理责任。各单位文秘和业务部门负责电子文书日常处理;档案部门负责归档电子文书管理;信息化部门负责为电子文书管理提供信息化支持;保密部门负责涉密电子文书的保密监督管理。每个部门电子文书的制作、传递、接收、归档以及电子印章管理必须指定专人负责。

2.全程监控、规范标准

电子文书从其形成到最后销毁或作为档案保存是一个完整的生命过程。对电子文书形成、办理、传输、保存、利用、销毁等环节应当实行全过程监控,确保电子文书的运转过程始终处于受控状态并确保通畅、高效和安全。同时对电子文书要实行规范化管理。目前我国有关电子文书管理的法规规章以及国家标准已经较为完备,包括中华人民共和国国家标准《电子文件归档与电子档案管理规范》(GB/T 18894—2016)、国家档案局2018年修订发布的《电子公文归档管理暂行办法》等,应当严格遵守。

3.便于利用、确保安全

要发挥电子文书高效、便捷的优势,对有价值的电子文书提供分层次、分类别共享应用。在便于利用的同时要按照国家有关法律法规和规范标准的要求,采取有效技术手段和管理措施,确保电子文书的安全。电子文书的安全包含两方面的具体要求:

(1)信息安全。要及时更新防止系统受到攻击、入侵、篡改的技术手段,加强访问系统的权限和密码管理,杜绝电子文书信息泄露和盗用的隐患。

(2)物理安全。一是要对重要文书、数据、操作系统及应用系统进行定期备份;二是要针对可能发生的网络突发事件制订应急预案,保证突发事件处理工作的及时、有效;三是要做好重要系统的灾难备份建设,制定系统数据灾难恢复的措施;四是对重要文书要同时制作电子和纸质两种版本,确保在电子设备无法启用时能够使用纸质文书。

二、电子文书的发文处理

电子文书的发文程序也包括拟稿、审核、签发、复核、编号、校对、签署、用印、登记、分发等环节,与纸质文书处理不同的是在技术上实现了操作和流转的信息自动化和文档一体化。

(一)电子文书的形成与传输方式

秘书部门形成和传输电子文书主要有以下几种方式:

(1)OA(办公自动化)方式。秘书部门利用数字技术和内部办公信息自动化系统完成拟稿、审核、签发、复核、编号、校对、签署、用印、登记、分发、归档等发文环节,实现了文档一体化管理,极大地提高了文书工作的效率。

(2)OA—纸质方式。由于目前许多单位之间尚未建立起OA网络通道,需对外发文时,一般先通过单位内部的OA系统完成文件的拟稿、审核、签发、复核、编号、校对、签署、用印、登记等环节,然后自动排版生成公文格式,打印成纸质文书,再对外发送。

(3)OA—网络方式。先通过单位内部的OA系统完成文件的拟稿、审核、签发、复核、编号、校对、签署、用印、登记等环节,然后通过电子邮件、电子传真、官网、社交媒体对外发送或公开发布。

(二)电子文书发文处理的要求

(1)加强电子文书的签发、签署、盖章环节的权限管理,使用安全可靠的电子签名和电子印章软件。

(2)对于以电子邮件、电子传真、官网以及社交媒体发出的文书,要做好登记和存档工作。

(3)电子公文格式均应与纸质公文相同并符合国家相关标准。

(4)传输涉密文书必须采取加密措施,涉密文书不得在非保密网络传输。绝密级文书不得通过网络传输。

(5)电子文书发送后,发送单位应当在24小时内对所发电子文书的接收情况进行查询;对接收单位退回的电子文书应及时处理,发现问题应及时与接收单位联系。

(6)对于重要的电子文书,应打印纸质文本归卷,必要时应另向收文机关发送纸质文本。

三、电子文书的收文处理

电子文书的收文程序及其要求也与纸质文书大体一致,包括签收、登记、收文初审、分送、拟办、批办、承办、传阅、催办、办结等环节。OA系统的设计应当满足这些环节的自动化处理要求。

(一)电子文书的接收渠道

(1)通过OA系统接收。具备OA系统的机关或单位的绝大部分内部文书都通过这一系统传递接收。

(2)通过电子邮件接收。

(3)从对方官网或者社交媒体上下载保存。

(4)将收到的纸质文书通过扫描、摄影转化成电子文书,再输入本单位的OA系统保存并办理。

(二)电子文书收文处理的要求

(1)收到电子文书后,秘书人员应当对文书的完整性和可靠性进行审核,确认无误后方可签收。对于不能正常接收的电子文书,应及时与发文单位联系解决。

(2)通过电子邮件收到或从对方官网、社交媒体上下载的电子文书,以及由纸质文书通过扫描、摄影转化成的电子文书,要存储在安全的存储器中。

(3)秘书人员要通过OA系统及时掌握电子文书的批办、承办的情况,加强催办工作。

四、电子文书的归档

电子文书归档是指将具有保存价值的电子文书及其元数据,通过计算机网络或脱机载体,从文书形成、办理部门向档案部门移交的过程。

(一)电子文书归档的范围、保管期限和归档方式

(1)电子文书归档范围和保管期限的划定与纸质文书相同。

(2)电子文书归档分为两种方式:一是逻辑归档,即在计算机网络上完成向档案部门移交的过程,不改变原存储方式和位置;二是物理归档,即把电子文书集中下载到可脱机保存的载体上(如磁盘、光盘等),然后向档案部门移交。电子文书应当以国家规定的标准存储格式进行归档。

(二)电子文书归档的要求

(1)电子文书形成或办理部门应定期将已收集、积累并经过整理的电子文书及其元数据向档案部门提交归档,归档时间最迟不能超过电子文书形成后的第2年6月。

(2)对于需要永久和长期保存的电子文书,应在每一个存储载体中同时存有相应的符合规范要求的机读目录。

(3)电子文书的收发登记表、机读目录、相关软件、其他说明等应与相对应的电子文书一同归档保存。

(4)电子文书形成单位应设置容量足够、安全的暂存存储器,存放处理完毕应归档保存的电子文书,以保证归档电子文书的完整、安全。应当使用专用保密存储介质存储属于国家秘密的电子文书,并按保密规定办理归档手续。

(5)电子文书形成单位应在电子公文处理 OA 系统中设置符合安全要求的操作日志,随时自动记录对电子文书进行实时操作的人员、时间、设备、项目、内容等,以保证归档电子文书的真实性。

(6)归档电子文书的移交形式可以是交接双方之间进行存储载体传递或通过电子文书传输系统从网上交接。

(7)对于通过存储载体进行交接的归档电子文书,移交与接收部门均应对其载体和技术环境进行检验,确保载体清洁、无划痕、无病毒等。

(8)归档电子文书应存储到符合保管要求的脱机载体上。必须加密归档的电子文书应与其解密软件和说明文书一同归档。

(9)应按本单位档案分类方案对归档的电子文书进行分类、整理,并将其拷贝至耐久性好的载体上,一式三套,一套封存保管,一套异地保管,一套提供利用。

思考与练习

1. 文书处理的原则有哪些？
2. 文书的行文方式有哪几种？
3. 机关之间相互行文要遵循哪些规则？
4. 发文处理程序的环节有哪些？
5. 发文审核的重点有哪些？
6. 收文处理程序的环节有哪些？
7. 试述秘书如何做好拟办工作。
8. 秘书如何组织好文书的传阅？
9. 秘书如何做好文书的催办工作？
10. 秘书怎样做好文书的数量、质量、时效和物质要素管理？
11. 文书立卷有哪些要求？
12. 文书立卷有哪些方法？
13. 试述文书立卷的步骤。

第四章　会议准备工作

> 领会会议的特征、要素、作用、种类、领导体系、会务工作系统的含义，以及会务工作、会议用品准备、会议经费预算的原则；掌握安排会议议题、议程、对象、规模、程序、时间、地点、分组活动、专题会议、发言、日程、程序的要求并综合应用；能够拟写会议通知、布置会场和制订会议预案。

第一节　会议概述

一、会议的含义和特征

(一)会议的含义

会议是一种围绕特定目的和议题开展的、具有一定组织形态的、以口头交流为主要方式的群体性社会交往活动。

(二)会议的特征

(1)会议是一种围绕特定目的和议题而开展的活动。无论是远古氏族部落还是当今国际社会,任何会议的举行无一不是为了满足人们交往和沟通的客观需要,解决人类活动面临的共同矛盾和问题。因此,会议自它产生的第一天起就具有鲜明而又强烈的目的性。

会议的目的不是抽象的,它通过会议的议题及其相关的议程和会议结果来统领会议的全过程,既体现组织者的愿望,也反映全体会议成员的共同期盼,因而是会议活动最基本的驱动力。会议目的和议题正确合理与否,决定着会议的发展方向和可能发挥的实际作用,制约着会议的规则和进程。目的正确、议题合理的会议往往能够圆满成功,并能有效地推动实际工作;目的错误、议题脱离实际,或者与大多数会议成员的愿望相违背,即使开成会议、形成决议,也可能对实际工作产生不利的影响,甚至起破坏作用。

(2)会议是一种具有组织形态的活动。会议是一种有目的的活动,但会议的目的不可能自发实现。即便是正确合理的目的,也必须依靠有效的组织和管理而实现。从这个意义上说,会议是一种特定的组织形态。会议活动的组织形态表现在有明确的会议组织者、有会议的领导和管理服务体系、有会议规则和会务工作程序等若干方面。会议活动只有具备了一定的组织形态,才能确保会议的各项组织管理工作科学、有效,才能使报告、演讲、辩论、审议、讨论、谈判、表决等会议活动进入正常有序的轨道,才能使会议成员之间开展有效的沟通和交流,才能最终达成共识、形成决议,实现会议的目的。

(3)会议是一种以口头交流为主要方式的活动。会议既然是一种社会交往活动,期间就必然会有各种形式的交流。报告、演讲、辩论、审议、讨论、谈判等口头交流方式,是会议成员传递信息、交流思想、阐明立场、表达意志的主要手段,也是会议活动的基本方式。判断一次社会活动是会议还是非会议,关键就是看其交流的方式是否以口头交流为主。一次社会活动如果没有围绕特定议题的口头交流,或者不是以口头交流方式为主,就不属于会议活动的范畴。当然,会议活动也可以辅以书面、声像、电子邮件等方式进行交流。

(4)会议是一种群体性的社会交往活动。人们在同自然界和社会交往的过程中,经常会产生一些依靠个人能力无法实现的目标或愿望,遇到一些必须解决但个人能力又难以解决的矛盾和无法战胜的困难。于是,人们通过集体讨论、商议、交流,相互启迪,共同制定办法,协调相互关系,融洽彼此感情,依靠集体的力量来解决矛盾、战胜困难、达到目的。会议正是为了满足人们的这种社会需要而产生的,并且随着这种社会需要的发展而发展。因此可以说,群体性是会议活动与生俱来的基本特征。

对群体性标准的掌握,应当根据会议的类型和性质有所区别。如果是主持人与其他与会者之间存在领导与被领导或管理与被管理关系的纵向关系会议,与会者必须至少3人。也就是说,上下级之间的两人谈话不能被视作会议。而如果是与会各方地位平等、不存在领导与被领导或管理与被管理关系的横向关系会议,即便是两个组织领导之间的单独会见或会谈,只要有明确的目的,事先商定议题,经过双方的安排,或有文字记录,符合会议的基本特征,应当被视作会议。

二、广义会议和狭义会议

从严格意义上来说,上述定义属于狭义会议的定义。随着社会交往领域和交往需求的不断扩大,会议活动的功能与形式也在日益拓展,与其他社会交往方式的交汇融合越来越紧密,新的会议活动样式层出不穷。比如,在举办一些展览、节庆、表彰、宴请、表演、比赛乃至宗教活动时,人们常常把会议的要素融入其中,创设出或典雅庄重或绚丽多彩或简约质朴的开幕式、闭幕式、欢迎宴会、颁奖仪式、庆祝典礼等活动。这些活动没有特定的议题,也不要求与会者围绕议题进行专门的报告、讨论、审议、质询、表决,不符合上述狭义会议定义中的议题性特征,因此不属于狭义会议的范畴。但由于这类活动样式源自狭义会议,也具有目的性、组织性、口头性和群体性这些会议的主要特征,而且往往是会议活动的重要组成部分,因此我们将其列入广义会议的范畴。概括起来说,凡是围绕特定目的开展的、具有一定组织形态的、使用口头交流方式的群体性活动,都属于广义会议的范畴。

在会议管理的实践中,判断一次活动是狭义会议还是广义会议,首先看其有无特定的议题。目的明确并且具有特定议题,同时符合组织性、口头性和群体性特征的活动,就属于狭义会议范畴,如报告会、研讨会、工作例会等;有目的而无特定的议题的活动,只要符合组织性、口头性和群体性的特征,就属于广义会议范畴,如开幕式、闭幕式、颁奖仪式、开业仪式等。其次看其是否以口头交流为主要方式。以口头交流为主要方式的活动只要符合目的性、议题性、组织性和群体性的特征,属于狭义会议的范畴;而以展览、演示、宴请、观摩、表演、签约、颁奖为主要方式的活动,只要其中安排围绕特定议题的致辞、讲话,就属于广义会议的范畴。

三、会议活动的要素

(一)会议组织者

会议是一种有目的的、高度组织化的社会活动,需要有人发起并出面组织和协调。我们把发起、策划、主办、承办、协办会议活动的机构或个人统称为组织者。

会议的组织者可以是机构,也可以是个人。机构发起并组织会议必须具备合法的资格,个人发起并组织会议应当符合法律和法规。会议的组织者并非都是单一的机构或个人。在一些规模较大的会议活动中,组织者阵容强大,相互之间也有不同的角色、分工与职责。一般而言,组织者由主办者、承办者、协办者组成。

1. 主办者

主办者是指对会议活动的组织、管理、协调负主要责任的机构或者个人,是会议活动最重要、最关键的组织者,在会议举办过程中起决定性的作用。会议主办者有以下几种类型:

(1)具有领导和管理职权的机关。社会组织的内部会议以及公共管理机关在自己的管理权限内举行的会议,其主办者属于这一类情况。

(2)会议活动的发起者。一些协作性、交流性的会议,如论坛活动、多边的会谈等,往往由某个或若干个机构发起,发起者承担主办会议的责任。

(3)特定组织的成员。有些组织成员根据组织章程具有轮流主办年会的权利和义务。

(4)通过一定的申办程序获得主办权的组织。有些重大的会议活动往往通过申办竞争程序来确定主办者。

2. 承办者

承办者即具体承担会议组织工作的机构或个人。一般会议的主办者可以直接承担会议的组织工作,无须另外确定承办者。而有些会议,因主办者缺乏具体承办的能力,或者因会议的某些特殊需要,主办者可以将会议的具体组织工作交给承办者。会议主办者与承办者的关系有两种情况:一种是上下级的领导与被领导关系,即上级机关把承办会议的任务下达给某个下级机关,下级机关在上级机关的领导下开展会议的各项组织工作;另一种是合同关系,即主办者把会议的全部或部分组织工作以签订合同的形式委托给承办者,而承办者则获得相应的报酬。不管二者的关系性质如何,承办者都必须对主办者负责,并承担相应的法律或行政责任。承办者的具体职责由主办者决定,或通过协商谈判后以合同或协议书的形式加以确定。

3. 协办者

在组织会议的过程中,主办者可以根据需要确定若干协办者。协办者就是协助主办者做好会议的组织工作的机构或个人。专门设承办者时,协办者协助承办者做好组织工作,但对主办者负责。主办者和协办者之间必须以协议的形式明确相互关系、权利和义务。一般情况下,协办是有偿的。协办者也可以要求在会议活动的有关广告、海报、会标以及其他会议资料中宣传自己,作为有偿的形式。会议协办的主要方式有经费资助、名义使用、智力支持、物资援助、人力协助、工作分担、宣传造势等。

4. 与组织工作相关的机构

与组织工作相关的机构是指不直接参与组织工作,也不直接承担会议的法律或行政责任,但对会议的筹备和举办具有直接或间接帮助的机构。

(1)赞助者。赞助指对特定的对象提供资金和实物支持的行为。赞助是大型会议获取经费和实物支持的有效办法。赞助者可以是机构,也可以是个人,又称赞助商、合作伙伴等,不参与会议的具体组织工作。

会议赞助的性质分为两种:一种是单务赞助,即赞助者在提供赞助后,只要求享有赞助者的荣誉,不要求有其他回报,这种赞助实际上是一种捐赠行为;另一种是双务赞助,即会议主办者(有时也可以是承办者)与赞助者之间本着互利互惠、互有所得的精神进行协商,赞助者向会议提供一定的赞助,同时获得一定的回报,如获得会议的冠名权,会议名称、会徽、吉祥物等无形资产的使用权以及在会刊上和会场中免费发布广告的权利。

(2)支持者。支持者也叫支持单位,其模糊性较大。从广义上看,协办者和赞助者都可以看作支持者。但从狭义上看,支持者一般为无偿支持,或者因身份特殊不宜叫作协办者和赞助者时,则均可称为支持者。政府机关、媒体、非政府组织等都可以作为支持单位。

(二)会议成员

会议成员是指有资格参加会议的对象,是会议活动的主体,一般可分成四种类型,其资格不同,在会议中的权利和义务也不同。

(1)正式成员,即具有正式资格,有表决权、选举权、发言权和提案权,必须遵守会议决议的会议成员,也是会议活动的主要成员。

(2)列席成员,即不具有正式资格,有一定的发言权,但无表决权、选举权和提案权的会议成员。在多边会议活动中,列席成员不受会议最终决定的约束。是否需要列席成员参加会议、哪些对象应当作为列席成员、列席成员参加会议中的哪些活动,由会议的组织者根据会议的实际需要来确定,或者通过制定相应的规则加以明确。

(3)特邀成员,即由会议的主办者根据会议的需要而专门邀请的成员,如主办单位的上级机关领导、协作单位的代表、社会知名人士、外国来宾、报告人等。这类成员的地位较特殊,其在会议中的权利和义务可由会议主办者或会议的领导机构来确定。

(4)旁听成员,即受邀请参加会议,但不具有正式资格,既无表决权也无发言权的会议成员。

(三)会议信息

会议活动是发生在特定时间和特定地点的信息交流活动。会议中的报告、演讲、讨论、对话、展示,其目的都是传播信息、获取信息。会议信息是会议内容的主要成分,体现了会议活动的目的和结果,贯穿会议的全过程。

会议信息要素主要有三类:一是引导会议方向、引导和制约会议信息交流的会议目的、任务、议题、主题;二是通过与会者的发言所阐述的立场、观点、知识、政策、经验等,或者通过与会者的展示、演示所发布的技术、产品、形象等;三是记载会议过程和成果的简报、记录、纪要、决定、决议、公报、声明、协议、备忘录等。

(四)会议方式

会议方式是指举行会议的方法和形式。任何会议的举行都要依赖一定方式。会议的目标、任务和性质不同,会议的方式也不同。会议方式主要由以下几方面构成:一是沟通方式(单向、双向、多向沟通);二是发言形式(口头发言或书面发言、自由发言或指定发言);三是座位格局(上下相对式、围坐式、分散式等);四是技术手段(广播会议、电话会议、网络会议等)。

(五)会议时间

会议时间包括以下两个方面的含义:一是会期,既可以指会议的举办时间节点,又可以指会议召开的时间长度;二是会议的周期,即同一性质和同一系列的前后两次会议之间固定的时间跨度。

(六)会议地点

实地会议的地点是指会议存在的地理位置与空间,具体包括两个方面:一是会议举办地,即会议现场所在的地理位置;二是会议场馆,即会议召开的具体场地,包括会场、住地及其配套设施。电话会议、网络会议是以电话和以互联网为媒介的会议平台,其地点是虚拟的,完全打破了地域的限制,使身处异地的人员可以实现实时的会议通信。

四、会议的作用

(一)沟通信息

现代社会是资讯高度发达的社会,人们召开会议或者参加会议,其共同目的就在于传递或者获取信息。因此,会议的基本作用就在于沟通信息。用会议这种群体性社会活动的方式来沟通信息,具有集中、直接、灵活和高效的优点。

(二)发扬民主

会议民主的实现主要基于以下三个方面:第一,会议活动起着上下沟通的作用,便于管理者直接了解下情和民意,使其做出的决策更加符合实际和民众的愿望,也使民众能够了解决策信息,保障了民众的知情权。第二,会议活动为现代集体领导、集体决策原则的实现提供了保障机制。通过会议的形式集体讨论、投票表决,根据少数服从多数的原则做出决定,从而避免了个人滥用权力,确保集体领导和集体决策的民主原则得以实现。第三,会议可以发挥民主监督的作用。在我国,人民代表举行质询会、政协委员举行民主评议会,就是对政府机关的重要的监督形式。

(三)科学决策

现代决策越来越依赖于集体的智慧,也越来越多地由各种"智囊机构"和"智囊人员"先行谋划、酝酿、论证,有的还要征求群众意见,最后才由领导系统做出决断。现代决策活动的形式很多,其中最主要的便是会议的形式。在决策准备阶段,调查会、汇报会、研讨会、咨询会、论证会、听证会等会议可以帮助决策者收集情况、发现问题、分析原因、确定目标、征求意见、形成方案;在决策制定阶段,辩论、审议、表决等会议形式使决策更加民主;在决策实施反馈阶段,各种协调会、检查会、总结会、表彰会可以起到组织、指挥、协调、检查、总结、表彰、反馈的作用。可以说,现代决策活动一刻也离不开会议活动。

(四)沟通协商

在当今世界发展的同时,不同的国家、地区、民族、社会组织和利益集团之间,在政治、经济、军事、科技、文化等各个领域的竞争也在日益加剧。这种竞争处理得当,可以促进世界的发展,但如果处理不当,会带来矛盾和冲突,成为世界发展的阻力。会议活动为产生矛盾和冲突的各方提供了对话与合作的平台,通过沟通与协商签订协议、制定规范,实现互利共赢,促进世界的协调发展。

(五)联络感情

会议活动是一种互动性的交往方式,在交流思想、互通情况的同时,还有助于感情上的融合。有时,我们还可以将联络感情作为会议活动的主要目的,比如举行联谊会、茶话会、团拜会、招待会等,对内可以增强组织的凝聚力,对外能够树立组织的良好形象。

(六)宣传教育

各种研讨会、报告会、交流会等会议形式,可以发挥会议传播真理、普及科学、弘扬道德、树立正气的功能。当遇到重大危机时,新闻发布会、记者招待会、情况通报会等可以起到发布真相、解释立场、化解误会、正确引导社会舆论、维护组织形象的作用。

五、会议的种类

(一)按会议的法律性质划分

(1)法定性会议。法定性会议包括两类:一类是法律、法规、行政规章明文规定必须定期举行的会议,如各级人民代表大会、股东大会、职工代表大会等;另一类是法定组织为履行法定职责而举行的会议,如法定组织的首长办公会议、基层单位的行政例会、多部门联席会议等。

(2)非法定性会议,即法定性会议以外的、依照法律程序审批通过的或不为法律所禁止的会议,如学术研讨会、新闻发布会、交流恳谈会、经贸洽谈会等。

(二)按主办者同与会者的相互关系划分

(1)纵向性会议,即会议主办方或会议主持人同与会者之间具有上下级关系或行政上的管理与被管理关系的会议,如传达会、总结表彰会、办公会议、行政例会等。行政管理职能部门虽然与其管辖的组织不存在上下级领导关系,但在法定职权范围内具有行政管理上的相对关系,因此行政管理机关在职权范围内召集所辖区域内的有关组织开会也属于纵向性会议。

(2)横向性会议,即会议主办方或会议主持人同与会者之间不是上下级关系或行政上的管理与被管理关系,而是相互平等或互不隶属关系的会议。横向性会议具体可分为三种情况:第一,与会者在会内和会外的地位、身份完全平等,如国际上双边或多边的会议及会谈、国际组织框架内的成员体会议;第二,与会者在会议之外的地位和身份不同,但在会议框架内身份相同,发言权和表决权平等,如我国的人大代表在会议之外可能具有上下级关系,而在会议之内则权力平等;第三,会议主办者同与会者之间身份虽然不等,但会议的目的是平等沟通和协商,如新闻发布会、记者招待会、合作交流会、联谊招待会等。

(三)按会议的保密程度划分

(1)保密性会议,即会议内容涉及国家秘密或商业秘密,并采取严格的保密措施的会议。

(2)内部性会议,即会议内容属于组织内部事项,不涉及国家的秘密,但不宜公开报道,可以根据需要在组织内部进行传达的会议。

(3)公开性会议,即允许公众旁听、记者可以自由采访并公开发表最后文件的会议。

第二节 建立会议管理系统

一、会议的领导机构

小型会议的组织领导工作较为简单,由单位的负责人或主管人员召集会议即可,而大中型会议由于组织领导工作繁重,必须建立一定形式的组织领导与管理机构,以确保会议各项组织工作的落实和会议目标的顺利实现。

(一)组织委员会

组织工作较为复杂的大中型会议,以主办单位为主体成立组织委员会(简称组委会)作为最高决策管理组织。组委会对主办者负责,对会议活动实施全面和全过程的管理,其职责主要体现在以下几方面:

(1)确定会议的总体方案和专项方案,并组织实施。方案内容包括会议的目标、任务、主题、议题、出席对象、规模、举办时间和地点、方式、接待和后勤保障等。

(2)组建会务工作班子,任命工作人员,明确分工,做好各项筹备工作。

(3)对有关举办会议的重大问题做出决策,掌握和协调会议进程,及时提供会议服务,确保会议顺利进行和圆满结束。

(4)领导会议公关和宣传工作,扩大会议的影响。

(5)审查和批准会议的预算,开发会议的资源,筹措经费,管理财务。

(6)做好善后工作,总结会议工作经验。

(7)处理相关的法律事务,承担相关的法律责任。

(二)筹备委员会

筹备委员会简称筹委会,规模较小的会议活动的筹备委员会被称为筹备工作领导小组,简称筹备组,其职责与组织委员会大体相同。但筹备委员会只负责会议的筹备工作,一旦会议产生领导机构(如主席团),筹备委员会的使命就宣告结束,管理职能便自动转给主席团和秘书处。

(三)主席团

主席团是在会议举行期间按照议事规则和既定的程序主持会议,决定会议中的重要事项,对会议活动实施集体领导的机构。主席团由全体成员大会(预备会议或第一次全体会议)根据组织的章程或专门的议事规则选举或协商产生,至会议结束时完成使命。主席团的一般职责是:

(1)根据全体会议(包括预备会议)通过的议程和日程召集并主持会议。

(2)审查会议成员提出的议案(包括动议)并决定是否将其列入会议议程。

(3)组织会议成员讨论或审议会议的各项报告和议案。

(4)提出会议的选举办法和表决办法并组织会议成员审议通过。

(5)提出有关候选人的建议名单,并根据多数会议成员的意见确定候选人,主持会议的选举和表决。

(6)起草并向全体成员提交会议的有关决议草案,并主持全体会议审议通过。

(7)讨论决定会议的有关重大事项以及由会议议事规则或会议授权的其他事项。

(四)资格审查委员会

法定性代表会议为了保证出席会议的代表的合法性,需要设立资格审查委员会或小组,按照组织章程和会议规则中的有关规定,对正式代表进行资格审查,并向全体大会作审查报告。

(五)学术委员会

学术性会议往往成立由专家组成的学术委员会,作为会议的学术权威机构,其主要职责是策划会议的主题和议题,鉴定、筛选报名者提交的论文、报告和其他研究成果,确定参会资格,确定大会发言人选等。

二、会议秘书处

秘书处是在会议领导机构(大会主席团或组委会)的直接领导下完成会议具体组织、协调和善后工作并为与会者提供全面服务的工作系统。

(一)秘书长

秘书长既是会议活动的领导成员,又是秘书处的最高负责人。一般说来,秘书长具有以下几方面的职责:

(1)在筹备阶段,协助会议领导机构负责人(组委会主任、理事长等)开展工作,执行领导机构的各项决定和决议。

(2)根据会议领导机构的授权,审查批准会议活动的各项具体预案,并组织落实、检查指导和统筹协调。

(3)向会议领导机构及时汇报筹备工作的进展情况,指出存在的问题并提出改进措施。

(4)法定性代表大会的秘书长在预备会议之后主持召开第一次主席团会议,选举或协商产生主席团常务主席和执行主席。

(5)领导秘书处,处理会议活动举办期间的日常工作,签发各种文件。

(6)负责领导会议的善后工作。

(二)秘书处的内部分工与职责

(1)文件组,又称秘书组,主要负责各种会议文件的准备、起草、印发、清退、立卷归档工作。

(2)组织组,主要承办代表资格审查工作和选举方面的工作,包括:起草代表资格审查报告和选举办法,编制代表名册、选举程序,设计和印制选票,印发候选人情况介绍或简历等。

(3)联络组,主要负责会议主席团与各代表团之间的传达、反馈等联络工作,有时也负责做会议记录。

(4)提案组,主要负责受理会议期间与会者提出的各种提案和议案。

(5)宣传组,主要负责会议的对外宣传工作,包括:制定会议的宣传与公关工作计划并组织实施,组织、安排、协调记者的采访活动,统一向媒体提供会议的新闻稿,承办新闻发布会或记者招待会,负责会议音像资料的录制和管理工作等。

(6)简报组,主要负责编写和印发会议内部参阅的简报、快报。

(7)总务组,又称后勤接待组,主要负责会议的接站、报到、签到、票务、食宿、参观游览、文娱活动、车辆调度、会场安排与布置、设备保障、用品发放与管理、经费预算与筹措、财务管理、现场急救等方面的工作。

(8)保卫组,主要负责会议期间的安全保卫工作。

如果有需要,会议秘书处内部还可以设置负责法律事务、资源开发等工作小组。上述分工可根据会议的需要作适当的增减、合并和调整,工作部门的名称也可根据实际分工来确定。工作部门之间既要有分工,又要有合作。

秘书处内部结构图见图4-1。

三、会务工作的原则

(一)依法依规原则

会议是人们社会交往的一种方式,举行会议是法律赋予公民和合法组织的权利。但是,任何人和任何组织在行使举行会议的权利时,必须遵守法律、法规和规

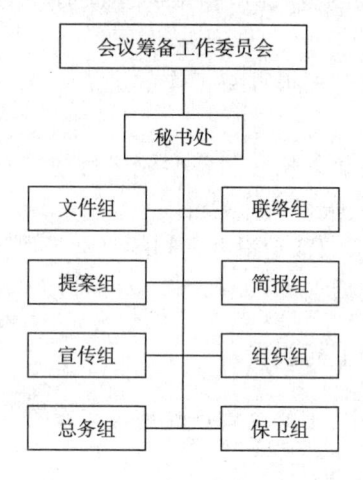

```
              会议筹备工作委员会
                     │
                   秘书处
         ┌────┬────┬────┼────┬────┬────┐
       文件组          联络组
       提案组          简报组
       宣传组          组织组
       总务组          保卫组
```

图 4-1　秘书处内部结构图

章。强调依法规范原则,意味着既要维护公民和合法组织举行会议的权利,又要明确相应的义务,将各种会议活动纳入法治化和规范化的轨道。我国现行的法律体系对各级人大、职代会、公司董事会、股东大会、听证会等法定性会议的举行和程序都有比较完善的规定,各种社会组织内部也建立了比较完善的会议规则,在举行相应的会议时必须严格遵守。

(二)准备充分原则

(1)思想准备。会务人员要深刻认识会议的目的和意义,以高度的使命感和责任感投入紧张的会议管理工作。

(2)信息准备。会议秘书要围绕会议的目的进行深入细致的调查研究,在充分收集和掌握信息的基础上,向会议领导机构提出开好会议的建议和方案,当好会议领导机构的参谋。会前需要收集和掌握的信息包括:

①议题性信息,即需要列入会议议程进行讨论、研究或需要解决的问题和工作。

②指导性信息,即对确定会议的内容与形式、开好会议具有指导意义的信息,如党的方针政策、有关的法律法规、上级机关的有关精神等。

③参考性信息,即围绕会议活动所收集的背景性、资料性信息。这主要包括:下级机关、人民群众、社会的舆论围绕即将召开的会议所形成的意见、建议、要求以及动向,能够帮助说明和阐释会议文件的有关资料以及与会者需要了解的信息等。

(3)经费和物质准备。这主要包括经费预算和筹集、会议用品准备、会场布置等。

(4)方案准备。事先要对会议活动的各项具体安排制订周密的计划和方案,包括实施方案、应急方案。对于重要的会议活动方案,还应当进行科学的咨询与论证,做到集思广益。

(三)分工协调原则

(1)分工明确。会议活动每一项组织工作、每一个环节都要落实到人,做到岗位职责明确,任务要求明确。

(2)统筹协调。会务工作涉及方方面面,统筹协调不可缺少。要通过建立协调机制、明确协调责任、强化协调意识,使会务工作机构成为一个相互协调、相互配合的团队,使各个岗位和各项具体工作合成一个有机的整体。

(四)服务周到原则

(1)服务要周到细致。会议服务涉及文书服务、后勤服务、信息服务、翻译服务等诸多方面,既要为会议领导服务,还要为与会者以及前来采访的记者提供全方位的服务。

(2)服务要主动及时。会议秘书要随时掌握会议进程,主动了解领导和与会者的需求,及时提供有效服务。

(五)确保安全原则

(1)人身安全。具体要求如下:

①对有重要人物参加的活动,事先应对现场进行安全检查,布置好安全保卫工作。

②大型会议的现场应有足够的安全设备,设有安全门和安全通道,配备医护人员和救护设备,确保发生紧急情况时能及时救护和疏散。

③集体就餐以及举行宴会时要采取严格的卫生措施,防止集体食物中毒,确保饮食安全。

④用车辆接送参加对象,要事先对司机进行安全行车的教育,并切实做好车辆检查,及时排除安全隐患,保证行车安全。

(2)信息安全。会议活动中,凡内容涉及国家秘密、商业秘密的信息,要在会场的安排、设备的选用、文件的印发和保管、人员的进出等方面采取严格的保密措施,防窃听、防文件丢失、防外人混入会场,确保信息安全。

(3)财产安全。大型会议活动往往人数多,流动量大,对会议举行期间的财产安全构成一定的威胁。因此,一定要采取有效手段,加强现场安全管理。对重点财产要采取严密的防火、防盗、防破坏措施,严加保护。

(六)环保节俭原则

(1)科学合理配置和最大限度地利用资源,树立绿色办会的理念,厉行节约,杜绝浪费。

(2)严格执行财务预算,加强资金监管,努力降低成本。

第三节　制定会议规则

一、会议规则的含义、作用和制定程序

（一）会议规则的含义、作用

会议规则是依法制定、供主办者和全体会议成员共同遵守的各项会议制度的总称，其作用在于规定会议成员的权利和义务，保障会议民主，维护会议秩序，提高会议效率，实现会议的目标。

（二）会议规则的制定程序

(1)法定性代表会议(如人民代表大会、职工代表大会等)根据法律规定的程序制定或修正会议规则。

(2)横向性、合作性会议的会议规则须经全体成员表决通过或协商一致方能制定和修正。

(3)纵向性会议的会议规则由会议的领导系统确定。

二、会议规则的基本内容和格式

（一）会议规则的基本内容

(1)制定的目的、依据。

(2)会议的名称、性质和宗旨等。

(3)会议的举行，包括会议由谁主办和召集、会期和会议周期、在什么情况下可以举行临时会议或特别会议等。

(4)会议的组织机构，包括会议所设组织机构的名称、职权、组成人员、分工、下设部门、任期、产生办法和程序等。

(5)会议的成员，包括会议成员的名额分配、资格、与会条件、权利和义务等。

(6)议题和议程,包括哪些成员或组织可以提出议案和动议、议题和议程的确定应遵循哪些程序等。

(7)发言,包括会议成员要求在会上演讲、报告、辩论、质询、答辩的申请程序和形式,会议发言的时间限制和顺序安排规则等。

(8)表决,包括表决权的分配(如一人一票制、加权表决制、否决权制、累积投票制等)、表决的方式(如投票、举手、鼓掌等)、表决的程序、表决的有效性、表决通过规则(如绝对多数制、相对多数制、特定多数制)、表决结果的公布等。

(9)会议文件,包括最后文件的效力、会议记录的审查和签字等。

(二)会议规则的格式

(1)标题。标题由会议名称+文种组成,如《××大学院系党政联席会议议事规则》。

(2)稿本。在标题后面或正下方用圆括号标明"讨论稿""征求意见稿""草案"等。通过后不再标注稿本。

(3)题注。如果已获会议通过,则标注该会议名称+日期,并加上"通过"二字,如"××会议××××年×月×日通过"。

(4)正文。正文一般采用章条式结构体例表述。正文分为三部分:

①总则,写明制定规则的目的、依据、适用范围。

②分则,具体表述规则各项内容条款。

③附则,写明解释权、生效时间等事项。有的情况下也可省去这部分内容。

(5)制定机关。对于由组织者制定的会议规则,应当在正文右下方标明制定机关的名称。会议通过的规则不必标明制定机关。

(6)制定日期。对于由组织者制定的会议规则,应写明正式发布的日期。会议通过的规则,已经标明了题注的,不必再写制定日期。

会议规则实例(节选)

××股份有限公司股东大会议事规则

(20××年3月××日××股份有限公司股东大会通过,
20××年5月××日××股份有限公司股东大会修订)

第一章　总则

第一条　为规范股东大会的运作,提高股东大会议事效率,保证股东大会秩序及决议的合法性,保障股东合法权益,根据《中华人民共和国公司法》(以下简称"《公司法》")、《中华人民共和国证券法》、《上市公司股东大会规则》等法律、法规,以及《上海汇通能源股份有限公司章程》(以下简称"《公司章程》")的有关规定,特制定本规则。

本规则所涉及的术语、未载明的事项以及与《公司章程》相抵触的内容,均以《公司章程》为准,不以公司的其他规章作为解释和引用的条款。

第二条至第四条　(略)

第二章　股东大会的召集

第六条　董事会负责召集股东大会。董事会应当在本规则第四条规定的期限内按时召集股东大会。

第七条至第十二条　(略)

> #### 第三章　股东大会的提案与通知
> 第十三条至第二十条　（略）
> #### 第四章　股东大会的召开
> 第二十一条至第四十九条　（略）
> #### 第五章　累积投票制
> 第五十条至第五十八条　（略）
> #### 第六章　附　则
> 第五十九条　本规则所称"以上""内"，含本数；"过""低于""多于"，不含本数。
>
> 第六十条　本规则由董事会负责解释。
>
> 第六十一条　本规则经公司股东大会审议通过之日起生效。
>
> 【评析】
> 　　这是一份经股东大会正式通过和修订的会议规则，标题、题注写作规范。正文共分三个部分：第一章为总则，说明制定的目的和依据以及股东大会的职权范围；分则共设四章，分别对股东大会的召集、股东大会的提案与通知、股东大会的召开、累积投标制做出规定；最后一章为附则，解释相关术语以及对解释权和生效日期做出规定。全文内容全面详尽，语言准确、精炼，结构体例采用章条式，层次分明，条理清晰。

第四节　确定会议议题和名称

一、议题和主题的区别和联系

　　议题是根据会议目标确定并付诸会议讨论或解决的具体问题，是会议信息要素中核心的部分，也是区别广义会议和狭义会议的重要标志。主题相对具体议题而言，是会议中贯穿各项议题的主线。并非任何会议都必须设置主题。一般性的会议，尤其是一些研究日常工作的会议，由于具体议题多且分散，并无必要设置主题。但举行研讨、交流、对话性质的会议，有一个鲜明的会议主题，就能更加清晰地突出会议的目标，更容易吸引社会的关注，也更能够使与会者达成共识。会议主题与议题是纲和目的关系。主题是对议题的高度概括。光有主题，没有具体的议题，与会者的发言就会失焦，难以找到共同的切入点。因此，主题一定要通过议题加以细化，使之具有明确的针对性和可讨论性。同理，主题性会议的每项议题都应当紧紧围绕会议的主题,主题之下不应当出现无关的议题。

二、确定议题的要求和程序

(一)确定议题的要求

(1)服从会议目标和主题。凡与会议目标和主题无关或偏离的议题都应当撤去。

(2)符合会议权限。任何会议都有特定的权限范围。特定的议题只能在会议的特定权限内讨论或做出决定。

(3)有利于提高会议效率。具体要求做到:

①凡拟提交会议讨论的议题必须确有必要而且是需要立即讨论的,避免让那些没有必要的问题分散与会者的精力和占用会议时间。

②一次会议议题的数量要适度,避免议题过多导致会议时间冗长,会议效率下降。如果需讨论的议题确实较多,可采取分段开会的办法。

③分清议题的主次轻重,明确中心议题或主要议题,以保证与会者能够把主要精力集中于最重要和最需要认真思考的问题。

④议题内容要集中。对内容相关的议题要适当归并,避免重复讨论。

⑤议题准备一定要充分,在拟定议题的同时还要提交相关的背景材料,有的还要形成两个以上的备选方案,以便与会者在讨论和决策时参考。

(二)确定议题的程序

(1)纵向性会议以及由一个单位发起并主办的会议,由主办会议的领导机关或领导确定议题。

(2)实行合议制的会议,以"议程"的形式提交全体与会者审议通过议题。

(3)实行磋商机制的会议,须经各方协商一致确定议题。

三、议题的处理

(一)议题的收集

议题由秘书部门或专门的会务部门在会前或会议中统一收集、整理、登记、汇总,然后提交给会议的领导或大会主席团进行审查。

(二)议题的审查

议题可由秘书部门先期审查,法定性代表大会可设立议案审查委员会进行审查。审查的重点是:该议题是否符合组织的管理目标并属于本次会议的职权范围;该议题主题是否鲜明,理由是否充分,相关材料是否可靠、齐全;该议题提出的时机是否成熟,是否必须在本次会议上讨论;该议题提出的程序是否符合有关规定;议题之间是否重叠,能否合并。

(三)对未确定或者经审查未能通过的议题的处理

(1)撤题。属于下列情况之一的议题应当撤回:①不符合本组织管理目标或不能体现会议目标、任务的;②不符合上级领导机关或本级领导机关有关政策和精神的;③在分管领导或部门职责范围内可以决定而不需要拿到本次会议上讨论的。

(2)转题,即把不属于本组织或本次会议职权范围研究决定的议题转给相关的领导机关或相关的会议去研究处理。

(3)缓题,即对那些情况复杂一时难以搞清楚,解决问题的时机尚未成熟,或者相关材料准备不足、需要充实情况的议题,采取缓议的办法,等时机成熟后再议,或退回有关部门进行补充后提交下一次会议讨论。

(4)并题。如果议题之间相互重叠,可考虑加以调整合并,再提交审查。

(5)协调,即对内容涉及诸多部门和单位的议题应在会前充分协调,使各方的立场趋于一致,并能形成一个初步方案,再提交会议正式通过。

会议主题和议题实例
达沃斯世界经济论坛2023年年会主题: 　　在分裂的世界中加强合作 **五大议题:** 　1. 如何解决当前能源和粮食危机; 　2. 如何应对当前的高通胀、高负债; 　3. 如何应对工业不景气; 　4. 如何解决当前社会脆弱性问题; 　5. 如何应对当前地缘政治风险。

四、确定会议名称

(一)会议名称的含义和作用

会议名称是指会议活动的正式称谓,是会议活动基本特征的信息标志。会议名称的作用在于:

(1)揭示会议活动的基本特征,如主题、范围、届次、性质、形式等,以区别于其他活动。

(2)便于各类媒体的宣传,吸引公众的兴趣和关注,激发公众的参与热情,扩大会议的影响力。

(3)用于制作会标,形成活动现场的视觉中心,增强现场气氛渲染的效果。

(4)便于会议文件的记述。如会议预案、会议通知、会议记录、会议决议等会议文件经常要记述会议名称,以体现会议文件的特有性、严肃性和权威性。

(5)便于会议文件的立卷归档和今后的查考利用。会议文件是按会议名称立卷并归档的,如无名称,则会给立卷归档以及今后的查考利用造成不必要的麻烦。

(二)确定会议名称的方法

(1)突出会议主题,如"国际性金融危机防范对策学术研讨会"。

(2)揭示会议主办者,如"中国科学院知识创新试点工作咨询座谈会"。

(3)强调会议功能,如"××审批大会""××产品鉴定会""××表彰大会""××总结交流会"等。

(4)体现与会者身份,如"首脑会议""高峰论坛""党员大会""记者招待会"等会议,名称中就需要写明与会者的身份或规格。

(5)说明与会者来自范围,如"第四次世界妇女代表大会""××××国际学术研讨会""全国教育工作会议"等。

(6)反映会议时间和届次。年度性会议和系列性会议必须揭示时间和届次特征,如"中国共产党第二十次全国代表大会""××公司2022年度工会工作人员先进集体和先进工作者表彰大会"分别揭示了届次和年度特征。

(7)标示会议地点,如"上海国际贸易洽谈会"。

(8)表明会议方式,如"××座谈会""××茶话会""××现场会""××视频会"等。

一次会议的名称可以同时从几个方面揭示特征性信息。所揭示特征的多寡,应当根据会议的实际情况来确定。会议目的、要求和类型不同,会议名称所揭示的特征也各有侧重。例如,"北京20××年第六届世界大城市首脑会议"这一名称就揭示了地点、时间、届次、出席范围、与会者身份若干特征。

(三)使用会议名称的注意事项

(1)正式场合、正式文件、会议记录应当用会议全称,以示庄重,以便于日后查考。

(2)在会议简报和宣传报道中可以使用会议简称,但必须是规范化、习惯性简称,如"十一届三中全会"。滥用会议简称会造成名称重复甚至误会。

第五节　安排会议议程和程序

一、安排议程

(一)议程的含义和作用

会议活动基本上可以分为两类：一类是议题性活动，即针对会议的各项议题所展开的报告、讲演、辩论、商讨、审议、选举和表决等活动，是会议的主要活动；另一类是仪式性活动，即围绕会议主题进行的颁奖、授勋、签字、揭幕、剪彩、奠基、升旗等程式性较强的活动，属于非议题性活动。议程是针对议题性活动而设定的先后次序，由议题和围绕议题的相关活动组成，其作用在于赋予议题合法性，确立每项议题及其相关活动在会议中的地位、次序以及相互之间的逻辑关系。议程的确定规则与议题的确定规则基本一致，一旦确定，非经法定程序不得更改。

使用议程这一概念，要注意下列几点：一是议程仅用于事先设定议题并以报告、演讲、审议、讨论、表决、磋商、谈判等为主要方式的会议，而不用于以仪式性活动为主的会议，以仪式性活动为主的会议活动顺序安排应当使用"程序"这一概念；二是议程必须涵盖会议的全部议题。

(二)议程的书面结构

(1)标题。标题由会议全称加上"议程"二字组成。

(2)稿本。需提交一定范围内审议或磋商的议程，应在标题中注明"草案"二字。

(3)题注。议程一经通过，则去掉"草案"二字，在标题下方注明通过的日期、会议名称。由主办者确定、无需会议通过的议程可注明会议的起讫日期，也可注明会议的主办单位等信息。

(4)正文。正文简要概括地说明每项议题性活动的顺序，用序号标注，多采用动宾结构的短语，句末不用标点。有些大型研讨会的议程可以列出每项议程的时间、地点、报告人、报告主题，也可以采用表格的形式，起到一目了然的效果。

(5)署名。对于由会议主办者确定、无须会议通过的议程，应当在正文的右下方标明主办者或组委会的名称，也可写会务部门(秘书处)的名称。有题注的议程则省去署名。

(6)制定日期。对于不标题注的议程，应在署名下方写明具体的制定日期，以备日后查考。有题注的议程则不用写制定日期。

会议议程实例

××××公司行政办公会议议程
(20××年3月4日)

一、集团20××年度销售工作会议精神；
二、销售部20××年度销售工作计划；
三、人事部20××年度新员工招聘计划；
四、部分管理人员职务变动事项。

【评析】

　　上文由标题、题注、正文三部分组成，结构完整。但存在以下错误：一是议程的表述不规范。议程是围绕议题展开的活动，表述时应当采用动宾结构的短语，而不能仅仅用名词性词组。上文中的四项议程均用名词性词组，只表述了四项议题，而不是议程；二是句末标点符号多余。议程表述都采用短语形式，因此每项议程的短语后面无需标注标点。

【修改后的参考文本】
××××公司行政办公会议议程
(20××年3月4日)

一、传达集团20××年度销售工作会议精神
二、讨论通过销售部20××年度销售工作计划
三、讨论通过人事部20××年度新员工招聘计划
四、讨论决定部分管理人员职务变动事项

二、安排程序

(一)程序的含义和作用

　　在一些以仪式性活动为主的广义会议中，活动形式丰富多样，活动环节精巧复杂，如升旗、奏国歌、致辞、揭幕、启动、剪彩、颁奖、授勋、签字、交换礼物等，有时还穿插文体表演。这些活动环节都需要一定的程序加以组合排序，使之前后相连，融为一体。将一次会议中各项活动的具体环节组合连接起来并确定先后顺序，就形成了会议的"程序"。其作用一是方便主持人或司仪掌握会议的活动内容及其顺序，二是为撰写主持词提供依据，三是为会务人员提供服务机会点。会议的程序一般由主办者确定。

(二)程序与议程的区别

程序是对会议中所有活动的具体环节进行的排序,既包括报告、讨论、提问、审议、表决等议题性活动,也包括升旗、奏国歌、致辞、揭幕、启动、颁奖、授勋、签字等非议题性(仪式性)活动,因此无论是狭义会议还是广义会议,都可以制定程序;议程只是对会议中的议题以及围绕议题展开相关活动的排序,一般不涉及非议题性活动,因此只适用于狭义会议。开幕式、闭幕式、签字仪式、颁奖仪式、启动仪式等属于广义会议范畴的各种仪式、典礼,应当制定"程序"而非"议程"。由于程序包含全部议题性活动的流程,反映活动的环节比议程更为详细、周全,因此一般情况下制定了程序便无需另外制定议程。而配套活动或单元活动较多的会议(如大型论坛、洽谈会等),或者必须依法举行的会议(如人大、职代会、股东大会等),除需要制定会议的议程外,还必须为每个配套活动或单元活动(如开幕式、选举大会、颁奖仪式等)单独制定一套程序。

(三)程序与流程的区别

目前很多组织把程序称为"流程",或者用"流程"一词代替程序。其实"流程"一词含义更为广泛,除了包括会议正式举行中的程序之外,还包括会前会后的接待环节。比如,会议的流程就包括会议开始之前的签到注册、礼仪引导等接待环节,会见、会谈、宴会的流程就包括迎宾、送客等环节。在一次会议正式举行期间各项活动具体环节的顺序安排并形成的书面文件,应当叫作"程序",不宜叫作"流程"。

(四)会议程序的结构和写法

(1)标题。由活动名称+"程序"组成,不能将"程序"写成"议程"或"日程"。

(2)题注。题注写明活动的时间、地点、主题、主办单位等信息,以便于现场散发或刊登宣传。

(3)正文。程序的正文有两种写法:一是序号式,即用汉字或阿拉伯数字标引各项具体活动环节和步骤的名称、内容,要求详细、明确;二是时间序列式,即用具体时间标引各项活动环节的先后顺序,其优点是容易控制每项活动环节的时间。

程序正文要明确列出每个活动环节和细节,如宣布活动开始、升国旗、奏国歌、致辞、颁奖、献花、剪彩、宣布活动结束等;致辞人、发言人、颁奖人、剪彩人的身份和姓名、发言题目和发言顺序、所颁奖项的名称和等级、领奖人的姓名等,要具体、准确。句末也可以省略标点。

(4)署名和制定日期。要求同议程。

> **会议程序实例**
>
> **××公司20××年度先进集体和先进个人颁奖大会程序**
> (20××年12月30日)
> 一、司仪宣布:请参加今天颁奖大会的领导上主席台
> 二、司仪宣布:今天的颁奖大会由公司副总经理×××主持
> 三、主持人宣布:××公司20××年度先进集体和先进个人颁奖大会开始并宣读《××公司关于表彰20××年度先进集体和先进个人的决定》
> 五、公司董事长、副董事长、总经理、工会主席向先进集体颁发奖状和奖杯
> 六、公司董事长、副董事长、总经理、工会主席向先进个人颁发奖状和奖杯
> 七、先进集体代表×××发言
> 八、先进个人代表×××发言
> 九、公司董事长、党委书记×××讲话
> 十、主持人宣布:××公司20××年度先进集体和先进个人颁奖大会结束

第六节 确定会议成员

会议成员是会议的主体。确定会议成员包括与会范围、规格、资格、规模四个方面。

一、确定会议成员的程序

(一)领导确定

纵向性会议(如布置工作、表彰先进、总结交流等会议)和部分横向性会议(如学术研讨、经贸洽谈、新闻发布、联谊招待等会议)的参加对象一般由会议领导根据会议的目的、性质和议题来确定。

(二)规则确定

规则确定即与会范围、规格和资格按法律、组织章程和议事规则的规定确定。各种法定性会议(如法定性代表大会、政府全体会议、董事会议以及各种国际性组织的会议等)必须按规则确定会议成员。

(三)磋商确定

磋商确定即由会议的发起者、主办者或成员之间根据通过平等协商确定各方参

加会议的代表的规格、人数和人选。联席会议、会谈和谈判、国际多边会议等即如此。

(四)选举确定

选举确定即根据既定的办法和程序,通过选举确定会议成员。各种法定性代表大会的成员都要通过选举产生。

二、确定会议成员的具体要求

(一)合法合规

合法合规包含两层意思:一是凡根据法律法规或组织章程的规定具有与会权利的对象,必须列入参加会议的范围,不得任意缩小参加的范围;二是法定性会议的参加对象,其资格必须合法。非经必要程序,不得擅自扩大参加范围(包括列席和旁听范围)。

(二)确有必要

确有必要即要求根据会议的目的、议题、性质和实际需要确定与会者的范围和规格。对于必须参加的单位和个人,一个也不能遗漏。而可参加可不参加会议的则不应当列入与会范围。

(三)资格明确

会议成员的资格不同,权利义务也不相同。要严格区分会议成员的"出席"、"列席"、"特邀"和"旁听"这四种资格。

(四)有代表性

与会者是否具有代表性,关系到会议能否真正发扬民主、集思广益。代表大会、调查会、听证会等应充分考虑参加对象的代表性。

(五)规模适当

会议的规模主要指参加会议的总人数。确定会议规模必须综合考虑以下因素:

(1)效果因素。会议的规模应与会议的预期效果相适应。有的会议必须达到一定的规模才能形成声势,扩大影响,产生效果。但片面追求规模,则会产生不良影响和效果。

(2)效率因素。会议的规模直接制约会议的效率。会议人数越少,会议在讨论发言上所花的时间就越少,相对而言,也越容易达成共识,效率就越高。反之,会议人数越多,会议时间就越长,意见越不容易集中,效率就越低。

(3)成本因素。会议规模与会议成本成正比,规模越大,消耗的人力、物力、财力就越多,会议成本也就越高。

(4)场地因素。规模决定场地,但由于场地的限制,规模必然受到相应的限制。因此,决定会议规模之前应先考察场地条件。

第七节　安排会议时间和地点

一、安排会议时间

安排会议时间涉及四个方面:一是把握合适的开会时机;二是确定会议所需的时间;三是确定会议周期,即同一性质和系列的前后两次会议之间固定的时间跨度,如年会、月会、周会;四是安排会议的日程。

(一)安排会议时间应当把握的原则

1. 时机原则

(1)举行会议的时机必须成熟。只有当讨论、解决问题的条件充分具备,时机完全成熟时,适时召开会议,才能水到渠成,瓜熟蒂落。否则,会议的效果就得不到保证,甚至还会适得其反。

(2)时机成熟的会议应当及时召开。拖而不议,则会错失良机,延误工作。

(3)选择合适的会议时间。一是会议召开的时间要富有意义,能彰显会议的主题;二是会议召开的时间要有利于推动工作。如每周工作例会一般安排在周一或周五举行。

2. 需要原则

会期的长短要依据会议的实际需要来确定,一般要考虑这样几个问题:

(1)会议的各项议程是否能够完成。

(2)会议的发言是否充分,与会者能否充分表达意见。

(3)会议中是否会有临时动议提出,如果提出动议,大致需要花多少时间进行讨论和表决。

(4)会议期间是否安排有关仪式和参观、考察、娱乐等辅助性活动,每项仪式性和辅助性活动大致需要花多少时间。

3. 成本和效率原则

一般情况下,会议时间越短,成本越低,效率越高。因此,在满足需要原则的前提下,适当、合理地压缩会议的时间,是降低会议成本、提高会议效率的有效手段。具体要求做到:

(1)会前要对会期做好预测,在确保会议效果的前提下,尽量做到长会短开。

(2)准时开会、准时散会。

(3)适当限制发言时间。

(4)已散发的书面文件不必照本宣读。

(5)严格控制与会对象,可参加可不参加的就不要通知其参加。

(6)能以局部性会议解决的问题,就不要召开全局性会议。对确实需要召开的全局性会议,要建立报请审批制度。

(7)建立候会制度。有些工作性会议,往往议题较多,涉及面较广,需要请有关方面的人员参加。如果从会议一开始便通知所有涉及的单位和人员参加,而真正讨论每一单位的事项所花时间并不多,这样就造成了不必要的陪会,而且容易使会议的内容相互扩散。为此,有必要实行候会制度。具体做法是:秘书事先了解会议的议题和议程,估计每项议题开始的大致时间,然后通知有关单位的人员提前在休息室等候,当会议讨论到该单位的事项时,再通知其进入会场。

4. 协调原则

一是协调好领导、嘉宾、报告人参加会议的时间,还要注意协调好领导之间参加会议的时间,以免相互冲突。如果是多边会议、联席会议,或者会议是共同主办的,还应当与其他方面协商确定举行会议的具体时间。二是会议的具体日期要避开政治、外交、宗教、民族风俗的敏感时间,避免造成误解或纠纷。

5. 合法合规原则

法律、法规、组织章程和会议规则对会期(召开会议的固定时间)或会议周期有明确规定的,应当严格照办,非特殊情况、非经法定程序,会期不得提前或推迟,会议周期不得延长或缩短。

(二)安排会议日程

1. 会议日程的含义和特点

会议日程是指会议的各项活动按日期和时间先后的具体安排。凡时间满一天的会议,都应当制定日程。会议日程的特点是:

(1)内容全面。在内容上,日程应当包含会议期间所有活动的安排,不仅要写明报告、对话、座谈、谈判等议题性活动,也要写明开幕式、闭幕式、颁奖等各项仪式性活动,有时还要写明报到注册、茶歇、招待会、参观、考察、娱乐、离会等辅助性活动。

(2)以半天为单位时间安排活动。会议日程的安排均以上午、下午为单位时间,必要时,中午和晚上也可以作为单位时间充分利用。

2. 会议日程的作用

在会议时间策划中,会议日程是一种常用的会议管理工具,其作用一是保证会议议程的具体实施,二是方便与会者了(包括媒体记者)解会议的具体安排,三是提高会议的效率。

3. 议程和日程的区别

会议议程和会议日程都是关于会议活动顺序的安排,它们之间的区别在于:会议议程是整个会议议题性活动顺序的总体安排,不包括会议期间的仪式性、辅助性活动,其特点是概括、明了,一旦确定,不得任意改动;凡有两项及以上议题的会议,都应当事先制定议程。会议日程是将各项会议活动(包括仪式性、辅助性活动)落实到单位时间,凡会期满1天(即两个单位时间)的会议都应当制定会议日程。会期在半天以内且只有议题性活动的会议,只需制定议程,而不必制定日程。

4.会议日程的书面结构和写法

会议日程的书面结构和写法如下:

(1)标题。标题由会议全称或规范化简称+"日程"、"日程安排"或"日程表"组成。

(2)稿本。会议日程如果需要在全体会议或主席团会议上通过,提交时应写明"草案",并用圆括号括入,放在标题之后或者下方居中。

(3)题注。对于经会议通过的会议日程,要在标题下方注明通过的日期、会议名称,并用圆括号括入。对于由主办者确定、无须会议通过的会议日程,可注明会议的起讫日期,也可注明会议的主办单位等信息。有些在一定范围内通过后还需提交全体会议通过的会议日程,要同时标明稿本(草案)和题注。

(4)正文。会议日程正文部分有两种形式:

①表格式。表格式的优点在于会议活动的各项安排清晰明了,适用于需要交代各项具体信息的会议。横向一般要设活动的时间、名称、内容、主持人(召集人)、参加对象、活动地点、活动要求(备注)等项目。纵向则以日期和单位时间的先后为顺序设项目。单位时间一般写明上午、下午、晚上。每个单位时间可再分成几段,以适应不同会议活动的需要。

②日期式。日期式是指按日期先后排列会议的各项活动。每项单元活动名称前标明日期、上下午和具体起止时间。

(5)署名和制定日期。要求同议程。

会议日程实例

××××大会日程
20××年3月2日—3月3日(会期一天半)

时间		活动名称	内容	主持人	参加对象	地点	备注
3月2日上午	8:00—11:00	开幕会	①××××××× ②××××××× ③××××××	×××	×××	×××	
3月2日下午	1:30—5:00	分组讨论	①××××××× ②××××××× ③××××××	×××	×××	×××	
3月3日上午	8:00—11:00	大会交流暨闭幕会	①××××××× ②××××××× ③××××××	×××	×××	×××	

二、安排会议地点

安排会议地点一是指选择合适的举办地,二是指选择合适的场馆(包括会场、住宿的宾馆饭店等)。

(一)确定会议举办地的要求

(1)能够推动举办地的政治、经济和社会发展。现代会议的地点选择已经超越了会议本身的意义,越来越具有浓厚的政治和经济色彩。举办重要会议时,主办者应当把推动举办地的政治、经济、文化等方面的发展作为重要考量。

(2)符合会议主题的需要。一是选择与会议主题相关的发生历史事件的地点,使会议更具有教育意义或纪念意义;二是选择与会议主题相关的当前事件现场,如"经验交流现场会""安全生产现场会"等;三是选择与会议主题相关的工作现场,帮助领导干部及时了解第一手情况,当场解决工作中的问题,提高会议及工作的效率。

(二)安排会议场馆应当考虑的具体问题

(1)会议场馆是否具有足够的接待能力,包括住宿、餐饮、交通等方面。

(2)会议的场馆及其周边环境是否安全,包括人身安全、信息安全和财产安全。

(3)环境是否适宜,包括空气质量、噪声大小等因素。

(4)会场的规格和大小是否适中。

(5)会场内的设施(如音响、空调、照明、同声翻译、网络等设备)是否能够满足会议的实际需要。

第八节 安排发言、分组活动和专题会议

一、安排会议发言

会议期间与会者的演讲、报告、讨论、提问、作答,统称为发言。发言可以口头方式,也可以书面或其他方式。

(一)发言的申请和确定

(1)会前报名,即由与会者事先提出发言请求,由会议的组织者或领导根据议事规则或会议实际情况确定。

(2)临时申请,即在会议进行过程中提出发言的请求。临时要求发言,应经会议主席允许。

(3)领导指定,即由会议的组织者或领导者在会议召开之前指定发言者的名单,

也可以在会议上由会议主席点名发言。

(4)自由发言,即与会者可以自由发言,无须事先提出申请。

(二)确定发言顺序的方法

(1)按议题顺序(即议程)安排发言的先后顺序。

(2)按报名的时间先后确定发言的先后顺序。

(3)按身份从高到低或从低到高安排发言的先后顺序。一般情况下,开幕式上的发言顺序为按身份从高到低,闭幕式上的发言顺序为按身份从低到高。

(4)按发言者的姓氏笔画或代表团的名称笔画,国际会议则按英文国名的首字母顺序安排发言的先后顺序。

(5)通过抽签决定发言顺序,以示公平。

(6)随机指定,即由会议主席在会上临时点名指定发言顺序。

(7)发言者自由决定何时发言,座谈会的发言往往运用这种方法。

以上发言顺序的安排方法可以混合使用。比如,学术报告会可以先根据议题先后指定主要报告人的发言顺序,然后留出一定的时间给与会者自由发言。

(三)安排会议发言要注意的问题

(1)尊重与会者的发言权。出席法定性会议的正式成员,其发言权受法律和会议规则保护,任何人不得剥夺。

(2)对发言内容要精心选择、严格把关,确保内容符合会议的目标并严格限制在议题范围之内。

(3)注重发言人的能力素质。尤其是选派代表单位发布新闻、质询应询、报告演讲等的发言人时,要特别注重其思维能力和口头表达能力,确保发言的水平和效果。

(4)兼顾发言人的代表性,尽可能照顾到不同地区、不同单位、不同群体、持不同观点的与会者。

(5)合理控制发言的人数。

(6)适度限定发言的时间。

(7)准确使用相关词语。"发言""讲话""报告""致辞"等词语适用的场合和发言者身份不同,切忌混淆:"发言"一词属于中性词,凡在会议中以各种形式发表意见都可以统称"发言",因此往往用于身份平等的与会者之间的交流沟通;"讲话"一般用于领导的重要发言;"报告"一词既指向特定对象汇报、陈述工作或者情况,提出意见或者建议,也可指具有系统性、指导性的发言,如形势报告、学习报告;"致辞"用于仪式和典礼上有身份人士的发言。

二、安排分组活动

分组活动和专题会议能提高会议的机动性,增加发言的机会,扩大信息交流面,加深议题的研究程度。

(一)分组的方法

(1)按与会者所在的单位编组。例如,机关或企事业单位召开大会,可以按下属的部门或单位分组。

(2)按与会者所在的行业或系统编组。例如,全省、全市性大会可以按农业、工交、教育、卫生等行业或系统分组。

(3)按与会者所在的地区编组。例如,全国性会议可以按大区和行政区划分组,也可以按自然区域或经济区域分组。

(4)按界别编组。例如,我国政协开会按文艺界、学术界、企业界、体育界、宗教界等界别进行分组。

(5)按法定规则分组。有些法定性会议,有关法律或法规对分组有规定的,要照法律、法规执行。

(6)混合编组,即不按上面介绍的几种方法编组,而是有意让不同单位或地区、不同行业或系统、不同界别的与会者交叉混合编组。这种编组的方法有利于扩大与会者的视野,使其接触和了解多方面的信息。

(二)安排分组活动要注意的问题

(1)组的数量和规模要适中。

(2)会议的领导要参加各组的讨论,并尽可能分散到各组,不要集中在一两个组。

(3)为了加强对各组的领导,应当指派组织和协调能力较强的人担任组长或召集人,并建立组长或召集人会议制度。法定性代表大会的代表团团长应当根据有关规定由代表民主选举产生。

(4)会议的领导机构可向各小组或代表团派出联络员,以便及时沟通信息,掌握会议动态。联络员工作由会议秘书处统一管理和协调。

三、安排专题会议

专题会议也叫配套会议,是当前大型会议特别是国际性大会常见的一种活动形式。

(一)专题会议的种类

专题会议种类繁多,如专题报告会(在大型论坛中又叫分论坛)、专题座谈会、专题发布会、专题演示会、专题洽谈会等。专题会议的主题应当服从于大会的主题,是对大会主题的延伸和深化。要协调好各场专题会议的时间和地点,以便让与会者有更多的机会参加。

(二)安排专题会议要注意的问题

(1)设计好专题会议的主题,并与大会主题配套。
(2)适当控制场数,以免影响大会的主体活动。
(3)协调好各场专题会议的时间,尽可能减少时间上的冲突,以便让与会者有更多的选择。
(4)专题会议的会场不要远离主会场和住地;应尽可能集中,以便与会者参加。

第九节 制发会议通知和证件

一、会议通知的文种名称和用法

会议通知是个笼统的名称,实际运用时要根据会议的类型和对象身份选择具体的文种。

(一)通知

通知适用于主办者同会议成员之间具有上下级关系,或者管理与被管理、指导与被指导关系的会议。具体的发送对象包括:一是会议的当然成员或法定成员,如各种社会组织召开的理事会议、董事会议、委员会议、常务会议、办公会议以及各种代表大会的会议成员;二是本组织内部的工作人员;三是下级所属单位以及受本机关职权所管理的单位。如行政主管部门在自己的职权范围内召集有关企事业单位开会,应当使用通知。

(二)邀请函

邀请函一般用于横向性的会议活动,具有礼仪性,发送对象是不受本机关职权所管辖的单位以及个人。召开学术研讨会、咨询论证会、技术鉴定会、贸易洽谈会、产品发布会等,由于参加的对象不在本机关管辖之内,因此应当使用邀请函。

在会议活动中,邀请函与通知是两种不同性质的文种,不可混淆。二者的不同之处在于:邀请函主要用于主办者与参会者之间关系平等的会议,发送对象不属于本组织的成员,不受本机关职权的制约,不具有法定的与会权利或义务,是否参加会议由邀请对象自行决定;而会议通知则适用于主办者与参会者存在隶属关系或工作上的管理关系,或者与会者本身具有参会的法定权利或义务的会议,因此只能发会议通知,不能使用邀请函。

(三)请柬

请柬是一种专门用于邀请贵宾参加仪式性、交际性、招待性活动的文书。邀请上级领导、知名人士、兄弟单位代表参加各种开闭幕式、开竣工仪式、签字仪式以及各种宴会、晚会等活动,应当用请柬。

邀请函与请柬都属于邀请客人参加会议活动的礼仪性文书,区别在于:一是适用场合不同。邀请函多用于以口头交流为主要方式的会议活动,如邀请有关专家出席咨询会、论证会、研讨会,邀请记者和有关方面参加新闻发布会等。而举行各类仪式和交际、招待活动,如开幕式、闭幕式、开工典礼、宴会等,则应当使用请柬。二是邀请对象的身份不同。如举行学术会议,对一般的与会者使用邀请函,而邀请上级领导、兄弟单位代表、社会名流参加开幕式,则应当使用请柬。

(四)海报

海报是一种公开性的、广而告之的会议邀请文书,邀请对象具有不确定性,主要用于可以自由参加的会议活动,如学术报告会、论文答辩会等。海报通常采用招贴的方式,也可作为广告刊登于各类媒体。

(五)公告

公告用于会议通知和邀请,有两种情况:一种是根据《中华人民共和国公司法》的规定,股份公司召开股东大会时,必须公开刊发公告,向全体股东发出召开股东大会的信息;另一种情况是当邀请的对象遍布各地,如邀请海内外校友参加校庆活动,无法逐一通知时,可通过各类媒体发布公告。

会议通知实例

上海某科研机构经过多年努力,研发出一项新技术。为了使这项技术得到专家的权威认定,该科研机构决定在正式申报专利前召开一次技术鉴定会,参加的对象包括本单位内部参加该项目研究的主要工作人员、国内其他研究机构和高校的有关专家、上级主管部门的领导以及部分媒体记者。考虑到与会者的身份不同,与本单位的关系也不同,在发出会议通知和邀请文书时作了如下区分:发给上级主管部门领导的用"请柬",发给有关专家及媒体记者的用"邀请函",而对本单位的与会人员则一律发"会议通知"。

【评析】

上述科研机构举行技术鉴定会,根据参会的三类对象的身份分别采用"请柬"、"邀请函"和"通知"向对方发出邀请和通知,十分得体,完全符合会议礼仪。

二、会议通知的基本内容

(一)会议的名称

会议的名称是通知中的关键性信息,要在标题和开头部分中写明全称。如需简称,正文中第一次必须写全称,后面用括号注明"以下简称××会议"。

(二)主办单位

主办单位名称一定要写全称或规范化简称。对于联合主办的会议,要逐一写明每个主办者的名称。必要时还可简要介绍组委会、筹委会、执委会等会议管理机构的设置情况以及协办、支持、承办单位的名称。

(三)往届会议的情况

适当介绍往届会议的情况,有助于提高通知对象对会议的认知度。

(四)会议的内容

会议的内容包括会议的目的、宗旨、主题、议题、议程、报告人信息以及报告题目等信息。

(五)会议的形式

如采取座谈会、报告会、新闻发布会、电视电话会等形式,应当专门加以说明。举办大型会议,要分别说明配套性活动的形式及其内容。

(六)参加对象

通知单位参会,要写明参会人员的范围、职务、级别等要求。有时还需写明参会人数要求。通知个人参会,应告知其参会资格,并别用"出席""列席""旁听""特邀"等词语来对应。会议成员之间不作资格区分的,可以一律用"出席"或"参加"一词。

(七)会议的时间

要具体写明报到时间、会议正式开始和结束时间、会期长短。时间表述应具体写明年、月、日、时、分。日期后面应注明星期几。

(八)会议的地点

应写明详细地址,具体到房间号。必要时配上定位地图,告知交通方式。

(九)参会费用

如需向与会者收取费用,要说明收费项目(如会务费、注册费、资料费、食宿费等)、数额以及支付方式。如果费用是由主办者和与会者分担的,要写明分担的方式。

(十)报名的方式和截止日期

如需履行报名手续,应说明应提交哪些文件、材料,报名的时间、地点、截止日期和时间。需要提交回执或报名表的,要告知提交的方式。

(十一)其他事项

其他事项因"会"而异,如学术性会议的论文撰写选题和提交的要求、重要会议的入场凭证(如"凭入场券入场""凭本通知入场")、国际性会议所使用的正式语言和工作语言等。

(十二)联络方式

应写明主办单位或会议组织机构的地址、银行账号、电话和传真号码、电子邮箱、联系人姓名等联络方式。

以上内容要素可根据会议的实际需要做适当的增减。

三、会议通知的格式和写法

(一)文件式

重大会议必须使用正式文件的格式印发会议通知,并通过正式文件的传递渠道发送。通知本身的结构要素包括:

(1)标题。一般由发文机关(主办者)+会议的名称+通知组成。

(2)主送机关,即必须参会的机关和单位。要求所有下属单位参会,用统称;要求个别单位参会,则用单称。

(3)正文。正文部分可以按通知的内容分成若干层次和段落:开头部分写明会议召开背景和目的;主体部分写明通知的具体内容;结尾处写明联系信息和联络方式,也可用"特此通知"收尾。

(4)署名。署主办单位名。对于联合主办的会议,每个主办单位都要署名,并加盖公章。

(5)成文日期。写明具体的年、月、日。

文件式会议通知实例

中共××市委组织部
关于召开××市20××年度组织工作会议的通知

各区、县、委、办、局党委或党组组织(干部)部门:

为了认真总结我市一年来组织工作的经验,布置今年组织工作的主要任务,决定于20××年1月15日至16日上午(会期一天半)召开××市20××年组织工作会议,现将具体事项通知如下:

一、出席对象:各区、县、委、办、局党委或党组组织(干部)部门正副部长(处长)。

二、会议地点:××路××号××宾馆三楼会议厅。

三、日程安排:

1月15日上午8:30报到;9:00会议正式开始,市委组织部部长××做工作总结、布置任务,三个单位交流经验;

1月15日下午1:30—5:00分组讨论;

1月16日上午8:30—10:00大会交流分组讨论情况;10:15—11:30市委副书记×××讲话。

四、郊区同志如需住宿,请报到后与会务组联系。

五、联系人:市委组织部办公室××,电话××××××

中共××市委组织部(章)
20××年1月5日

(二)信函式

一般的会议通知和邀请函可使用公文格式中的信函格式印发。邀请函本身的结构要素如下:

(1)标题,由会议名称+"邀请函"组成,如《××国际学术研讨会邀请函》。要注意两点:一是标题中不出现主办单位的名称和"关于"二字;二是标题不能写成《关于邀请参加××会议的函》,因为"邀请函"属于专用文种,"邀请函"三字不能拆开。

(2)称呼和问候语。发给与会单位的邀请函要写单位名称。邀请函是一种礼仪性文书,称呼要写单称,不宜统称"各单位"。发给个人的邀请函应当写个人姓名,前冠"尊敬的"敬语词,后缀"先生""女士""同志"等。网上或报刊上公开发布的邀请信可省略称呼,或统称"尊敬的客户"等。写给个人的邀请函应在称呼下一行写问候语"您好",写给单位的可省略。

(3)正文。主体部分载明邀请函的具体内容,具体要求与会议通知相同。结尾部分写"致以崇高的敬礼"一类的祝颂语,亦可省略。

(4)署名。以主办单位名义发出的邀请函,署主办单位名称;以领导的名义邀请专家或知名人士,由领导亲署姓名以示郑重。

(5)成文日期。写明具体的年、月、日。

会议邀请函实例

20××生物技术及医药国际研讨会邀请函

尊敬的××先生(女士):

您好!

为及时了解国际生物科技领域的最新成果,推动我国生物医药技术的发展,××生物研究所与《生物学研究》社、《中国医学》杂志社决定联合举办20××生物技术及医药国际研讨会,特邀请您出席。现将有关事项告知如下:

一、会议宗旨

建立年度国际级生物技术前瞻研讨会平台,跟踪国际生物技术发展前沿,加强国际交流,促进中国生物技术产业化的发展。

二、主要议题

1. DNA 结构和生物学的革命

2. 进化与发育生物学的演变过程

3. 中国生物学研究的现状和展望

4. 生物医药学研究的现状

5. 生物技术发展的趋势

6. 生命科学研究的创新和实践

7. 中国生物技术产业的挑战

三、会议时间

20××年10月14—16日,会期3天。

四、会议地点

××市××路××号××宾馆。

五、有关事项

1. 与会者须提交论文。会议学术委员会将通过评审确定大会交流的论文。

2. 与会者的交通费、食宿费一律自理,另交会务费××××元人民币。

3. 论文和报名表务必于20××年9月20日前邮寄、传真或电子邮件发送到会议秘书处。

```
联 系 人：×××
联系地址：×××××××××××
邮    编：××××××
电    话：××××××
传    真：××××××
电子邮箱：××××××

附件：1. 20××生物技术及医药国际研讨会学术委员会名单
     2. 20××生物技术及医药国际研讨会日程安排
                     20××生物技术及医药国际研讨会秘书处
                                    ××年5月12日
```

(三) 表格式

表格式通知具有清晰明了的特点，用于机关、单位内部经常性的例会。

表格式会议通知实例

××公司总经理办公会议通知

日 期	星 期	时 间	地 点
20××/9/6	星期一	上午9:00—11:00	11楼第1会议室
主持人		总经理 王××	
出 席			列 席
张××	区××	朱××(销售部)	贾××(公关部)
王××	赵××	厉××(财务部)	
李××	钱××	齐××(保卫部)	
会议议程	1. ××××××××××××××× 2. ××××××××××××××× 3. ×××××××××××××××		

(四) 备忘录式

备忘录式通知内容简单，仅作为事务性或例行性会议的备忘和提醒。

备忘录式会议通知实例

会议通知

×××同志：

　　兹定于××月×日上午9：00—10：30在××会议室举行××××会议,请准时出席。

　　　　　　　　　　　　　　　　　　　　　　××公司办公室

　　　　　　　　　　　　　　　　　　　　　　20××年2月5日

(五)请柬式

请柬可以用市售的请柬填发,也可以专门拟稿打印。

(1)标题。一般仅写"请柬"二字,居中。重要的仪式性活动的请柬标题也可采用活动名称+请柬的格式,但活动名称前不能加"关于"二字。

(2)称呼。写法和要求与邀请函相同。请柬一般不写问候语。

(3)正文。写明活动目的、主办单位、内容、形式、时间、地点等。语气要恭敬、委婉、恳切,用词应当准确、儒雅。请柬中所提到的人名、国名、单位名称、节日和活动名称都应用全称。最后用"敬请光临"一类的恭候语结尾。恭候语也可另起一行,以示郑重。

(4)署名。以单位名义邀请的,署单位名称并盖单位公章以示郑重。以领导名义发出的,由领导签署以表诚意。

(5)成文日期。写明发出的日期或领导签署的日期。

(6)附注。如果要确切掌握出席情况,可在请柬下方注上"请答复"字样,涉外请柬用法文缩写"R.S.V.P."。附注也可说明桌次、从几号门进入等事项。

请柬实例

请　柬

尊敬的李志明先生：

　　为欢迎参加第三届××国际茶叶博览会的各国朋友,谨订于二〇××年五月八日(星期三)下午七时正假李园大酒店(××路××号)举行欢迎酒会。

　　敬请

光临

　　　　　　　　　　　　　　　　　　　　　　组委会主任赵伟康谨启

　　　　　　　　　　　　　　　　　　　　　　二〇〇五年五月三日

(请答复,电话：65643478)

四、回执和报名表

(一)回执和报名表的作用

(1)预计参加会议的人数。寄回回执和报名表的对象一般具有参加会议的意向,会务工作机构可以此为依据预计会议规模,准备会议的场馆。

(2)收集和反馈与会者的基本信息和要求,以便安排好会议的接待工作。

(3)根据回执和报名表提供的信息确定与会资格。

(4)确认对方收到会议通知。法定性会议为了切实保证会议通知发到每一位与会者手中,要求对方在收到通知后在回执上签字并寄回,相当于履行签收的手续。

(二)回执和报名表的区别

回执和报名表都具有收集或反馈通知和邀请对象信息的作用,而且都作为附件同通知、邀请函等一起发出,它们之间的区别在于:回执发送的对象具有参会资格,填写寄回回执不仅可以反馈通知和邀请对象的信息,还具有确认对方收到通知的作用。报名表发送对象的参会资格事先并不确定,需要履行报名审批的手续才能确定。因此如果发送对象具有既定的参会资格,就只能发送回执,不能发送报名表。如果受邀对象可以自由决定参会与否,则既可以附寄回执,也可以附寄报名表。按规定必须通过报名、申请程序来确定参会资格的会议,应当随寄报名表。

(三)回执和报名表的基本内容

(1)参会对象的基本情况。以个人名义参会的,填写个人姓名、性别、年龄、服务单位、所任职务、职称、民族,必要时可要求随寄个人简历。以单位名义参会的,必须写清单位的法定名称、参加人员名单(包括参加人员的基本情况)。

(2)抵离情况。需要接机、接站的,可要求填写抵达的时间和交通工具。需要预订回程票的,应写明预订回程票的具体要求。

(3)论文选题。学术性会议可要求填写论文或研究报告的题目,以便会议学术机构掌握。

(4)联系方式。填写参会人员的工作单位地址、电话、传真、手机、电子邮箱等信息。

(5)其他事项,如会议费用的缴付方式、住宿和观光要求等。

(四)回执和报名表的格式

回执和报名表一般采用表格形式,大致包括标题、正文、具名、盖章和日期几部分。

会议通知回执实例

××××学术研讨会回执

姓　　名		性　　别		年　　龄	
民　　族		职　　务		职　　称	
工作单位				联系电话	
通讯地址				邮政编码	
回程票预定	（请写明回程票的时间、班次、到站和具体要求）					
备　　注						
				公　　章： 填表日期：　　年　月　日			

五、制发会议通知的注意事项

（1）重要会议的通知当面送达与会者时，应请对方签收。其他人代为签收的，通知人事后要追踪落实，确保通知到人。

（2）邮寄通知和封信封时，要检查信封上的收信人或单位与通知上的对象是否相符，不能"张冠李戴"。

（3）无论是口头通知还是书面通知，都要仔细核对通知的名单，避免遗漏和重复通知。

（4）把握好会议通知的提前量，以便与会者安排时间，做好准备。对于重要会议，在会议召开前再用电话、短信、微信提醒。

六、制作会议证件

（一）会议证件的作用

会议证件是会议期间供与会人员、会务工作人员、记者以及其他相关人员佩戴、出示和使用的书面凭证，具有便于安全管理、统计人数、接待服务、交流联系、工作监督、收藏纪念的作用。

（二）会议证件的基本内容和印制要求

（1）会议名称。证件上的会议名称必须写全称。人大、党代会、职代会等法定性会议通常使用比较严谨的字体，如黑体、仿标宋体等。其他会议活动可以使用具有艺术性的字体，如楷体、魏体。

(2) 举行时间。会议的起始和结束日期一般置于会议名称下方居中。

(3) 举行地点。会议的举办城市名称一般置于会议时间下方居中

(4) 会徽。会议如有会徽,可将其印在证件上。

(5) 姓名。写上持证人的姓名。

(6) 照片。为了便于安全检查和相互结识,应当印有持证人正面、半身、免冠照。

(7) 证件类别。用较大的字号醒目标识"出席证""列席证""工作证""记者证"等不同资格。

(8) 所在代表团或工作单位名称。国际会议写明国别或国际组织名称。

(9) 证件编号。为便于登记、查找和管理,证件应统一编号。

(10) 持证须知。为了加强证件管理,可以对持证人提出一些要求注意的事项,一般印在证件的背面。

以上项目可根据会议性质和证件管理的需要确定。

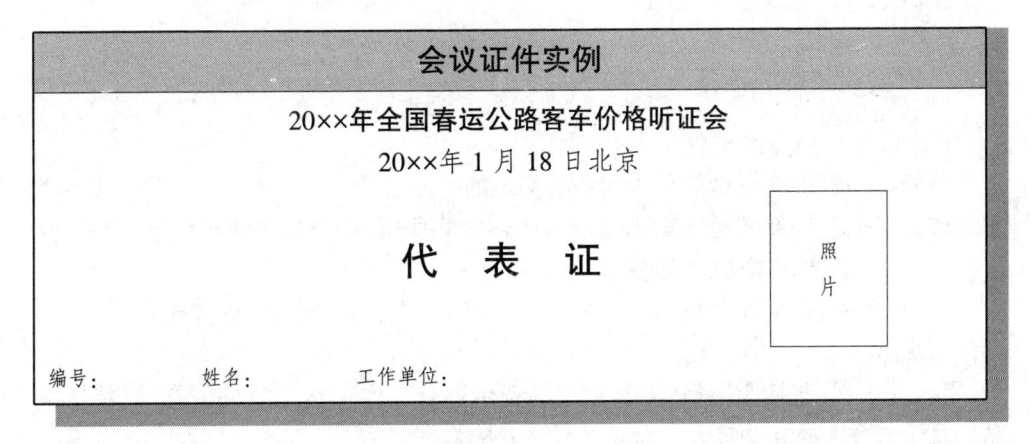

会议证件实例

20××年全国春运公路客车价格听证会

20××年1月18日北京

代　表　证

照片

编号：　　姓名：　　工作单位：

第十节　准备会议用品和筹集预算经费

一、准备会议用品

(一)会议用品的种类

(1) 常用文具,如笔、墨、纸、簿册等。

(2) 印刷设备,如打字机、打印机、扫描仪、复印机等。

(3) 会场环境装饰用品,如花卉、旗帜、会标、会徽、画像、标语口号等。

(4) 交通工具,如轿车、大巴士等接送与会者的车辆。

(5) 生活卫生用品,如茶水、茶杯、毛巾以及其他食宿用品。

(6) 专门用品,如颁奖会的奖品与证书、选举会的选票、投票箱,开幕式剪彩时用

的彩球和剪刀等。

(二)会议用品准备的原则

1. 计划周密

会前应制订会议所需用品的详细计划,考虑一定要周密,避免遗漏造成被动。计划应报请领导审定,一般应当写明:

(1)用品清单,包括名称、型号、数量。

(2)用品的来源,如租借、调用、采购等。

(3)所需费用。

2. 提前准备

会议用品应当在会前准备妥当,安放到位,以备急需之用。

二、预算和筹集会议经费

(一)会议经费的预算

1. 会议经费预算的构成

(1)场地费,即会议期间租用的各类场地的费用。

(2)装饰费,即布置会场内部以及周边环境的费用,如制作或购买会标、会徽、吉祥物、花卉、彩旗等装饰物的费用。

(3)设备费,包括购买或租借印刷设备、视听设备、通信设备、计算机设备、运输设备的费用。

(4)人工费,包括邀请报告人、专家的费用以及工作人员工资外的补贴、特殊情况下发给与会者的补贴等。

(5)交通食宿费,包括由组织者承担的与会者和工作人员的交通和食宿费,会议期间的茶水、毛巾及相关服务费用。

(6)文具资料费,即制作各类文件、证件、指示标牌、宣传手册、签到簿以及购买会议中易耗文具用品等费用。

(7)公关宣传费,即因会议公关和宣传需要而支出的费用,如广告、礼品、新闻发布会等费用。

(8)考察观光娱乐费。有些会议活动还安排考察观光娱乐活动,这部分费用可视情况由与会者自理或分担。

(9)其他费用,指事先无法预计的临时性支出。

2. 会议经费预算的原则

(1)总量控制。会议经费所有的支出都应当控制在适度范围之内,不得突破总量。

(2)确保重点。在实行总量控制的前提下,要确保重点,让有限的经费确实用在刀刃上。

（3）精打细算。对会议的每一项支出都要严格审核，能减则减，能省则省。

（4）留有余地。由于会议活动的过程会产生一些事先无法预料的情况，需要临时支出一些经费，因此，在预算时要适当留有余地。

(二)会议经费的筹集

1. 行政经费划拨

党政机关和企事业单位召开的工作会议可以从日常行政经费中开支，或者争取财政支持。

2. 主办者分担

由几个单位共同主办会议时可通过协商分担经费。举办营利性会议，联合主办的各方可通过协商确定出资比例。

3. 与会者承担

与会者承担费用有以下方式：

（1）与会者自理交通费、食宿费等个人发生的所有费用。

（2）与会者承担部分个人发生的费用，其余部分由主办方补贴。

（3）向与会者收取会务费、注册费、报名费、讲座费、入场费等。

4. 社会赞助

通过有效的会议公关，可从企业、社会团体及个人获得赞助资金或物资。

5. 转让无形资产使用权

无形资产是指特定主体所控制的、不具有实物形态、能长期发挥作用且能带来经济利益的资源。一些大型的会议活动由于意义重大、影响深远、知名度高，具有多种无形资产。充分有效地开发和利用会议本身的无形资产，使其转化为合法的有偿转让行为，不仅可以使商家因获得这种无形资产而受益，还可以为会议活动筹得可观的资金，实现"以会养会"的目的，甚至还可以带来丰厚的经济利益。

第十一节　准备会议文书

一、会议文书的含义、作用和种类

(一)会议文书的含义和作用

会议文书是会议管理和会议交流过程中形成并使用的书面文字材料的总称。会议文书的作用从根本上说是记载会议信息，此外还具有实施对会议的领导和管理、保障会议服务、促进交流与沟通、体现会议的过程和成果、提供查考和利用的作用。

(二)会议文书的种类

(1)会议管理类,具体包括:上级对召开会议的各种指导性文书;会议中必须遵循执行的议事规则、会议议程、会议日程、选举办法、表决程序等程序性文书;为会议提供服务的预案、通知、通讯录、签到簿、报到登记表、文件清退表等。

(2)会议成果类,即会议审议通过或协商达成的各种报告、议案、决定、决议、公报、纪要、合同、协议书、联合声明等。

(3)过程记录类,如各种会议、会谈、会见的记录。

(4)交流参考类,如会上所做的各种报告、演讲、发言、致辞、论文交流的文本等,发给与会者做参考的统计材料、调查报告、说明和其他背景性材料。

(5)会议宣传类,如会议简报、会议消息等。成果类文书也可对外发布宣传。

二、会议文件的印制与分发

(一)编号

对于会议中分发的涉密或需要清退的文件,应当编制印制顺序号,以便于登记、核对。

(二)确定印刷份数

确定印刷份数时要考虑下列因素:
(1)与会参展单位数或总人数。
(2)参加对象的身份。参加对象的身份不同,发给的文件种类很有可能也不同。
(3)留用数和存档数。
(4)机动数。

(三)登记

对每一份发出的会议文件要做好登记工作,以利于文件的管理、查找、清退、统计和催办。

(四)分发

需要在会上审议、表决的文件应尽可能在会前发出。现场分发文件要事先做下列准备:

(1)按人头分装,会议人数较少时,文件袋上写上与会者姓名。
(2)重要会议上分发的文件的文件袋上要注明"××××会议文件"等字样。规定会后清退的,应注明"会后清退"字样。必要时打印一份"文件清退目录"放入文件袋。

(3) 如果与会者按身份和资格领取不同的文件,则文件袋上要有明显的特征,或以颜色、以文字加以区别,以免搞错。

(4) 准备好堆放文件的场地以及签收时使用的桌椅、笔墨、登记簿(表)等。

(5) 到会人数较集中时,应分设几个摊点同时分发文件。每个摊点应树有明显标志,并配备足够的工作人员,以免分发文件速度缓慢而造成与会者长时间等候,影响会议活动的准时举行。

第十二节　布置会场

一、会场整体座位格局

(一) 会场整体座位格局的类型

(1) 上下相对式。这种座位格局的主要特征是主席台和代表席采取上下面对面的形式,从而突出了主席台的地位。由于专门设立了主席台,整个会场气氛就显得比较严肃和庄重,适合召开大中型的报告会、总结表彰会、代表大会等(如图4-2、图4-3所示)。

(2) 全围式。这种座位格局的主要特征是不设专门的主席台,会议的领导和主持人同其他与会者围坐在一起,这样容易形成融洽与合作的气氛,体现平等和相互尊重的精神,有助于与会者之间相互熟悉、了解和不拘形式地发言,使与会者畅所欲言,充分交流思想、沟通情况,适用于召开小型会议以及座谈性、协商性等类型的会议(如图4-4至图4-9所示)。

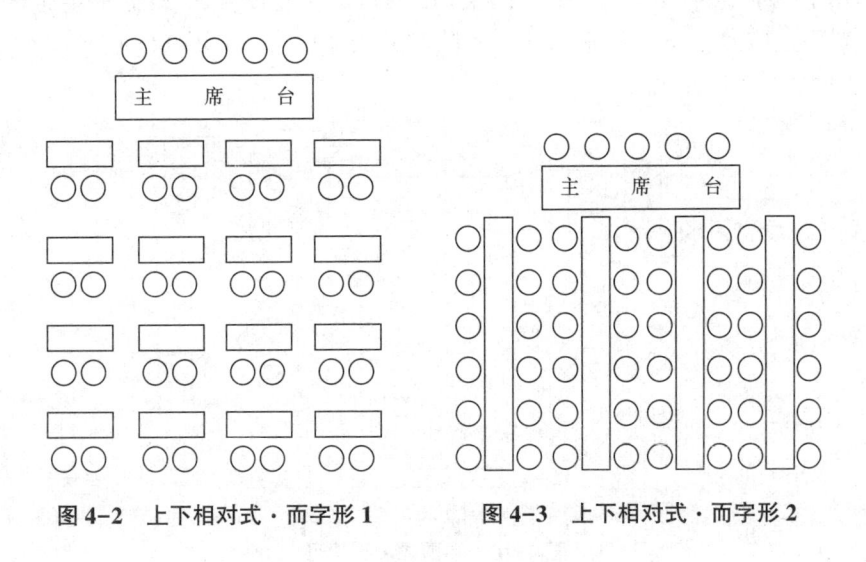

图4-2　上下相对式·而字形1　　图4-3　上下相对式·而字形2

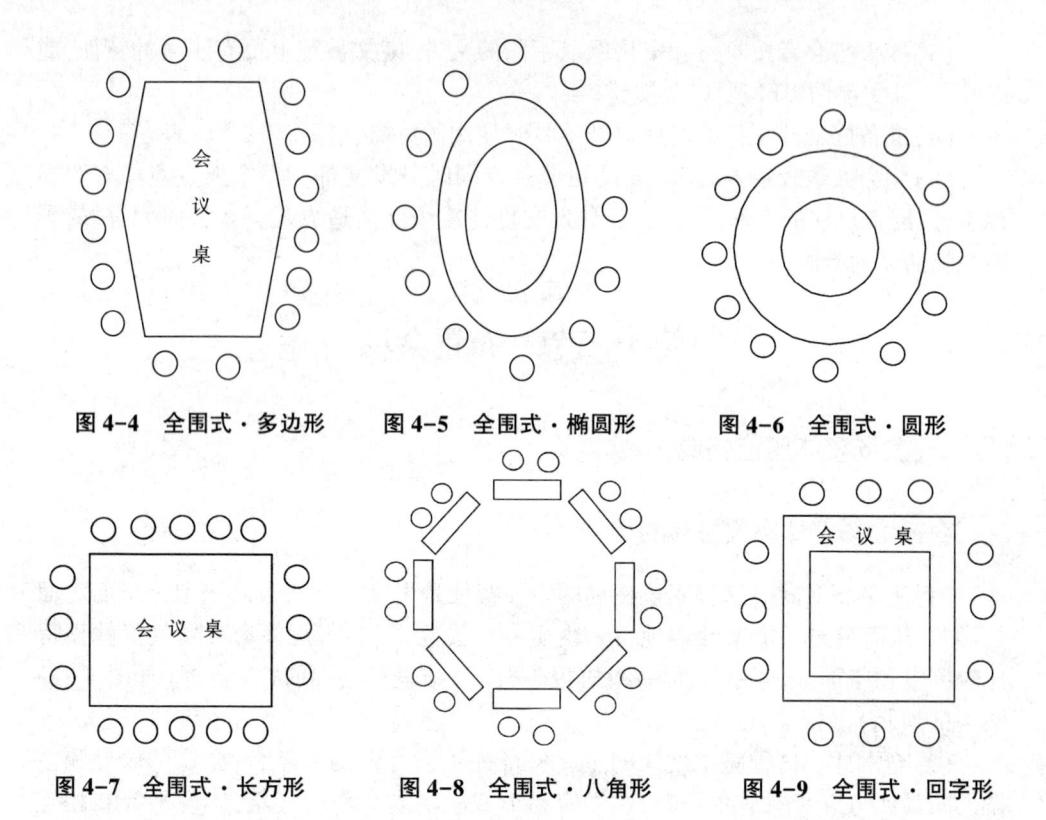

图 4-4　全围式·多边形　　　图 4-5　全围式·椭圆形　　　图 4-6　全围式·圆形

图 4-7　全围式·长方形　　　图 4-8　全围式·八角形　　　图 4-9　全围式·回字形

(3)半围式。这种座位格局介于上下相对式和全围式之间，即在主席台的正面和两侧安排代表席，形成半围的形状，既突出了主席台的地位，又增加了融洽的气氛，适用于中小型的工作会议等。半围式中的桥形格局较特殊，桥面是主席台或评委席，对面是质询、述职、考评、听证、面试对象的座位，给对象的心理压力较大（如图 4-10 至图 4-13 所示）。

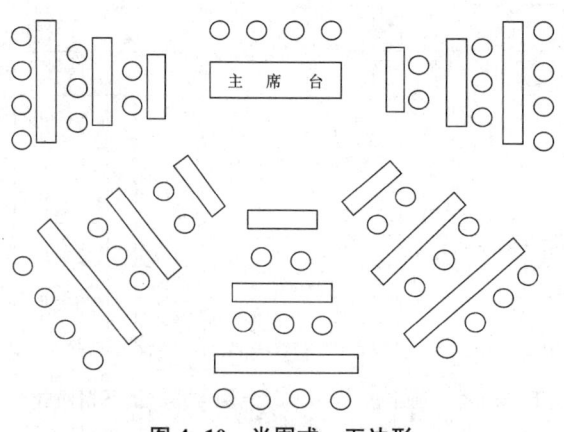

图 4-10　半围式·五边形

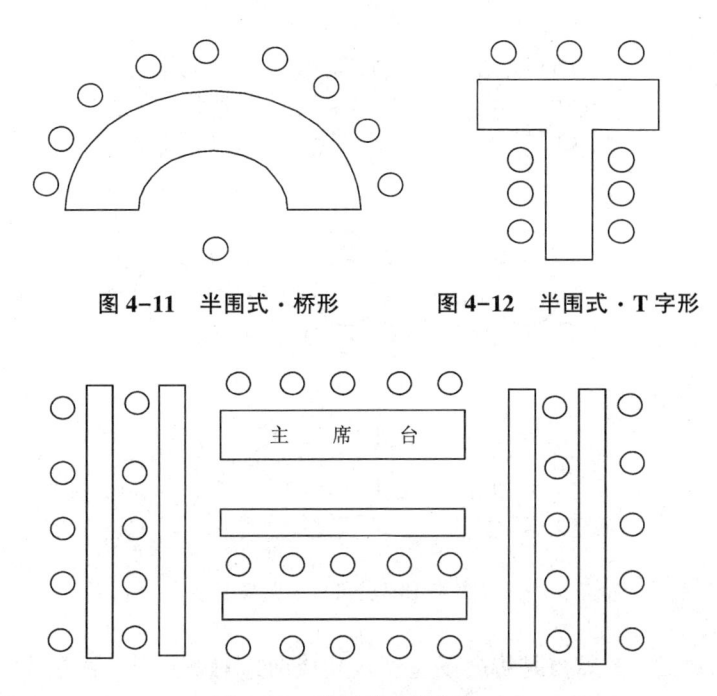

图 4-11　半围式·桥形　　图 4-12　半围式·T 字形

图 4-13　半围式·出字形

（4）分散式。这是将会场座位分解成由若干个会议桌组成的格局，每一个会议桌形成一个谈话交流中心，与会者根据一定的规则安排就座，其中领导和会议主席就座的桌席被称为"主桌"。这种座位格局既在一定程度上突出主桌的地位和作用，又给与会者提供了多个谈话、交流的中心，使会议气氛更为轻松、和谐。分散式格局适用于召开规模较大联欢会、茶话会、团拜会等（如图 4-14、图 4-15 所示）。

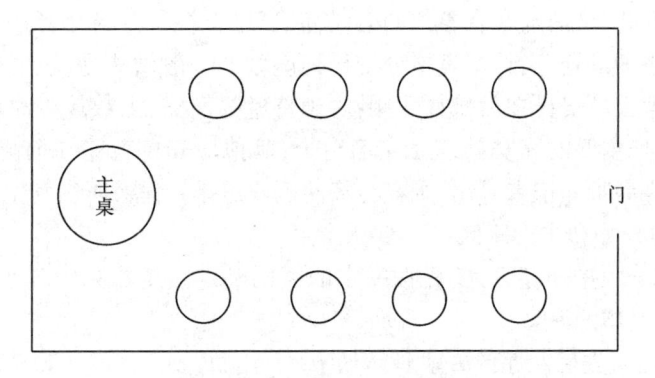

图 4-14　分散式·V 字形

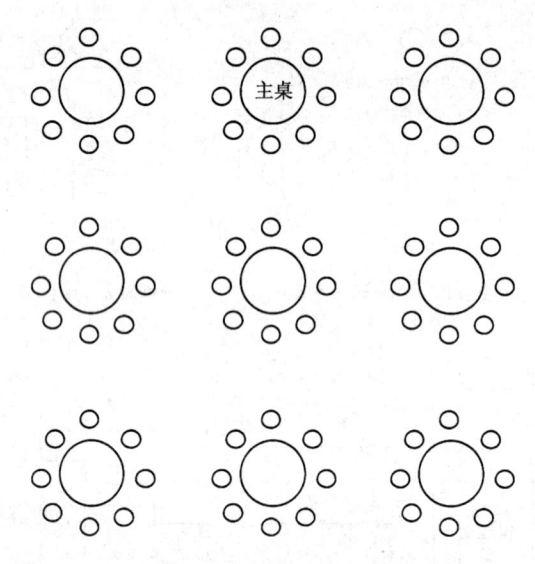

图 4-15　分散式·圆桌形

(5)对等式。其特点是将会场座位排列成两边对等形状,主要用于举行双边会议、会见和会谈,详见第七章"接待工作"。

(二)会场座区划分与排列

所谓座区,是指按会场内一定规则划分和排列的座位区域。举办规模较大、人数较多、代表资格不同,或者以团组、单位的名义参加的会议,往往需要将会场中的座席划分为若干个区域,让与会者按代表团、小组、单位以及代表性质分区集中就座。

1. 按与会者的资格划分和排列座区

举办有不同资格的与会者参加的会议,应当首先将所有与会者按特邀、正式、列席、旁听的资格加以划分,再按资格分别排列座区。一般做法是:正式代表的座区在前或居中;列席人员安排在后排或两侧;对于特邀的嘉宾,人数较少时就座于主席台上,人数较多时,主要的嘉宾就座于主席台上,其他应安排就座在前排,以表示尊重和欢迎;如允许旁听和记者采访,则在会场两侧或后排专设旁听席和记者席。

2. 按团组划分和排列座区

按团组划分和排列座区,要先按一定的原则确定团组排列的先后次序,再按一定的方法确定具体的座区。

(1)确定团组先后次序的方法具体如下:

①全国性会议各代表团的先后次序依据中华人民共和国行政区划规定的顺序排列。

②按代表团、小组、单位名称的笔画确定,首字笔画数相同的,根据汉字部首的

先后顺序;首字相同的,根据第二字的笔画数确定,余类推。

③按代表团、小组、单位名称的汉语拼音的字母顺序来确定,第一个字母相同的,根据第二个字母确定,余类推。

④国际性会议则按国际礼宾次序排列,详见第七章"接待工作"。

(2)安排团组座区的方法具体如下:

①横向排列法,即把每个代表团、小组、单位的座席从前向后排成纵向的一列,按组别顺序以代表座席的朝向为准,从左到右依次横向排列(见图4-16)。

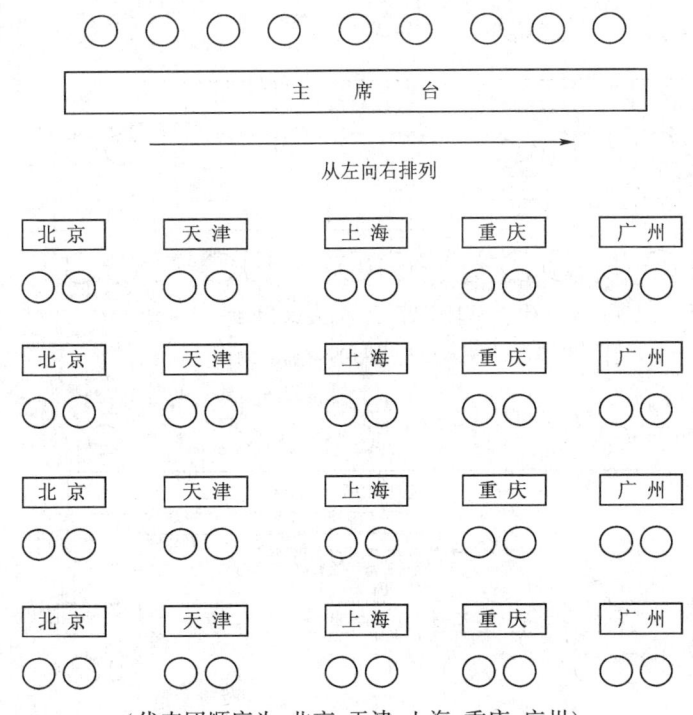

(代表团顺序为:北京、天津、上海、重庆、广州)

图4-16　横向排列法示例

②纵向排列法,即把每个代表团、小组、单位的座席排成横向的一行,再按团组顺序从前向后依次纵向排列(见图4-17)。

③左右排列法,即把代表团、小组、单位的座席安排成纵向的一列,以会场的中心线为基点,将顺序在前的排在中间位置,然后先左后右向两侧横向交错扩展排列其他团组(见图4-18)。

④纵横排列法。当会议规模和会场较大、团组数量和会议人数较多时,如单纯按上述三种方法排列,可能会出现一个团组的代表座位排得过于横宽或狭长,以至于相互联系和统计人数很不方便。这时可先将会场从前向后和从左到右分成若干个大的矩形座区,再按团组顺序先横后纵或先纵后横依次排列,使每个团组的座区相对集中(见图4-19)。

(代表团顺序为：北京、天津、上海、重庆)

图 4-17　纵向排列法示例

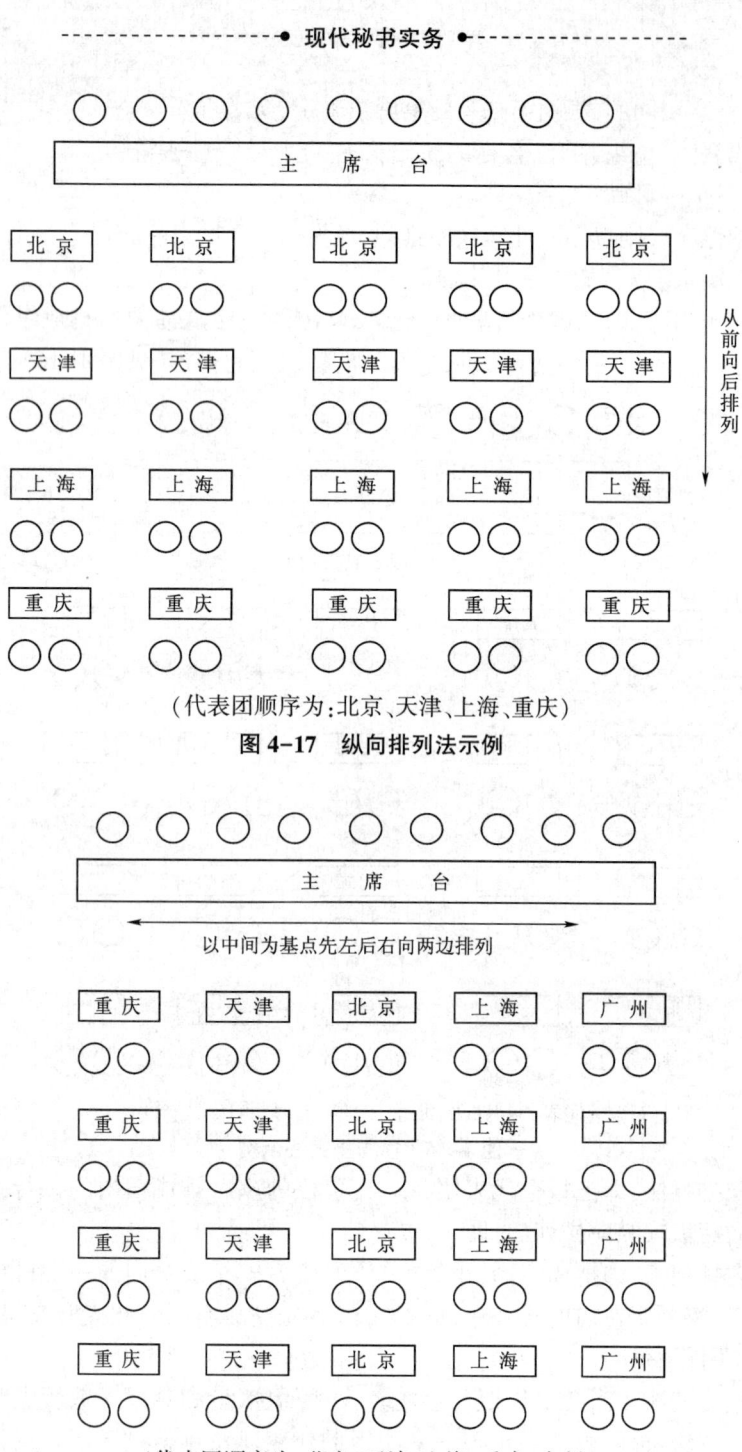

以中间为基点先左后右向两边排列

(代表团顺序为：北京、天津、上海、重庆、广州)

图 4-18　左右排列法示例

先划分若干矩阵座区，再按先横后纵、左右展开的方法排列

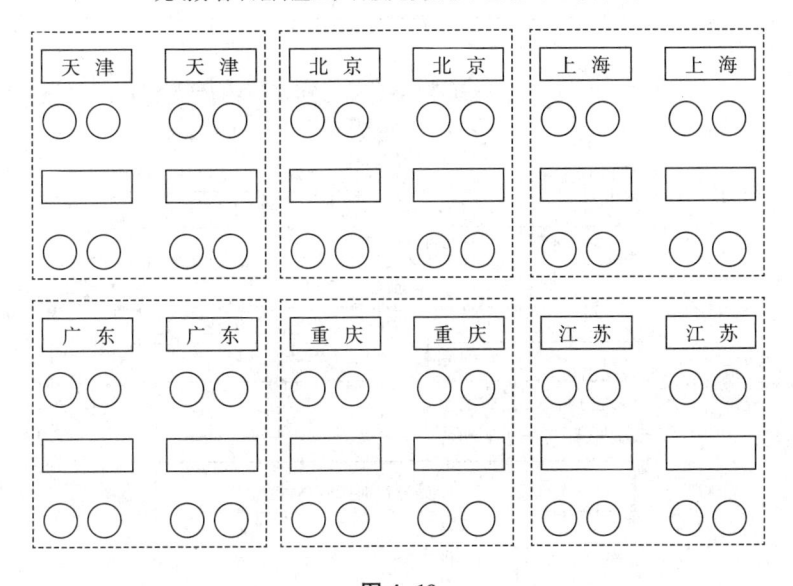

图 4-19

注：（代表团顺序为：北京、天津、上海、重庆、广东、江苏）

二、主席台座位格局和座次安排

(一)主席台座位格局

主席台座位一般采用横向的单排或者多排格局。多排时前排必须通栏，后排可分栏，中间留出通道。每排之间要空开适当的距离，便于领导入席与退席。如设讲台，一般设在右侧(以主席台的朝向为准)。如设在中央，位置应低于主席台，以免报告人挡住主席台上领导的视线。一些特殊的会议(如辩论会、联合记者招待会等)可不设主席台，只设两个讲台。会议活动如穿插揭幕仪式(如揭碑、揭牌、揭像等)，可在主席台的左侧设揭幕架，与讲台左右对称。

主席台座位格局示例见图 4-20、图 4-21。

学术报告会的主席台也可在讲台的左边，只放几张椅子或沙发，供报告嘉宾就座(如图 4-22 所示)。

图 4-20　横式·通栏形(讲台在右侧,揭幕架在左侧)

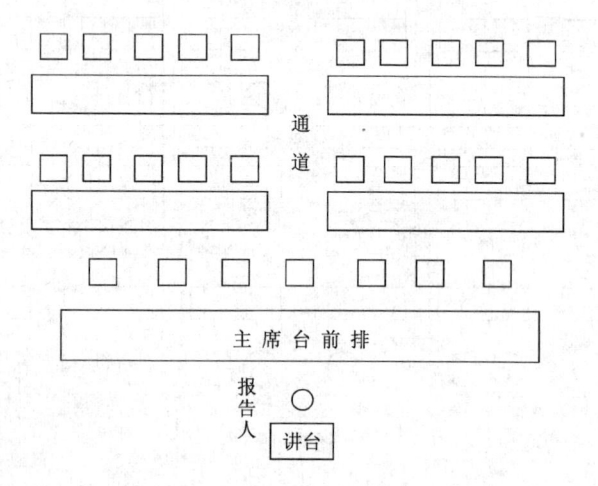

图 4-21　横式·分栏形

图 4-22　学术报告会的主席台座位格局

(二)主席台座次安排

1. 确定主席台与会者的名单顺序

座次是根据与会者的排序安排的,因此安排主席台座次先要确定主席台与会者的名单顺序,常用的方法有:

(1)按与会者职务高低排列。

(2)按与会者姓氏笔画排列。

(3)按上级批复或任命通知中的名单次序排列。

(4)各单位派代表参加时,可按所代表的单位的名称笔画排列。如参加会议代表的职务高低不同,也可先按职务高低排列,再按单位名称笔画排列。

(5)国际性会议则按国际礼宾次序排列,详见第七章"接待工作"。

2. 安排主席台座次的方法

国内会议主席台座次安排的通常方法是:1号领导或身份最高的来宾就座于主席台前排中央;其他领导或来宾按身份高低,以主席台的朝向为准,按先左后右、一左一右的顺序排列;如就座人数为偶数,排序前两位领导共同居中,按惯例1号居右,2号居左,余类推。主持人按其身份排序安排座次。

主席台座次示例见图4-23和图4-24。

```
5  3  1  2  4
    主  席  台
```

(主席台领导为单数,序号表示领导身份的高低)

图4-23　主席台座次示例1

```
5  3  1  2  4  6
     主  席  台
```

(主席台领导为双数,序号表示领导身份的高低)

图4-24　主席台座次示例2

以上方法同样适用于主席台下各个团组内部与会者名单顺序的确定和座次的排列。

三、会场环境布置

会场环境布置是指根据会议性质和目标,综合运用文字、图案、色彩、造型、光线、音响、花卉等要素营造会场气氛的手段。

(一)会标

会标是会场主席台上揭示会议名称和主要信息、以文字为主的标志。会标制作和悬挂必须做到:

(1)揭示会议的基本信息。会标的主要功能在于通过会议名称和附加文字直接揭示会议的主题、性质、主办者、时间、地点等基本信息,便于与会者识别和宣传报道。国际性会议的会标可以用中文和外文同时书写,也可以用会议规定的官方文字单独书写。

(2)格调与主题相一致。会标的格调受色彩、字体、构图、材质等因素综合影响。会议的性质和主题决定会议的会标格调,如代表大会的会标格调应当庄重,联欢会的会标格调应当活泼。

(3)具有视觉冲击力。会标的制作形式和摆放的位置应当醒目,有时也可以辅以背景性图案,使其具有较强的视觉冲击力,从而给人以深刻的印象。室内会议的会标既可用横幅的形式悬挂于主席台上方的沿口,也可用计算机制作并投射于舞台天幕或者大屏幕上。室外活动可用大型布景板布置。

会标示例见图4-25。

图 4-25 会标示例

(二)会徽

会徽即体现或象征会议精神的图案性标志,又称会议徽志(logo),是系列性和永久性会议组织所独有的一套识别标志。会标与会徽是两个不同的概念:会标属于某次特定会议的标志,同一系列不同届次会议的会标可以有所区别,而且只用于会场内的环境布置;会徽属于形象性和品牌徽志,具有无形资产的性质,可以用作宣传和开发。会徽既可以与会标分开布置,也可以显示在会标中,作为会标的一个组成元素。会徽一般有两种来源:一种是以本组织的徽志作为会徽,如党徽、国徽、团徽、警徽、司徽等。另一种是向社会公开征集,选择最能体现或象征会议精神的图案作为会徽。会徽的设计要求是:

(1)体现会议活动的宗旨。

(2)适合各种场合和长期固定使用。

(3)会徽图案新颖独特,寓意深刻,色彩明快,易于识别,引人注目,具有时代感。

(4)便于对其进行平面图像或立体表现形式的复制,便于相关载体的生产、加工,便于对其进行开发或采取保护措施。

(三)标语

会议标语是指围绕会议目标和主题,用简短文字写出、醒目张贴或悬挂的具有宣传和礼仪作用的口号。会议标语是一种书面符号系统,能够起到诠释会议主题和理念、渲染会议气氛、激发与会者热情的作用。

标语是为宣传会议主题服务的,制作时一定要切合主题,既要有鼓动性和号召力,也要亲切自然,使人易于接受。文字要简洁,力求工整。悬挂时注意:一是悬挂的数量要适当,太多的标语达不到好的宣传效果,反而会使人感到压抑和厌烦;二是悬挂的位置要适当,主席台一般不悬挂标语,以免减弱会标的效果;三是根据会议的性质确定悬挂的材质和方式,有的必须庄重肃穆,有的则可以新颖别致,如横幅、直幅、广告牌、气球吊挂等。

(四)人物画像

会议现场悬挂人物画像可以烘托会议的主题和气氛。会议的画像主要有两类:一类是领袖人物,如国家领导人、组织创始人;另一类是纪念或追悼的对象。画像一般悬挂在天幕中央,也可和会标一起设计。悬挂人物画像要注意两点:一是确有必要,二是合法合规。

(五)旗帜

会场中悬挂的旗帜有以下几种:

(1)国旗。重要会议的会场升挂国旗,有的还要举行升国旗仪式。重要的国际会议应当同时升挂与会国国旗,详见第七章第七节。

(2)会旗或司旗。法定组织举行会议时可悬挂本组织的会旗或司旗。

(3)红旗。气氛庄严的会议,如党代表大会、人民代表大会等,在主席台上以红旗衬托会徽。

(4)彩旗。彩旗有两种:一种是用各种单纯颜色的旗帜组成彩旗,另一种是印有会议的吉祥物、会徽、口号等会议活动标记的彩旗。庆祝性、表彰性的会议可在主席台及会场内外升挂彩旗,以增加会议隆重、热烈、喜庆的气氛。

(六)模型标志

模型标志是一种矗立在会场内或会场周围、象征会议精神、表达深刻寓意、具有较强的视觉冲击力的造型。例如,2007年联合国气候变化大会在印度尼西亚巴厘岛举行。大会会场前,一支6.7米高的温度计模型巍然耸立,温度计模型上分别标着

1~5℃。模型插在一个画着燃烧图案的彩色立体地球模型上,"火苗"已经超过黄色的大写的2℃,并正向3℃逼近。根据科学家的说法,如果气温上升2或3℃,那么,地球将发生不可逆转的破坏性变化,这意味着最好将地球温度变化控制在2℃以下。这一模型寓意深刻,有力地烘托了会议的主题,是会议模型标志的成功典范(见图4-26)。

图4-26　2007年联合国气候变化大会温度计模型

(七)花饰

会场内外适当布置鲜花,能衬托会议主题,烘托会议的气氛,给人一种清新、活泼的感觉,并能减轻与会者长时间开会的疲劳。布置花饰要注意以下几个问题:

(1)花卉的品种与颜色要符合会议的整体格调。举办气氛热烈的庆祝会,以红、黄等颜色较为浓烈的花为主,如圣诞红、月季、玫瑰等;举办庄重严肃的会议,应当以常青观叶类花卉为主,如君子兰、棕榈、万年青等;举办座谈会等气氛比较轻松的会议,可摆放月季、扶桑一类观赏性花卉和米兰、白玉兰、茉莉等赏香型花卉,以增加和谐融洽的气氛。

(2)花饰的形式。花饰的形式有花篮、花环、盆花等。花篮主要表达庆贺的意思,用于开幕、开张等仪式。花环主要表达欢迎的意思,用于欢迎大会。盆花主要起点缀作用,各种会议均可使用。

(3)花饰的位置。花饰的位置包括主席台台口、讲台、会议桌、会场入口处。大型会议的主席台台口、会场入口处是花饰布置的两个重点区域。

(八)灯光

灯光的强弱、明暗及颜色会给会场带来不同的视觉效果。灯光布置要注意以下几个问题:

(1)一般性会议宜使用白炽灯或日光灯作为会场的照明光源。而喜庆色彩较为浓烈的会议或者以晚会形式举行的颁奖仪式等可适当使用彩色灯光。

(2)主席台是会场的中心区域,其照射光线的亮度应当比主席台下稍强些,以利于集中与会者的视线,突出主席台的地位。

(3)投射在主席台后面天幕上的光线不能太亮,否则会使主席台处于逆光的效果,造成主席台上领导正面形象的灰暗,也容易造成主席台下与会人员的视觉疲劳。

(4)一般不要开启低角度的光源,因为低角度的光源会扭曲和夸张人物的形象。

(九)会场的整体色彩与色调

不同的色彩与色调能对人产生不同的心理感受。比如,红、橙、黄等颜色给人以热烈、辉煌、兴奋的感觉。青、绿、蓝等颜色给人以清爽、娴静的感觉。因此,举办时间较长的会议,会场可用绿色、蓝色的窗帘,布置绿、蓝色的花草、树木等,以消除与会者的疲劳。举办代表大会、表彰庆祝大会,会场的色调布置要鲜亮、醒目一些,以显示热烈、庄严、喜庆的气氛。例如,可在主席台摆一些五彩缤纷的鲜花,两侧顺列鲜艳的红旗,周围悬挂一些红底黄字的标语等。

四、会场设施保障

(一)会场基本设施种类

(1)家具类,如桌椅、沙发等。
(2)电器类,如照明系统、通风系统、空调系统等。
(3)消防类,如安全通道、消防设施等。
(4)视听类,如扩音机、投影仪、电子屏、黑(白)板、摄像机、电视机、录音机、同声翻译系统等。
(5)通信类,如传真机、电话机、计算机以及相应的通信网络设施。

(二)会场设施保障要求

(1)专人负责。会场设施的准备、安装、调试和使用是一项重要性和技术性都很强的工作,一定要落实专人,在整个会议期间全程负责此项工作。

(2)准备充分。所有必需的会场设施一定要在会前安放、安装、调试到位,并严格检查,确保正常使用。

五、会场指示标牌设置

(一)会场指示标牌的种类

(1)座位号。设置排号和座位号,便于与会者对号入座。

(2)座区指示牌。如按团组或者与会者资格划分座区,应设置座区指示牌,写明团组名称或与会者资格身份的类型,置于该座区首座的前方或两侧,或制成台式标志,放置在该座区首座的桌上。与会者资格身份可按首长席、正式代表、列席人员、来宾席、旁听席、记者席分别标写。

(3)席卡,即每个与会者桌上放置的写有姓名的标签,也可称为名签、坐签。席卡通常两面书写姓名,必要时也可写明单位名称和职务,一面朝外,另一面朝向与会者自己,这样既便于与会者找到自己的位置,又方便相互辨认、结识。国际性会议的席卡也可以用中、外文两种文字书写国名或组织的名称。

(4)桌号指示牌。大型宴会、联欢会等采用分散式座位格局的会场,由于桌席较多,要放置桌号指示牌,也可以同时写明就座于该桌的与会者姓名。

(5)方位指示牌。为方便与会者,可在会场门口和场内悬挂或放置方位指示牌,指明各座区、出口以及洗手间的方位。

(6)座次图。用图表形式标明全场座区、桌号和主席台的座位分布,使每位与会者心中有数。全场座次图也可张贴或悬挂于会场入口处,主席台的座次图则悬挂在休息室。

(7)应急指示牌。这包括在紧急情况下指示如何逃生、避险、消防、救护的各种标牌。

(二)会场指示标牌的设置要求

(1)符合礼仪。座位号指示牌、席卡、桌号指示牌等标牌是会场座位格局以及领导、嘉宾座次高低的体现,布置时要符合座位格局设计的意图和座次礼仪。

(2)准确细致。会场指示标牌的书写和布置要非常认真细致,不能出现文字和图案错误,也不能出现放置错误。临开会前,应当将布置好的指示标牌再仔细检查核对一遍,确保万无一失。

(3)标示醒目。会场指示标牌的制作形式、大小、颜色、字体字号以及放置的位置一定要突出醒目,便于寻找和识别。

第十三节 制订会议预案

一、会议预案的含义、作用和种类

(一)会议预案的含义和作用

会议预案是有关会议活动的筹划、组织工作及其安排的各种书面文件的总称,又称会议策划方案。其作用是:

(1)决策依据。会议预案属于会议决策的备择方案,它通过科学预测、理性分析和周密计划,为会议的主办者或者领导机构提供决策依据。

(2)指导执行。会议预案一旦经会议主办者或者领导机构确认采纳,就转化为实施方案,具有指导性和指令性,会务工作部门应当贯彻执行。

(二)会议预案的种类

(1)整体预案。整体预案是对一次会议活动的全面计划安排,有时需要专项方案配套。

(2)专项预案。专项预案即针对会议活动的某一方面制定的工作预案,如接待方案、广告招商方案、会场布置方案以及各种应急预案等。

二、会议预案的内容和格式

(一)会议预案的内容

(1)会议的目标、指导思想和会议名称。
(2)会议的主办者、承办者及其组织机构。
(3)会议的主题、议题和议程。
(4)出席对象的范围、规格、资格、规模,准备邀请的有关领导、贵宾的名单。
(5)会议的起讫时间、报到时间、日程安排。
(6)举办地和场馆的选择、具体地址、规格及布置要求。
(7)会议的举办形式、技术手段、配套活动。
(8)会议的现场管理、后勤保障和食宿安排。
(9)会议的公关和宣传。
(10)会议经费的预算以及筹集经费的渠道和方式。
(11)其他应当说明的事项。

以上内容可根据会议活动的实际情况和需要确定其详略程度。

(二)会议预案的格式

(1)标题。标题应当写明会议活动的全称+预案(策划方案)。

(2)正文。正文部分用序号加小标题的方式逐项载明预案的具体内容。如有附件,要写明附件的名称。

(3)署名。署拟制预案的部门名称。

(4)成文日期。要写明具体的年、月、日。

会议预案实例

××市20××年教育工作会议筹备方案

一、会议指导思想和目标

以习近平新时代中国特色社会主义思想为指导,认真学习习近平总书记关于教育问题的重要讲话,贯彻落实全国教育工作会议精神,总结、分析本市教育改革和发展的成果、经验和问题,理清思路,确定20××年本市教育工作的目标和重点,并征求对《20××—20××年××市教育发展五年规划(草案)》的意见。

二、会议时间和地点

会议拟于1月15日至17日(会期共3天)在×××饭店举行。14日下午和晚上报到。

三、参加对象和会议规模

各区县局党政正职和分管教育的党政副职,各大专院校党政负责人,市教委正副书记、正副主任出席会议。

邀请市人大、市政协有关部门负责人列席会议。

会议规模为200人左右。

四、会议日程安排

第一天:上午由市长主持会议,市委书记传达中央领导同志关于教育问题的重要讲话和全国教育工作会议精神,市教委负责人做20××年本市教育工作的总结报告并提出20××年的工作要点;下午分组讨论。

第二天:上午分组讨论;下午举行大会,由副市长×××主持会议,各组交流讨论情况,市教委负责人介绍《20××—20××年××市教育发展五年规划(草案)》的总体思路和起草过程。然后继续分组讨论。

第三天:上午分组讨论;下午举行大会,由市委副书记×××主持会议,市长做会议总结,市委书记讲话。

五、会议准备

会议准备工作由市委秘书长×××负责,由市委办公厅、市政府办公厅、市教委办公室抽调部分人员参与准备工作,并组成会议秘书处。

  1. 会议文件工作由×××负责;

  2. 会场布置及会议接待工作由×××负责;

  3. 会议的安全保卫工作由×××负责。

 六、会议宣传工作

  会议第一天和最后一天的大会由市委宣传部落实宣传报道。分组讨论和大会交流不对外报道。

 七、附件:(略)

市委办公厅、市政府办公厅
20××年1月3日

思考与练习

1. 试述会议的特征和要素。
2. 会议有哪些作用?
3. 法定性会议与非法定性会议、横向性会议与纵向性会议有哪些区别?
4. 会议领导机构有哪些名称?
5. 会务工作机构有哪些分工?
6. 会务工作的原则是什么?
7. 以熟悉的会议为例,拟写一份会议议程或日程。
8. 以熟悉的会议为例,拟写一份会议通知。
9. 秘书如何在会议现场分发文件?
10. 会议的环境布置包括哪些方面?
11. 以某公司举行年终总结表彰大会为内容,拟写一份较为详细的会议预案。
12. 分析下面的实例:

  某公司举行首届职工代表大会,共分为三个阶段。第一阶段为开幕式和大会报告,第二阶段为代表团审议大会报告,第三阶段为投票表决各项决定和决议,并举行闭幕式。会议筹备之初,筹备处秘书组拟写了一份较详细的会议日程,准备提交预备会议通过。后来,有关领导在审查会议日程时指出,职工代表大会只制定一份日程,不规范,也不科学,要求秘书组立即改正。请说说秘书组应如何改正,为什么要改正。

第五章　会议服务工作

> 领会接站、报到、签到、值班、返离、选举、评选、表决、议案、提案的含义；掌握报到、签到、返离、安排食宿、会议记录、会议简报、选举和表决、议案和提案处理、会议文件收集的基本方法和要求，并能够综合应用。

第一节　接站、引导、报到与签到

一、接站

会议接待人员前往机场、码头、车站迎接与会者的工作统称接站，也可分别称为接机、接船、接车。接站是跨地区、全国性和国际性会议活动接待工作的第一道环节。接站前要充分掌握与会者的姓名、性别、年龄、职务，抵达的具体时间和地点（机场、车站）等信息，以避免错接和漏接。接站的具体要求可参考第七章第三节。

二、引导

会议引导工作的内容有两个方面：一是在会场和住地为与会者指路、带路、引座，二是在仪式性活动中协助主礼嘉宾完成签字、剪彩、揭幕、颁奖等仪式。在大型会议报到以及进入会场时应当派专人负责引导，这类专职引导人员常常被称为礼仪人员。

负责引导的礼仪人员要统一着装，熟悉会场的布局以及各种配套设施的情况。大型会议活动的礼仪人员还要了解本地的交通、旅游、购物等情况，以备与会者随时咨询。国际性会议的礼仪人员还要掌握外语会话能力。

三、报到

报到是指与会者在到达会议现场或住地时办理登记注册手续确认已经到会的过程。与会者报到时，会务人员要做好以下工作：

（1）查验证件，确认与会者的参会资格。

（2）注册信息。注册信息有两种方式：一种是由参加对象（包括媒体记者）手工注册，然后装订成册或输入电脑；另一种是当场用计算机信息系统进行注册，如事先录入与会者信息，则效率更高。由于实际到会的情况和根据回执或报名表统计的信息常有出入，因此最后的统计信息应当以报到时注册的信息为准。

（3）统一接收与会者随身带来的需要在会上分发的材料，经审查后再统一分发，以免与会者在会场上自行分发而影响会议和展览秩序，也可防止自行分发材料可能造成的其他不良后果。

（4）分发会议文件。重要文件必须履行签收手续，如有保密和需要清退的会议文件，还要发给与会者文件清退目录，嘱其妥善保存，会后退回。

（5）预收会务费、食宿费、资料费等费用，当场开具收据。

（6）安排与会者住宿。

四、签到

(一)签到的含义和作用

签到是指与会者每次出席会议进入会场时在专门的表单上签字，证实已经到会的手续。签到可以起到统计实到人数、检查缺席情况的作用，签到簿还是重要的历史凭证，有的签到簿还具有收藏纪念意义。

签到和报到都是指与会者到达会议举办地时所办理的手续，但二者属于两个不同性质的接待环节。二者的区别是：报到是指与会者在到达会议活动所在地时所办理的登记注册手续，但不一定证明其参加每一次具体的活动；签到则是与会者在进入会场时签名或刷卡，证明其参加了这一次具体会议活动。在一些法定性会议上，签到是一种法律行为。会期较短、无需集中接待的会议活动，一般只要求办理签到手续，而会期较长、具体活动较多、需要集中接待的会议活动，不仅要求与会者签到，还要求与会者办理报到手续。

(二)会议签到的方式

（1）簿式签到。签到簿装帧精美，宜于保存，具有纪念意义，常常用于各类庆典和仪式。会议活动规模较大、与会者较多并且集中到达时，可采取分头、分册签到的方法，以避免签到时产生拥挤的现象，影响会议活动按时进行。签到簿的封面或扉页上应当写明会议活动的名称、时间和地点，以便将来查考。

（2）表式签到。表式签到即采用格式规范的表格签到。举办规模较大、参加人数较多的会议活动时要多准备一些签到表，采取分头签到的方法，会议结束后再装订成册。特别要避免用白纸或普通信笺签到，这样既不方便统计人数、检查缺席情况，也不利于将来查考。

（3）电子签到，即采用电子签到系统签到。电子签到卡可以和代表证组合制作，一卡两用。

(三)签到表的格式

同一个单位或同一类会议的签到表应当统一格式。

(1)标题。普通的会议写"会议签到表"即可。对于重大的会议,还应当写明会议的名称。对于经常性的会议,标题可以固定化,如"××××办公会议签到表"。

(2)正文。签到表的正文应载明下列项目:

①会议名称。如标题中未写明会议活动名称,则在表格内写明。

②主办单位。应当写全称或规范化简称。

③会议时间。写明具体的年、月、日、时、分。

④会议地点。写明举行会议的宾馆名称、楼号、房间号码。

⑤应到单位名称或应到人姓名。如有列席对象,应与出席对象分栏打印。

⑥与会者签名。在应到单位名称或应到人姓名后面设置相应的空格,供与会者签名。

签到表参考格式见表5-1、表5-2。

表5-1　××公司总经理办公会议签到表

时　间	2022年10月15日9时30分			
地　点				
出　　席			列　　席	
姓　名	签　到	姓　名		签　到
张　维		李　明		
王永康		李　伟		
王善祥		钟杰书		
施福生		×××		
钱雅娟		×××		
席为民		×××		

(表5-1用于领导办公会议等经常性召开、会议名称固定的会议)

表5-2　××××大学会议签到表

会议名称	2023年本科招生工作会议		
主办单位	校招生办公室		
时　间	2023.4.10	会议地点	校小礼堂

续表

出席单位	签　　名		
理工学院			
软件学院			
心理学院			
艺术学院			
人文学院			

(表5-2用于会议名称不固定并要求按单位签到的会议)

第二节　安排食宿、余兴活动和作息时间

一、安排饮食

(一)安排会议饮食的要求

(1)卫生安全。要按照有关食品卫生的要求和规定,采取得力措施,实施严格管理,确保饮食安全,从而保证会议活动的顺利进行和圆满结束。

(2)规格适中。会议活动中的饮食标准一定要根据经费预算来安排。饮食标准应当由会议活动的领导机构确定,并贯彻勤俭节约的原则。

(3)照顾特殊。与会者中如有不同饮食习惯的少数民族代表、外宾或其他有特殊饮食要求的代表,要特别予以照顾,尽可能满足他们的需要。

(二)安排饮食工作的流程

1.制订饮食工作的方案

对于会期较长的大型会议活动,要事先依据会议活动整体要求制订一套详细的饮食工作方案,主要内容包括:

(1)就餐标准。就餐标准要具体到早、中、晚三餐。

(2)就餐时间。就餐时间一般要同会议活动的作息时间综合考虑。

(3)就餐地点。如果人数较多,要多安排几个就餐地点。

(4)就餐形式,即采取分餐制还是合餐制。

(5)就餐人员组合方式,即就餐时人员自由组合还是按会议活动编组的方式组合。

(6)就餐凭证,即凭就餐券入场还是凭会议证件入场就餐。

(7)保证饮食安全的具体措施。

2. 预定餐厅

餐厅的选择要考虑以下几点：

(1) 餐厅大小是否能够容纳会议活动的全部就餐人员，就餐人员包括与会者和工作人员两部分。

(2) 餐厅的卫生条件是否达到规定的标准。

(3) 饭菜品种和质量能否满足要求。

(4) 餐厅与会场和代表住地的距离是否适当。

(5) 价格是否合理。

3. 印制和发放就餐凭证

就餐凭证一般采取两种办法：一种是印制专门的会议活动就餐券，另一种是凭会议证件进入餐厅就餐。

4. 统计就餐人数

统计就餐人数的方法一是根据会议签到的实际人数，二是分组统计然后汇总。就餐人数应包括工作人员。

5. 商定菜谱

要在经费预算的框架内尽可能与有关餐厅商定一份科学、合理的菜谱，并尽可能满足少数民族代表以及一些有特殊饮食习惯的代表的需求。

6. 餐前检查

就餐之前，要对饭菜质量、份数、卫生状况等进行必要的检查，发现问题后及时纠正或者调整。

7. 餐后反馈

在与会者就餐后，要注意听取他们对饭菜质量以及餐厅服务态度的意见，以便及时改进服务。

二、安排住宿

(一) 安排住宿的要求

(1) 与会者住地要相对集中，这既有助于信息沟通和事务联系，也便于休会期间与会者之间进行非正式的沟通和交流。

(2) 与会者住地要尽量靠近主会场，会场和住宿的房间最好在同一个宾馆。

(3) 房间内基本设施齐全并且确保使用安全。

(4) 身份相同的与会者，其住房标准要大体一致。代表自费出席会议，对房间有特别要求的，也应当尽可能予以满足。

(5) 要根据会议活动的实际需要来确定所住宾馆的规格，不要盲目追求高规格，尽量节省住宿的费用。

(二)安排住宿工作的流程

(1)制订住宿安排工作方案,内容一般要包括所住宾馆的地点、规格、费用、房间分配原则等。

(2)统计住宿人数(包括需要住宿的记者、与会者的随行人员以及会务工作人员)。第一步,根据会议活动通知的回执、报名表统计到会的大致人数,并据此估算预订的房间数量;第二步,统计实际报到的人数,根据这一数字最后落实房间和床位数量。

(3)分析与会者的情况,如与会者的性别、年龄、职务、职称、专业以及生活习惯、相互关系、住宿要求等,并将其作为安排住宿的依据。一般情况下,应当适当照顾女性、年长者和职务较高者。

(4)预订房间。除满足与会者住宿需求外,也要考虑会务管理和服务的用房需要。

三、安排余兴活动

会议活动期间适当安排余兴活动,如观看文艺表演,组织舞会或文艺晚会,安排参观、考察、游览等,既可以丰富会议活动期间的业余生活,做到劳逸结合,也有助于提高会议效率。

(一)确定余兴活动的内容和形式

确定余兴活动的内容和形式要注意以下几点:

(1)配合会议活动的主题。余兴活动可分为两类,一类是教育性的活动,另一类是娱乐性的活动。但具体安排时应配合会议活动的主题,以教育性的活动为主。

(2)适当照顾与会者的兴趣。余兴活动在某种意义上说是对与会者的一种慰劳,适当照顾他们的兴趣和要求也是理所当然的。要根据与会者的兴趣确定余兴活动的形式,如舞会、电影、体育比赛、文艺演出、参观游览等。

(3)尊重与会者的宗教信仰和风俗习惯。要特别注意审查节目和影片的内容,避免政治内容或宗教信仰、风俗习惯等问题引起与会者的不快。

(4)体现民族特色和传统文化。国际性会议活动的文艺招待要尽可能选择能够体现主办国民族特色的节目。双边会议活动的文艺招待可适当安排客方国家的民族传统节目,以体现对客方的尊重和友好。

(二)安排具体时间

余兴活动的时间安排一般应在会议预案中有所考虑,会议开始后可根据实际情况做适当调整。余兴活动应安排在休会期间,如晚上或休息日,不应影响会议活动的进行。如安排参观游览活动,要事先确定参观游览的线路和具体时间表。

(三)做好各项组织工作

(1)参观游览活动的计划确定之后,应及时与接待单位取得联系,以便提前做好接待、介绍工作的准备。组织观看电影、文艺表演活动,要预订座位。组织自娱自乐的活动,要准备好场地、器材等。

(2)外出的余兴活动应当为集体行动,因此要事先统计好人数,安排好来回接送的车辆,并注意上车后清点人数,避免漏接、漏送。

(3)组织时间较长的参观游览活动,要安排好食宿。

(4)准备必要的资金和用品,如摄像机、摄影机、手提扩音机、对讲机、团队标志、卫生急救药品等。

(5)参观游览活动的人数较多时,要事先编组并确定组长,也可为每个小组配备一名会务工作人员,负责具体的事务工作和安全工作。

(6)组织外出考察、参观、游览应当派有一定身份的领导陪同。必要时应配备导游和翻译。

四、安排作息时间

(一)会议作息时间的构成

(1)就餐时间,包括每天早、中、晚三餐的时间。

(2)每天上午、下午会议活动的开始、结束和休息时间。

(3)会议辅助活动的时间,如晚上的余兴活动时间安排。

(二)安排会议作息时间的要求

(1)服从会议议题性活动的需要,这是制定会议活动作息时间表的基本要求。

(2)劳逸结合,充分安排休息时间,保证与会者有充沛的精力参加会议活动。

(3)作息时间表应在与会者报到时分发,如有变化应及时通知到每一位与会者。

(三)作息时间表的格式

(1)标题,一般为会议活动名称(可用简称)+"作息时间"或"时间安排"。

(2)会议活动举行日期,位于标题之下居中,写明年份和开始、结束日期,外加圆括号。

(3)正文。会议作息时间表一般以时间为线索,写明就餐、开会、休息以及辅助活动的具体时间。

(4)说明或备注。

(5)落款。一般写"××会议秘书处"。

(6)制定日期。

会议作息时间表实例

××××国际学术研讨会作息时间

（20××年5月5—8日）

7:00—7:45	早餐
8:00—9:45	举行会议
9:45—11:15	咖啡时间
11:15—12:00	举行会议
12:00—12:45	午餐
12:45—14:00	午休
14:00—15:30	举行会议
15:30—16:00	咖啡时间
16:00—17:30	举行会议
17:30—18:30	晚餐
18:30—21:30	电影、座谈、娱乐、自由活动

会议秘书处

20××年5月4日

第三节 会议值班和返离工作

一、会议值班

会议值班是指在会议休会休息期间安排专门人员办理临时事项的工作。

(一)会议值班的任务

(1)处置会议期间突发性事件。

(2)办理会议领导临时交办的事务。

(3)休会期间加强各项安全检查。

(4)大型会议要安排医务人员现场值班,随时应付可能发生的医疗急救事件。

(5)安排好与会者临时用车、用房、文印等事项,帮助解决与会者个人生活上的特殊困难。

(6)掌握休会期间与会者迟到和离退场的情况,并做好记录,以便会后联系补会。

(7)受理休会期间社会公众的来电、来访,重要情况及时报告。

(二)会议值班工作的要求

(1)认真负责。会议值班工作具有加强同各方联络、及时满足会议对象的需求、有效应对紧急情况等重要作用,也是会议服务的一扇窗口。会议值班服务人员应当高度重视,以认真负责的态度做好值班期间的每一项工作。

(2)热情接待。在会议值班期间,值班人员要接待与会者和社会公众的来访、接听各种来电,要做到待人热情、说话和气、举止文明、急人所急,在合理范围内尽可能提供帮助,给与会者和社会公众留下良好印象。

(3)健全制度。会议值班工作应当制度化、规范化,值班人员应当遵守制度,按章办事。这些制度包括岗位责任制度、报告请示制度、保密制度、安全制度等。

(4)做好记录。会议值班记录是保存会议值班信息的重要载体,既可用于交接班、保证值班工作的连续性,又可作为将来查考的依据。

二、返离工作

(一)预订返程票

预订返程票要注意以下几点:
(1)在汇总会议活动回执、报名表的同时,仔细登记与会者对返程票的具体要求。
(2)及时同有关票务部门联系订票事宜。
(3)在与会者报到时进一步确认其订票要求,如有变化及时与票务部门联系更改。
(4)交割返程票时要做好记录,并同时收取购票款。

(二)结算费用

报到时如预收了有关费用,在与会者离会之前,要结清必须由与会者承担的费用。结算时要做到:
(1)列清每项开支。
(2)多退少补。
(3)如预收时出具的是收据,则应以收据换正式发票。

(三)检查会场与房间

与会者离会时可能会在会场或房间里遗忘一些物品和文件,会务人员要仔细检查,一旦发现,及时上交或归还。属于保密文件和物品的,按保密规定处理。

(四)告别送行

与会者离会时要热情告别送行,具体要求是:

(1)会议组织机构的领导尽可能安排时间出面告别。告别的形式可以是到与会者住宿的房间走访告别,也可在会议活动闭幕式结束后到会场门口道别。对于重要的与会者,还应当安排一定身份的领导到机场或车站送行。

(2)安排好车辆,将与会者送至机场或车站。

第四节 会议记录工作

一、会议记录的含义、作用和种类

(一)会议记录的含义、作用

会议记录是会议客观进程原始、真实信息的记载,其作用有以下几方面:

(1)为日后查考、研究会议提供第一手材料。

(2)在一些法定性会议中,会议记录经发言者和会议领导确认签字后具有法律效力。

(3)便于领导及时、全面了解和掌握会议的进展情况和动向。

(4)为形成决定、决议、会议纪要等最后文件打好基础。

(5)经会议领导和发言者同意,可散发会议记录整理稿,以便传达和学习会议精神。

(6)图像类会议记录还可以用于会议宣传报道。

(二)会议记录的种类

1. 按会议记录的手段分

(1)手工记录,即由会议秘书用文字或记录符号在纸面上进行记录。

(2)机器记录,即借助各种记录信息的机器设备进行记录。常用的记录机器有照相机、录音机、录像机、摄影机、计算机、速录机等。

2. 按记录的载体分

(1)书面记录,即将会议信息记录在纸质材料上。

(2)音频记录,即用录音带、磁盘等记录会场内的语音信息。音频记录能完整记录与会者的发言内容,便于整理,也是书面会议记录的重要补充。重要会议常常采用录音的方法,以便使一些重要讲话和精彩的报告得以原汁原味地保存。

(3)图片记录,即使用摄影工具对会议现场进行记录,是书面会议记录的补充形式,也是宣传报道会议的重要素材。

(4)视频记录,即运用摄像设备对会议活动的全过程进行动态记录。视频记录能同时保存动态图像和音频,既可作为资料保存,又可作为宣传会议的形式。

3.按记录使用的符号分

(1)汉字速记,即对汉语字、词、句、段加以合理精简、缩略和符号替代,以草书的快写方法进行记录。

(2)拼音速记,即运用声符和音符两种速记符号组成音节符号(音符),加上合理的省略进行记录。

以上两种记录要用规范的文字进行整理才能归档。

二、整理后的会议记录格式和内容

(一)标题

会议记录的标题有以下两种:

(1)专用性标题。其格式为会议名称+记录,如"××公司行政办公会议记录"。

如果标题中需体现会议的届次,可将届次空出,记录时用手工填写,如"××学会第( )次理事会会议记录"。大中型会议往往有主席团会议、代表团团长会议、分组讨论或审议会等,可使用格式统一的记录用纸,标题格式为"××(单位)第×届××代表大会第×次全体(或主席团)会议记录"。

(2)通用性标题。通用性标题适用于一般的会议,标题只写"会议记录"即可。如果在本单位内部各部门通用,可写明本单位名称,如"×××(单位)会议记录",会议名称则写在首部的表格中。

(二)首部

会议记录的首部要求用表格的形式,详细记载会议概况,具体包括:

(1)会议的名称。会议记录中的会议名称一定要写全称,以便于后人查考。

(2)会议时间,包括开始时间、结束时间和中间休会时间。时间要具体到时、分。

(3)会议地点。地点应具体到会场名称或房间号码。

(4)会议主席。要写明姓名和职务。对于联席会议、多边会议,还应当写明主持人所在的单位名称。

(5)参加人员,包括出席人、列席人、旁听人,不同性质的与会者要分别记录,并写明姓名、单位、职务。

(6)缺席人员。记载缺席情况既可以了解缺席情况,也可以清楚地反映会议应该出席的范围,这对日后查考和研究会议十分重要。

(三)主体

主体部分记载会议的进程,具体包括:

(1)发言情况,包括主持人的开场白、介绍议题、发言人姓名和发言内容、主持人的总结归纳等,都要按发言顺序记录在案。如果只讨论或审议某一项文件,应写明文件的完整标题。

(2)会议结果,包括对议题的通过、缓议、撤销、否决情况。如果经表决通过或否决了某个议题,要记录表决的方式(如口头表决、举手表决、投票表决)、表决的结果(同意、反对、弃权的情况)。如实行多轮投票,每轮投票的情况都要记录在案。

(3)会场情况,即会议期间会场内所发生的与会议进程有关并且具有记录价值的情况。记录会场情况可以更加全面地反映会议的气氛以及与会者的情绪和态度,如与会者的掌声、笑声、迟到、早退、中途退场以及其他影响会议进程的情况。

(四)尾部

尾部包括署名和署名日期。署名是对记录的真实性郑重负责的体现。以下四种人需要署名:

(1)记录人。会议记录人必须在会议记录上签字,以示负责,也便于日后核实情况。

(2)审核人。重要的会议记录应由会议主要领导进行审核,确认无误后签字。审核人对记录的真实性负领导责任。

(3)发言人。对于论证会、鉴定会、听证会以及国际性组织的重要会议,与会者的发言常常是决策、定案的重要依据,因此可以要求发言人会后对记录进行核对并签字。

(4)法定的签字人员。按《中华人民共和国公司法》规定,各类公司的股东会、董事会应当对所议事项的决定做会议记录,出席会议的股东、董事应当在会议记录上签名。

署名和署名日期置于尾部,用以表示记录的完整性,也避免有人在正文部分私加文字。一般性会议记录也可以将记录人、审核人置于首部,但必须在结尾处写明"会议结束"的字样。

专用性会议记录格式见表5-3至表5-5。

表5-3 专用性会议记录格式1·首页
××公司第( )次董事会议记录

时 间	年 月 日 午 时 分至 日 午 时 分
地 点	
主 持	
出 席	
列 席	

续表

缺　席		共　　页
发言人姓名	发言记录	

第　页

表 5-4　专用性会议记录格式 1·末页

专用性会议记录末页格式

发言人姓名	发言记录
	记录人：
	审核人：
	审核日期：

第　页

表 5-5　专用性会议记录格式 2·首页

××市第九届人民代表大会第三次会议代表团分组会议记录

代表团名称	
时　　间	年　月　日　午　时　分至　日　午　时　分
地　　点	
主　　持	
出　　席	
列　　席	
缺　　席	

续表

审核人		记录人		共　页	
发言人姓名			发言记录		

第　页

通用性会议的记录格式见表5-6、表5-7。

表5-6　通用性会议记录格式·首页

××公司会议记录

会议名称					
主办部门					
时　间		年　月　日　时　分		地　点	
主持人					
出　席					
列　席					
缺　席					
审核人		记录人		共　页	
发言人			发言记录		

第　页

表5-7　通用性会议记录格式·末页

通用性会议记录末页格式

发言人姓名		发言记录	

续表

发言人姓名	发言记录
	发言人署名：××× ×××
	××× ×××
	××× ×××

第　页

三、会议记录的方法和要求

(一)会议记录的方法

(1)详细记录。重要会议的记录要求做到有言必录,全面反映会议的全过程。详细记录要求秘书掌握熟练的速记技能。必要时可以由几个秘书同时记录,会后共同核对整理。整理稿必须经每个秘书签字。

(2)摘要记录。摘要记录适用于一般性的会议。做摘要记录时,会议概况部分必须详细全面,但会议进程部分只需记录议题、发言人姓名、发言的要点和会议结果。除特别重要的情况外,一般的会场情况可不做记录,但要保持发言者的发言风格。

(3)简易记录。简易记录除了记录会议概况外,只要求记录会议的议题、议程和会议的结果,不必记每人发言的内容。简易记录由于不能全面反映会议的过程,查考研究利用的价值较低,故仅限于对较为简单的事务性会议的记录。

(二)会议记录的要求

1.准备充分

(1)每次会议之前要落实记录人员,举办重要会议时还需落实多名秘书同时做记录。记录人员应当具备速记速录的基本技能。

(2)记录人员要事先了解会议的目的、议题和方式,对一些专业性较强的会议,还应当事先学习、掌握有关的专业知识,熟悉主要的专业术语,确保记录时得心应手。还要熟悉与会人员的姓名、职务、口音特点、说话习惯,以提高记录的准确性。

(3)备好记录用品。会议记录用纸应尽可能统一印制,格式规范。记录用笔应当符合归档的要求。如有分组会议,要事先将记录纸和笔分发到组。如果需要录音摄影录像和采用计算机记录,要事先准备并调试好相应的器材。

2. 客观准确

(1)记录时注意力高度集中,全神贯注,用心听取每人的发言,仔细观察发言者的表情、手势和口型,做到反应迅速,判断准确,以提高记录的全面性和准确性。

(2)会议结束后要及时核对,有的会议记录还应当请发言者本人进行核对和确认。

3. 清楚规范

会议记录是立卷归档的重要材料,一般都应永久保存,因此对于录音记录、速记和多人同时记录,会后要及时整理、誊清,并签字以示负责。整理稿要做到字迹清楚,格式规范,语言准确。

会议记录实例

秘书强伟的会议记录

强伟担任新洁公司行政部秘书多年,他做会议记录不仅速度快,而且直接用汉字书写,不用事后整理,因此,公司的许多会议都由他做记录。对此,强伟颇为自豪。可是强伟做记录有一个很大的毛病,会议记录往往信息残缺不齐,不是没有会议的名称,就是忘了记录会议的时间;与会人员的姓名每次都做了记录,却看不出哪些人是出席,哪些人是列席;至于缺席情况他是从来不记的。有一次,总经理要查上半年一次销售工作会议的记录,结果强伟花了很长时间,才在好几份会议记录中鉴别出来。还有一次,董事长查看前年他自己还未调来时的行政办公会议记录,在与会人员姓名中看到一个陌生的名字,便问强伟此人当时是不是副总经理,强伟说他只是市场调研部的一个项目主管,是列席会议。董事长听了立即责问强伟为什么会议记录没有反映这些情况,强伟无言以对,只得承认自己有错,表示今后一定改正。

【评析】

公司的会议记录是公司各项决策过程的原始记录,具有查考价值。强伟作为会议秘书,理应掌握会议记录的基本要求和基本规范,不光要做到记录快,还必须保证会议信息的齐全。强伟应当这样改进:将会议名称、与会者姓名及其参加会议的资格(出席还是列席)、会议时间和地点等反映会议信息的各项要素,以表格栏目的形式制成会议记录专门用纸,每次记录时,按栏目逐一填写有关信息,既方便操作,又可以避免遗漏会议信息,提高会议记录将来的查考利用价值。

第五节　编写会议简报

一、会议简报的含义和作用

(一)会议简报的含义

会议简报是会议主办单位编写的、反映会议活动的动态和主要成果的内部性简要报道。会议简报也常常被称为"会议信息"。

(二)会议简报的作用

(1)掌握会议动态。会议简报是会议主办单位的领导了解会议情况、掌握会议动态的重要渠道。

(2)交流会议信息。会议简报常常报道大会分组活动的信息,转载与会者在分组会上发表的重要意见,促进其在会议内部交流沟通。尤其是在大会交流时间有限的情况下,会议简报可以作为书面交流的补充形式。

(3)辐射会议影响。会议简报也可以在会议活动结束后通过内部渠道发送给上级机关、平行机关和其他有关单位,以扩大会议的影响。

二、会议简报的编写方法

会议简报的编写方法一般分为报道式和转发式两种。

(一)报道式

报道式即采取新闻报道的方式,介绍会议活动以及分组活动的情况。

1. 报道式会议简报的种类

(1)综合性报道,即对会议活动的方方面面做较为全面的报道。

(2)专题性报道,即对会议活动的某一方面,如就分组讨论中代表们对某一问题的看法做较为深入的报道。

(3)动态性报道,即迅速及时地反映会议最新情况、最新动态的报道。

2. 报道式简报的结构

(1)标题。标题要求概括、醒目、简短、富有吸引力,居中以较大的字体书写。格式上为单行式标题或双行式标题。单行式标题如:

　　　　　　　我公司第一届职工代表大会隆重开幕

双行式标题由主标题和副标题组成,如:

制定高校评估标准要科学慎重(主标题)
——××小组讨论侧记(副标题)

双行式标题也可以由肩题和主标题构成,如:

与时俱进,共创未来(肩题)
××区精神文明建设经验总结交流暨表彰大会隆重举行(主标题)

(2)导语。报道式会议简报的导语有两种写法:

①概述式导语,即采用叙述的方式概括介绍会议活动的概况或主要信息,如会议的名称、时间、地点、主持人、与会单位和主要与会者、会议的气氛等。综合性会议简报常使用这种导语。

②点题式导语,即简报一开头便直截了当切入主题,常用于专题性会议简报,如"高校扩招问题成了这两天代表们在会内和会外的热点话题""第三届××贸易展示洽谈会成交额创历史新高"。

(3)主体。主体部分介绍会议的过程和主要精神。这部分是会议简报的主要内容,要围绕主题、突出重点。

会议简报一般省略结尾。

(二)转发式

转发式会议简报的主要功能是转发在分组活动中具有代表性或重要价值的发言或书面建议。

1. 转发式会议简报的种类

(1)全文转发式。对篇幅不长、内容精彩的发言或书面建议可以全文转发。

(2)摘要转发式。对篇幅较长的重要发言或书面建议可以采取摘要转发的办法。摘要转发要抓住发言或书面建议的中心和要点,尽可能保持发言的原来风格。

2. 转发式会议简报的结构

(1)标题。转发式会议简报的标题一般要反映发言者姓名和发言的主题。如:

王××代表呼吁学校设立学生帮困基金

(2)按语。按语又称编者按,一般根据会议活动领导机构的意图起草,用以说明转发目的、提示内容,引起注意和重视。按语可分为说明性按语(说明转发原因和目的)、提示性按语(提示内容的重点和要点)、评述性按语(对转发的发言和建议发表意见、表明态度)。按语的字体字号要与正文有明显区别。

(3)正文,刊载所转发的发言或建议的具体内容。

三、会议简报的格式要素

(一)报头

报头部分包括编号、密级、简报名称、期数、编印机构名称、印发日期、反线,约占简报首页的三分之一。

(1)编号,即每份简报的印制顺序号。带有密级的简报必须编号,以便于登记、签收和清退。编号标注于简报的左上角。

(2)保密要求。带密级的简报应在右上角注明密级;会议内部文件则注明"注意保密"或"会后清退"。

(3)简报名称,由会议名称+简报组成,如"××××投资说明会简报"。简报名称要居中,其中"简报"二字字号要大,以示醒目。

(4)期号。期号按编发顺序排列,标注于简报名称下方居中。

(5)编印机构。编印机构一般写会议秘书处,标注于期号的左下方。

(6)印发日期,即简报实际发出的日期,用阿拉伯数字标注于期号的右下方。

(7)反线。在编印机构和编印日期之下画一条与图文区等宽横线,将报头与报核分开。

(二)报身

报身包括标题、按语、正文三部分。上文已有介绍,兹不赘述。

(三)报尾

报尾的位置在简报某页的下方,主要标明报、送、发的对象。报指上报,送的对象是平级机关和不相隶属的机关,发指下发。有时还可注明印刷份数。

会议简报实例	
编号:005	**上海国际工业博览会** **简　　报** (办字第 1 号)
工博会组委会办公室编	20××年×月×日

第×届"工博会"组委会秘书长会议在京召开

第×届"工博会"组委会秘书长会议于20××年7月4日上午在北京举行。国家发改委、商务部、科技部、信息产业部、教育部、中科院、贸促总会和上海市政府等8个主办单位的负责人出席了会议。会议由"工博会"组委会副秘书长、大会办常务副主任、××市外经贸委主任××主持。大会办副主任、市外经贸委副主任××汇报了第五届"工博会"总体方案和筹备工作情况。与会的各主办单位领导对"工博会"方案进行了审议,对进一步办好"工博会"提出了新的要求。"工博会"组委会常务副秘书长、××市政府副秘书长××作了总结讲话。会议审议通过了主办单位及组委会成员名单建议方案以及第五届"工博会"总体方案,并对以下问题达成一致意见:

一、××"工博会"确定的"信息化和工业化"主题鲜明。与此同时,第五届"工博会"突出展示现代装备,符合我国经济的实际。……会议对××"工博会"的发展有充分信心。

二、××"工博会"在国际化、专业化、市场化方面做得较为出色。第五届"工博会"把上届九大展区整合为五大展区,突出装备制造业,突出专业化布局,这些构想很好。"工博会"有必要坚持专业化方向:一是展览内容专业化;二是办展队伍专业化;三是组织观众专业化。

三、办好"工博会"要举全国之力,创国际品牌。(略)

四、招展招商是当前的头等大事。(略)

五、抓紧做好各项筹备工作。会议要求进一步办好在线"工博会",加大"工博会"的宣传力度。要改进"工博会"的统计工作,使统计项目进一步细化。

报:×××,×××××,×××××××。
送:×××××,×××××,×××××××。

(共印××份)

【评析】

这篇会议简报标题写作采用了单行标题的写法,简洁明了。正文写作采用了总分结构。开头部分以写实的方法概括介绍会议的总体情况,然后以"并对以下问题达成一致意见"一句过渡到主体部分。主体部分采用了并列式结构,从五个方面对办好××"工博会"提出了具体意见和建议。

简报的格式规范,各项要素齐全,排布合理,庄重大方,符合会议简报的要求。

四、会议简报的编发流程和要求

(一)信息收集

会议秘书要通过以下渠道广泛收集会议信息:
(1)各种会议记录,如主席团会议记录、团长会议记录、分组会议记录等。
(2)召集各团组联络员碰头会,汇总情况。
(3)收集代表的发言稿、书面建议等。
(4)统计分析与会者的签到、报到信息。

(二)信息筛选

编入简报的信息必须按照以下原则进行筛选:
(1)真实性。真实性是简报的生命,因此必须对写入简报的有关事件的发生时间、地点、人物、语言、数据及其来龙去脉、前因后果进行严格的核实,确保简报的真实性。
(2)典型性。会议简报是具有导向性的内部报道,其内容除了真实性,还必须具有典型性:一要反映会议的主要活动和主要事件,二要反映与会者反响强烈的问题,三要反映代表性较强的意见,四要反映与会者的新观点、新建议。

(三)简报编发

简报编发包括拟稿、编辑、审核、打印、校对、登记和分发等环节。具体要求是:
(1)语言简洁,篇幅简短。一般情况下,会议简报的字数应控制在1 000字以内。
(2)一事一报,主题突出。
(3)校对严格,格式规范。
(4)注意保密,严格登记。涉密简报必须编号,逐份登记,分发时要履行签收手续。
(5)编印迅速,分发及时。简报的拟稿、编辑、审核、校对、登记和分发等各项环节要迅速及时,做到上午的简报下午发,当天的简报次日发。

第六节 选举、评选和表决工作

一、选举、评选和表决的含义

选举是指选举人根据少数服从多数的原则以及选举的有关规则,以投票、举手等方式对特定的人选进行差额遴选的过程。选举的对象主要有两类:一类是各种组织的领导机构和领导,另一类是各类代表。选举既可以作为特定会议的一项议程,也可以单独举行,作为一次选举性会议。

评选是指评选人根据少数服从多数的原则以及有关评选的规则和标准,以投票、举手等方式在特定范围内评比、推举、遴选各种荣誉、奖项、称号的过程,其中称号评选既可以评选最佳称号,也可以评选最差称号。评选的对象广泛,可以是特定的组织和人物,也可以是特定的事件、项目或者形象。评选不适用于遴选特定领导职务的人选和民意代表。

表决是指具有表决权的会议成员依据少数服从多数的原则以及表决规则,以各种投票方式对特定的人选和事项表达赞同、反对、弃权意志的过程。表决是会议活动通过决议、做出决策常用的民主手段,也是各种选举、评选活动的基本方式。从会议决策来看,表决的对象有两种:一是决定特定的人选;二是决定某个事项。

二、投票的方式

会议决策和选举、评选都是通过投票这一形式来体现与会者、选举人和评选人的意志的,而不同的投票方式具有不同的表达意义和效果。会议活动中的投票方式有下列几种:

(一)按表决的手段分

(1)书面投票。要事先制作选票或者表决票,由选举人、评选人或表决人以画符号的方式表达个人意志。

(2)口头投票,又称唱名表决,即当会议主席点到选举人或表决人的名字或其所代表的国家、组织的名称时,选举人或表决人以口头的方式表达个人或已方的意志。

(3)体态投票。体态投票是一种以肢体语言的形式表达意志的表决方式,包括举手、起立、鼓掌等。由于鼓掌表决的方式无法进行准确的计票,因此一般只能用于程序性问题或事务工作的表决,而不能用于选举和重大事项的表决。

(4)表决器投票,即通过按表决器进行表决的方式,适用于大型会议的表决。

(二)按保密与否分

(1)记名投票,即投票人的信息和投票态度公开并记录在案。

(2)不记名投票。这种投票方式不记载投票人的信息投票态度。选举和重大问题的表决都应当采取不记名投票的方式。

三、制定选举、评选和表决办法

(一)选举、评选和表决办法的含义

选举、评选和表决办法是在举行选举、评选和进行表决活动时,规范选举、评选和表决的程序以及规范组织者和选举人、评选人、表决人的行为的具体规章。

(二)选举、评选和表决办法的内容

1. 制定的依据

必须写明所依照的有关法律、法规和本组织章程的有关规定。

2. 目的和任务

应写明选举哪一级、哪一届、哪一种组织的领导或者代表及其人数,决定什么名称的重大事项,评选哪一类、哪些等级的先进或者奖项,等等。

3. 选举办法

要明确提名和确定候选对象的原则及其程序、办法。

4. 选举流程

要明确投票的方式、程序与步骤。

5. 对选举、评选和表决有效性以及有效票的规定

一般要规定以下几方面:

(1)选举、评选和表决有效性的确认。一是确认出席选举、评选或表决会议的正式成员是否达到法定人数,达到法定人数的为有效人数,可以进行选举、评选或表决,其结果为有效。如未达到规定的有效人数,则不得进行选举、评选或表决,即使进行,其结果也属于无效。二是确认是否出现违反规定的程序和要求的情况。如确认存在违反程序和规则的情况,则选举、评选或表决的结果无效。比如回收的票数多于实际发出的票数,就应认定为本次投票无效。

(2)有效票的确认。有效票是指选举、评选和表决时回收的选票和表决票中符合规则的选票和表决票。确认选票和表决票的有效性应当把握以下几点:

①每张选票和表决票填写的赞成数必须等于或少于规定的赞成数,其余的则为无效票。

②选票和表决票上表达意志的符号是否符合规定,是否清楚,不符合规定和不清楚的为无效票。

③选票和表决票上是否有不符合填写规定的内容,如有则应做无效票处理。

(3)对有效性争议的解决程序。必要时办法中应当写明当选务和表决工作人员对选票和表决票的有效性产生争议时解决争议的办法和程序。

6. 确定当选对象的原则及方法

关于确定当选对象的原则及方法,一般要说明以下几点:

(1)当选的必要条件。无论是对人或事的选举、评选还是决定重大问题的表决,选举和表决对象都必须获得多数票,但如果在计算"多数"的具体原则和方法上的规定不够明确,就会产生矛盾和争议,导致无法确定当选对象。计算"多数"通常有以下几种方法:

①绝对多数制,即得票数超过半数为多数。这里的半数有以下几种计算标准:

A. 得票数超过应到全体有投票权的成员(包括未到会的)的半数。如《中华人民共和国选举法》第四十四条规定:"县级以上的地方各级人民代表大会在选举上一级人民代表大会代表时,代表候选人获得全体代表过半数的选票时,始得当选。"

B. 实到投票人数超过应到投票人数的半数,同时得票数超过投票人数的半数,即所谓的"双过半"。我国村民委员会选举就实行"双过半"制。

C. 得票数超过回收的有效票的半数,未出席会议和出席会议但未投票一律不作统计。也就是说,在有效票中,赞成票数必须超过反对票、弃权票、废票之和方为过半数。

D. 在有效票中先扣除弃权票数,只要赞成票超过反对票即为过半数。联合国下属的许多机构以及许多国际组织,如联合国人权委员会、保护工业产权巴黎公约等组织的投票,就采用这种"半数"计算法。

②相对多数制,即不论总票数多少,得票最多的为多数,多用于候选人较多的选举活动。

③特定多数制,即赞同数大于特定的过半数。如对宪法的表决,很多国家就规定赞成票必须达到 2/3 或 3/4 的比例才能通过。特定多数制有时还有"一致赞成"和"一致反对"的规定。"一致赞成"是指表决事项必须取得全体投票人一致同意或至少没有一个反对时才能通过;"一致反对"是指表决对象必须取得全体投票人一致反对或至少没有一个同意时才未通过。

④多轮淘汰制,即在多个候选人或者候选项目竞争的情况下,采取多轮投票的方法,每一轮投票淘汰得票数最少的一个。国际奥林匹克委员会决定奥林匹克运动会主办城市就采用这种办法。

(2)得票过半数的对象超过应当选数时,一般以得赞成票的数量从多到少为序,至取足应当选名额为止。

(3)得票数相等不能确定当选对象时,一般应就得票相等的选举或表决对象重新进行投票,直至确定当选对象为止。

(4)得票过半数的对象少于应当选数时,一般对未当选的得票多的选举对象重新进行选举或表决。如接近应选名额,经半数以上选举人、评选人或表决人同意,也可以减少名额,不再选举、评选或表决。

7. 候选及当选对象的名单排列顺序

候选对象、当选对象的名单排列顺序,必须体现公平和公正的原则。具体方法大致有以下几种:

(1)按候选人的姓氏笔画排列,这是排列候选人名单最常用、最基本的方法。按此方法排列顺序时,应首先比较候选人姓名首字的笔画数,笔画数少的排列在前;如笔画数相等,则根据汉字的部首顺序排列;如果姓氏相同,则比较姓名第二个字的笔画数,余类推。遇到姓氏相同的候选人的名字字数不一时,则可采取两种做法:一种是按字数多少排列,字数少的排列在前。如"王刚"和"王一凡"两位候选人,由于"王刚"的名字字数少于"王一凡",因此应当排在"王一凡"之前。另一种做法是一律按名字字符的顺序比较笔画数的多少来确定排列先后。不管采取哪种做法,必须事先约定。

(2)按组织或地区的名称笔画排列,用于我国国内评选先进个人和集体,具体方法同上。

(3)按项目名称的笔画排列,用于项目评选、评审。

(4)按上一轮选举、评选或表决的得票数多少排列。

(5)按上级领导机关批准的顺序排列,这是党内选举地方各级委员会书记和副书记时的特例。

8. 票的设计要求

应写明选票和表决票的设计要求。

9. 监票人和计票人的职责和产生办法

(1)总监票人的主要职责:①负责监督选举、评选和表决的全过程;②对监票人员进行合理分工并协调他们之间的工作;③负责审核参加投票的人数以及发出的票数和收回的票数;④对有争议的选票或表决票进行鉴别或做出裁决;⑤审核投票结果并签字;⑥向主席团报告选举、评选和表决结果;⑦向大会宣读投票结果。

(2)监票人的主要职责:①清点参加投票的人数;②投票前检查投票箱;③监督选票和表决票的发放;④监督投票过程;⑤监督计票人清点选票或表决票,核实回收的票数是否与发出的票数相等;⑥监督计票人唱票和计票;⑦计票结束后,审核计票结果并签字。

(3)计票人的主要职责:①在监票人的监督下分发、收回、清点选票或表决票,并进行唱票和计票;②将计票结果写成书面报告,并在报告上签字。

(4)监票人和计票人的产生方法。监票人一般从非候选人的投票人中选出,经全体投票人表决通过,一般采取鼓掌表决的形式。计票人一般由大会秘书长从会议工作人员中或者非候选人的会议成员中提名,经会议主席团确认。必要时也可提交全体正式成员以鼓掌的方式通过。

10. 纪律

应写明选举、评选和表决的纪律。

四、选举、评选和表决活动的准备

(一)制作选票和表决票

1. 项目和符号设计

一般可以分为以下两种情况来考虑项目和符号设计:

(1)以赞成票数超过有效票数半数(包括超过应到会或实到会正式成员半数)为"多数"的,无论是差额制还是等额制,一般只需设"同意"一项即可,因为投弃权票等于持反对态度,另设"反对"和"弃权"的项目在统计上无实际意义。选举人或表决人只需在自己赞成的候选人或候选项上画规定的同意符号即可,无须填写反对和弃权的符号。

(2)以赞成票数超过反对票数为"多数"的,投弃权票具有中立的性质,弃权票数对于投票结果具有很大影响时,计票时必须先扣除弃权票数,因此,票面上应当设"同意"、"反对"和"弃权"三项,并设计三种不同的符号以相对应。符号形状必须有明显的区别,这样的话即使画得非常潦草也能清楚地辨认。

2. 选票和表决票的格式

(1)标题。①正式选举活动选票标题由会议名称+选举的目标职务+"选票"组成,如"中共××县第×次代表大会 第×届委员会委员选票"。②评选活动选票标题由活动名称或奖项名称+"选票"组成,如"第 27 届大众电影'百花奖'选票"。③表决票标题一般由表决对象+"表决票"组成,如"××市××××年度科技一等奖表决票"。

如果候选或表决对象要经过反复多次的推荐和遴选,可在初选阶段以"推荐票"或"推荐名单"代替"选票"或"表决票"。

(2)候选对象名单。候选对象必须按一定的规则排列。如果是多轮遴选,也可以按前一轮推荐时的得票多少排列。名单一般采用表格的形式。允许另选他人或其他对象的,候选对象名单后面应留出适当的空格,供选举人、评选人或表决人填写。每个候选或表决对象姓名(名称)的边上应有空格供填写表达意见的符号。

(3)填写注意事项,具体包括:①每张选票可以填写赞成数的上限;②是否可另选他人;③表达意见的方式及符号。

(4)印制机构。印制机构一般是选举或评选的组织机构,如代表大会的主席团、选举委员会或评选活动的组委会等。

(5)选举日期。选票上的日期应当是选举或评选的日期,而不应当是印制选票的日期。

(6)盖章。选票应当盖有主办机构的公章,公章应当压住日期。

(7)封面。如候选或表决对象较多,选票或表决票需分成若干页打印,可专门设一封面。封面上应印有标题和日期,并加盖公章。

选票参考样式见表 5-8。

表 5-8　中共××大学第×届委员会第一次会议
常务委员会委员选票

丁××	王××	李××	张××	周××	钱××	黎××		

注意事项:

1. 以上候选人名单按姓氏笔画顺序排列;
2. 请在您赞成的候选人姓名下方空格内画"○"符号,符号错误或者不清视作对该候选人的投票无效;
3. 赞成的人数小于等于 5 名有效,超过 5 名视作无效票;
4. 如另选他人,请在候选人名单后面空格内填写姓名并在其下方画"○"。

中共××大学第×届委员会(章)

20××年×月×日

表决票参考样式如表5-9所示。

表5-9　中共××市××局党组预备党员转正表决票

姓名	表决意见		
	同意	反对	弃权
张××			
王××			
李××			

说明:
1. 同意画√;反对画×;弃权不画任何符号。
2. 对同一表决对象画两种及以上相同符号,视作对该对象表决无效。

中共××市××局党组(章)
××××年×月×日

3. 制作选票和表决票的注意事项

(1)每张选票和表决票的格式必须完全统一。

(2)一次会议如同时举行不同对象的选举或表决,票面颜色应当有明显区别,以免混淆。

(3)严格按照应到会的代表人数或具有表决权的人数印制,不得多印或少印。

(4)对于重要的选举和表决,应当准备两套选票和表决票,以备应急。

(5)对于重要的选举和表决,选票和表决票应当使用防伪标志,加盖公章后应立即封存。

(二)现场准备

1. 准备投票箱

(1)投票箱放置的位置应便于投票和监票人进行监督,因此要根据会场的座位格局和投票的进行路线综合考虑。

(2)要根据参加投票的人数和场地大小确定投票箱的数量。

2. 准备计票用品

计票用品包括黑板(白板)、粉笔、水笔、纸张、小型计算器、计算机等。有条件的会场可采用计算机计票并通过大屏幕公开计票的过程和结果。

3. 会场布置

进行选举、评选和表决的会场除按会议的性质布置会场外,还要注意以下几个方面:

(1)设计好投票时的顺序和路线。

(2)根据投票的路线放置投票箱,主席团成员的投票箱应放在突出的位置。

(3)安排好计票的地点,一般应当设在投票现场,以便当众唱票和计票;大型选举、评选和表决活动可以另设专门的计票点,但不应远离会场。

(4)采用表决器表决的,应指定精通技术、忠实可靠的人员对表决系统进行检查、调试,确保正常使用和计票的准确性。

(5)对于重要的投票,投票人座位之间应留出一定的空距,保证选举、评选或表决的隐秘性。有条件的会场还应当设置秘密写票处。

五、选举、评选和表决的程序

选举、评选和表决的程序实际上就是表决程序,因为选举和评选活动最终还是要落实到表决程序上。表决程序根据表决的方式可以分为书面表决程序、唱名表决程序、举手表决程序、按表决器表决程序等。

(一)书面表决程序

(1)大会工作人员清点到会的具有选举权或表决权的人数,并向大会主席报告。对于重要的选举,应当写出出席情况的书面报告。

(2)大会主席向大会报告本次选举或表决的应到人数和实到人数。如实到人数达到规定的有效人数,则宣布选举大会或表决程序开始。

(3)宣读选举或表决办法草案并以举手表决的方式通过。

(4)通过总监票人(副总监票人)和监票工作人员名单,宣布总计票人和计票工作人员名单,也可将计票工作人员的名单提交大会通过。一般采用举手或鼓掌的方式通过。

(5)由大会主席或选举和表决工作领导机构负责人报告候选人或表决事项产生的过程,宣布正式候选人名单和表决事项,介绍正式候选人或表决事项的情况,必要时可安排候选人演说或有关事项当事人答辩,以便选举人或表决人充分了解情况。

(6)监票人当众检查投票箱,然后当众密封。

(7)工作人员在监票人监督下核对会议秘书处移交的选票或表决票的数量是否与实到会人数相等。一般情况下,选票和表决票是根据应到人数印制的,如数量缺少,必须查明原因。因投票人缺席而多余的选票和表决票必须当场封存。

(8)工作人员分发选票或表决票,检查实发选票或表决票与实到人数是否相等,并由总监票人向大会主席报告。

(9)大会主席或总监票人(也可由大会工作人员)宣读填写选票或表决票的注意事项。

(10)投票人填写选票或表决票。

(11)大会主席宣布投票的方法、顺序和路线,投票人在工作人员引导下进行投票。先由主席团成员投票,再由监票人和计票工作人员中的正式代表投票,最后由其他正式代表投票。

(12)在监票人的监督下,计票人当场清点选票或表决票,确认选举或表决是否有效。

(13)计票人在监票人的监督下计票。计票时,应当检查每张选票或表决票的有效性。计票结果应形成书面报告,并由计票人或总监票人签字,以示负责。

(14)总监票人向大会主席团和大会报告计票结果。

(15)大会主席宣布当选人名单或表决结果。

(二)唱名表决程序

(1)会议主席宣布唱名表决的依据,一般在议事规则中有明确规定。如某一成员临时要求实行唱名表决,则会议主席应当征求全体成员的意见。

(2)会议主席根据一定顺序点名。

(3)唱名点到的每一成员应回答"赞成"、"反对"或"弃权"。

(4)对没有应答的成员应再次点名。

(5)会议秘书(这种情况下一般不设监票人员和计票人员)逐一记录每一成员的表决态度。

(6)会议主席当场宣布表决结果。

(三)举手表决程序

(1)会议主席宣布举手表决的依据,一般以议事规则为准。如某一成员临时要求将书面表决改为举手表决,则会议主席应当征求全体成员的意见。

(2)会议主席请持赞成意见的有表决权的成员举手。秘书(人数较多的举手表决应设监票人员和计票人员)逐一清点举手的人数并记录在案。

(3)会议主席请持反对意见的有表决权的成员举手。秘书逐一清点举手的人数并记录在案。

(4)会议主席请持弃权意见的有表决权的成员举手。秘书逐一清点举手的人数并记录在案。

(5)秘书向会议主席提交统计结果,会议主席当众宣布表决结果。

(四)按表决器表决程序

(1)会议主席依据议事规则宣布按表决器进行表决。

(2)有表决权的与会成员按下表决器。

(3)计算机系统自动将表决结果显示在屏幕上。

(4)会议主席根据屏幕显示宣布表决结果。

第七节　议案和提案处理

一、议案和提案的含义以及区别

(一)议案和提案的含义

(1)议案的含义。议案是指法定机关或具有正式资格的与会者在会议期间向会议的领导机构提出的、请求在会议上讨论审议的文案。其特征有三：一是提出议案的主体必须具有法定的提案权；二是必须在会议期间提出；三是提出的议案必须符合会议的职权范围。

(2)提案的含义。广义上说，会议期间提出的议案都可以叫作提案。在国际性会议中，议案和提案并没有严格的区分，这两个术语常常互用。在我国，提案是指特定组织中具有一定资格的成员在自己的职权范围内对某方面工作提出的意见、主张、批评或建议。

(二)议案和提案的区别

(1)提交的主体不同。议案的提交主体必须是会议的领导机构(如组委会、主席团)和领导、向会议负责的法定组织以及会议的正式成员。会议的其他成员不具有提交议案的资格。而提案的提交主体较为宽泛，除会议的正式成员具有提案权外，有的会议还允许列席成员提交提案。

(2)目的和效力不同。议案是在会议期间提出的、请求在本次会议上讨论审议的书面议题，其本质特征就是"议"。因此，提出议案的目的就是使其列入议程，成为本次会议的议题。议案一经会议审议通过，便具有法律和行政效力。

提案是对某方面工作提出的意见或建议，可以在该组织举行会议时集中提出，但一般不要求列入会议的议程对其进行审议和表决，因此不具有约束力。当然，提案可以起民主监督的作用，有关方面应当认真接受、认真办理。

(3)提出的时间和程序不同。议案一般应当在会议召开之前和会议期间向会议的议案处理机构以书面的方式提出，并须经会议的领导机构审查、同意，才能列入会议议程。有些会议还要求提出议案的人数必须达到所规定的联名人数。

提案也要求以书面的方式提出，但一般没有时间限制，会前、会中、会后均可以。提案可以个人名义提出，也可以联名方式提出，还可以团组或党派的名义提出，但不规定联名人数。如，我国政协委员的提案就实行"三不限制"的原则，即政协委员提出提案的时间不限、内容不限、人数不限，也就是说，政协委员可以随时通过提案的形式反映自己的意见和建议。

(4)内容范围不同。议案的内容范围有较严格的限制，必须是本次会议职权范围内的事项。

提案的内容范围较为宽泛,一般不受限制,凡是与会者关注的问题都可以意见、主张、批评或建议的形式提出。

二、议案和提案工作机构

(一)议案审查委员会的主要任务

(1)审查议案的提出人是否具有提案权。
(2)审查议案的联名人数或附议人数是否符合规定,有无重复签名。
(3)审查议案的提交日期是否在规定的期限内。
(4)审查议案涉及的问题是否属于本次会议的职权范围。
(5)审查议案的内容是否符合法律、法规、规章以及议案(提案)工作条例。
(6)提出议案审查意见并形成书面报告,呈送大会主席团审议。
(7)负责议案的交办、转办、督查。
(8)对上一次会议的议案办理情况进行总结并向大会做出书面报告。

(二)提案审查委员会的主要任务

(1)制订提案工作方案和提案委员会年度工作计划。
(2)依照规定的程序,组织、征集提案。
(3)对提案进行审查立案,确定承办单位。
(4)对提案办理进行检查和督促。对办理不符合要求的,及时商请承办单位重新办理。
(5)向全体会议、常务委员会议、主席会议报告工作。
(6)对提案进行综合分析,反映重要信息。
(7)组织提案工作的宣传报道。

三、议案和提案处理流程

(一)会前预告

在向具有提案权(包括议案和提案)的会议成员发出会议通知时应预先告知议案和提案的截止期限和要求,并在会议开始时再次强调。

(二)议案和提案的提交

议案和提案应当在大会规定的截止日期之前以书面形式提交,使用统一印制的议案纸和提案纸,做到一事一案、书写规范。对于联名提出的议案和提案,领衔人签名应当列于首位。对于以组织名义提出的议案或提案,须有该组织负责人签名并加盖公章。国家行政机关向同级人民代表大会或者同级人民代表大会常务委员会提交议案，要符合《国家行政机关公文处理办法》的有关规定。

(三)议案和提案的受理

要在规定的截止日期之前做好议案和提案受理工作。

(四)议案和提案的登记

登记的项目包括编号、提交日期、案由、提案人、附议人数、所在团组、审查意见、立案号、承办单位及签收人、答复情况、存档号。应在归档时填写登记项目。议案和提案的登记工作伴随从接收到归档的全部处理过程。

(五)议案和提案的分类整理

收到议案和提案后，要按一定方法分类整理，以便进行分析和登记。分类的方法一般有两种，一种是按代表团和提案机构分类，另一种是按案由所涉及的问题分类。前一种分类便于统计各代表团的提案数，后者则便于分析议案和提案的内容分布，了解代表们所关注的热点，并有助于确定交办和转办的责任单位。分类后在议案(提案)纸上填入分类号。

(六)议案和提案的送审

登记后的议案或提案应当及时提请议案或提案工作机构进行审查并提出审查意见。对于需列入会议议程的议案，还需提交会议主席团审议同意，然后才能提交会议表决。

(七)议案或提案的会后处理

议案经大会审议通过后形成决定或者决议正式下发执行。未列入会议议程的议案则转化为书面建议进入会后处理程序。提案在会议中集中受理后，除少数通过审议转化为建议案之外，大部分提案则进入会后处理程序。

(1)立案、交办。议案如经会议通过形成了决议，从会务工作的角度来说，则视为办理完毕。有的议案和提案虽未列入会议议程，但对工作确有推动作用，经主席团或专门委员会审查同意后，可作为工作建议予以立案。会务工作人员应当根据会议领导的批示或审查意见及时做好交办工作。

(2)答复。议案或提案立案交办后，会议提案工作机构要及时答复提案人。答复的内容包括交办的时间、承办单位、办理的程序等。答复一般应当采用统一的书面形式并加盖公章，以示慎重。

至此，从会务工作的角度来说，议案和提案工作的任务基本结束，其后的承办、催办、报告和反馈等工作转由常设的秘书部门以及具体承办部门负责。

第八节　会议文书的收集与归档

一、会议文书的收集

(一)会议文书收集的目的和要求

1. 会议文书收集的目的

会议文书收集的目的主要包括三点:一是回收不宜扩散和保密的文书,防止泄密;二是为总结评估各项会议管理工作提供材料支撑;三是为会议文书的立卷归档做准备。

2. 会议文书收集的要求

(1)齐全。凡是有保存价值的会议文书在会议结束后都要立卷归档。

(2)及时。由于会议活动有明显的期限性,而大量的文书又分散在与会者、会议领导者以及会务工作人员手中,如不及时收集,会给收集工作带来许多不便和麻烦,甚至会导致收集不全,影响立卷工作以及会议档案的查考价值。对于秘密文书来说,收集清退不及时还容易造成信息扩散,导致泄密。

(二)会议文件收集的范围

(1)有关请求审批举办会议活动的文书,如请示。

(2)有关开展筹备工作的文书,如策划书、预案、会议通知等。

(3)有关会议内容的文书,如议程、讨论提纲、各种报告和发言材料、会议记录、议案、决定决议、参考资料等。

(4)有关会议活动宣传报道的文书,如会议简报、新闻稿(包括报刊上刊登会议新闻的版面)、新闻发布会上的介绍材料等。

(5)有关会议管理与服务方面的文书,如各种通知、名单、表格、簿册、会议总结、承办合同、日程安排等。

(6)有关会议活动的照片、录音和录像磁带、计算机软盘、光碟等。

(7)会议文书的定稿(即经领导签发的发文稿纸和会议通过的文本)和存本、重要文件的讨论稿、送审稿、草案、修正草案、表决稿等。

(三)会议文件收集的方法

(1)确定收集清退的重点对象。文件收集的对象包括全体与会者和工作人员,但重点是会议领导、小组召集人、发言人、记录人、拟稿人。抓住文件收集的重点,就能基本保证会议文件收集的齐全性。

(2)印发收集清退目录。对于规模较大的会议,可事先印发会议文件的收集清退目录,要求每位与会者在会议结束时根据目录整理好应清退的文件,统一交至秘书处;或由各组秘书(联络员)收齐后交给秘书处。

(3)现场收集清退。对于小型会议,可在会议结束时要求与会者将需要收集清退的文件当场留下。

(4)个别收集催退。对于提前离开的参加对象或工作人员,如果手中有必须清退的文件,要及时进行个别催退。

(四)收集清退会议文书应当注意的问题

(1)严格查对。对于保密文件,要按会议文书的清退目录和发文登记簿逐人、逐件、逐项检查核对,以免出现遗漏。

(2)严格登记。收集会议文件要严格履行登记手续。

二、会议文件的立卷和归档

会议文件收集齐全后,应及时整理并立卷归档。

(一)会议文件立卷的方法

由于会议活动的种类、性质以及产生文件的数量差别较大,对一次具体会议活动来说,立卷方法应根据实际情况确定。以下几种方法可供参考:

(1)一般性会议,如专题工作会议、法定性代表大会、洽谈会等,应当一会一卷。

(2)大型综合性会议由于配套活动多、文件数量大,可依据活动的类型分别组卷。比如,举办大型经贸洽谈会,可按展览展示活动、高层论坛活动、投资说明会活动等分别立卷。

(3)对于领导办公会议讨论通过的文书,可由上报该文书的部门立卷。会议记录、会议纪要、决定、决议,由办公室立卷。

(4)联合举行的会议活动,由主要的主办单位负责收集归档。

(二)会议文件立卷要注意的问题

会议文件立卷除了遵守普通文件立卷的要求外,还要注意以下几点:

(1)由于会议文件通常一会一卷,而一次会议的文件既有需要永久和长期保存的,也有只需短期保存的,因此在组卷时可以采取两种办法解决文件之间保存价值和保存期限不一致的问题:一是以其中最高保存价值的文件为准,确定组成案卷的保存期限;二是复制部分文件,以便按各档保存期限组卷时能使各卷保持文件之间的有机联系。

(2)卷内文件的次序排列可采取以下方法:

①按会议议程进行的先后顺序排列。这种方法便于反映一次会议的自然进程。

②按照卷内文件所反映的议题的重要程度排列次序。

思考与练习

1. 会议报到工作有哪几方面内容？
2. 试制作一份会议签到表。
3. 怎样安排好会议的食宿？
4. 会议的值班工作有哪几方面？
5. 怎样做好会议的返离工作？
6. 试为某家公司制作一份统一格式的会议记录。
7. 试述会议简报的编发流程和要求。
8. 怎样确定选举和表决的有效性？
9. 选举和表决中计算"多数"通常有哪几种方法？
10. 试述书面投票表决的程序。
11. 收集会议文件有哪些方法？
12. 会议宣传的方法有哪几种？

第六章　安排领导活动

> 领会安排领导活动的原则和一般流程；熟悉领导活动各种方案的写作格式；掌握安排领导会议、考察慰问、仪式典礼、庆祝纪念等活动以及组织展览和参展的基本方法、流程和要求并能综合应用。

第一节　安排领导活动概述

一、领导活动的含义和种类

(一)领导活动的含义

从领导科学的角度来看,领导活动泛指领导实施管理的过程;而秘书工作中所安排的领导活动则是指事先计划安排的、具有明确目的的、领导在工作范围内的交往和交流活动。

(二)领导活动的主要种类

(1)会议会谈活动,包括领导召集主持或参加的各种会议、双边或多边会谈。这类领导活动数量多、频率高,是秘书服务的重要方面。

(2)参观考察活动,包括领导到基层视察、检查、调研以及到外单位、外地外参观、访问、学习和考察等。

(3)走访慰问活动,包括逢年过节慰问群众,发生各种灾害事故时看望受灾群众以及救援人员,等等。

(4)礼仪应酬活动,包括领导对各种内宾和外宾的迎送、宴请、看望、接见、谈话、陪同等接待活动,以及出席各种仪式、典礼等应酬活动。

二、安排领导活动的原则

(一)精简必要

必要的领导活动是领导机构和领导开展工作、履行职责的手段。但如果仪式类活动和应酬活动过多,会分散领导的精力,影响正常工作。秘书作为领导的助手,有责任、有义务对领导的活动进行把关,做到精简必要。对那些领导不必参加的活动,在征得领导同意后予以回绝,并向主办单位说明情况,取得谅解。

(二)统筹协调

领导活动牵涉面广,涉及人数多,影响力大,秘书在安排领导活动时一定要统筹兼顾,具体要注意以下几点:

(1)全局性活动应安排主要领导出面。
(2)业务活动以分管领导为主,其他领导适当分担。
(3)社会活动多安排老同志、德高望重者参加。
(4)特别重大的活动,可安排党政一把手同时出席。
(5)外事活动一般优先于内事活动安排。
(6)联系群众的活动安排优先于一般的应酬性活动。
(7)全局性活动安排优先于局部性活动。
(8)需要多位领导同时参加的活动,必须事先协调好时间。

(三)务实简朴

安排领导活动要简朴务实,反对形式主义;要轻车简从,避免扰民;接待领导要严格遵守有关规定,杜绝铺张浪费。

(四)科学合理

安排领导活动要科学合理,具体应当做到:
(1)要紧紧围绕领导机构的中心工作合理安排。
(2)要分清领导活动的轻重缓急,合理安排。
(3)要根据领导的工作风格和办公习惯合理安排。
(4)要遵循劳逸结合的规律合理安排。

三、安排领导活动的一般流程

(一)掌握情况,明确要求

安排领导活动首先要掌握领导工作的总体思路,每项领导活动的目的、任务、形式、目的地、涉及人员以及具体意图和要求,这样才能有针对性地安排好每一项领导活动。

(二)精心策划,拟订方案

在掌握情况、明确要求之后,秘书要为领导精心策划最佳活动方案。活动方案应当包括活动的内容、形式、参加人员、时间、地点、线路等,并报经领导审批确定。

(三) 准备落实，搞好协调

方案确定后，秘书要围绕方案的每一个细节认真做好领导活动前的各项准备。对涉及多方面的重要活动，还应当开好协调会，向各有关单位交代任务、落实责任；如果是现场活动，秘书还应当到现场进行查看，沿着领导活动的路线边走边查、计算时间，估计可能遇到的问题，制订应对的方案。

(四) 现场服务，确保顺利

领导活动进行过程中，秘书要随时提供现场服务和随从服务，发现问题要及时协调解决，保证领导活动顺利进行和圆满成功。

(五) 总结经验，形成报告

领导活动结束后，秘书要总结领导活动安排的经验和教训，不断提高安排领导活动的水平；对于重大的活动安排，还应形成书面总结报告，以便日后借鉴。

四、制订领导活动方案

(一) 领导活动方案的类型

领导活动方案可分为以下两种：

(1) 活动时间表。这类活动方案是把领导一段时期内的各项活动按时间顺序安排落实，以便管理和协调领导活动的时间，提高领导活动的效率。这类方案可按年(半年)、月、周、日进行具体安排。

(2) 专项活动方案，即针对某项重要的领导活动专门拟写的策划方案，如出访活动方案、接待活动方案等。专项活动方案需经领导批准或提交领导办公会议讨论同意方可执行。

(二) 领导活动方案写作格式

1. 领导活动时间表的格式

领导活动时间表一般由以下几部分组成：

(1) 标题。写明单位名称或领导姓名加上"活动安排"或"日程安排"，年度安排和月安排一般还要写明年份、月份。

(2) 题注。周安排和日安排的标题下可写明针对的具体时间。

(3) 正文。年安排和月安排既可采用日期式，也可制成表格，周安排和日程安排多采用表格的形式。正文的内容包括：

① 时间。按时间先后安排各项活动，具体要求是：年安排，写明各项活动所在月份和大致日期；月安排，写明活动的具体日期；周安排，写明活动的具体日期及上下

午,最好写明具体时间;日安排,写明开始和结束时间。

②活动内容。写明活动的名称,没有名称的写事由,文字应简明扼要。

③活动形式,如写明座谈会、宴请、会谈、签字仪式等。也可和活动内容写在一起。

④地点。

⑤参加人员。参加人数较少时可写姓名,人数较多时可写范围,如"各部门经理"。

⑥备注。写明其他需要注意的事项。

以上内容可根据具体情况确定详略,一般来说,年度和月度安排较为粗略,而周安排和日程安排则较为详细。

领导活动年安排实例

韦玉董事长20××年主要活动安排

1月11—13日	公司20××年度销售工作会议
1月24日	公司20××年度新产品发布会
2月4日	美国GL公司来访,洽谈有关合作生产××××系列产品
……	
5月18日	公司成立30周年庆典
7月11—20日	赴法国、意大利考察
……	

领导活动周安排实例

××公司会议和活动安排
(20××年12月21—25日)

时间	地点	内容	主持人	参加范围
星期一(5月21日) 上午8:30	第一会议室	总经理办公会议	总经理 王××	出席:正、副总经理,正、副总监 列席:各部门经理
星期二(5月22日) 下午2:00	第二会议室	××产品 开发协调会	副总经理 张××	市场部、计财部、 科技部(人员另行通知)
星期五(5月25日) 下午3:00	多功能会议室	20××年企业文化 建设 总结表彰会	党委书记 洪××	(人员另行通知)

领导活动日程安排实例

王政和总经理日程安排
（20××年8月14日星期六）

时间	内容与形式	地点	参加人员	备注
8:30	会见××公司总经理×××协商××产品开发事宜	会客室	××副总经理	张秘书做记录
10:00	主持计财部人员招聘面试	小会议室	××副总经理人力资源部、计财部经理	由人力资源部具体安排
14:30	主持公司中层干部会，动员和布置公司机构改革工作	大会议室	部门副经理及以上干部	由行政部具体安排

2. 专项活动方案的格式

专项活动方案的格式一般包括以下几部分：

（1）标题。写明活动名称加上"方案"、"预案"、"策划书"或"计划"。预案即预备性方案。对于需要在内容与形式方面有所创新的领导活动，可以采用"策划书"这一名称。计划是在任务、要求、时间进度等方面较为详细具体的操作方案。

（2）正文。正文一般可分为两部分：开头部分写明这项活动的目的、意义、指导思想、原则；主体部分写明活动的内容、形式、时间、地点、出席范围、活动的程序以及准备工作的各项要求。专项活动方案一般可不写结尾部分。

领导专项活动方案由秘书或由秘书会同有关部门起草后提交本级领导或领导办公会议审批，领导签批同意的按批示件办理，领导办公会议审批通过的应形成会议纪要。如需提交上一级领导机构批准，则应以请示这一文种为主件，专项活动方案则作为附件。

专项活动方案实例

××董事长一行赴美国访问工作方案

为加强国际市场调研，开辟新的国际市场，扩大我公司××系列产品的对美出口，经美国××商会、美国××公司邀请，我公司××董事长将于20××年11月5日至12日率×××、×××、×××、×××共五人赴美国访问。

一、××系列产品目前在美国的销售情况及市场前景

（略）

二、这次访问的目的和任务

1. 进行市场调研,研究扩大××系列产品出口美国的可能性及应采取的对策,与美国××公司签署合作协议。

2. 举办××系列新产品发布会。

三、行程安排

11月6日上午抵纽约,住××酒店。下午拜访美国××商会,了解××系列产品在美国的市场前景。

11月7日上午访问××公司总部,与对方董事长举行会谈,签署双方合作协议;下午参观该公司下属工厂。

11月8日在××中心举行××系列新产品发布会。

(下略)

四、准备工作

1. 制作公司宣传资料、产品说明介绍、合作协议书草案、名片等,由张××负责;

2. 护照、签证办理事项由钱××联系安排;

3. 携带手提电脑、照相机等器材由李××落实;

4. 准备备用金(略);

4. 机票以及在访问期间住宿安排由孙××负责;

5. 在美期间的××系列新产品发布会的策划与实施由魏××负责,商请驻纽约领事馆协助。

五、谈判中几个具体问题

1. 价格掌握(略)

2. 付款条件(略)

3. 计价结算的使用货币问题(略)

××公司行政部、市场部
20××年××月××日

第二节　安排领导会议活动

一、安排办公会议

(一)办公会议的含义和特点

1. 办公会议的含义

办公会议泛指特定组织的行政领导班子全体成员为实施管理而举行的工作性例会。

2. 办公会议的特点

(1)实行首长负责制。办公会议由行政首长负责召集,领导班子全体成员集体议事,除特别重大事项采取投票表决外,日常工作由行政首长(如部长、局长、校长、院长、经理等)最后拍板决定。这一点与其他许多会议形成明显的区别。

(2)周期相对较短。办公会议需要及时解决本单位管理中的各种问题,因此基本上都以例会的形式定期举行,周期较短,一般每周一次或者每两周一次。在特殊情况下,也可以举行临时性办公会议或紧急会议。

(3)办公会议讨论事项大会分为两类,一类是日常性工作,另一类是重大事项决策。办公会议当然要讨论决定重大事项,但还是以讨论日常工作为主,因而会议的议题较多,涉及范围较广。

(二)办公会议工作要点

1. 收集好议题

每次会议之前先要收集必须在会上讨论解决或通气的事项。

议题收集工作可由办公厅(室)负责,收集的对象主要有三类:第一类是领导班子成员,请他们提出议题;第二类是各职能部门,看看职能部门有没有需要通过办公会议解决的问题;第三类是下级机构,如请示、报告以及需要提请审议的事项等。

2. 协调好议题

在议题收集的同时,还要注意对议题进行协调。议题协调工作可以分以下三个层次进行:

(1)凡拟在办公会议上讨论的议题,一律请主办部门主动与有关部门先行协调会商,使各方达成共识。未经协调的,除非情况紧急,原则上不提交会议讨论。

(2)对于部门之间一时难以协调的问题,可请分管领导批示,提出意见,批转有关部门负责人进行协调。

(3)对一些比较复杂、意见分歧较大的问题,建议分管领导直接出面协调。协调意见基本一致的,提请办公会议讨论、拍板;经协调意见仍不一致的,由负责协调的领导提出倾向性意见,供领导办公会议决策时参考。

3. 准备会议文件

对于会上要讨论的文件,应在会议前完成起草、收集、审定工作,并按与会人数打印分装。对于需仔细研究的文件,要在会前分发。

4. 落实会议通知

办公会议的通知要及时到位。定期举行的会议应列入领导活动或机关会议日程表,另发备忘录式的会议通知,写明主要议题,使参加者做好准备。对于临时性或紧急会议,除书面通知外,还要用电话落实。必要时请领导签收会议通知。对可能缺席的领导成员或重要的列席人员名单应事先掌握,以免影响议题的讨论。

5. 安排好候会

有时办公会议讨论的问题较广,列席会议人员也较多。为了避免"陪会",也为防止会议内容交叉扩散,要安排好列席人员的候会。为此,会议秘书要事先估算每项议程大致所花的时间,通知有关列席人员提前在附近的休息室等候。当会议讨论某项议题时,请有关的列席人员进入会场参加会议。

6. 提供文印服务

办公会议常常要临时复制文件,会议秘书应随时待命,及时完成任务。

7. 防止干扰会议

办公会议一般都在单位内部举行,有时会受本单位琐事的干扰。为此要采取有效措施,防止对会议的干扰。例如,秘书应做好来电记录和来访登记,以便领导成员会后办理。

8. 做好会议记录

办公会议记录是形成会议最后文件的依据,也是会议情况的原始、真实的反映,会议秘书要聚精会神地做好记录。

9. 起草和印发最后文件

办公会议的最后文件包括决定、决议、会议纪要以及会议通过的通知、通报、批复、条例、规定、办法等。这些文件有的在会前已经拟写,提交审议后要做修改,有的则在会议结束后根据会议记录起草,经主要领导签发后印发给有关方面贯彻执行。

10. 反馈会议信息

把会议精神传达贯彻的情况向领导机关和领导反馈,以便发现问题,为下一次工作会议进行再决策做好准备。

二、安排委员会议

(一)委员会议的含义和特点

1. 委员会议的含义

委员会议是一个泛称,凡是实行领导成员集体讨论、集体表决制度的会议都可以被视作委员会议,如党委会议、理事会议、董事会议等。

2. 委员会议的特点

(1)与会者权利平等。参加会议的每一个成员只要具备正式资格,就具有法定的表决权,而且人人平等,会议主席也不例外。

(2)少数服从多数。委员会议实行少数服从多数的基本原则,通过各种表决方式决定问题、集体决策,任何人都不能凌驾于这一原则之上。这是委员会议的基本特点。

(3)会议程序规范。委员会议对程序有极其严格的要求,通常要制定成文的议事规则,来规范和制约会议主席以及全体成员的行为。

(二)委员会议工作要点

委员会议与办公会议在工作要点方面有很多相同点,但以下几点是安排委员会议必须要注意的:

(1)事先告知会议议题。委员会议通常要讨论一些重大问题,通过表决做出一些重大决策,为提高决策的质量和会议的效率以及尊重与会成员的知情权,必须在会前将会议议题告知每个与会成员。讨论决定重大事项时应将有关书面文件提前发给每个与会成员。

(2)一定要落实会议通知。参加委员会议是每个正式成员的法定权利,会议通知落实到位,是对每个委员与会权的尊重,也可保证会议法定人数的有效性。

(3)一定要由与会者本人签到。委员会议的签到是一种法定行为,由与会者本人签到才具有法律效力。

(4)准备好投票用品。委员会议常常要以投票的方式解决问题,因此会前要根据投票对象的具体性质和内容设计并印制好表决票备用,具体方法参见第五章中的"选举、评选和表决工作"一节。

三、安排联席会议

(一)联席会议的含义和特点

1. 联席会议的含义

联席会议是指若干组织或单位为协商确定某些工作或为达成某项协议而举行的双边或多边会议。

2. 联席会议的特点

(1)平等性。联席会议的与会者不以个人身份参加会议,而是代表一级特定的组织,这些组织之间一般不具有相互隶属关系。因此,与会各方的地位和权利是相互平等的,应当相互尊重。这是联席会议最根本的特点。

(2)协商性。联席会议以磋商协调为会议的基本宗旨,以一致通过为解决问题的机制。这一点与办公会议完全不同。联席会议因各方权利平等,必须采取磋商协调的方式来达成共识。有时联席会议也可能由某个主管部门召集主持,具有一定的影响力,但最后还是要靠协调各方的立场和平衡各方的利益来解决问题。

(3)约束性。联席会议所达成的共识、所商定的协议,一般要以文件的形式记载下来,并由与会各方共同签署、盖章。文件一旦签署盖章便产生法定效力,对各方具有约束力。

(二)联席会议工作要点

联席会议除做好一般会务工作之外,还要注意以下几点:

(1)议题要协商。联席会议的议题和议程应当由与会各方共同商定,也可由会议牵头一方提出议题和议程草案,经各方协商后确定。

(2)范围要全面。确定联席会议的对象范围时要考虑全面,和议题有关的单位都要出席,不能遗漏。

(3)代表要全权。每个与会单位应当委派全权代表出席会议,以便能在实质性问题上当场表明态度,避免因一方需要回去请示、无法当场表态而迫使会议中途休会。

(4)发文要提前。联席会议一般都要形成最后文件,主办单位要在会前准备相关文件草案,以便会上进行讨论磋商。讨论的问题如果专业性较强或者容易产生分歧,主办单位还要在会前准备好足够的参考性和背景性资料,并尽可能提前分发到位,以帮助与会者掌握信息、统一认识。

(5)签到要细致。与会者必须在签到表上签字,以证明其参加会议。签到表要同会议文件一起立卷归档。

(6)记录要准确。联席会议的记录是形成或修改会议最后文件的依据,会议秘书要认真全面地做好会议记录。如果会议达成口头协议,应当要求各方在会议记录上署名,以便将来查考。会议记录一般由主办方或召集单位保存。

(7)签署要规范。联席会议形成的文件,如会议纪要、合作备忘录、协议书、联合宣言等,要由各方全权代表签字,必要时可举行签字仪式。正本要按与会单位的数量印制,每一方分别执一份。

四、安排听证会

(一)听证会的含义和特点

1. 听证会的含义

听证会是立法或行政主体在职权范围内就特定问题听取有关人士或组织代表意见或作证的会议。

2. 听证会的特点

(1)法定性。根据我国有关法律法规的规定,立法机关和国家行政机关在立法或决策时,可以举行或者必须举行听证会。因此,听证会是一种法定的会议形式。听证的范围、听证会组织、参加对象的确定、听证会的主持、会上的发言、会议记录的签署、听证报告的形成等都必须符合有关的法律、法规和规章。

(2)广泛性。听证会的参加对象必须具有广泛的代表性,这是由听证会的性质决定的。听证会的参加对象包括听证人、听证陈述人、旁听人、记者等,其中听证陈述人必须具有广泛的代表性。

(3)公开性。听证会是民主管理、民主决策的有效形式,除涉及国家秘密事项等特殊情况外,应当公开举行,允许市民旁听,允许记者采访。

(二)听证会工作要点

1.确定听证会成员

听证会成员包括:

(1)听证人,即组织听证会的机关。在我国,听证人既可以是立法机关,也可以是国家行政机关。举行听证会时,听证人派代表出席,听取听证会参加人的意见陈述,会后提出听证报告。

(2)主持人。主持人由听证人指定,其职责是:①宣布听证会程序、听证会纪律;②介绍听证会代表;③维护听证会秩序;④保证申请人和听证会代表应有的发表意见的机会和时间;⑤对听证会进行总结。

(3)听证申请人,即提出听证请求的机构或个人,又称提案人。有的听证会无听证申请人,由听证人根据需要直接组织听证会。

(4)听证参加人。听证参加人即听证会代表。听证参加人应当具有广泛的代表性,主要包括:①与听证事项有利害关系的当事人,如经营者和消费者代表;②与听证事项有关并提供相关事实的其他单位和个人;③政府有关部门和司法机关的负责人及其他有关人员;④了解听证事项的专家、学者、律师;⑤人大代表、政协委员以及民主党派、无党派人士。

(5)旁听人。公开举行的听证会必须保证有一定数量的旁听代表。

2.确定听证内容

听证内容即听证会的主要议题。在我国,听证内容主要包括两个方面,一是征求对某项法案(包括法律、法规和规章)的意见,二是征求对某项行政决策的意见。凡涉及下列情形之一的,可以举行听证会:

(1)对经济和社会发展有重大影响的法案或决策事项。

(2)对广大人民群众切身利益有重大影响的法案或决策事项,如价格调整、行政强制拆迁等。

(3)内容存在重大意见分歧的法案或决策事项,如行政处罚事项。

(4)其他需要广泛听取意见的法案或决策事项。

3. 公告听证内容

一般情况下,听证会是公开举行的,因此内容确定后,听证人应当向社会发布公告。公告的内容包括:

(1)听证人名称。

(2)听证的目的。

(3)提案人和提案的内容,必要时可将提案文本公布。

(4)听证会的规模,听证参加人的范围、名额分配。

(5)听证参加人及旁听人的报名条件、报名方法、截止日期、遴选程序。

(6)听证会举行的时间和地点。时间和地点也可另行公告。

4. 发出通知

听证会的时间、地点、内容、参加对象确定后要及早发出听证会通知,通知的方式包括媒体上发布公告、邮寄会议通知等。必要时可将参加听证人和旁听人名单向社会公布。

5. 布置会场

听证会会场的座位格局一般安排成全围式或半围式,但应突出听证人的中心位置。发言人在前排就座,周围可设旁听席和记者席。会场正面要有会标,会场装饰要简朴。规模较大的要设置扩音设备。

6. 举行听证会

举行听证会时要做好以下工作:

(1)掌握好听证会程序。听证会程序如下:

①主持人宣布听证会开始,说明会议的目的和法律法规依据,介绍参加听证会的人数,宣布会议注意事项和发言的规则。

②提案人介绍法案或决策方案。

③听证人宣读对法案或决策方案的初审意见。

④参加听证会的代表发言。

⑤提案人最后陈述意见。

⑥主持人做听证会总结。

(2)控制好会议进程。由于参加听证会的代表来自各个领域,各自的观点、立场和利益诉求不同,会上难免会发生争辩,有的代表还会延长发言时间或要求多次发言。因此,主持人一定要善于控制会议进程,适时运用会议规则进行调节,既要保护合理的辩论,又要尽可能让每个与会代表都有机会发表意见。

(3)做好会议记录。听证会记录是形成听证报告的基础,记录全面与否关系到报告能否全面反映听证参加人的意见,因此一定要安排足够的记录人员。记录人员的座位安排要合理,以使他们能听清每个人的发言。

(4)确认会议记录。在会议结束前,主持人应要求发言人会后留下,核查自己的发言记录,确认后签署姓名。有发言稿的,可请其留下发言稿,附在会议记录后一起归档。

7. 形成听证报告

会议结束后,工作人员根据会议记录撰写听证报告,上报听证机关领导,作为立法或决策时的参考。听证报告的格式大致如下:

(1)标题,由听证会名称+报告组成。如:

20××年××省春运公路客车价格听证报告

(2)开头,记述听证会的基本情况,包括听证会的目的、时间、地点、内容,听证人、听证参加人的范围和人数,发言人数等情况,要求简明概要;然后用"现将听证情况报告如下"一句转入下文。

(3)主体,一般按发言者的观点进行分类,分若干层次表述。每一层次可设小标题,概括这一层次的主要观点。每一观点都要列举发言内容,并说明发言人单位和姓名。

(4)小结。报告最后要对本次听证会进行小结,概括听证代表的意见和要求,提出听证人的处理意见和建议,供立法会议或决策会议参考。

听证会实例

会议名称:20××年××省春运公路客车价格听证会

听证机关:××省物价局

会议时间:20××年12月8日上午9时30分

主持人:××省物价局局长

会场布置:如图所示。

听证会会场布置图

证件颜色:正式代表(红),旁听代表(蓝),记者(粉红),工作人员(黄)。

会议程序:

1. 主持人宣布:20××年××省春运公路客车价格听证会开始。

2. 主持人说明会议的法律依据和本次会议的目的。

3. 主持人宣布听证会注意事项(代表发言不超过5分钟,其他代表保持安静)。

4. 主持人介绍会议代表的组成(33人)。

5. 申请人代表××省交通厅副厅长介绍申请方案《20××年××省春运公路价格上浮建议方案》。

6. ××省物价局副局长宣读初审意见。

7. 咨询机构代表宣读调查情况。

(稍作休息,准备发言)

8. 听证代表发言。(会场内大型电脑显示屏显示每位发言者的证件及照片)

先后发言的有消费者协会代表、消费者代表、经营者代表、省总工会代表、省人大代表、省发改委代表、省交通厅代表、律师代表、专家学者代表、学生代表等。

9. 申请人代表省交通厅副厅长陈述意见。

10. 主持人做听证会小结。

11. 主持人请发言的代表在会议记录上签字。

12. 主持人宣布会议结束。

五、安排报告会

(一)报告会的含义和特点

报告会是指请领导、专家或者有关事件的当事人就形势、学术问题或者某人的事迹作专题性介绍、陈述、演讲的会议。有的报告会也称演讲会。按内容来分,报告会有形势报告会、动员报告会、学习报告会、学术报告会、事迹报告会等。报告会具有以下特点:

(1)主题鲜明。报告会的主题一定要集中、鲜明,使人印象深刻。有些报告会在名称上加上"主题"二字,称为"主题报告会"或"主题演讲会",其用意就是通过突出主题来强化报告会的吸引力。

(2)内容新颖。报告会不仅主题要集中突出,而且内容应当具有时代性、前沿性、前瞻性和生动性,能使报告会起到传播知识、熏陶思想、开启智慧、激发热情、鼓舞士气、提升修养的作用。

(二)报告会工作要点

(1)确定好目标。确定好目标就是要解决为什么要举行报告会和举行哪种报告会的问题。报告会的目标决定报告会的种类。

(2)策划好主题。报告主题应根据报告会的性质并结合形势的需要来确定。

(3)邀请好报告人。要根据报告的主题选择合适的报告人。邀请时要将举办报告会议的目的、参加的对象告知对方。

(4)组织好参加对象。报告会参加对象有两种,一种是由主办者指定并且必须参加的对象,另一种是公开邀请、鼓励自由参加的对象。参加对象要根据报告会的目的和内容确定。报告会的规模要适当大一些,以形成一定的气氛。

(5)安排好提问环节。学术性、时事性、知识性报告会可安排适当时间的听众提问,请报告人现场回答。安排提问时,主持人要控制好时间和局面。

六、安排座谈会

(一)座谈会的含义和特点

1. 座谈会的含义

座谈会是一种与会者自由平等发表意见、交流切磋的小型围坐式会议。

2. 座谈会的特点

(1)用途广泛。座谈会可用于咨询论证、调查取证、纪念追思、学习取经、交流总结、庆祝表彰等,对内对外都可以举行,因此,座谈会使用频率极高。

(2)规模较小。既然是座谈会,就应当使每个与会者都有机会发言。这样,会议的人数就不宜过多,十几个人或几十个人足矣,特殊情况下至多上百人。

(3)形式简便,气氛轻松。座谈会大都采取围坐的形式,除主持人外,常常不排座次,随意就座,主持人的位置也并不十分起眼,其目的就是创造一种非常轻松、自然、平等的气氛。在这样的气氛中,与会者心情愉快,畅所欲言,容易取得良好的会议效果。正因为如此,也可将座谈会称为恳谈会。

(二)座谈会工作要点

1. 目的和主题要明确

座谈会尽管形式简便,但目的必须明确,主题必须鲜明。

2. 通知要清楚到位

除了通知时间、地点外,要明确告知与会者会议内容,有时还要告知与会者还有哪些人参加会议,以便做好思想准备和发言准备。

除了发书面通知外,还要用电话跟踪落实。对于参加人数较少的座谈会,要及时掌握请假情况,以便及时对出席人员进行调整,防止出现因出席人员过少而无法开会的尴尬局面。

3. 会场布置要灵活

座谈会的形式非常灵活,会场布置也要相应灵活多样,可以采取圆形、方形、长方形、椭圆形、六角形等围坐式座位格局,特殊情况下也可以设计成半围式。但有一点必须注意:会场座位尽量不要摆成上下对应式或分散式,否则就会使座谈会的气氛变得严肃、拘谨,影响会议的效果。桌上应放置茶水。较为重要的座谈会上可以悬挂会标,揭示会议的主题,渲染会议气氛,也便于摄影和电视报道。

4. 发言要安排落实

座谈会的发言形式有两种:一是自由发言,即事先不规定每人都要发言,也不规定发言顺序。与会者发不发言、什么时候发言,完全由与会者自己决定。二是事先确定若干主要发言者,也可以编排好他们的发言顺序,会上由主要发言者先发言,然后由其他与会者自由发言。安排发言要注意以下问题:

(1)发言要紧扣会议主题,主持人要善于引导和控制。

(2)避免"冷场"。座谈会上有时难免会出现暂时的"冷场",这时主持人应分析"冷场"的原因,及时采取措施,激发与会者的思路和热情。

(3)必要时可以点名发言,但这只能是一种启发和鼓励,不能要求强制性发言。

(4)保护健康的争论。座谈会出现一些争论属于正常现象,只要是对会议主题的积极探讨,就应当加以鼓励和保护,它有利于打破僵局,活跃会议气氛,激发与会者的热情和思路。当然,会上如出现无谓的争论且影响会议正常进行,主持人应及时引导。

5. 对与会者要表示感谢

座谈会可以分为两种:一种是横向型座谈会,即与会者同举办者无隶属关系,在这种座谈会结束后,自然应当对与会者的光临表示感谢。另一种是纵向型座谈会,即会议是由领导机构或领导召集下属有关部门或人员举行的,会议结束时若领导说一句表示感谢的话,会使与会者倍感亲切。

6. 形成会议纪要或简报

对于重要的座谈会,可以将其精神形成会议纪要发至有关单位,也可以简报的形式散发或通过官网和社交媒体发布。

七、安排现场会

(一)现场会的含义和特点

1. 现场会的含义

现场包括工作现场、突发性事件和突发性事故现场、正反典型发生的现场以及具有历史纪念和象征意义的现场。在这种现场召开的会议被称为现场会。

2. 现场会的特点

（1）强烈的现场感染力。现场会让全体与会者处在特定的现场之中，直接观察现场，感受现场的气氛，在现场中发现问题，获得启示，接受教育，受到感染，提出解决问题的办法与措施，这对于提高会议的质量和效率具有十分重要的意义。

（2）明确的针对性。现场会目的明确、针对性强，一切都围绕"现场"二字做文章，如现场观摩、现场考察、现场演示、现场讨论，把问题解决在现场，把现场的经验教训带到相关的工作中去。

（二）现场会工作要点

1. 选好会议现场

选好会议现场是开好现场会的关键。选择会议现场时要注意以下几点：

（1）符合会议目标和任务，便于解决问题。举行现场会议的目的就是通过现场考察，及时发现问题、解决问题。因此一定要根据会议的目标和任务来选择和确定会议的现场，脱离了会议目标，现场会就毫无价值可言。

（2）富有典型意义。现场会往往以正反两方面的典型事例和经验来推动工作，现场的典型性越强，其宣传和教育的作用也就越显著。

（3）反对弄虚作假。现场会议的现场必须是真实的。弄虚作假的现场会会助长形式主义，要坚决抵制。

2. 安排好现场参观的线路

现场会大都要安排参观、考察。会前要设计好参观考察的点以及线路，先看什么、后看什么、从哪里出发、在哪里结束，都要有计划、有安排。

3. 落实好集中开会的会场

现场会的会场安排方式有两种：一种是将会议地点直接安排在事件发生地或工作现场，参观考察和讨论研究都在现场完成；另一种是把参观考察和集中开会分成两段，集中开会可以安排在考察之前，也可以安排在考察之后。采取这种方式就需要另外就近安排集中开会的场地。

4. 做好现场接待

做好接待工作是开好现场会的重要保障。在参观考察的现场，要有专人负责引导、讲解、分发资料和后勤保障。

八、安排法定性代表大会

（一）法定性代表大会的含义和特点

1. 法定性代表大会的含义

凡按照法律必须召开的代表大会都属于法定性代表大会。比如，我国的各级人民代表大会是根据宪法和相关法律必须举行的，职工代表大会则是依据工会法、公司法必须举行的,等等。

2. 法定性代表大会的特点

(1)代表的产生具有法定的程序。法定性代表大会的正式代表都必须按一定的法律或组织章程规定的程序选举或协商产生。

(2)代表享有法定的权利。法定性代表大会的成员都具有法定的提案权、发言权、选举权和表决权,有的还具有质询权、视察权等。

(3)会议具有法定的内容和形式。法定性代表大会从会议的议题、议程的提出到审议表决的方式和具体程序都必须遵循有关的规定。

(4)有相对固定的会期。如宪法规定,全国人民代表大会会议每年举行一次;党章规定,党的全国代表大会每五年举行一次。代表大会应当按期召开,非特殊情况,不得提前或者延期,更不得取消。

(5)到会代表必须符合法定人数。法定性代表大会的出席人数直接关系到会议的有效性。出席会议的代表达不到法定人数时,不能举行会议。

(6)会议的结果具有法定效力。法定性代表大会在会议的职权范围内所形成的各项决议和决定具有法定效力,有关方面必须严格执行。

(二)法定性代表大会工作要点

1. 确定邀请对象

法定性代表大会的主体是正式代表,但往往需要邀请列席人员和特邀代表参加,有时还邀请部分其他人士旁听。确定邀请对象时要注意以下问题:

(1)要确定与会议有关的法律、法规或组织章程是否允许邀请特邀代表、列席人员或旁听代表。

(2)要事先确定邀请对象的原则、范围和条件。

2. 选择、布置好会场

法定性代表大会的会场应当选择在本地区或本单位通常举行重要会议的地方。会场布置要体现庄严、隆重的气氛。场外也应当适当进行气氛渲染。会场内一般都要设主席台。主席台上悬挂会徽、会标、旗帜,摆放鲜花。主席团成员应在主席台上就座。一般代表按代表团分区就座。

除举行全体代表会议的主会场外,还要落实各代表团分组开会的会场。各会场要尽可能靠近,以便于联系和交流。

3. 安排好会议接待工作

对跨地区和会期较长的大会,要安排好代表的接站、报到、食宿、保健、娱乐活动。

4. 成立会议主席团

成立会议主席团的相关内容详见第四章第二节"建立会议管理系统"。

5. 开好预备会议

一般情况下,正式召开代表大会之前都要先举行预备会议,确定代表大会的有关重大问题,为大会的正式召开做最后的准备。

(1)预备会议的主要任务如下:

①通过代表资格审查委员会名单。

②通过代表资格审查报告。

③通过大会主席团和秘书长名单。

④通过大会议程和日程。

⑤对会议其他准备事项做出决定。

(2)预备会议的程序如下:

①会议主持人向大会报告应参加大会的正式代表人数和实际参加大会的正式代表人数。确认到会正式代表人数符合规定人数后,方可开会。

②分别通过代表资格审查委员会、大会主席团和秘书长名单。

③通过大会议程,有的还需通过会议日程。

④预备会议休会。

⑤代表资格审查委员会对代表资格审查报告进行审查。

⑥大会主席团举行第一次全体会议,分别通过代表资格审查委员会关于代表资格审查的报告、大会日程、大会主席团常务委员会名单、大会执行主席名单、大会副秘书长名单、大会秘书处的下设机构以及其他需要决定的事项。

⑦预备会议复会,表决通过代表资格审查委员会关于代表资格审查的报告(代表资格审查报告也可在主席团会议通过后生效,不再提交预备会议通过),宣布大会主席团第一次全体会议通过的有关事项。

6. 做好代表资格审查工作

规模较大、级别较高的代表大会应成立代表资格审查委员会,规模较小或基层单位的代表大会可成立代表资格审查小组,严格审查正式代表的资格。做好代表资格审查工作要注意以下几点:

(1)审查代表酝酿提名和选举产生代表的程序是否符合有关规定。一旦发现不符合规定程序,应责成原选举单位重新选举。

(2)审查代表是否符合条件。如发现有代表不符合条件,应责成原选举单位撤换。

(3)审查工作应形成书面报告。

7. 开好开幕式和闭幕式

代表大会一般都要举行开幕式和闭幕式,详见本章"安排仪式与典礼活动"一节。

8. 做好提案工作

在我国,召开各级人民代表大会、企事业单位的职工代表大会以及群众组织的代表大会的过程中,提出议案或提案是会议代表和相关机构的一项重要权利,做好议案或提案工作则是代表大会会务工作机构的重要职责。具体要求见第五章中的"议案和提案处理"一节。

9. 做好选举和表决的各项准备工作

选举和表决各项准备工作的具体要求见第五章中的"选举、评选和表决工作"一节。

10. 加强会议的信息和宣传工作

要充分运用会议简报这一形式做好会议信息的沟通和交流，使会议领导机构及时了解会议动态，实现对会议的正确领导，也有利于代表之间的信息交流。同时要建立联络员制度，及时反馈各组（代表团）的信息。此外，要与新闻媒体保持良好关系，邀请媒体采访，全面准确地报道会议情况。必要时成立会议新闻中心，统一对外发布会议信息。

11. 写好主持词

主持词是主持人据以主持会议的书面材料。代表大会隆重、庄严，会议不仅要严格按照既定的议程、日程和程序进行，主持人还必须依据事先拟定的主持词主持会议。

九、安排发布会

（一）发布会的含义、种类和特点

1. 发布会的含义

发布会是以媒体和主要公众为对象，进行当面、集中沟通的会议。任何组织之所以举行发布会，其根本目的就在于直接与媒体和公众进行有效的沟通，达到宣传方针政策、发布法规规章、传达施政意图、澄清事实、解释立场、纠正谬误、检讨失职、回答质询、介绍和推广产品与技术等目的。

2. 发布会的种类及其特点

（1）新闻发布会。新闻发布会所发布的信息内容都是本单位最新发生或形成、为公众所关心、应当知晓而尚未知晓的事件、情况、政策、立场、观点、成果等，也就是说，新闻发布会区别于其他会议的最突出特点在于其新闻性。离开了新闻性，新闻发布会就变得毫无意义。

（2）记者招待会。记者招待会是主办单位专门向记者发布信息并回答记者提问的会议形式。新闻发布会和记者招待会都属于发布会，内容都应当具有新闻性，二者的区别如下：

第一，邀请的对象不同。记者招待会，顾名思义就是专门邀请记者参加的会议，记者之外概不邀请。而新闻发布会除记者外，还可以有目的、有针对性地邀请一部分与发布主题相关的机构和社会人士参加。

第二，发布的形式不同。记者招待会一般采取双向沟通的形式，即除了由举办方发布信息外，还允许记者当场提问，由举办方当即答问。而新闻发布会形式则较为灵活，既可以像记者招待会那样进行双向沟通，也可以由举办方单向发布信息，不安排提问环节。

(3)情况通报会。情况通报会又称情况说明会,是以介绍、说明某项事件或工作进展情况为主要内容的发布会,实际上是新闻发布会的一种具体类型。出席对象有记者,也有相关单位的代表。发布形式可以是双向沟通,也可以是单向发布。

(4)记者通气会,即以记者为对象的新闻发布会,又常被称为记者吹风会。发布方式可以是双向沟通,也可以是单向沟通,因此与记者招待会有一定的区别。

(5)政策说明会,即以宣布、解释某项或某类新政策为主要内容的专题发布会,对象有记者以及与发布内容有关的单位和机构。一些大型的投资招商活动常举行这类发布会,宣布一些鼓励性政策措施。发布方式采用双向、单向沟通均可。

(6)技术、产品推介会,又称技术发布会、产品发布会,即以介绍和推广某项技术或产品为主题的专题发布会。参加对象主要是相关的用户,也邀请媒体记者。这类发布会常常同时举行相关的展示、演示活动。

(7)成果发布会,即介绍宣传某项研究、工程、工作、活动所取得的进展和成果,发布的信息内容具有正面性。

(二)发布会工作要点

1. 明确目的

举行发布会,首先要明确解决什么问题,达到什么目的。

2. 确定口径和发布方式

所谓的口径,就是指从什么角度发表立场和观点、消息发布到什么程度、哪些问题可以正面回答提问、哪些问题应予以回避等。口径是否一致、是否合适,关系到新闻发布会的成败。所谓发布方式,即双向沟通还是单向沟通。

3. 选择时机

要考虑什么时候发布信息能够取得最佳效果。操之过急或延缓滞后,都可能产生负面效应。

4. 确定对象

发布会的对象应根据发布会的目的和内容来确定,要注意以下几点:

(1)要考虑参加对象与发布会主题的相关性。例如,举行投资政策说明会,除了邀请综合性媒体参加外,还应当邀请国内外投资机构和企业、外国驻本地的领事机构、外省市驻本地的办事处以及经济类的媒体到会。又如,举行技术成果发布会,就要邀请与该技术有关的科研单位、企业和行业性媒体参加。

(2)要考虑媒体的专业背景和影响力。不同媒体的专业性和影响力不同,要根据实际需要来选择并邀请适当的媒体参加发布会。如发布全国性的教育政策,就要考虑邀请中央一级媒体和教育类的媒体参加。

5. 发出邀请和接受报名

对象确定后要适时发出邀请书,举行临时的发布会可用电话邀请。有的发布会采取记者报名的办法,先由记者提出申请,然后由举办者审查,再发出正式邀请。

6. 确定主持人和发言人

举办一般的新闻发布会,主持人和发言人可以由一人兼任。如果内容重要或者业务性较强,可以由不同的人担任主持人和发言人。主持人主要说明举行新闻发布会的目的和背景、介绍发言人的身份和姓名、掌握会议进程和时间,信息发布和回答提问由发言人负责。

主持人和发言人应当挑选那些头脑机敏、口齿清楚,具有一定的应变能力和较强的口头表达能力的人士担任。发言人较多时,可以设主发言人。主发言人原则上应由本组织的主要负责人或某项工作的主管人员担任,因为只有他们才能准确全面地回答有关的方针、政策和具体业务方面的问题。

7. 准备有关材料

对于重要的发布会,要事先拟好发言稿,供发言人参考使用,或根据需要在会上分发。发言材料可简可繁,但一定要全面反映情况、准确表述立场,并经领导审定、统一口径后方能公布。

有时也可准备一些宣传介绍性材料,如新闻事件的背景资料、政策法规的说明材料、证人证词、新闻通稿、产品介绍等,在与会者入场时散发。

8. 布置会场

布置会场时有下面几点可供参考:

(1) 定期召开的发布会可以在固定地点、固定会场举行。

(2) 小型发布会可将会场座位格局摆成全围式,显得气氛和谐,主宾平等。

(3) 大型发布会可设主席台或讲台。主席台上方或布景板上要书写会标。会标上要突出会议的主题,也可标明举办单位名称和时间、地点。

(4) 会场内要配备足够的电源设备,供电视记者采访。为方便记者提问,还要有无线话筒,指定专门的工作人员负责传递话筒。有的发布会还需要准备投影设备。

(5) 布置好展示和演示。发布产品、技术、成果,往往需要安排现场展示和演示。展台、展品可布置在会场外的大厅内,演示的器械、设备要准备妥当,演示人员要落实到位并训练有素。

9. 安排翻译

有外国媒体记者参加发布会时,还要事先安排好翻译人员。

10. 收集媒体的报道

发布会之后,要密切关注媒体的反应,尽可能收集各媒体的新闻报道。对给予正面报道的媒体要及时表示感谢。

十、安排庆祝会、纪念会、追思会

(一) 庆祝会、纪念会、追思会的含义

庆祝会是指为节日和喜事举行的喜庆性、祝贺性会议活动,如国庆、司庆、校庆等。

纪念会是指围绕某个历史事件和历史人物展开回顾、研讨的会议活动,如纪念五四运动、纪念孔子诞辰等。

追思会是指对已故人士进行的追忆、思念、评价的会议活动。追思会与纪念会的区别在于:一是纪念会的对象既可以是历史人物也可以是历史事件,而追思会的对象仅限于已故人士;二是纪念会纪念的对象是社会公认的在某一方面对历史发展具有较大影响的人物,而追思会的对象范围较宽,凡是与主办者关系密切的、对组织建设做出过贡献或者在某些方面具有优秀品质的已故人士都可以作为追思会的对象。

(二)庆祝会、纪念会、追思会工作要点

(1)确定主题和议题。庆祝会、纪念会、追思会具有宣传教育、凝聚人心的作用,举办这类活动首先要确定主题。积极向上、感召性强的主题能使这类会议产生良好的社会效果。对于具有学术性的纪念会和追思会,还要在主题之下确定若干议题,并以此征集论文或发言稿。

(2)选择适当形式。庆祝会、纪念会、追思会的形式具有灵活性、多样性和综合性的特点,例如:庆祝节日和喜事,可采取晚会、茶话会、座谈会等形式,也可以举行大型庆祝会;纪念历史事件和人物,可举行研讨会、报告会、座谈会等;追思会的形式一般比较庄重,以研讨会、座谈会为主,有的还可以穿插追认称号、发布遗作、捐赠遗产等仪式。

(3)确定与会者的规格和规模。要根据庆祝纪念追思对象的地位和影响确定与会者范围、身份和规格。重大庆祝纪念追思活动要有一定的规模,以形成隆重的气氛。追思会的出席范围和具体人选需要同追思对象的家属沟通协商。必要时邀请媒体参加。

(4)落实主持人和发言人。主持人的身份要与会议的规格相适应。发言人要有一定的代表性,发言的内容要各有侧重。举行重要的庆祝纪念活动时,领导往往要发表重要讲话,秘书要深刻领会精神,为领导起草讲话稿。追思会的发言人选最好同追思会对象的家属沟通协商,尊重家属意见,也可安排家属代表在会上发言。安排追认、追授仪式前要形成追认追授决定,落实宣读追认追授决定的人选。茶话会、座谈会可采取自由发言的方式,但也要事先落实部分发言名单,以免冷场。

(5)安排时间和地点。庆祝会和纪念会一般安排在节日、纪念日当日或之前。地点可选择具有历史意义或象征意义的现场,以突出活动的主题。

(6)会场布置。一般来说,庆祝会的现场环境布置要喜庆、热烈,纪念会的会场环境布置要庄重、典雅,追思会的环境布置要肃穆、凝重。纪念会和追思会可悬挂纪念追思对象的画像。为便于宣传报道,会场内应设置会标。采用报告会形式的,座位格局设置成上下式;采用座谈茶话形式的,座位格局设置成全围式或分散式(详见第四章第十二节)。

(7)做好签到题词工作。一般采用簿式签到。有重要人士参加时,还可以请他们题词。签到时发放有关庆祝、纪念宣传材料。举行追思会时可分发逝者生平事迹

以及赠送的遗作等。

（8）做好会后的宣传报道。

其他方面工作参见本节"报告会""座谈会""研讨会"等工作要点。

第三节　安排考察访问和慰问活动

一、安排考察访问活动

(一)出行前的准备工作

（1）明确领导考察访问的目的、意图、时间、地点及单位、拟带随行人员等情况，做到心中有数，以便在领导外出考察访问期间当好参谋与助手。

（2）围绕领导考察访问的具体任务和课题，通过文献、档案、网络等途径了解被考察访问国家、地区和具体单位的有关情况，以便随时向领导提供咨询服务，也可编印成参考资料分发给有关领导参阅。

（3）同各有关方面联系、协调后，为领导设计一条活动的路线，拟写一份活动方案或行程安排表，呈交领导审核批准。

（4）方案批准后，立即开始为领导准备外出旅行的有关文件、证照、物资、器材、交通工具和携带用品，并准备适量的备用金。出国访问或赴外地考察，要事先订好机票，安排好宾馆。

（5）安排随行工作人员，明确随行服务的任务。

（6）在领导抵达前通知考察访问单位做好接待准备，必要时可派人打前站，但领导进行暗访的除外。

领导考察访问行程表实例

××总经理赴广州、深圳考察访问行程表
(20××年5月5—7日)

日期	时间		活动安排	备注
5月5日 星期三	上午	8:30	乘上海到广州的东航×××次航班	行政部张秘书随行总经理助理朱×送行
		10:00	抵达广州，住××宾馆	广州分公司林总接机
	下午	1:00	听取广州分公司工作汇报，视察生产现场	广州分公司林总及全体副总经理、部门经理参加
	晚上	6:00	与广州分公司全体中层干部共进工作晚餐	

续表

日期	时间		活动安排	备注
5月6日 星期四	上午	8:00	乘车前往深圳办事处	广州分公司林总陪同
		10:00	听取深圳办事处胡主任汇报工作	
	中午	12:00	与深圳办事处全体员工共进工作午餐	
		2:00	出席20××深圳××交易会开幕式，参观交易会	深圳××会展中心
	下午	3:00	会见美国××公司总裁××	深圳××会展中心5号会客室
		4:00	会见日本××公司总裁××××	深圳××会展中心5号会客室
	晚上	6:30	出席20××深圳××交易会欢迎晚宴	晚宴后下榻深圳××酒店
5月7日 星期五	上午	9:00	慰问我公司参加20××深圳××交易会代表团成员	地点:20××深圳××交易会展厅
		10:00	拜访深圳××公司总经理并参观该公司，商谈有关合作开发××产品的事宜	由深圳××公司安排工作午餐
	下午	3:00	乘车返回广州	
		6:00	乘广州到上海的东航×××次航班	广州分公司林总同机回上海总经理助理朱×接机

(二)出行中的服务工作

(1)安排协调好各项活动。领导考察访问活动期间有很多具体的活动,如实地考察、听取汇报、访贫问苦、个别谈话、会见会谈、参加仪式、参观游览等。每一项活动由哪一方组织和邀请、参加的范围有多大、需要花多少时间、领导有什么要求、是否需要讲话或表态,对诸如此类的问题,秘书都要事先掌握、稳妥安排。有时尽管事先已准备了若干方案,但实际过程中总会有所变化,因此发现问题要及时协调解决。

(2)认真做好各项记录。随行秘书要围绕领导考察访问活动认真记录有关信息,包括基层单位的汇报、群众的反映、领导的讲话和指示、会谈双方的发言,领导考察访问活动的实际行程和路线以及期间所发生或遇到的重要事件等。

(3)及时办理领导交办的事项。领导考察访问期间的交办事项事关考察访问活动的成败,秘书应当及时稳妥地办理并做好记录。

(三)善后工作

(1)考察、视察、检查、调研活动结束后,秘书要起草纪要、简报、报告,经领导过目同意后印发。

(2)对于考察、视察、检查、调研过程中发现的问题,办公室要会同有关方面提出整改措施;对于领导所做出的指示,要及时传达贯彻并做好督查反馈工作。

二、安排慰问活动

(一)选好慰问对象

领导慰问的对象主要有英雄人物、劳动模范、节假日或恶劣环境下坚持在第一线工作的人员、因公负伤的人员、长期患病者、生活困难者、在重大事故和灾难中参加抢险救助医疗的人员、军烈属以及其他因公殉职人员的家属等。选好慰问对象对于鼓舞士气、树立典型、联系群众具有重要作用。秘书要根据领导意图认真挑选,提出建议名单,提交领导做最后的决定。

选好慰问对象要把握好以下几点:

(1)必要性。所谓必要性,就是要从工作的实际需要和对象的实际情况出发,不遗漏任何确实需要慰问的对象,也不搞形式主义。

(2)代表性。领导出面慰问的对象要有一定的代表性,能通过慰问产生一定的影响力。

(3)层次性。有时(如过年过节)需要慰问的对象较多,可采取分级慰问的办法,安排本级领导慰问比较重要、代表性较强的对象,其他对象则可由下属单位的领导出面慰问。这种情况下,秘书要注意做好协调工作。

(二)安排慰问时间

安排合适的慰问时间能使领导的慰问活动取得良好的政治效果和社会效果。具体要考虑以下几方面:

(1)对不同的慰问对象应安排不同的慰问时间。例如,节假日多安排慰问在一线工作的人员,而慰问抢险救灾的工作人员则安排在抢险救灾最紧要的关头,以鼓舞士气。

(2)与领导其他活动的时间相协调。如领导事前已经有其他安排,秘书要做比较分析,看哪一项活动在时间上更为迫切。一些时间性很强的慰问活动可优先安排。

(3)事先安排好每次慰问所需要的时间。如果一次慰问要去多个地方,要计算好在每个地方停留的时间。

(三)确定慰问的地点

慰问地点的安排具有很强的象征意义和社会效果。比如,慰问节日期间坚持生产的煤矿工人时,在办公室里慰问和在地下矿井中慰问的效果明显不同。因此,秘书要精心安排,在考虑现实可能性的前提下力求最佳效果。

如果一次慰问要去多个地方,要事先设计好慰问的路线和顺序。

(四)策划慰问的方式

慰问活动一般都采取现场慰问和领导慰问的方式,只有当路途较远或领导外出访问时,可以发慰问信或慰问电,也可委托其他人代为慰问。

(五)准备慰问品

慰问活动以精神鼓励为主,也可适当赠送一些慰问品和慰问金。慰问品要根据慰问对象和慰问活动的目的来准备。比如,慰问生活困难的群众,可准备一些生活必需品和适量的慰问金;慰问高温酷暑下挥汗工作的建筑工人,应送上防暑降温的用品。

(六)通知被慰问单位

领导慰问前,秘书要先通知被慰问的单位或部门,并要求有关负责人陪同慰问。

(七)联系新闻报道

如需要对领导的慰问活动做宣传报道,要事先与新闻媒体或内部宣传部门取得联系,做好安排。

(八)安排好慰问的流程

慰问活动的流程因慰问的对象和内容而异,但应力求简化。以慰问困难群众为例,一般流程如下:

(1)领导到达慰问现场时,当地负责人要向慰问对象介绍前来慰问的领导。
(2)领导与慰问对象亲切握手、交谈,必要时可安排座谈。
(3)赠送慰问品或慰问金。
(4)领导与慰问对象合影。
(5)有时可安排领导发表讲话。

第四节　安排仪式与典礼活动

一、安排签字仪式

(一)签字仪式的含义和作用

1. 签字仪式的含义

签字仪式是缔约各方共同签署会谈最后文件的公开性仪式。

2. 签字仪式的作用

（1）确认会谈文件的效力。签字是对特定的书面意见表示确认的行为。会谈中产生的正式文件只有经过会谈各方的签字才能生效。

（2）体现各方对会谈成果的重视。签字仪式是对会谈文件进行签字的一种比较隆重的形式，有时各方还派出身份较高的领导出席以体现各方的诚意和对会谈成果的重视。

（3）见证和扩大影响。举行签字仪式时，签字各方都要派代表参加，有时还邀请第三方作为见证人，比如邀请记者前来采访并报道，这既强化了见证的作用，又起到了宣传作用，有助于提高缔约各方的知名度和影响力。

（二）文本的准备

1. 定稿

定稿即通过谈判和磋商确定会谈正式文件的各项具体条款及其表述的过程，这是文本准备的前提。会谈过程中，各方都可以提出会谈文件的草案，也都可以对具体条款和表述提出修改意见。只有在文本定稿后，才能举行签字仪式。

2. 确定使用的文字

签字文本所使用的文字有以下几种情况：

（1）涉外双方缔约时，如双方使用不同的语言文字，签字文本应当用双方的文字书写印刷，具有同等效力。必要时还可以使用第三种文字。

（2）在国际组织框架内举行多边谈判时，最后文件的起草和印刷应使用该组织规定的正式语言。例如，《中华人民共和国加入世界贸易组织议定书》即用英文、法文和西班牙文三种世界贸易组织的正式语言写成。

（3）在非国际组织框架内举行多边谈判时，最后文件的起草和印制所使用的语言由各方协商确定。

（4）对于一些技术性较强的专门文件，经各方同意也可只用某一国际通用语言写成。

（5）如果使用多种文字起草和印制文本可能会导致对某些条款的不同理解和解释，应当规定以一种文字为准。

3. 确定正本和副本

（1）正本。正本即签字文本，用于签字后由各方或交专门的机构保存，同文字文本是两个不同的概念。国际性多边会谈的最后文本可以使用多种文字书写和印制，形成多个文字文本。缔约各方可以在每一种文字文本上签字，也可以仅在一个共同商定的文本上签字。因此，文字文本就不一定都成为签字文本。对于双边会谈或者缔约方数量不太多的多边会谈，如三方会谈、四方会谈，正本的数量根据缔约方的数量而定，各方各保存正本一份，各方都必须在每份正本的每种文字文本上签字。

对于缔约方数量较多或者国际性组织框架内的会谈，可以制定一份正本，各方签字后由东道国(方)或发起缔约的国际组织保存。例如,《中华人民共和国加入世界贸易组织议定书》规定,该议定书签字后交存世界贸易组织总干事,总干事则向世界贸易组织每一个成员提供一份副本。

(2)副本。有时为了方便使用,也可以根据正本的内容与格式印制若干副本。副本的法定效力、印制数量和各方保存的份数由缔约各方根据实际需要协商确定,并在条款中加以规定。一般情况下,副本不用签字、盖章,或者只盖章不签字。

4. 校印

校印即根据定稿印制、校对正本和副本。文本排版后,必须经过严格的校对,确认无误后才能最后交付印刷、装订。国内合同和协议书的标印格式应当符合有关规定。涉外双边签字的文本印制时还应注意在先权的问题:

(1)本国的文字文本在先。涉外双边会谈签字的文本如用各签字国的文字同时印制,在本国保存的文本中,应将本国的文字文本置于前面,对方的文字文本列于后面。比如,中美双方签署文件,在中方保存的文本中,中文在前,英文在后;美方保存的文本中,英文在前,中文在后。

(2)本国国名在先。双边会谈签字,文本中并提双方国名或领导人(全权代表)姓名时,在本国保存的文本中,本国的国名和领导人姓名应当列在前面。例如,《中华人民共和国和日本国和平友好条约》是中方保存的文本的标题,中国的国名在先;而日方保存的文本标题就正好相反,为《日本国和中华人民共和国和平友好条约》,这种做法又叫"倒版"。

(3)本国签字在先。涉外双边签字缔约,本国全权代表签字的位置应当安排在本国保存的文本签字处的前面(从右向左竖排文字则在右侧),如果双方签字的位置是左右并排,则安排在左边。这种惯例也被称为"优先签字"。例如,中美双方签字,中方保存的文本,无论是中文文字文本还是英文文字文本,中方全权代表签字的位置在前,美方签字的位置在后;反之亦然。

在先权仅适用于政府之间的双边缔约。国际多边协议的签字位置顺序一般按国名的英文字母顺序排列,也可根据文本书写文字的字母顺序排列。

5. 盖章

为了保证文本在签字后立即生效,一般在举行签字仪式前先在签字文本上盖上双方的公章,这样,文本一经签字便具有法定效力。

(三)商定参加人员

(1)签字人。签字人员是签字仪式上的主要角色。签字人可以是双方参加谈判的主谈人,也可另派更高级别的领导作为签字人员,以示重视。签字人员要符合以下条件:

①具有法定资格。各方签字人员必须具有代表一级政府或一个组织的法定资格。如代表国家签字,必须具有全权证书,全权证书由政府首脑或外交部部长签署。国内企业之间的合同必须由法人代表签字,或者由法人代表所委托的人员签字。委

托签字时必须出示委托人亲笔签署的委托书。

②规格相等。各方签字人员的职务和身份应当一致或大致相等。比如，企业之间举行签字仪式，一方由董事长签字，另一方也应当由董事长出面，特殊情况下可授权其他领导签字，但必须出具委托书。

(2) 嘉宾。为了表示对谈判成果的重视和庆贺，签约各方可以派出身份较高的领导参加签字仪式，但也应当注意规格大体相等。有时也可邀请协调方、东道主领导出席。

(3) 致辞人。如安排致辞，一般由签字各方身份最高的领导分别致辞。有时也可安排上级机关或协调机构的代表致贺词。

(4) 主持人。如果签字仪式中安排致辞、祝酒等多项程序，应当有一位主持人主持各项程序。主持人一般由主办方派有一定身份的人士担任。

(5) 见证人。见证人主要是参加会谈的人员，各方人数应当大致相等。有时也可邀请保证人、协调人、律师、公证机关的公证人员参加。

(6) 助签人。助签人的主要职责是在签字过程中帮助签字人员翻揭文本，指明签字之处。助签人必须十分了解文本的印制情况，非常熟悉业务，认真仔细，忠实可靠。双边签字时，双方助签人的人选应事先商定。多边签字时，也可由主办方派一名助签人，依次协助各方签字。

(7) 群众代表。有时为了充分发挥签字仪式的鼓动和宣传作用，可邀请主办单位或双方单位的部分群众代表参加。

(8) 记者。为扩大影响，可邀请有关新闻单位派记者参加签字仪式。

(四) 确定时间和地点

签字仪式的时间需要同签约各方协商确定。地点一般都安排在最后一次会谈的东道主一方(即主方)所在地。特殊情况下也可以另行安排在第三地，这种情况下就没有主方和客方之分。

(五) 邀请

签字仪式的邀请要分对象使用不同的文书。邀请上级机关的领导和政府官员出席，要用请柬；邀请媒体记者前来采访报道，要使用邀请函；邀请下属干部和群众代表参加，应当用通知。由于举行签字仪式是签约各方共同商定的，所以各方出席仪式会谈人员由各方自行通知。

(六) 现场布置和用品准备

(1) 签字桌椅。双边签字，一般设长方桌，上铺深绿色或暗红色的台呢。桌后放两把椅子，为双方签字人员的座位。如签字方较多，则加长桌子，增加座位。多方签字时也可将桌排成圆形或方形，或仅放一张椅子，由各方代表依次签字。涉外双边签字仪式的座位按主左客右的惯例摆放，即客方的座位安排在主方的右边。多方签字则按礼宾次序安排各方签字代表的座次,一般按英文国名首字母的顺序排列,也可按事先商定的顺序排列。排在第一位的居中,第二位居右边,第三位居左。

签字桌上可放置各方签字人的席卡。席卡一般写明签约的国家或组织的名称、签字人的职务及姓名。涉外签字仪式应当用中英文两种文字标示。

(2)国旗。涉外签字仪式一般要挂各签字国的国旗。双边签字时,双方的国旗可以按签字人的座位插在签字桌中央的旗架上,也可以分别插于签字桌的两端或并挂在背面的墙上;多边签字时,则插在各方签字人座位前的桌上或身后。现场如悬挂会标,要避免被国旗遮挡。

(3)文具。签字用的文具包括钢笔、墨水、吸墨器(纸)。用笔和用墨必须符合归档的要求,并事先检查,确保签字时书写流畅。

(4)文本。各方保存的文本按签字人座位置于桌上。

(5)参加人员位置。双边缔约时,参加签字仪式的人员按主左客右的惯例分成左右两边站立于签字人员的后面,各方身份最高的领导并排站立于中间,其他人员按身份高低向两侧顺排。人数较多时,可分成若干排站立于前低后高的梯架上。有时,也可在签字桌的对面或前方两侧摆放座位,供参加人员就座。多边签字仪式上,各方领导按礼宾次序从中间向两侧排列。助签人应站在签字人员外侧协助签字,不要站在中间,以避免挡住后排领导的视线。

签字仪式现场布置图如图 6-1 至图 6-3 所示。

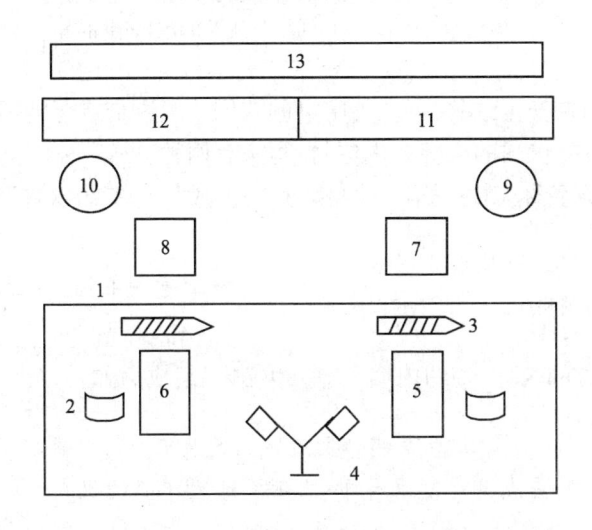

图 6-1　涉外签字仪式·双边签字

注:1. 签字桌;2. 吸墨器;3. 签字笔;4. 旗架;5. 主方保存的文本;6. 客方保存的文本;7. 主方签字人座位;
8. 客方签字人座位;9. 主方助签人位置;10. 客方助签人位置;
11. 主方参加人员位置;12. 客方参加人员位置;13. 会标。

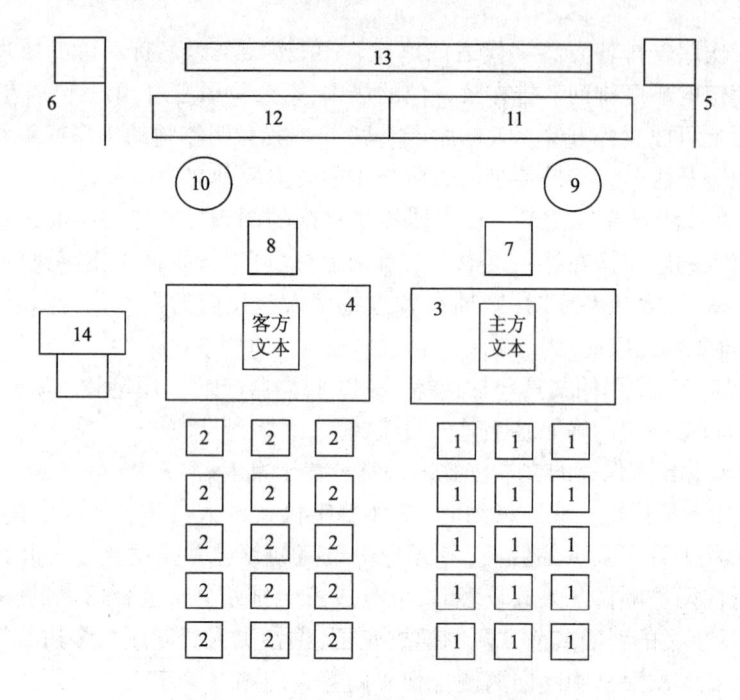

```
                    ┌─────────────────────┐
                    │        13           │
   ┌──┐             ├──────────┬──────────┤              ┌──┐
   │6 │             │   12     │    11    │              │5 │
   └──┘             └──────────┴──────────┘              └──┘
                    ⑩                      ⑨

                         ┌──┐        ┌──┐
                         │8 │        │7 │
                         └──┘        └──┘
          ┌──┐     ┌──────────┐  ┌──────────┐
          │14│     │    4     │  │    3     │
          └──┘     │ 客方文本 │  │ 主方文本 │
                   └──────────┘  └──────────┘

                   ┌─┐┌─┐┌─┐    ┌─┐┌─┐┌─┐
                   │2││2││2│    │1││1││1│
                   └─┘└─┘└─┘    └─┘└─┘└─┘
                   ┌─┐┌─┐┌─┐    ┌─┐┌─┐┌─┐
                   │2││2││2│    │1││1││1│
                   └─┘└─┘└─┘    └─┘└─┘└─┘
                   ┌─┐┌─┐┌─┐    ┌─┐┌─┐┌─┐
                   │2││2││2│    │1││1││1│
                   └─┘└─┘└─┘    └─┘└─┘└─┘
                   ┌─┐┌─┐┌─┐    ┌─┐┌─┐┌─┐
                   │2││2││2│    │1││1││1│
                   └─┘└─┘└─┘    └─┘└─┘└─┘
```

图 6-2　涉外签字仪式·双边签字

注：1.主方参加人员座位,面朝签字桌；2.客方参加人员座位；3.主方签字桌；4.客方签字桌；5.主方国旗；6.客方国旗；7.主方签字人；8.客方签字人；9.主方助签人；10.客方助签人；11.主方领导；12.客方领导；13.会标；14.讲台。文本和文具同图 6-2。

(6) 讲台。如果安排致辞,可在签字桌的右侧放置讲台或落地话筒。

(7) 会标。签字仪式的会标要求醒目,写法有两种：

①由签约双方名称、签字文本标题和"签字仪式"或"签约仪式"组成。如：

　　　　　天津经济技术开发区
　　　　　韩国现代 AUTONET 株式会社　　投资意向书签字仪式

②由签约各方的名称、签约内容和"签约仪式"组成。如：

　　　　　教育部　上海市人民政府
　　　　　重点共建复旦大学、上海交通大学签约仪式

为体现形象宣传的效果,会标中可以反映签约双方的名称,但如果文本标题中已经写有双方的名称,则应省去名称,避免重复。

涉外签字仪式的会标应当同时用中文和外文书写。

(8) 香槟酒。有时在签字仪式结束后,各方举行小型酒会,举杯共庆会谈成功。工作人员应事先准备好香槟酒、酒杯等。

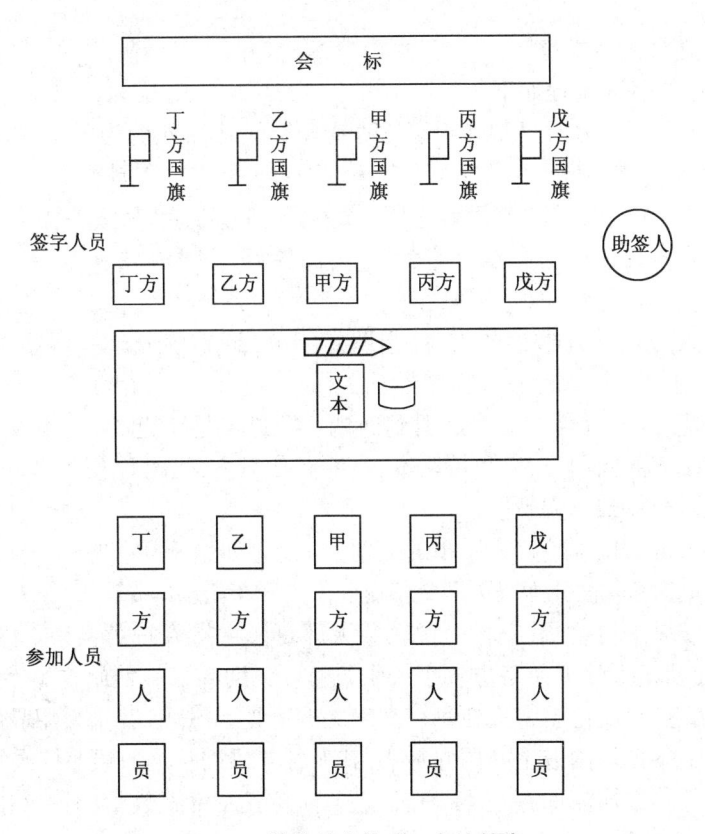

图 6-3　涉外签字仪式·多边签字

注：多边签字时，只签 1 份正本。签字人员座位按国家英文名称首字母顺序排列。排列最前的国家居中，以下按顺序先右后左向两边排开。参加人员按身份高低从前向后就座。

(七)签字仪式流程

1. 来宾签到

来宾抵达时由礼仪人员引导到签到处签到。主要嘉宾签到时，礼仪人员为其佩戴胸花，然后引导到休息室。如不设休息室，可由礼仪人员直接引导就座于台下前排座位。

2. 介绍来宾

仪式开始前，主持人介绍出席仪式的来宾。介绍顺序为嘉宾(各方政府官员、上级机关领导、签约单位领导)、见证人、群众代表、媒体。嘉宾要按身份高低、先主后宾、一主一宾的顺序逐一介绍职务和姓名，其他见证人、群众代表、媒体可作笼统介绍。

3. 嘉宾定位

主持人请出席各方嘉宾上台，由礼仪人员引导定位。

4. 宣布仪式开始

主持人在致简短的开场白后宣布仪式开始。

5. 签字并交换文本

（1）双边签字的流程如下：

①主持人请各方签字人入签字席，助签人上前站在外侧为签字人翻揭文本，指明签字处；签字人在各自保存的文本上签字。如系多种文字印制的文本，签字人需在每种文字文本的签字处逐一签字，不能遗漏。每签一处后，助签人用吸墨器(纸)吸干。

②各方在各自保存的文本上签字后，由助签人合上文本，在签字人的身后互相交换文本。

③助签人打开对方保存的文本，指明签字处，请签字人逐一签字，再用吸墨器吸干。

④签字毕，助签人合上文本后退到两侧。双方签字人起立，相互交换文本并握手。然后签字人面向前方，一手持文本，一手握住对方的手，以便记者和工作人员摄影留念。此时全场鼓掌祝贺。

⑤助签人上前接下签字人手中的文本。

（2）多边签字过程分为以下两种情况：

如只需签署一份正本，安排一位助签人即可。主持人按英文(或正本的主要文字)国名首字母的顺序介绍各方签字人职务、姓名，助签人上前站在签字人的右侧打开文本，指明签字处，由签字人在每一文字文本上签字，然后助签人用吸墨器(纸)吸干。也可由文本保存国或主办国先签字，其他各方再按一定的顺序依次签字。

如每个签约方均需保存正本，则需安排与签字人相等数量的助签人协助签字。每签完一份文本，助签人手持文本，以朝向为准从右向左递次交换位置。签字完毕后，助签人取走文本，签字人起立相互握手祝贺；或者签字人手持文本，相互握手祝贺，然后助签人取走各方的文本。

6. 祝酒

双边签字仪式上，由两位礼仪人员端出香槟，按身份次序从中间向两边依次递给嘉宾，然后嘉宾相互碰杯、敬酒、庆贺。如嘉宾人数较多，可以先由主方全体嘉宾依次向客方全体嘉宾逐一敬酒，然后由客方全体嘉宾向主方全体嘉宾逐一敬酒。祝酒结束后，礼仪人员上前接下酒杯。

7. 交换礼品

如事先商定交换礼品，由礼仪人员将礼品递给主礼人(一般应当是签约双方领导)，先由主方向客方赠送礼品，然后由客方向主方赠送礼品。赠送前可由主持人或主方有一定身份的人士介绍礼品。

8. 致辞

致辞的顺序是：双边签字仪式为先主后客，多边签字仪式按签字顺序致辞。有时致辞活动也可放在签字之前。

9. 宣布仪式结束

主持人作简短小结，然后宣布仪式结束。如事先协商一致并做好安排的话，可在现场联合举行记者招待会或新闻发布会。

> **签字仪式实例**
>
> **上海合作组织签字仪式**
>
> 　　2001年6月15日,中国、俄罗斯、哈萨克斯坦、吉尔吉斯斯坦、塔吉克斯坦、乌兹别克斯坦六国元首——江泽民、普京、纳扎尔巴耶夫、阿卡耶夫、拉赫莫诺夫、卡里莫夫在上海浦东香格里拉大酒店举行隆重而又庄严的签字仪式,共同签署《"上海合作组织"成立宣言》和《打击恐怖主义、分裂主义和极端主义上海公约》两个重要文件。签字仪式在酒店三楼大宴会厅举行。大厅内主席台前的布景板上,用中俄两种文字书写的"上海合作组织"会标和会徽赫然醒目。大厅的正前方是六国元首签字的条桌,上面铺着墨绿色的台布,共6米长,1.5米宽。条桌的后面按各国国家名称英文字母的顺序竖立着六国国旗,条桌上的小国旗按照同样的顺序摆放,元首们坐在和自己国家的国旗相应的位置上签字,各国政府要员的座位对应着各自国家的国旗位置。
>
> 　　上午10时30分,参加签字仪式的六国主要官员陆续进场就座。10时40分,江泽民等六国元首结束了在宴会厅隔壁的会议厅内举行的"上海合作组织"成员国元首会议,面带微笑,互相交谈着步入签字仪式现场。
>
> 　　接着,我国外交部礼宾司司长张云宣布:"中、俄、哈、吉、塔、乌元首签字仪式现在开始,共签署《'上海合作组织'成立宣言》和《打击恐怖主义、分裂主义和极端主义上海公约》两个文本。首先请中华人民共和国主席江泽民阁下签署文本……"
>
> 　　签字后,六国元首相互握手,并从工作人员手中接过香槟,端起酒杯走到一起,相互祝酒,共同庆贺这一历史性的成功。
>
> 　　签字仪式于10时48分结束。10时52分,六国元首开始共同会见记者,并按签字顺序发表讲话。

二、安排开幕式与闭幕式

(一)开幕式、闭幕式的含义和作用

1. 开幕式、闭幕式的含义

开幕式、闭幕式是宣布各种活动正式开始和结束的具有象征性和标志性的仪式。各种"会"(如运动会、展览会、博览会、交易会、代表大会等)、"节"(如电影节、艺术节等)、"周"、"月"(如文化周、质量月等)活动,都可以举行开幕式和闭幕式。

2. 开幕式、闭幕式的作用

(1) 宣布开始和结束。这是开幕式和闭幕式的基本作用。

(2) 动员和总结。开幕式一般要布置任务、明确目标、进行思想动员,闭幕式则总结成果,发出号召。

(3) 扩大社会影响。举办开幕式和闭幕式,能起到扩大会展活动的社会影响、树立主办单位社会形象的作用。正因为如此,开幕式和闭幕式受到广泛的重视和运用。

(二) 开幕式、闭幕式的准备

开幕式、闭幕式的种类繁多,繁简不一。下面以中等规模的开幕式、闭幕式为例,介绍主要的准备工作。

1. 确定参加对象和范围

开幕式、闭幕式的参加对象应当包括下列几方面的人士:

(1) 主办单位及其上级机构的领导。

(2) 承办单位、协办单位、赞助单位以及东道主的领导或代表。

(3) 与会议活动有关的机关、企事业单位的领导或代表。涉外活动的开幕式和典礼也可邀请有关国家、地区、组织的代表(如有关国家的使节、领事、参赞等)参加。

(4) 会议成员。会议的所有成员以及参与展会的参展商代表和观众都可以参加开幕式和闭幕式。

(5) 群众代表。为使开幕式、闭幕式的气氛隆重,可以选派一些群众代表参加,人数根据规模而定。

(6) 有关新闻单位。

2. 确定主持人、致辞人和剪彩人

(1) 主持人。开幕式、闭幕式和典礼通常由主办方主持。主持人应当有一定的身份。联合主办的会展活动可采取共同主持的形式,各方主持人身份应大体相当。文艺类活动的开幕式可邀请明星客串主持。

(2) 致辞人。对于重要的开幕式、闭幕式,主办方可派出身份较高的领导参加并致开幕词。致开幕词人的身份一般应当高于主持人,如致辞人为正职,则主持人为副职。仪式较为简单的,可由主持人直接致开幕词。如果安排其他国家、组织的代表致辞,应事先发出邀请或商定。对于内容重要的致辞或涉外活动的开幕式、闭幕式的致辞,应事先交换稿件或通报致辞的大致内容。

(3) 剪彩人。剪彩是开幕式上常见的一种仪式。剪彩人应当是主办单位出席开幕式身份最高的领导,也可安排上级领导、协办单位领导与主办单位领导共同剪彩。开幕式由双方或多方联合举办的,各方均应派出代表参加剪彩,剪彩人的身份应大体相当。

3. 确定开幕式和闭幕式的形式

开幕式和闭幕式的形式主要有两类,一类是以致辞为主的形式,另一类是文艺晚会的形式。前一类开幕式和闭幕式上也可以安排文艺演出,但一般将其放在仪式开始前或结束后。后一类则是致辞和文艺表演交织融合,载歌载舞,主要用于文艺类会展活动的开幕式和闭幕式。

4. 发出邀请

对象、范围以及剪彩人一旦确定,应及时发出邀请。凡外单位的领导和代表应当书面邀请。

5. 现场布置和用品准备

开幕式、闭幕式一般在活动现场举行,室内、室外均可。现场可摆放花卉,悬挂彩旗和标语,也可根据内容需要播放音乐、表演舞蹈、敲锣打鼓,以体现热烈隆重的气氛。对于时间较长或规模较大的开幕式和典礼,可设主席台和贵宾区并摆设座位;时间较短和规模较小的,一般站立举行,但事先应划分好场地。主持人、致辞人、剪彩人和主要贵宾应面向群众代表。如场面较大,应安置扩音设备。对于涉外的双边或多边会议活动的开幕式,还应悬挂有关国家的国旗。

会标是开幕式、闭幕式现场最引人注目的装饰,其大小要与会场大小相协调,色彩要与主题相适应。会标的文字一般由会议、展览、节庆活动名称和"开幕式"或"闭幕式"组成,有时也可标明主办单位、协办单位、赞助单位名称和举办日期。

剪彩有两种方式,一种是剪彩球,另一种是剪彩带。所剪彩球要用彩带联结,数量应是剪彩人数加上1(如4人同时剪彩,应准备5个彩球),以使每个剪彩人都处于两个彩球中间。每个彩球均应由礼仪人员用托盘托住,如不用托盘,应事先告诉剪彩人一定要用左手捏住彩带,以免剪彩后掉落。另外,剪彩用的剪刀也应事先准备好,每个剪彩人一把,在剪彩时由礼仪人员用托盘递上。

签到是举行开幕式、闭幕式的重要环节,既表示对来宾的欢迎,又可以留作纪念。一般用簿式签到。签到簿要美观典雅或体现喜庆气氛。来宾较多时,可以多准备几本签到簿。签到用的笔墨也应一并准备齐全。签到处要设在会场入口处。来宾人数较多时,签到处要设在较为宽敞的地方,以免来宾集中到达时出现拥挤现象。在室外举行时,签到处可设在主席台的一侧。签到处要设有醒目的标志,并安排礼仪人员接待。举行庆祝性的开幕式时还要给来宾和领导准备胸花和红绸带,上书"贵宾"或"嘉宾"二字。

有时,举行开幕式后还安排参观、植树纪念、文艺体育表演等活动。与这些活动相关的用品也要准备妥当。留言簿是这类活动常用的物品。活动结束后,可请领导和来宾留言或题词。

(三)开幕式和闭幕式程序

1. 会议开幕式程序

(1)主持人向会议报告应到人数、因事和因病请假的人数、实到人数,是否符合法定人数。非法定性会议无此项程序。

(2)按身份高低或礼宾次序介绍出席会议的主要领导和嘉宾。

(3)主持人宣布开幕式开始。

(4)重要会议开幕式需举行升国旗、奏国歌或升会旗、奏会歌仪式。

(5)主办方出席会议身份最高的领导致开幕词。论坛类会议也可以不安排致开幕词,由主办方身份最高的领导发表主旨演讲,或者先由组委会领导致欢迎词,然后由主办方身份最高的领导发表主旨演讲。

(6)来宾致辞。致辞按身份从高到低的顺序进行,身份相等的可按关系的密切程度或其他方法排列。有时也可安排工作人员宣读有关方面的贺电、贺信。

(7)主持人宣布开幕式结束,进入会议正式议程。法定性代表大会由领导人向大会作报告。

【会议开幕式程序实例】

××大学第五届教职工代表大会开幕式程序

(20××年10月18日)

1. 主持人向全体代表报告应到人数、因事和因病请假的人数、实到人数,是否符合法定或规定人数,能否开会。

2. 主持人介绍每位大会执行主席、参加会议的上级组织的领导和兄弟单位的代表。

3. 主持人宣布:"××大学第五届教职工代表大会现在开幕。"

4. 全体起立,奏国歌。

5. 校党委副书记、校工会主席××同志致开幕词。

6. ××市教育工会主席×××同志致贺词。

7. 兄弟院校代表、××大学工会主席××同志致贺词。

8. 教职工代表××同志致辞。

9. 主持人宣布:"开幕式到此结束。休息五分钟,请来宾退席。"

10. 复会。主持人宣布:请校长×××做行政工作报告。

---

2. 大型节事、博览会等综合性活动的开幕式程序

(1)主持人宣布仪式开始,介绍出席开幕式的领导和主要来宾。也可先由司仪介绍领导、来宾和主持人,然后主持人宣布仪式开始。

(2)重要活动的开幕式要升国旗,奏国歌,有的还要升会旗、奏会歌。

(3)致辞。致辞的形式多样,常用的形式有下列两种:

第一,先由主办方领导致开幕词,并向各位来宾表示欢迎,对有关各方表示感谢,然后由来宾代表按身份高低(身份相等的可按关系的密切程度或其他方法排列)先后致辞。

第二,先由主办单位的领导发表主旨讲话或欢迎词,然后由来宾代表先后致辞,最后请在场身份最高的领导宣布:"我宣布,××活动开幕。"对于联合主办的活动,也可用共同剪彩的形式代替致开幕词。

(4)剪彩。主持人介绍每位剪彩人员的身份和姓名,由礼仪人员引导进入事先设计好的位置。国内的剪彩仪式上,身份最高的人士居中,其他剪彩人员按身份高低先左后右顺序排列;双方联合主办的剪彩仪式上,则按主左客右的惯例排列。剪彩时播放音乐,放鞭炮或礼炮,全体参加人员鼓掌祝贺。

(5)展览会开幕式结束后邀请来宾参观展会。其他开幕式结束后可以举行植纪念树、观看表演等活动。

大型活动开幕式程序实例

××××博览会开幕式程序

时间:××××年×月×日上午9:00
地点:××市展览中心广场
9:00 主持人宣布开幕式开始,介绍各位领导和来宾
9:05 王××市长致开幕词
9:15 中国国际贸易促进委员会××省分会会长李××先生讲话
9:30 ××协会理事长张×女士讲话,请大家欢迎
9:40 进行2002中国××××博览会开幕剪彩仪式(宣读名单,每介绍一位,礼仪小姐引导该嘉宾走上剪彩礼台)
9:43 礼仪小姐为各位主礼嘉宾送上金剪
9:45 主礼嘉宾为首届中国××××博览会的开幕剪彩
9:50 礼成(鸣放礼花、礼炮)
9:55 主持人宣布开幕式结束,请各位嘉宾移步到××展览中心场馆内参观

3.闭幕式程序

闭幕式中的签到、介绍领导和来宾、宣布仪式开始等环节与开幕式基本相同。不同之处主要有以下几点:

(1)举行专题工作性会议时由主办单位的领导致闭幕词。

(2)竞赛和评选活动的闭幕式上要宣布比赛成绩和名次以及评选的结果,并举行颁奖仪式。

(3)系列性会议或活动的闭幕式上常常举行交接仪式,由本届主办单位向下届活动的主办单位移交象征性物品,如火炬、旗帜、钥匙等。

(4)如果开幕式上举行升会旗仪式,那么闭幕式应当相应地举行降会旗仪式。

(5)节、展、月等大型活动的闭幕式后还可举行文艺和体育表演,以示庆祝。
(6)文艺类活动的闭幕式可以采取晚会的形式和程序。

三、安排开工与揭幕仪式

(一)开工与揭幕仪式的含义和作用

社会各界为了庆祝各种工程项目奠基和竣工、各种设备或系统的启动和运行、各种经营单位的开张或开市、各种机构的成立挂牌、各种纪念塑像和建筑的落成揭碑,往往要举行一定的仪式或典礼,以起到对外扩大社会影响、树立良好形象,对内振奋精神、鼓舞士气的作用。为方便叙述,本部分将上述各种仪式和典礼统称为开工与揭幕仪式。

(二)开工与揭幕仪式的准备

开工与揭幕仪式各项准备工作的要求与开幕式、闭幕式大体相同。不同之处有以下几点:

1. 确定主礼人

所谓主礼人,就是在各种仪式和典礼中实施关键性礼仪行为的人员,如剪彩、奠基、揭牌、揭幕、启动、点火的人员。主礼人一般是主办单位或上级机关参加仪式职务最高的领导,有时也可以邀请协办单位、赞助单位、东道主以及社会知名人士、国际政要共同担任,统称主礼嘉宾。对于双边性或多边性仪式,如联合投资的工程举行剪彩、奠基、开工、竣工仪式,或联合成立的机构举行挂牌仪式,各方应派身份相当的人士出席并共同剪彩、奠基、揭牌、揭幕。国内有些工程竣工、通车、交接等仪式会请对该项目做出贡献的工程技术人员剪彩,其社会效果非常好,值得提倡。

2. 现场布置与用品准备

建设工程的奠基或开工仪式应当在施工现场举行,事先搭好临时性的主席台,设讲台或落地话筒,一般不放桌椅,全体人员均站立参加。礼仪人员应统一着礼仪服,主办方的全体员工均应穿着干净而整洁的工作服出席仪式。现场周围可布置各色彩旗、气球和标语。工地上预埋好奠基碑石。碑石上的文字通常应当竖写。正面右上应刻有建筑物的正式名称,中央刻"奠基"两个大字,左下应刻有奠基单位的全称以及举行奠基仪式的具体年月日。背面可镌刻碑文。碑石上的字体大都以楷体字刻写,并且最好是白底金字或红字。同时还要准备好足够的新铁锹。铁锹柄上应系有红色绸带。各种建筑施工机械就位待命。特别是要预先准备好打桩机,将其放置在施工位置,等待开工的命令。打桩机顶上应挂上一面红旗。现场还可设立彩棚,布置展台或展板,展示该建筑物的模型或设计图、效果图。

揭牌(碑、像)仪式多在安放现场举行,全体人员站立参加。所揭之碑、牌、像等事先用幕布覆盖。幕布的颜色应与仪式活动的主题相适应。揭牌(碑、像)仪式如在会场内举行,则主席台中间放置桌椅,供领导人和嘉宾就座,右侧(以主席台的朝向为准)设讲台和话筒,所揭的碑、牌、像等放置在左侧的揭幕架上。

举行生产流水线的点火或启动仪式,要事先选择好举行仪式的合适地点,并确保安全;安装好点火或启动的装置,并检查其性能是否良好,以保证点火或启动一次成功。

举行通车仪式要准备好足够的车辆,并装饰成彩车,有的还配以锣鼓和乐队,以显示喜庆的气氛。每辆车要经过严格检修,避免通车时出现故障。

开张仪式一般都在商铺门口举行,两侧摆放花篮,领导和嘉宾佩戴胸花,员工代表着统一工装列队。现场配以彩色气球、彩旗、锣鼓表演和音乐等,以增加喜庆气氛。

开工和揭幕仪式现场的会标要具有视觉冲击力。

(三)开工与揭幕仪式的流程

(1)来宾签到,礼仪引导。

(2)主持人宣布仪式开始。

(3)主办单位领导致辞,对前来参加仪式的上级领导以及来宾表示感谢,同时介绍开工项目情况及其意义或介绍开张商铺的服务宗旨、经营业务范围、优势特色等。

(4)上级机关的领导或代表致辞。

(5)建设单位、东道主和兄弟单位代表致辞。

(6)员工代表致辞或宣誓,也可由一位领导率领全体员工宣誓。

(7)奠基、开工、剪彩。奠基仪式由领导和嘉宾共同挥锹奠基。开工仪式由身份最高的领导宣布正式开工或启动按钮,打桩机开始打桩。商铺开张仪式由领导和嘉宾共同剪彩。通车仪式剪彩后开始正式通车。此时鼓乐齐奏、烟花齐放,以示庆贺。

(8)主持人宣布仪式开始。

四、安排颁授仪式

(一)颁授仪式的含义和作用

颁授仪式是指各种颁奖、授勋的仪式。颁授仪式运用十分广泛,几乎每个社会组织都设立了各种勋章、奖章、荣誉称号、奖励基金,授予对本组织具有杰出贡献的人士,通过树立正面典型,激励人们积极向上、不断进取。

(二)授勋和颁奖仪式的准备

世界上各种授勋和颁奖仪式名目繁多,形式多样,既可以单独举行,也可以作为会议活动中的一项程序,有时也可以借会见、宴会或有群众场面的演讲会等场合进行。无论以何种形式进行,一般都要做好以下准备工作:

(1)确定出席对象和范围。颁授仪式的出席对象应当根据颁授仪式的性质、规格和目的确定。对于勋章和奖章规格较高的颁授仪式,参加者的身份要与之相适应。

(2)确定授勋人、颁奖人和主持人。勋章、奖章、荣誉称号和奖励基金的等级和社会影响是确定授勋人、颁奖人(又称主礼人)身份的主要依据。例如,国家级勋章和奖章应当由国家元首授予,大学中荣誉教授的称号应当由校长授予。主持人要有一定的身份,一般由主办方担任。

(3)确定颁奖或授勋仪式的形式。官方性颁授仪式要庄重、简朴,而一些娱乐性的颁奖仪式可以采用绚丽多彩的晚会形式。

(4)发出邀请和通知。重点是做好领受人的邀请或通知。邀请信或通知中要明确说明领受人是否必须参加,如领受人本人因故不能前来领奖,是否可委派他人出席代领。给领受人的邀请信或通知应当附上回执,以便了解领受人的出席情况,做好接待工作。

(5)现场布置和用品准备。颁授仪式简繁不一,现场布置的要求也不尽相同。一般来说,授勋和颁奖仪式宜在室内举行,会场要根据事先策划的要求进行布置,不同类型的仪式体现不同的风格。如举行科学技术奖颁奖仪式,为达到宣传教育的目的,应选择较大的会场,以便容纳较多的人。晚会类颁奖仪式可安排在演播大厅、剧院等地点举行,以便进行文艺演出。

对于简单的颁授仪式,主席台上可以不设桌椅,颁授人和领受人相对站立。大型颁授仪式上,颁授人和领受人在主席台上就座,也可安排领受人在主席台下的前排就座。应根据领受人的座位颁授秩序安排,并事先设计好上台领受的路线,以保证上台领奖时秩序井然。讲台一般设在主席台的右侧,并配备话筒。晚会类的颁授仪式设舞台,不设主席台,领导、主礼嘉宾、领受人均坐在观众席的前排,舞台上设一讲台,供主持会议和讲话致辞。

重要的颁授仪式现场要升挂国旗。向外国的政府官员授勋时,可悬挂双方的国旗。

颁奖和授勋仪式也可以布置会标。会标要醒目,写明颁授仪式的内容或性质,如"20××首届'中国工业设计奖'颁奖仪式"。

要根据授勋和颁奖的内容准备好勋章、奖章、奖杯、奖牌、奖状、奖金支票、奖品、鲜花、托盘(盛放奖章和奖励品等)、音乐磁带等用品。奖状的书写一定要规范,具体写明领受人的姓名,奖励的项目名称、等级、发证机关名称、发证日期,并加盖发证机关的印章。颁授对象较多时,勋章、奖杯等用品可以放在主席台的桌上,并与每个颁授人的座位相对应。颁授对象较少时,可以由礼仪人员在颁授仪式开始时,用托盘将勋章或奖杯端上,由颁授人——颁授。

(三)颁授仪式的流程

(1)群众代表先入场就座。

(2)观礼嘉宾签到,由礼仪人员引导入座。

(3)主礼人或主礼嘉宾以及领受人入席。

(4)主持人介绍主要领导和来宾。

(5)主持人宣布仪式开始。

(6)重要的颁授仪式要奏国歌。

(7)主办方宣布颁奖或授勋决定。

(8)主礼人或主礼嘉宾向领受人颁奖或授勋。领受人较多时,可以依次分批颁授。一般从低等级奖项开始,最后颁授最高等级的奖项。领受人较多而且需分批颁授时,工作人员要细心引导,使每个领受人上台后与各自的颁授人的位置准确对应,避免出现发错奖的情况。

(9)安排少年儿童或女青年献花。有时也可由颁授人献花,以示敬意和祝贺。

(10)颁授对象的代表致答词。

(11)群众代表致辞。

(12)主办方领导致辞。

(13)主持人宣布仪式结束。

五、安排吊唁谒陵仪式

(一)吊唁谒陵仪式的含义和种类

吊唁谒陵仪式是由机关、单位举行的,以及由领导出面或派代表对先人和逝者的各种吊唁、哀悼、谒陵、祭奠等活动,属于领导活动范畴。其中吊唁哀悼是指领导出面或者派代表哀悼逝者并慰问遭遇丧事的国家、团体或家属,一种是为本单位逝者举行吊唁、哀悼仪式,另一种是领导本人或派代表前往遇丧的国家使馆、机构驻地或家中进行吊唁。谒陵是指领导本人或率领团队在先人的陵墓或纪念碑前举行祭奠、凭吊、瞻仰仪式,一种是祭奠民族祖先仪式,另一种是瞻仰烈士陵园和向烈士和英雄人物纪念碑敬献花篮仪式。

(二)吊唁谒陵仪式的准备

(1)确定吊唁谒陵的对象。单位举行和领导出面的吊唁谒陵对象要根据以下原则确定:一是有助于开展爱国主义和革命传统教育,比如举行民族祖先和民族功勋的祭奠仪式、祭扫拜谒革命烈士和英雄的陵墓等。二是有助于增强组织凝聚力,比如为因重大灾害遇难的群众和牺牲的救援人员举行吊唁、哀悼仪式。三是有助于增进国家、组织之间的友好合作关系,如领导本人或派代表出席友好国家、合作组织的调研仪式。

(2)确定参加仪式的领导、主持人和致辞人。吊唁谒陵仪式由谁主持、由谁致辞,体现治丧活动的规格,异常敏感且事关重大,要根据吊唁谒陵对象的身份、举行活动的目的、组织内部的有关规定以及社会影响综合考虑。领导的致辞可以是发表重要讲话,也可以是宣读祭文,其身份应当高于主持人。除领导致辞外,还可以安排各界代表发言。

(3)确定参加仪式的范围、规模和举行的形式。一是根据对象的涉及面和影响力来确定。有的对象涉及面较小但影响双边关系,可派出小范围但高规格的代表团参加对方的吊唁仪式。二是根据活动的具体目的来确定。比如为使新入校的大学生了解学校的光荣历史,可以组织他们祭拜瞻仰校内早期革命家或科学家的纪念碑或者塑像。有时还可以在现场安排宣誓仪式。

(4)安排时间。一要考虑有意义的时间节点,如为悼念南京大屠杀遇难同胞,第十二届全国人大常委会第七次会议决定将12月13日确定为南京大屠杀死难者国家公祭日。二要兼顾领导的既定日程。三要尊重少数民族的风俗习惯和宗教信仰。

(5)现场布置和用品准备。吊唁谒陵仪式一般安排在陵园墓地纪念碑的现场举行。环境布置要庄严肃穆。要事先准备好敬献的花圈、花篮、花束,写好挽联,准备好签到簿、留言簿和题词用具,以备来宾签名、留言、题词。对于规模较大的仪式,如有讲话致辞,要安装扩音设备。如需播放音乐,要准备好相关器材。现场全体肃立,一般不安排座椅。如时间较长且有年老体弱的参加者,可安排座椅。领导站在前排,按身份高低左上右下一左一右排列(参见第四章第十二节),其他参加者按身份分区肃立。

其他各项准备工作和参考前面各小节介绍的仪式和典礼。

(三)吊唁谒陵仪式的流程

吊唁谒陵仪式的流程因具体的内容和形式不同而有所区别,但一般的流程如下:

(1)群众代表入场。

(2)领导、嘉宾签到,由礼仪人员引导入场。

(3)主持人宣布仪式开始。有的仪式还可以先由一位司仪介绍主持人的身份。

(4)主持人致开场白,说明举行吊唁谒陵仪式的目的和意义,介绍吊唁谒陵的对象,介绍出席仪式的领导、来宾和规模。

(5)全体默哀。

(6)领导致辞(发表讲话或宣读祭文)。

(7)各界代表发言。

(8)敬献花篮、花圈或花束,奏《献花曲》。重大仪式由礼兵缓缓抬上花篮,领导按身份高低依次上前一字排肃立,主要领导整理花篮上的缎带。领导敬献之后,其他人手持菊花依次上前敬献。人数较多时,也可一排一排地上前敬献。有些仪式也可请领导敬献花篮后回到原位,再全体三鞠躬。

(9)主持人宣布仪式结束。

参加其他国家和组织的吊唁仪式,应当客随主便。

第五节　组织展览和参展

一、展览活动的含义、特点和种类

(一)展览活动的含义和特点

展览活动是一种为达到一定目的、以直观性物品陈列为主要方式、有组织的集中展示活动。党政机关需要借助展览开展学习宣传教育活动,企事业单位需要借助展览推广学习技术、购销商品,寻找合作伙伴。因此组织展览和参展也是现代社会领导活动的重要方面。展览活动具有以下特点:

(1)直观性。展览会的一个显著特征就是它的视觉直观性。主办者和参展者主要通过陈列原物、样品、标本、模型、图片等具有直观视觉效果的物品来达到与观众进行信息交流的目的,观众则通过具体的视觉感受和实物体验获得真实、直观的信息。

(2)艺术性。展览活动是一种视觉形象的传递过程,为了强化视觉形象的传递效果,就需要综合运用声、光、色、形以及文字、图像等艺术手段,对展品、展台和展厅进行适度的包装,使参观者置身于立体艺术、平面艺术、灯光艺术和音乐的氛围中进行观察、了解、欣赏,感受展览过程的无穷魅力,从而增强展览的效果,实现展览的目的。

(3)多样性。展览活动除了商品陈列展示外,还常常举行成果发布、记者招待、项目推介、学术研讨、论坛报告、签字仪式、文艺表演等配套活动,形式丰富多样。

(4)广泛性。展览活动的参加对象十分广泛,既有许多的参展商,又有大量的客商(专业观众)和普通观众。主办者根据展览会的目的和主题,把大量参展商组织起来,集中展示各类商品,吸引大量的客商和观众前来参观、洽谈,从而达到参展商与客商、观众之间交流信息的目的。

(5)集中性。展览会由于活动形式多、参展范围广、观众人气高,使参展商、客商和观众能够及时获得大量的信息。信息发布的集中性又会吸引更多的参展商、客商和观众,促进展会的进一步发展。

(二)展览活动的种类

1. 按展览的目的分

(1)宣传教育性展览,即对观众主要发挥宣传、教育、引导、鞭策作用的展览,如科普展、教育展、宣传展等。

(2)商业贸易性展览,即以交流商业信息、直接推销商品、洽谈贸易业务为主要目的展览,如消费展、贸易展等。

(3)文化艺术性展览,即主要以展示文化遗产和艺术创作成果、开展文化艺术创作交流为宗旨的展览,如文物展、风俗展、艺术展等。

2.按展览的名称分

(1)展销会,指以现货或者订货的方式销售(零售和批发)商品的集中展示交易活动。

(2)博览会,指以促进商品贸易为主要目的,以产品和技术展示、交易为主要活动内容,集发布、洽谈、研讨、艺术鉴赏等功能为一体的规模大、品种全的展览活动。

(3)洽谈会,又称交易会,指在投资、商品、产权、人才、劳务、技术、文化等方面洽谈和签订交易、交流与合作项目的活动。

(4)看样订货会,形式比较单一,往往用于某个企业展示和销售自己的产品或经营的商品。

(5)展示会,是以新产品、新技术、新工艺的展出、演示为主的展览活动,有时也可以同时进行洽谈和订货。

二、展览活动组织工作要点

(一)确定展览目的、主题和项目

举办展览首先要确定目的。不同的单位举办展览,其目的各有侧重。党政机关主要是为了宣传教育,企事业单位主要是为了经贸合作交流。每场展览都应当明确具体的目的和主题,再根据目的和主题确定展览的具体项目。所谓展览项目,是指在展览会上展出展品的属性。比如举办以反腐倡廉为主题的教育展,就应当围绕这一主题确定展品的时间、行业等属性,如"党的十八大以来我国金融领域反腐倡廉成果展",所有展品的属性都必须符合十八大以来的时间属性和我国金融领域的行业属性。

(二)策划展览形式

(1)活动样式策划。展览会按照活动样式可以分为单纯性展览和复合性展览两大类。单纯性展览以展品的展示、演示和讲解为活动方式,简便易行;而复合性展览活动则在此基础上还举行一系列的活动,如成果发布、项目对接洽谈、学术论坛、集中签约、开闭幕式等。

(2)展品形式策划。展品是主办者、参展者和观众行为的共同指向。展品可以分为原型、模型、标本、图片、复制品、文字、声像和多媒体等类型,有的展品还可以当场试用,让观众亲身体验。不同形式的展品展示的效果各有特点。

(三)确定参加对象

1. 确定参展者

有的展览是为企业和各种组织搭建展示平台,需要招揽参展者。参展者即向展览的主办者租借展位并提供展品的单位或个人。

确定参展者要注意以下几点:

(1)参展单位必须是经合法登记批准的组织。

(2)关注参展者的行业属性。一些行业性展会可能有这方面的要求。

(3)关注参展者的地区属性。一些地区性的展会规定只有本地区的组织才能参加展出。

(4)参展者必须具有良好的声誉。

(5)重点抓好具有行业影响力的牵头参展商。

2. 组织观众

举办宣传教育性展览,要根据举办目的和主题组织观众。举办贸易型展览的目的是满足观众(包括专业观众和普通观众)的欣赏、购买和选择的需要。贸易性展览的观众具有很大的不确定性,要吸引更多的观众,必须做到以下几点:

(1)以新颖的主题吸引观众。要根据观众的消费心理、消费观念和消费需求的变化,不断提出新的展览主题,不断更新展览项目,这样才能做到"展会年年搞,年年不一样"。

(2)以优质服务留住观众。成功的展会必然有一批忠实的观众,而要留住这些观众就要靠优质服务。因此,要想方设法开辟新的服务领域,提高服务质量,以高效优质的服务赢得观众、留住观众。

(3)加强与观众的联系。可通过展后发放征求意见表、关注客商与参展商已达成的协议的落实情况并及时沟通双方的信息、经常或定期向观众寄送会刊或简报等方式,加强与专业观众的平时联系,以建立稳定的观众队伍。

(四)确定展览时间和地点

1. 确定展览时间

(1)确定展览时机。一是要掌握市场对目标展品需求的季节变化,选择适当的举办时间。二是要避免时间上同其他同类的展会冲突。三是有些展会要考虑节假日的因素,如以个人观众消费、娱乐为主的展览要充分利用休假日举行,而以团体观众为主的展会则可能需要避开休假日,因为这时许多公司、团体都放假。

(2)确定展期。一是要根据事先预计的观众人数确定展期。二是要根据场馆的接待能力确定展期。预计观众人数较多而场馆接待能力偏小,则展期可相对长一些。三是要根据成本预算确定展期。一般来说,在参观总人数不变的前提下,展期越长,各项支出就越多,成本就越高。反之,展期越短,成本就越低。

2.确定展馆

确定展馆要考虑下列几方面：

(1)展馆的面积是否适应展览的规模需要。

(2)展馆的管理水平和服务质量是否一流。

(3)如果展览中还举行会议等其他活动,则展馆内最好能提供同时举行其他活动的场地。

(4)价格是否合理。对于主办者来说,展馆的费用是展览费用支出的重要组成部分,因此,选择展馆应当考虑价格因素。

(五)寻求支持单位和合作单位

(1)支持单位主要包括行业的政府主管部门、行业的权威协会、具有广泛影响力的行业媒体。支持单位可以提高展会的档次、规格和权威性,扩大展会的影响力,有利于组织目标客户参展和目标客商的参加,有效地形成展会项目的品牌效应,实现可持续发展。

(2)合作单位应当选择具有专业性、大众性和权威性的媒体单位,当地的行业单位和行业权威机构,以及知名度较高的会展公司或国际展览的代理机构。合作单位可以加快信息的有效快速传递,提高展会的影响力,整合展会资源,实现优势互补,最大限度地挖掘新客户,壮大参展队伍,最大限度地降低招展成本。

(六)展开广告宣传攻势

通过媒体广告、户外广告、新闻发布会、行业研讨会等宣传手段进行立体式的广告攻势,可以营造展会的气氛和声势。

(七)招展招商

广告宣传攻势是招展招商的前奏曲,而做好招展招商工作则是展览会成功的关键。一般要建立招展招商工作机构,制订招展招商计划,培训营销人员。招展招商要着眼于两个方面,即参展商和观众,具体办法有以下几种：

(1)通过支持和合作单位建立展会的营销网络。

(2)收集可能参加展会的参展商、参观商的名录,建立信息库。

(3)印发邀请函、征询函、调查表、参展手册、会刊、会展简报和门票。

(4)上门拜访主要的牵头参展企业。

(5)采取让利的办法合作招展。

(6)签订参展协议。

(八)做好接待工作

展览会的客人来自五湖四海,主办方要安排好他们的食宿、交通,让他们以饱满的热情参加展会的各项活动。具体接待方法和要求详见第七章"接待工作"。

(九)提供展览服务

主办方要制定切实措施,为参展商提供通关、物流、设计、布展、撤展、文印等方面的服务,保证展会的顺利进行。

(十)开好开幕式和闭幕式

举办大型展览活动,如博览会、洽谈会和交易会,要精心策划开幕式和闭幕式,具体的组织工作详见本章"安排仪式与典礼活动"一节。

(十一)加强现场管理

展览活动参加人员集中、流量大,容易带来安全隐患。要加强现场的证件管理、展位管理、安全管理,及时疏导周围交通,同时要安排人员值班,及时应对突发性事件和突发性事故。

(十二)进行展后跟踪

展会结束后,要及时做好展后跟踪工作,以加深目标客户的印象,为下一届展会做铺垫。展后跟踪的具体内容包括:感谢所有的参展单位、重要客商、支持单位、合作单位、媒体单位;通过媒体进行跟踪报道;发布下一届展会的信息;向参展商发放征询意见表和调查表并回收、统计、分析、评估。

三、参展组织工作要点

(一)确定参展目标和展品

制定正确的参展目标,是做好参展工作、保证参展成功的前提。参展目标应当根据组织的发展战略和市场条件来确定。一般来说,一个组织(包括公司、学校、行业、政府等)的参展目标大致有以下几方面:

(1)树立组织形象,扩大组织影响力。
(2)推出新产品或服务,了解市场的反映和接受程度,并最大限度地促成交易。
(3)通过参展,进行市场调研,掌握竞争对手的信息,找出本组织的弱点。
(4)接触新客户,挖掘老客户的潜力。

展品是根据参展目标确定的,在展会上发布或者推出的应当是最有市场竞争力、最有观众吸引力的展品。

(二)选择合适的展会

当前展览活动琳琅满目,同时鱼龙混杂。参展单位首先要通过资料对比分析和实地考察等方式了解展会的种类、特点、性质、规模、项目、方式、价格、名称、时间、地点、主办者、观众、知名度等基本情况,然后根据参展的目的和参展展品的情况选择合适的展会,并与主办方联系确定展览面积、展位类型(标准展位或特殊展位)以及具体展位,签订有关合同。

(三) 做好参展准备

在做出参加某个展会的决策后,就要着手制订参展的详细工作计划并组织落实各项准备工作。参展的准备工作一般包括以下内容:

(1) 组建参展工作机构,合理调配人员,明确工作分工,进行展前培训。
(2) 制定参展组织工作的各项流程和规则,明确时间进度要求。
(3) 预算展览费用。
(4) 进行展品形式策划和展台设计,完成布展事项。
(5) 安排展品运输、通关(参加国外的展会)等事项。
(6) 预订举办地的宾馆房间,为参展工作人员提供住宿。
(7) 准备和印制参展文件和宣传品。

(四) 搞好洽谈接待

展览期间工作人员要热情接待每位客商和参观者,认真做好每一场讲解,积极展开业务洽谈,详细记录每一位客户的情况及要求,及时把握市场的反应,充分掌握同行企业的展览信息,努力与媒体保持良好沟通。

(五) 处理善后事宜

展会结束后,要在规定时间内完成撤展工作,总结参展的经验和教训,落实签订的各项协议,与有意向的客户保持联系,为下一届参展做好准备。

思考与练习

1. 安排领导活动的原则有哪些?
2. 试述安排领导活动的一般流程。
3. 怎样制作领导活动时间表?
4. 试拟制一份某公司总经理赴外省市考察三天的行程表。
5. 怎样安排好领导的慰问活动?
6. 怎样安排好领导办公会议?
7. 怎样安排好座谈会?
8. 怎样安排好现场会?
9. 怎样安排好代表性会议?

10. 怎样安排好发布会？
11. 怎样安排好开幕式与闭幕式？
12. 怎样安排好开工与揭幕仪式？
13. 怎样组织好展览和参展？
14. 按下列方案组织一次签字仪式实训。

模拟签字仪式实训方案

一、实训目的

本实训项目全真模拟涉外签字仪式，使学生熟悉签字仪式的基本知识和各项准备工作，掌握签字仪式的工作环节和基本规范，初步具备策划、组织实施签字仪式的能力。

本实训项目必须通过具体分工和相互合作才能完成。通过实训，培养学生工作责任感和团队合作精神。

二、实训原则和方式

本实训贯彻学生自编、自导、自演和分级管理的原则。指导教师要按照涉外签字仪式的规范具体指导学生对本实训项目进行策划、准备、实施和善后，引导学生自己发现问题，按照责任分工的原则指导学生自己解决问题，切实锻炼和提高学生分析问题和解决问题的能力。

各项分工采取学生自愿申请和集体协商来确定，鼓励学生充分运用实训的机会展示自己的能力和风采。

三、实训内容、分工和任务要求

（一）签字仪式名称：××××学院与美国××公司合作举办涉外秘书专业签约仪式

（二）实训对象：××××学院秘书系××级×班全体学生

（三）分工和任务要求

1. 策划和协调

总协调人：1名，由班长担任；总策划人2人，负责制定实训项目策划书，策划书需在全班范围内征求意见。

2. 签字文本准备

(1) 起草正文文本，2名学生负责。标题为《××××学院与美国××公司合作举办涉外秘书专业协议书》，要求分章分条，内容由学生自拟。双方签署的位置要规范。

(2) 翻译，2名学生负责。

(3) 排版、印刷，2名学生负责。排版、印刷和装订要符合涉外协议文本的在先权规则，并符合双方各保存一套正本（含中英文两种文字文本）的要求。

3. 参加人员（均由学生扮演）

(1) 签字人员：××××学院院长、美国××公司总裁。

(2) 领导：××市教委主任、美国驻沪总领事；××××学院董事长（中文致辞，写好致辞稿）、美国××公司董事长（英文致辞，写好致辞稿）；××××学院秘书系主任、美国××

公司上海分公司经理。

(3)助签人员:2名,负责准备签字用品(笔和吸墨器)。

(4)主持人:1名,事先写好主持词。

(5)文字记者:2名(各写一篇500字新闻稿);摄影、摄像,各1名(分别负责制作签字仪式图片集和全程视频)。

(6)现场口头翻译:2名(中翻英和英翻中各1名)。

(7)负责接待的礼仪人员(签到、引导),4名。

(8)群众代表:若干。

4. 现场布置

1名学生总负责,若干名学生分头落实。

(1)制作会标PPT(电脑投影)。

(2)安排签字桌、签字座椅和其他人员座位。

(3)摆放签字用品和签字文本。

(4)布置国旗和鲜花。

(5)安装调试音响、话筒、灯光、音乐。

(6)签到准备:签到桌、签到簿、签字笔。

5. 邀请与宣传

(1)制作请柬并送达学院和系领导、部分专业教师,邀请他们现场观摩指导,2名学生负责;

(2)制作宣传海报并张贴,欢迎兄弟系同学参加观摩,2名学生负责。

(四)模拟签字仪式流程

(1)入场签到,礼仪引导。

(2)全体参加人员先在台下就座,主要领导坐在前排。

(3)主持人按身份高低先主后宾、一主一宾介绍双方主要领导,并请被介绍的领导逐一上台,在礼仪人员引导下按涉外双边签字仪式嘉宾排列规则定位。

(4)主持人宣布签字仪式开始。

(5)助签人引导签字人入座。

(6)双方签字。助签人翻揭文本,指明签字处,用吸墨器吸干。双方交换文本。

(7)××××学院董事长、美国××公司董事长先后致辞,由翻译人员现场翻译。

(8)主持人宣布签字仪式结束。

(五)所需主要用品(由总协调人向学校有关方联系解决)

(1)签字桌一张,签字人座椅两把,观众座椅若干(根据人数)。

(2)台布一块(暗红色或墨绿色)。

(3)签字笔若干。

(4)吸墨器两个。

(5)小型中国和美国国旗各一面。

(6)旗架两个。

(7)电脑一台,大屏幕一块。

(8)讲台一个。

(9)话筒和扩音机一套。

(10)照相机、摄像机各一台。

(11)签到簿一本。

(12)文件夹两个,用于放签字文本,颜色需不同。

(13)鲜花若干。

(六)教师的角色

(1)向全体学生做好实训动员,明确布置任务,保证每位学生都有分工。

(2)定期检查各项准备工作完成情况,并做出具体指导。

(3)组织好彩排,现场指导,发现问题及时纠正。

(4)实训结束后进行现场点评,也可请现场观摩的院系领导和其他任课教师点评。

(5)根据每位学生完成任务的情况合理评分。评分成绩应在学科总成绩中占较高比重。

第七章 接待工作

> 领会接待工作的特征、要素、类型、意义、原则以及接待礼仪;掌握接待的各项准备工作、安排礼宾次序和国旗悬挂的要求并能够应用;掌握迎送、陪同、合影、会见、会谈、宴会的组织安排方法、程序和要求,并能够综合应用。

第一节 接待工作概述

一、接待工作的含义和特征

(一)接待工作的含义

对来访者的迎送、接洽和招待被称为接待。秘书实务中的接待工作是指特定的组织对公务来访者的迎送、接洽和招待活动,它同信访工作中的来访接待的区别在于:前者的主要对象是具有公务关系的特定组织的代表,后者的主要对象是人民群众。

(二)接待工作的特征

1.广泛性
(1)接待领域的广泛性。有交往就有接待,交往是接待的目的,接待是交往的手段。无论是国内交往还是国际交流,大到国际性的会议、展览和大型节事活动,小到两个单位之间的业务洽谈、工作联系、学习交流等,都离不开接待工作。接待工作渗透到政治、经济、军事、科技、教育、文化等社会活动的所有领域。
(2)接待对象的广泛性。接待对象不仅有本组织的内部成员,还有上级机关、主管部门以及合作单位的来访者。涉外活动的接待对象更为广泛,包括来自不同国家和地区,属于不同的民族,拥有不同的宗教信仰、文化礼俗和意识形态的来宾。

2.礼仪性
现代接待,特别是涉外接待,非常注重礼仪和礼节。比如,接待仪式要庄重,接待方式要符合国际惯例,接待人员的言谈举止要符合礼节。接待中的礼仪和礼节既反映了东道主对来访者的基本态度,也在一定程度上体现了东道主的文明水准。因此,接待工作人员一定要掌握对内和涉外接待的基本知识和基本规范,熟悉各种国际礼仪和礼节,努力提高自身的文化礼仪修养。

3. 服务性

接待的过程就是服务的过程。接待人员要为来访者(有时还包括随行人员、记者等)提供满意的服务,努力为他们提供方便,解决实际困难,为他们的来访创造舒适称心的环境和良好的沟通氛围。

二、接待工作的基本要素

(一)来访者

来访者即接待工作的对象。公务活动中的来访者总是直接地或间接地代表一定的组织,他们可能是主动来访,也可能是应邀来访。来访者的身份、地位和他们所代表的组织及其与本单位的相互关系,对接待工作具有直接的影响。

(二)来访意图

来访意图是来访者企望通过来访而达到的目的。不同的来访者有不同的来访意图:有友好的,也有怀有敌意的;有请示或求助的,也有前来帮助或指导的;有的来访纯粹是礼节性的,有的则前来联系工作、解决问题;有的来访意图十分明确、清楚,有的则以假象示人,必须明辨。来访意图是制定接待方针、确定接待规格、安排接待工作的重要依据,因此,准确判断来访意图是做好接待工作的关键。

(三)接待者

接待者是接待工作的主体。公务接待中的行为主体是一级法定组织,接待人员则代表法定组织出面接待来访者。接待工作的成功与否,同接待人员的经验和能力有重要关系。就一个特定的组织而言,接待人员有以下几种:

(1)领导。领导是接待工作的最高责任者,对整个接待过程负有领导和指导的责任,需要确定接待的指导思想,制订和审批接待方案,必要时出面接待。

(2)专职接待人员。在一些接待任务较多的机关,往往设置专门的接待机构或专职接待人员。在设有公关部门的机关或单位,接待机构或专职接待人员往往归属于公关部门,而在不设公关部门的机关或单位中,接待机构和专职接待人员则归属于秘书部门。涉外接待由则外事工作部门统一负责。

(3)业务人员。涉及业务问题的来访需要有关业务部门的人员出面或者参加接待。

(4)秘书人员。秘书人员往往是特定组织的第一接待人,尤其是在不设公关部门和外事部门的单位更是如此。单位内即便设有公关和外事部门,秘书人员也常常要根据领导的指示协调接待工作,或受领导的委托代其出面接待客人。因此可以说,秘书人员既是接待工作的组织协调者又是具体执行者。

(四)接待内容

接待内容包括上级领导机关制定的接待方针、本级领导的接待意图、接待要求以及接待责任。接待内容应当根据来访者的身份及其来访意图确定。对于重要的接待工作应制订接待计划或方案,将接待任务加以明确并落实到人。

(五)接待方式

接待方式包括接待规格、接待流程和接待工作的具体形式,是为接待内容服务的,接待内容不同,接待方式也不同。

三、接待的类型

(一)按来访者所在的地域划分

(1)涉外接待,即来访者是外国客人。客人或是一个国家或一个国际组织的代表,或是一家外国公司的工作人员。涉外接待既要符合涉外礼仪,又要遵守国家有关涉外接待的规定和纪律。

(2)国内接待,即指接待国内其他地区、单位公务来访的客人或下属单位前来联系工作的人员。

(二)按接待者与来访者的相互关系划分

(1)对上接待,如上级机关的领导前来视察、检查、调查、出席会议、现场办公。

(2)对下接待,如下级单位为汇报工作、反映情况、请求指示或批准、询问事项而来访。

(3)平行接待。平行接待指既无隶属关系又无职能上管理与被管理关系的单位间的来访接待,如兄弟单位前来参观考察、学习交流、洽谈业务以及新闻单位前来采访的接待。

(三)按接待的性质划分

(1)工作接待,即围绕某一方面的工作而开展的接待,如上级领导的视察、有关方面的工作检查评比、合作单位的业务洽谈、各种会议和活动过程中的接待。

(2)生活接待,即以安排吃、住、行、游为主要内容的接待。

(3)事务接待,即以处理临时性的事务为主的接待,如接转关系、开介绍信、查找人员、询问情况等。

(四)按计划与否划分

(1)有约接待,即事先商定安排好的接待。根据来访者的身份和来访内容的重要程度,有约接待又可分为重要接待和一般接待。重要接待是指接待重要的外宾、上级机关的领导以及涉及本组织重大利益的接待。对于重要接待应当制订专题接待方案,商定接待日程,并需要领导出面。一般接待是指只涉及日常工作联系的来访接待,接待要求相对较低,秘书可根据领导活动的日程表酌情安排,有时也可以视情况自行接待处理。

(2)临时接待。秘书接待的对象中有大量事先没有约定、临时来访的客人。临时接待的内容大部分是日常事务,但有时也会涉及一些重要事项,秘书应当予以重视,做好临时接待工作。

本章主要介绍有约接待,临时接待放在"办公室日常事务"一章中介绍。

四、秘书接待工作的意义和原则

(一)秘书接待工作的意义

秘书接待工作是领导接待工作的重要组成部分,秘书做好接待工作具有以下意义:

(1)扩大交往。接待与交往有着密切的联系,交往以接待为前提,接待为交往提供保障。现代社会中,国家与国家、组织与组织之间的交往日益频繁并且深入各个领域,迎来送往、接洽招待已经成为国际、国内交往的主要内容和形式。一次成功的接待,能够广交朋友、增进信任、加深友谊,进一步扩大交往与合作。

(2)沟通信息。从信息学的角度来看,交往是信息沟通的一种方式,因此,接待过程本身就是获取信息和传递信息的有效渠道。通过接待,秘书既可以获得社会各个方面大量的信息资源,建立广泛的信息网络,提炼适用的信息并及时向领导提供,为领导决策当好参谋,又能够向来访者转达领导的意见,宣传有关政策,澄清某些事实,消除彼此的误解,为推进工作营造良好的氛围。

(3)解决问题。大多数公务来访都具有鲜明的务实性,要求解决现实工作中的实际问题,如上级的工作检查、下级的请示汇报、兄弟单位的业务联系等,通过具体的指导、接洽、协商,达成共识,明确方向,从而解决工作中的实际问题,推动各项事业的健康发展。

(4)展示形象。接待工作是一个国家、一个企业对外宣传、展示形象的窗口。秘书人员热情友好的态度和礼貌优雅的接待风度、接待工作的合理安排和顺利进行,都会给来访者留下美好而又难忘的印象,有助于树立接待者良好的社会形象,提高其在公众心目中的地位。出色的涉外接待,还有利于提高一个组织、一个城市乃至一个国家的国际声望。

(5)提供补偿。接待工作是领导管理活动的一个有机组成部分,但由于领导精力有限,接待工作的事务性工作就自然由秘书承担。秘书人员通过对接待工作的具体筹划、安排、组织、落实、协调,为领导正式出面接待做好充分的准备,当好"先行官",必要时还要根据领导委托或代表领导迎送、陪同客人。秘书在职责范围内根据领导的意图和授权直接处理来访者提出的问题,从而减轻领导的负担。对于临时来访者,秘书可通过先期接待对来访者进行"排序",合理安排领导接待的时间,有时还要酌情对来访者进行"过滤"和"挡驾",以免对领导的工作产生干扰。因此可以说,秘书接待是对领导精力和能力方面的一种补偿。此外,秘书通过前台接待为来访者"指路""导访",既方便了客人,又减少了对各职能部门的干扰,体现出对职能部门的补偿。

(6)保障活动。现代接待工作还是各种会议、展览、节事活动(统称会展活动)组织工作的有机组成部分,任何会展活动或多或少都需要依赖接待工作的支持与保障。妥善、周到、细心的接待服务,能够给每个与会者、客商、观众提供各种方便,解除后顾之忧,使他们事事称心、处处放心,全身心地投入会展活动中,从而提高会展活动的效率,保障会展活动顺利进行并达到预期的目标。

(二)秘书接待工作的原则

(1)热情友好,细致周到。在接待工作中,秘书人员既要有热情友好的态度,处处替客人着想,事事为他们提供方便,使他们有一种宾至如归的亲切感,又要有细致周到的工作作风。接待工作涉及方方面面,环节多、操作性强,有时一个小小的差错就可能引起客人的误会或不愉快,甚至产生不好的政治影响,造成一定的经济损失。因此,秘书人员应当充分意识到接待工作的重要性,以饱满的热情认真做好每一件细小的接待工作,保证整个接待任务的圆满完成。

(2)一视同仁,平等对待。接待对象的广泛性特征决定了秘书人员必然要接待来自不同的国家、地区或组织,拥有不同的意识形态、宗教信仰、风俗习惯的来访者。在接待中,无论是举行迎送仪式、确定礼宾次序还是安排吃住行游,都必须按照国际惯例或者约定的办法,坚持一视同仁、平等对待的原则。任何歧视或不尊重都可能引起气氛和关系的紧张,不利于实现接待目的。

(3)俭省节约,倡导新风。接待本身是一项消费支出活动。因此,无论对内还是对外,无论对上还是对下,都要坚持勤俭节约的原则,反对讲排场、摆阔气、奢侈铺张、大吃大喝,应树立文明接待的新风尚。

(4)加强防范,确保安全。没有切实的安全保障,就不会有成功的接待工作。接待安全包括人身安全、饮食安全、住地安全、交通安全等。必要时可同有关安全保卫部门联系,采取严格的防范措施,消除一切安全隐患,确保接待安全。

第二节　接待的准备

一、环境准备

良好的接待环境能够让客人产生一种亲切的感觉,给客人留下深刻的印象。接待环境分为硬环境和软环境。

(一)硬环境

硬环境是指利用客观条件构成的环境。任何接待都必须在一定的空间进行,形成接待区域。客人经过的机关或公司大门、路过的干道和走廊、视察参观的车间或工作室,举行会见会谈的接待(会客)室和办公室,客人所到之处都属于接待区域。硬环境应当包含所有的接待区域,重点是接待室、会议室和办公室。

接待区域的硬环境建设要做到以下几点:

(1)空间宽敞。接待区域一定要宽敞,使人感到振奋和舒畅。狭小的接待空间会使客人产生压抑和拘束感。

(2)布局合理。接待区域的布局设计要方便客人出入,同时保证安全。比如,在公司或机关的入口处设服务台,由前台秘书或文员先行接待登记,导访分流,既方便客人,又有助于安全。又如,秘书办公室应当设在领导办公室的外侧,以便秘书对不速之客进行"挡驾"。秘书办公室同领导办公室、接待室、会议室要尽量靠近,这样在领导接待客人时,秘书能及时提供服务。领导的办公室内最好设一个接待区,放置沙发和茶几,这样,领导同个别来访者的谈话就可以在办公室内进行。

(3)整洁美观。办公室、接待室、工作室、走廊、过道以及周围的场地等接待区域应经常保持整洁美观,有重要接待任务时,还要提前整修、装饰、布置、美化,做到堆物整齐、道路通畅、窗明几净、色彩和谐。接待区域内适当摆放花卉或绿色植物,还能创造自然、和谐的气氛,使接待环境更富有生气并给人以美的享受。

(4)气候宜人。这里的气候是指接待区域内的微气候,一般要求做到通风良好、空气清洁、温度和湿度适宜。

(5)明亮安静。室内接待区域应当明亮适度,一般应以自然光源为主,人造光源为辅。光线太暗会使人心情压抑,太亮则会刺激眼睛,干扰视觉。接待区域还应当保持安静,确保接待工作不受干扰。

(二)软环境

软环境主要是指接待过程中的人文环境,包括两个方面:

(1)组织文化环境。组织文化包含企业文化、校园文化、社区文化和机关文化等各种形态的文化。组织文化是组织存在和发展的灵魂,也是接待过程中最能感动客人、能够给客人留下深刻印象的东西。比如,系统合理的规章制度、紧张有序的工作秩序、和谐融洽的人际关系等,能综合成一种无形的力量深深感染客人,使他们产生信任感。组织文化是内容,也是形式,做好组织文化的形式彰显工作,如悬挂体现企业精神的口号、张贴实施科学管理的规章、布置展示企业文化的橱窗等,对于实现接待的目的具有十分重要的意义。

(2)接待礼仪环境,包括接待人员的礼仪素养、接待过程的礼仪安排等。接待对象不同,接待的要求也不同,因此在接待前,秘书人员要根据具体的接待对象学习和掌握有关的接待知识。举办大型活动前应对接待工作人员尤其是志愿前来参加接待工作的人员进行培训,使他们熟悉接待对象的基本情况,以便有针对性地做好接待工作。

二、信息准备

(一)收集和掌握来访者的情况

充分收集和掌握来访者的情况,是有针对性地做好接待工作的必要前提。

1. 收集的内容

(1)来访者的基本情况,包括国别、地区、所代表的组织机构、人数、姓名、性别、年龄、身份、职务、民族、宗教信仰、生活习俗、健康状况等。

(2)来访的目的、性质和要求。来访的目的、性质和要求是制定接待方针的基本依据之一,对此,秘书应当通过多种途径加以了解和掌握。

(3)过去来访的情况,包括来访次数、会见过哪些人、同哪些人关系密切、参观过哪些项目、达成过哪些协议等。

(4)抵离时间和交通工具。要准确掌握来访者抵达和返离的具体时间及交通工具,以便安排迎送。

2. 收集的途径与方法

(1)汇总统计报名和申请信息。邀请对方来访或者举办大型活动前,主办单位都会事先发出通知、邀请函或请柬,对方一旦决定来访或参加活动,会寄回回执、报名表,或者回电。接待人员汇总回执、报名表以及回电,可以预计参加人数,同时了解接待对象的职业、身份、职务、性别、年龄、民族等基本信息,分析接待对象的组成结构和分布特点,为做好接待工作提供信息支持。

(2)查阅接待的档案。接待档案资料中保存了以往接待的记录,可以帮助秘书掌握接待对象立场、态度的变化以及其生活起居的特点,这有助于有针对性地做好接待工作。

(3)请有关部门提供情况。为了全面了解来访者的情况,不妨请有关部门协助提供一些情况。比如,举办国际性会展活动前,可通过外国驻华使领馆了解与会国国旗悬挂的规则、特殊的礼仪与礼节等。

(二)准备接待材料

接待材料是用于向来访者传递信息的各种文件资料的总称,主要包括:

(1)汇报介绍性材料,如工作报告、情况简报、经验总结、统计报表、参考文件等。这类材料要做到情况真实、事实准确、数据严密。

(2)专业技术性材料,如产品说明书、工艺流程图等。这类材料要求做到简洁明了、通俗易懂、内外有别。

(3)礼仪宣传性材料,如欢迎词、欢送词、祝酒词、答谢词以及赠送给客人的企业概览、纪念手册等。这类材料要求做到语言热情得体,符合交际礼仪。宣传性材料还要注意语言生动活泼、图文并茂、印制精美。

(4)合作成果性材料,如会议或会谈纪要、合同或协议书、联合声明或公报等。这类材料往往是在双方领导正式会谈后确认的,但会谈各方可以事先拿出草案。

三、接待用品准备

(一)基本用品

(1)家具,如会谈和会见时所用的桌子、椅子、沙发、茶几。

(2)茶水及茶具,如饮水机、茶杯、开水、矿泉水、茶叶、咖啡等。

(3)文具用品,如记录会见、会谈的纸、笔、电脑、速录机等。

(二)特殊用品

特殊用品是指在一些大型接待中或者接待特殊客人时需要使用的物品和器具,主要有:

(1)接待用车,如迎送客人用的大小轿车。

(2)接待标志,如接待现场的欢迎标语和指示牌、接待人员的统一服装和证件等。

(3)接待设备,如会见大型代表团使用的扩音、投影设备以及摄影机、摄像机等。

(4)接待礼品。涉外接待中常常要赠送一些礼物给客人。准备礼物时应注意:

①低值、小额。世界上很多国家对接受礼品的数量和价值有法律规定,因此,赠送给客人的礼物必须符合这些规定。

②体现民族文化的内涵和地方特色,或者显示接待方的组织形象,具有纪念和象征意义。

③符合客人的需要,尊重客人的习俗和爱好。

四、接待方案准备

对于重要的接待,秘书应当事先制订接待方案,报领导审批。接待方案批准后即成为秘书接待的依据。

(一)接待方案的一般内容

1. 接待方针

接待方针即接待工作的总原则和指导思想。接待方针应当由领导来确定,秘书人员可根据来访者的身份、来访意图、双边关系和接待目的向领导提出具体建议。

2. 接待规格

接待规格实际上是参加对象所受到的礼遇,体现接待方对来访者的重视和欢迎的程度。接待规格要依据接待的目的、任务、性质、方针而定,并综合考虑来访者的身份、地位、影响以及宾主双方的关系等实际因素,既要适当,又要慎重。接待规格主要表现在以下几个方面:

(1)迎接、宴请、看望、陪同、送别接待对象时,接待方出面的人员的身份。具体可以分为三种情况:一是高规格接待,即接待方出面人员的身份高于接待对象,用于重要对象的接待。二是对等规格接待,即接待方出面人员的身份与来访者大体相等。通常情况下,接待都采取对等规格。三是低规格接待,即接待方出面人员的身份比来访对象低。低规格接待主要用于事务性的接待或者特殊情况的接待,选用时应当特别慎重。

(2)接待过程中接待方安排宴请、参观、访问、演讲、游览、娱乐等活动的次数、规模和隆重程度。活动次数越多、规模越大、场面越隆重,说明规格越高;反之则越低。

(3)接待方安排的食宿标准。食宿标准越高则规格越高,反之则越低。

3. 接待日程

接待日程包括每项具体接待活动的时间、内容(如接站、陪车、宴请、拜访、演讲、观看演出、参观游览、返离送别等)、出面人、地点等信息。接待日程的安排要尊重客人的意愿,事先进行充分的沟通和磋商。大型活动接待日程的安排应当服从于整个活动的大局,同整个活动的日程安排通盘考虑。

4. 接待责任

接待责任是指各项接待工作的责任部门及人员的具体职责。接待责任必须分解并且落实到人,必要时建立专门的接待组织。例如,大型会展活动可在组委会下面设立报到组、观光组、票务组等接待机构,分别负责客人的接站、报到、签到、观光旅游、返程票务联系等工作。

5. 接待经费

接待经费包括安排客人的食宿、交通、游览、娱乐、场地、文件、礼品等费用,接待方案中应当对接待经费的来源和支出做出具体说明。

(二)接待方案的书面格式

1. 标题

大型活动接待方案的标题一般由活动名称+"接待方案"组成,如"××市招商投资洽谈会接待方案"。某个代表团或个人单独来访的接待方案的标题一般由接待对象+"方案"组成,如"关于接待日本东京大学代表团的方案""美国纺织品贸易代表团接待方案"。

2. 主送机关

直接报请上级批准的接待方案,应当写明主送机关。如作为请示的附件上报,由于请示中已写明主送机关,则方案中不必再写。

3. 正文

正文一般分为开头和主体两部分。

(1)开头简要说明接待的对象,制订该方案的目的、依据、指导思想和原则(即接待方针),如"为做好××代表团(××会议)的接待工作,根据××领导的指示精神或《××会议总体策划方案》的基本要求,制订本方案",然后转入主体部分。也可开宗明义,说明本次接待活动指导思想和原则。

(2)主体部分要分析接待对象的基本情况以及来访或参会的起因、背景、目的和意图,比如:说明对方是我方邀请的还是主动来访的;过去来访的情况和双方合作的历史;此次来访的主要目的;等等。然后分别写明接待规格、接待日程、接待分工与责任、接待经费以及其他应当注意的事项。

4. 署名

署名写提交接待方案的部门名称。

5. 成文日期

成文日期即提交接待方案的日期。

接待方案实例

××市首届招商投资洽谈会接待方案

一、指导思想

本届招商投资洽谈会是我市建市20年来首次举行的大型涉外投资招商活动,届时,预计有500多个国内外企业和政府组织前来参加,接待人数预计达2 000多人,接待工作任务相当重。为了确保洽谈会的成功,接待工作一定要采用高标准、严要求,以热情、友善、真诚、周到的服务,使国内外来宾感到满意,从而赢得来宾的信任,树立我市文明城市的形象,体现我市良好的投资环境。

二、接站

在机场、火车站设立接待站,张贴大幅欢迎标语,由专人负责接待。重要来宾抵达时,拟安排市领导迎接。

三、食宿安排

××宾馆、××饭店、××饭店等10家星级饭店负责安排来宾的食宿。

> 四、招待活动
> ×月×日开幕式当天晚上,在××饭店举行欢迎晚宴,由市政府邀请参与办会的有关单位和各代表团主要负责人约200人出席。市长主持,市委书记致欢迎词。
> ×月×日中午在××会议中心由市对外友好协会出面举行招待酒会,邀请参会的各代表团成员约300人出席。
> ×月×日晚在××大舞台为来宾举行专场文艺招待演出。
> ×月×日下午闭幕式后举行欢送宴会,由常务副市长主持,市长致欢送词。
> 五、安全与交通
> 市公安局负责大会期间的场馆安全保卫工作,确保场馆附近交通畅通。
> 市公用事业管理局负责大会期间的接待用车。
> 六、翻译服务
> 为满足大会期间的翻译需要,由市外办负责抽调50名英、日、法3个语种的翻译人员。
> 七、经费
> 以上接待工作所需接待经费××万元。详细预算见附件。
> 附件:×××××××
>
> ××市首届投资招商洽谈会组委会
××××年××月×日

五、接待人员准备

(一)接待人员的构成

接待人员包括接待时的出面人员和从事接待事务的工作人员两大类。接待的出面人员可以是领导,也可以是秘书或其他业务工作人员。从事接待事务的工作人员包括记录人员、翻译人员、礼仪人员、陪同人员、设备管理和技术操作人员、驾驶人员、保卫人员、勤杂人员等。

(二)接待人员准备的要求

(1)规格适当。出面接待人员的身份、规格要同接待规格相适应。

(2)专业对口。无论是出面接待人员还是翻译、外出陪同等从事接待事务的工作人员,在安排时都要做到与接待的业务相适应。

(3)素养较高。每一个接待人员都要具备较高的素养,包括政治素养、业务素养、礼仪素养,能胜任接待的任务。

(三)接待人员的培训

接待人员的礼仪素养和接待技能直接关系到接待的质量。在一些大型活动中,处在接待工作第一线的人员往往是从各单位临时抽调的人员或者由在校学生和普通市民组成的志愿者,较缺乏接待的知识和经验。因此,对接待人员进行业务培训,提高他们的业务水平,是做好接待工作的重要前提。接待培训的内容非常广泛,通常包括以下几个方面:

(1)本次接待的目的、性质、方针、日程、规则、纪律等。

(2)基本的接待技能,包括仪容仪表、语言沟通、接机接站、引导指路、签到报到、会场布置、现场服务、翻译介绍、陪同出行等方面。

(3)接待对象的基本情况和特点。对象不同,接待的要求也不同,因此接待工作人员要了解接待对象的来访目的、与我国的关系、宗教信仰、生活习俗等,有针对性地做好接待工作。

六、食宿准备

对需要安排就餐和住宿的客人,秘书要根据已经获得的客人信息、接待经费预算标准以及客人的特殊要求,安排好就餐,预订好住房。如果举行宴会,要事先根据接待规格和人数确定宴席的标准、地点。

第三节 迎送、陪同与合影

一、迎送

(一)迎送的意义

迎送是国际、国内公务交往中一项重要的礼仪。迎送的各项礼仪安排不仅是主方文明水准的体现,也反映宾主双方的友好程度。热情周到的迎接和送别会给来访者提供极大的方便,使他们产生宾至如归的亲切感,从而增进宾主双方信任和友谊。

(二)迎送工作的准备

(1)确定迎送规格。重要人物或外宾来访前,要事先确定迎送的规格,即确定接待方出面迎接或送别的领导的身份。出面迎送的领导可以到机场车站接机接车或送站,也可派秘书或助理接机接车,自己在宾馆或办公大楼的门口迎接或送别客人。

(2)策划迎送仪式。对于经常性的工作访问,可以不举行迎送仪式,但遇到一些影响较大的访问或者会展活动,可以举行一定的仪式欢迎或欢送客人。迎送仪式可以在机场、车站举行,有时也可以采用欢迎会、欢送会或者宴会的形式。

(3)准备迎送的用品。迎送客人之前要准备好车辆、接待标志、欢迎或欢送标语、手提式扩音机、对讲机等。秘书可以手举欢迎标志,上书"欢迎×××先生"等醒目字样,以便客人辨认。欢迎重要客人还要事先准备好鲜花。

(4)掌握抵离信息。迎送人员要准确掌握客人抵达和离开的具体时间和地点,并随时跟踪了解有无变化,以便安排好接送。接站时特别要关注晚点抵达的客人,避免漏接。客人离开之前要根据客人的要求为其预订好车船票或飞机票,并及时送到其手中,让其放心。

(5)通知迎送人员。一切安排妥当后,秘书要将迎送的时间、地点、每个人的角色和任务等信息及时告知每位迎送人员。

(三)迎送的要求

1. 介绍

客人到达时,主方欢迎人员应迎上前去打招呼、问候并自我介绍。如果领导本人前去迎接重要的客人,且双方是初次见面,可由秘书或翻译人员对双方进行介绍。如果双方领导熟识、关系密切,也可由双方领导向对方介绍己方人员。通常先介绍主方人员,再介绍客方人员。秘书做介绍时要注意以下几点:

(1)按职务和身份的高低顺序进行介绍。举行重要的欢迎仪式时,主方人员应当按身份高低排列成迎宾线。

(2)被介绍人的姓名、职务、职称、学衔要准确、清楚,这要求秘书人员事先准确掌握宾主双方的基本信息。

(3)介绍时要注意手势礼仪,手指自然并拢,手掌向上,有礼貌地指向被介绍者。

2. 握手

握手是国际、国内迎送的基本礼节。主人主动、热情的握手会使对方感到亲切和主方的诚意。握手的礼节详见本章"接待礼仪"一节。

3. 献花

欢迎重要的来宾可安排献花。献花时必须注意:

(1)选择适当的花系和花语。一般以红色系花与紫色系花为佳,以代表友谊、喜悦、欢迎的花材为主。有的国家或民族对一些花系和花语有特殊的理解,在选择时要区别对象,加以尊重。

(2)花束要整齐、鲜艳。

(3)安排好献花人选。一般安排少年儿童(一男一女)或女青年献花。如主宾夫妇同时到访,由女少年向男宾献花,男少年向女宾献花。少先队员应当先敬礼,再献花。有时也可由主方领导上前向来宾献花,以表示最诚挚的欢迎。

(4)献花一般安排在宾主双方见面、介绍、握手之后。

4.陪车

陪同客人乘车时要注意座位次序。小轿车座位的礼宾次序通常为"前下后上、主左客右",即小轿车的后排为上座,安排坐主人和客人;后排左位安排坐主方领导,客人坐在领导的右侧。接待人员坐在司机旁的座位。对于三排座位的轿车,最后一排为上座,中间一排坐翻译或秘书。

秘书如果陪车,应先打开右侧车门,请客人从右门上车,自己从左侧上车,避免从客人座前穿过。如果客人上车后坐到了左侧,则不必请客人挪动座位。客人如有行李,秘书应主动接过,在后车厢中放妥。陪车中,秘书应主动与客人交谈,如介绍活动的安排情况、当地的资源环境和风土人情等。到达目的地后,秘书应当先下车,用手挡住门框上沿,协助客人下车,并主动提行李。

5.挥手告别

如进入机场、站台和码头为客人送行,当飞机、列车、轮船启动后,欢送人员应挥手告别,直至对方的视线看不见欢送人员后方能离去。

二、陪同和合影

(一)陪同

1.陪同的意义和作用

(1)表达尊重和友好。陪同是一种常见的交往礼仪。在接待过程中,客人外出演讲、观摩、游览、购物、就餐以及参加各种事先安排的活动,应由具有一定身份的主方人员出面陪同,这是主人对客人礼貌尊重和热情友好的体现。

(2)便于沟通和交流。陪同客人外出活动时,宾主双方的心情比较轻松,气氛也不像会见和会谈时那样紧张,更加容易沟通和交流。

(3)提供方便和保障。陪同也是一种接待服务。陪同工作能够使客人在外出访问活动期间感到放心、称心和舒心。陪同工作也能使各项具体的接待任务和活动安排落到实处,确保接待工作圆满完成。

2.确定陪同规格

陪同的规格是指出面主陪人员的身份高低,具体有以下几种安排方法:

(1)客人身份高于本单位领导身份的,一般应当由本单位领导主陪;领导另有公务时,可由副职领导出面代表正职陪同。

(2)客人身份与本单位领导身份相同的,本单位领导可陪同客人出席一些重要的接待活动,其他一般活动则可由副职领导出面陪同。

(3)下列情况可派与其身份大体相当或稍低的人员(如秘书)陪同:一是客人身份较低的;二是工作事务性来访;三是客人外出进行私人活动。

3.落实陪同工作人员

个别客人的来访常常由秘书作为领导的代表陪同出行,但接待团组来访,除了主陪人员外,还需要配备陪同工作人员,如翻译、导游、秘书等,必要时可成立陪同团,由主陪人担任团长。陪同人员要精干、勤快、懂外语并熟悉陪同事务和礼仪。

4. 做好陪同准备

(1)了解客人出行的意图、方式、线路、目的地和日程时间安排。

(2)通知有关方面做好各项接待准备,必要时进行事先检查。

(3)对陪同过程中可能会出现的问题进行分析预测,制订相应的预案。

5. 掌握陪同的方式和要求

陪同的具体方式有陪车、陪行、陪餐以及陪同考察、娱乐等。陪车前面已有叙述,这里不再赘及。

(1)陪行。主人与客人并行时应走在客人的右侧,边走边做介绍和交谈。遇到别致的风景或有纪念意义的地方,可建议客人合影留念。

秘书引导客人时应走在客人右侧前2~3步并侧身朝向客人。走路的速度应和客人协调。到拐弯处或楼梯口,秘书要说"请往这边走""请上(下)楼",并伸出右手示意。遇到障碍物或上下楼梯时,要提醒客人小心。乘坐电梯时,先告诉客人到几楼,然后上前一步按住电梯的活动门框或按住开门按钮,不让电梯门卡住客人,并请客人先进去,自己最后进入。进入电梯后,立即按楼层按钮。电梯到达后,秘书同样用手按住活动门或开门按钮,请客人先出电梯,自己再出来。到达会客室时,秘书先打开门。门如果是向里推开的,秘书先进门,然后站在门的里侧请客人进来。遇到弹簧门,秘书要用手挡住。如果门是向外拉开的,秘书应让客人先进,自己再进去。

(2)陪餐。陪同过程中的用餐可以随意一些。进餐厅后,秘书应先安排好主陪人和主宾的座位,然后开始上菜进餐。如需点菜,一般由主陪人来点。点菜时要询问客人的喜好、禁忌和饮食习惯,也可将菜谱递给客人让其点菜。用餐时劝酒、劝菜要适当,不可勉强。大型宴请的礼仪可参见本章"宴会"一节。

(3)陪同考察。陪同客人考察、参观、游览先要选定项目。一般情况下,这些项目在客人来访前已经商定,但也有临时提出或安排的。项目选定要考虑客人的兴趣和要求、当地的接待能力和安全的因素。除主陪人和必要的工作人员外,陪同人员不宜过多。每到一处,当地应当派有一定身份的领导出面接待,表示欢迎。每参观参观、考察、游览一处,应由当地领导或解说员做具体解说和介绍。介绍情况时,数字、材料要确切。如果客人是外宾,应配备翻译。向外宾介绍情况时要避开敏感的政治、宗教问题,严格遵守保密规定。对外宾不宜用"汇报""请示""指示""指导""检查工作"等词语。

(二)合影

迎送和陪同过程中,宾主双方常常要合影留念。涉外合影时的位置安排要注意以下几点:

(1)主人居中,主宾居主人之右,第二主宾或主宾夫人居主人之左。如人数为双数,则主人居左,主宾居右。

(2)宾主双方其他人员按身份高低相间排列。

(3)两端由主方人员把边。如果主客双方交叉排列出现客方人员把边的情况,应当将两端主客双方人员的位置对换,以确保由主方人员把边,但人数较少时则不必如此。

(4)合影人数较多时,应准备阶梯形合影架,使后排高于前排。

国内领导人接见下级人员时合影,领导坐前排,身份最高者居中,其他领导一左一右向两边排开。合影人数较多时,应准备阶梯形合影架,使后排高于前排。

常见的合影位置排列方式如图 7-1 至图 7-4 所示。

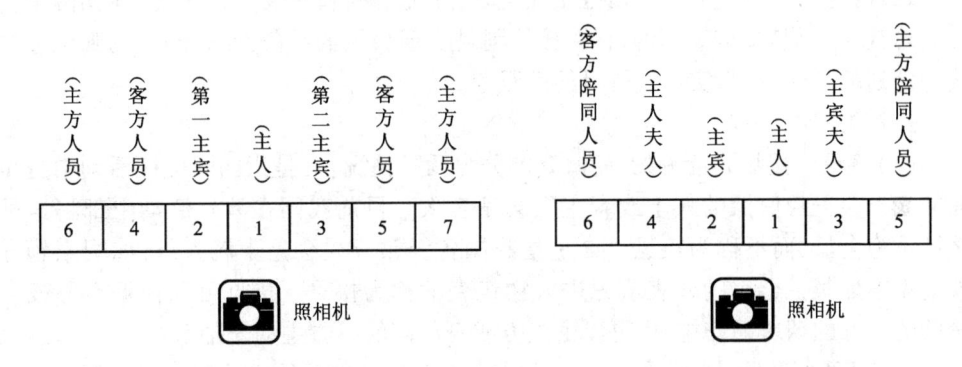

（主方人员）	（客方人员）	（第一主宾）	（主人）	（第二主宾）	（客方人员）	（主方人员）
6	4	2	1	3	5	7

照相机

图 7-1 涉外合影图 1
（两端由主方陪同人员把边）

（客方陪同人员）	（主人夫人）	（主宾）	（主人）	（主宾夫人）	（主方陪同人员）
6	4	2	1	3	5

照相机

图 7-2 涉外合影图 2
（适用于主人及其夫人会见主宾及
其夫人后的合影,宾主交叉排列）

（主宾夫人）	（主宾）	（主人）	（主人夫人）
4	2	1	3

照相机

图 7-3 涉外合影图 3
（适用于主人及其夫人会见主宾及其夫
人后的合影,宾主夫妇分两边排列）

⑨	⑦	⑤	③	①	②	④	⑥	⑧

摄影机

图 7-4 国内领导人接见下级合影图
（前排为领导座位；序号表示身份次序）

第四节 会 见

一、会见的含义和类型

(一)会见的含义及相关术语

1. 会见的含义

会见是指双方见面会晤、交换意见,亦称会晤。会见可以起到沟通信息、交换立场、联络情感的作用。会见与接待相互关联,互为目的和手段。有的会见(如两个公司的总裁会见)是接待工作的目的,接待则是实现会见的手段;而有的会见则是整个接待计划的一部分,为实现接待目的而服务。

2. 相关术语

(1)接见。接见是会见的一种,具体分为两种情况:一是指国际交往活动中身份高的人士会见身份低的人士或者主人会见客人。目前我国在涉外活动中都将这种接见称为会见,而不称为接见。二是指我国各级领导人会见下属人员,如国家领导人会见参加某一会议的代表或先进人物代表就称为接见。接见可以根据客方或身份低的一方的请求而安排,也可以由主方或身份高的一方主动安排。

(2)召见。召见是指身份高的一方或主人在自己的驻地主动约见身份低的一方或客人。召见这一术语较多地用于外事领域,如驻在国向有关国家提出具体交涉时,可由驻在国的外交部或其他涉外机构官员召见有关国家的使节或其他官员。

(3)拜会。身份低的一方或客人会见主人叫拜会或拜见。拜会常常带有礼节性。

(4)回拜。一方受到接见或拜会后回访对方,以表示相互友好和尊重之意,称为回拜。

(5)访谈。领导或有关主管人员单独接受记者或其他新闻媒体人员的采访,发表谈话或者回答对方提出的问题,称为访谈。

(二)会见的类型

(1)政治性会见。政治性会见即国家或国际组织的领导人或特使之间就双边关系、国际局势等重大问题交换意见。

(2)工作性会见。工作性会见即涉及比较具体的业务或技术性问题的交换意见。工作性会见不仅在国家或国际组织之间举行,也常常出现在民间组织之间。我国的企事业单位相互之间的会见以及企事业单位的涉外会见大多属于这一类。

(3)礼节性会见。礼节性会见即出于礼貌而与对方举行的会见。礼节性会见话题较为广泛,一般不涉及实质性问题。

(4)慰问性会见。慰问性会见是指为了慰问、鼓励、褒奖有关人员而举行的会见。在我国,领导人接见有功人员或出席会议的下属人员属于慰问性会见。

(5)公关性会见。公关性会见即一个组织(包括政府组织和非政府组织)为加强与公众的联系、发布信息、澄清事实、树立良好的社会形象而与各种新闻媒体或公众代表举行的会见。

以上分类是相对的,一次特定的会见活动往往可以同时具备若干性质。

二、会见的组织与安排

(一)明确目标和议题

会见是目的性十分明确的活动。会见对象不同,会见的具体目的也应有所不同。政治性会见和工作性会见的目标一般为互通情况、沟通立场、消除分歧、确定谈判的原则等。礼节性和慰问性会见的目标一般是结交朋友、联络感情、鼓舞士气。

会见的议题要根据会见的性质类型来确定。政治性会见和工作性会见应当有比较明确的议题,即使是礼节性和慰问性会见,也应当事先确定讨论的内容。

(二)确定会见的规格

会见的规格实质就是会见出面人员的身份。确定会见的规格是一件十分重要的事情,关系到双方的关系,有时会产生一定的政治影响,应当认真对待。在确定会见规格的过程中应当考虑下面几点:

(1)来访人的身份。一般来讲,会见出面人员的身份应当同来访人身份相当,或高于对方。有时客人访问主方的某一个单位,且客人的身份高于这一单位的领导身份,这一单位应当安排身份最高的领导出面会见。如这一单位的最高领导不在或因故不能出面会见,应当由其他领导代表最高领导出面会见。

(2)双方的关系和利益。双方的关系和访问事项所涉及的利益是决定由谁出面会见的重要依据。双方关系密切且事关重大,可以派出身份较高的领导出面会见,即高规格会见。反之,双方关系处于低谷且对方来访缺乏诚意,也可以低规格会见对方。

(3)对方的求见要求。有时对方会主动提出会见某领导的要求,如无特别原因,应尽量满足对方的要求。如果不能满足对方的求见要求,应当做好解释工作。有时,对方并未求见,但为了体现一种姿态,或出于某种需要,或表达对特定问题的重视或关切,也可安排较高身份的领导主动会见对方。

(三)确定会见时的陪同人员

除个别特殊情况下领导需要单独会见客人外,一般要安排陪同会见的人员。确定陪同人员要考虑以下几个因素:

(1)会见的议题。要尽可能安排与会见议题有关的专家和主管部门的负责人陪同领导会见客人,这样,会见中一旦遇到专业性问题,专家和主管人员可以及时做出解释和说明。

(2)同客人的关系。这里所说的关系是指会见的陪同人员与来访者的相互关系。会见时如果有对方熟悉的老朋友或者关系密切的人士在座,会使会见的气氛更加亲切和谐。反之,在一些敏感的会见中,应尽量避免出现与对方关系紧张的陪同人员。

确定会见规格和陪同人员实例

美国加州W大学同我国上海S大学建立姐妹学校关系已多年,双方经常开展工作和学术交流,合作富有成效。一次,W大学分管教学的副校长对S大学进行工作访问。抵达上海的当天晚上,S大学校长助理兼教务处处长和国际交流处处长受分管教学的副校长的委托前往宾馆拜访,表示欢迎。到访第二天,主方安排分管教学的副校长与其进行工作会谈,晚上安排校长出面会见并宴请。会见和宴请时S大学分管教学的副校长、校长助理兼教务处处长、国际交流处处长在座。第三天,客人在S大学校长助理兼教务处处长的陪同下访问S大学在郊区的一个技术学院。技术学院的院长出面全程陪同参观,并设午宴招待客人。

【评析】

美国W大学副校长到访第一天,上海S大学便派校长助理和国际交流处处长代表副校长前往宾馆拜访,表示诚挚的欢迎,礼节甚重。第二天的会谈双方都是副校长,规格相同,礼节上恰到好处。当晚S大学校长出面会见并宴请客人,是一种高规格接待,以示友好和合作的诚意。会见和宴请时的陪同人员也都与访问交流的业务相关。第三天的参观活动由S大学校长助理兼教务处处长全程陪同。因客人的身份比技术学院的院长高,因此,该学院院长出面会见并宴请客人。此次接待,上海S大学在安排拜访、会见、会谈、宴请时出面人和陪同人的身份、规格和具体人选上注重礼节,给对方的礼遇非常恰当得体,值得借鉴。

(四)确定会见时的工作人员

涉外会见要挑选好翻译。翻译人员的确定要同客方磋商,一般由主方派出,也可以由客方派出。有时为了使翻译更加准确,双方可同时派出翻译人员。

记录员的职责是真实完整地把会见时的情况和谈话内容记录下来,以备整理或今后查考。

译员和记录员是涉外会见和会谈时不可缺少的工作人员,其作用十分重要,挑选的具体要求是:精通外语,熟悉业务,反应敏捷,忠于职守。

此外,主方还应当安排现场服务人员。

(五)安排会见的时间

会见时间的确定要考虑以下几点因素:

(1)宾主双方的日程安排。非紧急事项的会见,要兼顾宾主双方的日程安排,以不影响双方既定的重要公务活动为原则。如果要安排客人来访期间的会见,应尽可能在事先商定好的访问日程中安排会见,除特殊情况外,应避免出现因临时安排会见而延误客人访问日程的情况。临时来访涉及紧急事项的,可以安排双方紧急会见。

(2)会见的性质。礼节性的会见一般安排在客人到达后的当天或第二天或宴请之前,不宜过晚。其他会见则根据需要确定具体时间。

(3)会见的先后顺序。如果主方安排多位领导分别会见客人,要分别确定每位领导会见客人的具体时间以及会见的先后顺序。

(4)会见的时间量。确定会见的时间量主要依据双方的议题多少,同时要考虑政治和社会影响。会见时间长往往表明双方关系密切且对会见非常重视,需要深入交流;而匆匆会见则不仅不能达到充分沟通的目的,而且会给人造成双方不信任的印象。

(六)选择会见的地点

会见的地点要根据会见的性质来选择,先要考虑在什么地方举行会见最合适,再确定具体场所。

(1)政治性会见和工作性会见一般情况下安排在主人的办公地点举行,如主人的会客室、办公室等。对于比较重要的会见,也可以先同客方磋商具体的地点,必要时可以选择在第三地举行。

(2)召见必须安排在主人的办公室或会客室,以体现召见的性质。

(3)如果是礼节性会见或回拜,则安排在客人的住所进行。

(4)会见下属的地点比较灵活,可根据实际情况而定,可以在室内,也可以在室外;可以在工作现场,也可以在专门的会客厅。

(七)联系与通知

会见的安排一般都是在客人来访前事先商定的,但有时也会有临时性的安排。如果主方主动要求会见对方,应先同对方联系,征得同意,并告知其会见时还有哪些主方的陪同人员。客人临时要求会见主方,主方如果同意,要及时用电话答复对方,同时将会见的地点、时间告知对方。

对于主方参加会见的所有人员(包括工作人员),秘书要及时通知,要求他们事先做好准备,准时参加。

(八)现场布置

(1)座位安排主要包括三个方面:一是确定座位的格局,二是安排双方的座区,三是排列各方的座次。

双边会见的座位格局较多地采取并列式或全围式,其形状有弧形、圆形、椭圆形、马蹄形、直角形和长方形等,可根据会见的性质、参加的人数和会客室或会客厅的设施条件而定。

举行涉外会见和商务会见,宾主双方各坐一边,并按主左客右的惯例安排双方的座区,即以双方的朝向为准,主方居左,客方居右。双方参加会见的人员按身份高低从中间向两边排列座次。

涉外会见时主方的翻译人员一般情况下坐在主人的后面或主人和主宾后侧的中间,不能坐在主宾的后面。如果双方均安排翻译人员,双方的翻译人员分别就座于己方领导的后面。

主方的记录人员可以坐在主宾的后面,即主方翻译人员的右侧;如双方均安排翻译人员,则坐在双方翻译人员的中间。如现场安装扩音设备,记录人员也可以坐在会客厅的两侧。一般情况下,客方的翻译人员不安排就座于双方领导的后面。

如主人的夫人和主宾的夫人均出席会见,通常有两种安排:一种是将主人夫人安排坐在主人的左侧,将主宾夫人安排坐在主宾的右侧;另一种是把男方和女方分开安排,形成两个谈话中心,以便于交流不同的议题。如主宾偕夫人出席会见,而主人夫人因故不能出席或者主人未婚,通常可请其他身份相当的女士作第二主人陪伴主宾夫人。各种会见的座位安排如图7-5至图7-12所示。

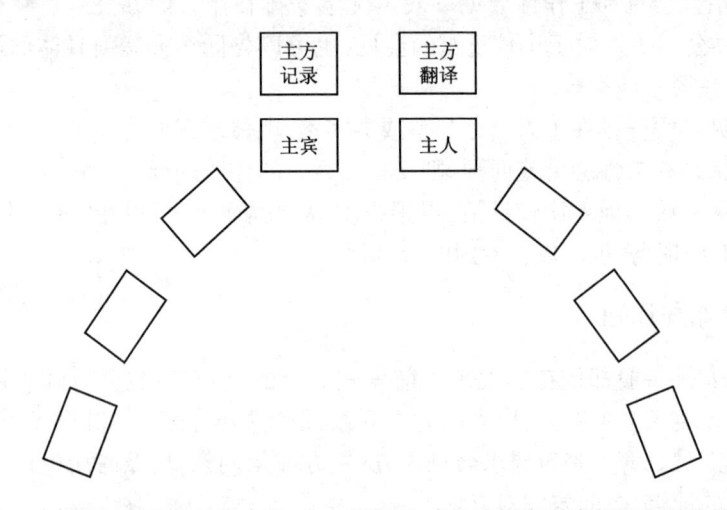

图7-5 弧形(适用于涉外会见,主方派翻译,参加人员多时座位可向两边扩展)

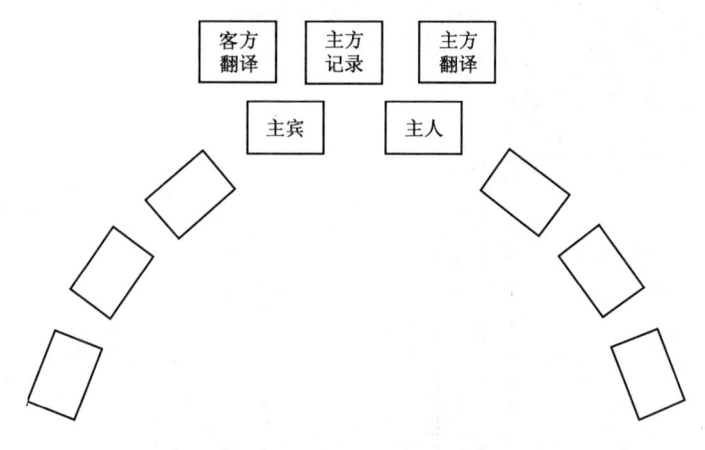

图 7-6　半圆形(适用于涉外会见,宾主双方同时派翻译)

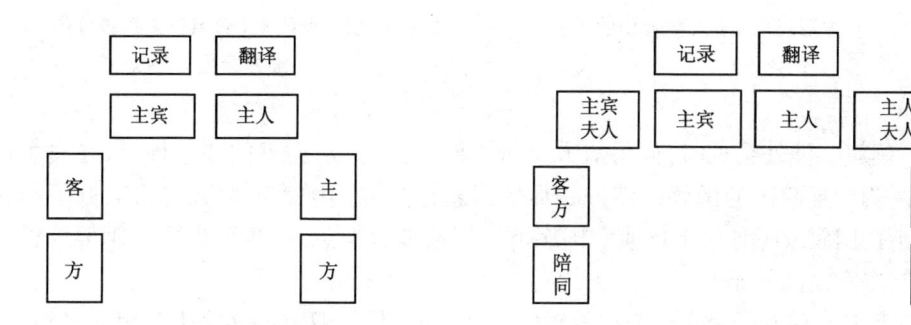

图 7-7　马蹄形 1(适用于人数较少的涉外会见)

图 7-8　马蹄形 2(适用于主人夫人与主宾夫人参加的涉外会见,双方各坐一边,有时也可以交叉坐,即主人夫人坐在主宾的右侧,主宾夫人坐在主人的左侧)

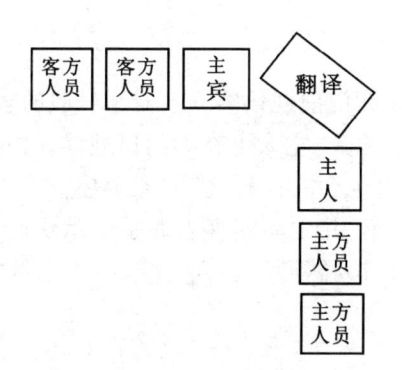

图 7-9　直角形(适用于人数较少的涉外会见)

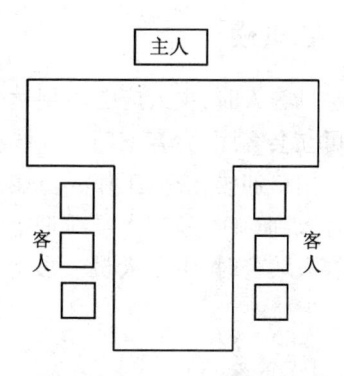

图 7-10　T 字形(适用于接见下属人员或公关性会见)

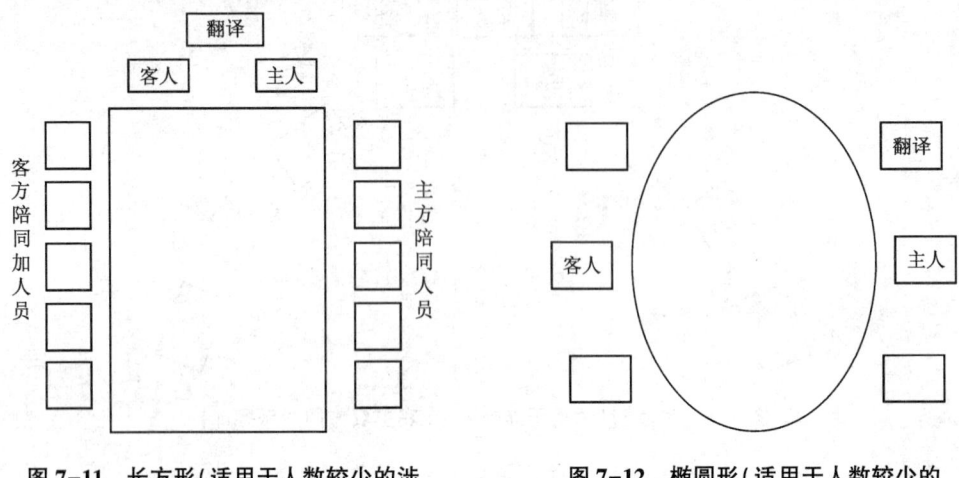

图 7-11　长方形(适用于人数较少的涉外会见)

图 7-12　椭圆形(适用于人数较少的涉外会见)

(2)国旗。涉外会见时,如果双方身份相同,为了显示会见的庄重性,可在宾主就座的两侧放置两国的国旗。涉外召见应当悬挂主方的国旗。双方身份高低不同的会见不挂国旗或只挂主方国旗。国旗可以用落地旗架悬挂,也可以用小旗架放置在主人与主宾之间的茶几上。

(3)席卡。双方每个座位前可放置席卡,涉外会见用双方的文字书写组织名称、职务和姓名。

(4)扩音设备。会见人数较多、会客厅较大时,应安装扩音设备。

(5)茶水。时间较长的会见,要准备好茶水和茶具,中间可适当斟茶。

(6)鲜花。会见现场摆放一些鲜花能美化环境,使会见的气氛更加亲切。

(九)迎候

会见客人时,主人应提前到达会见场所,并在门前迎候客人。对于一般的客人,主人可在会客厅、会客室门口迎候;对于重要的客人,主人可在大门口迎候。如主人不到大门口迎候,应由工作人员在大门口迎候客人,并引入会客厅、会客室。

客人到达时,迎接人员应迎上前去自我介绍,并主动同客人握手以示欢迎。会见的客人较多时,主方人员一般应在前厅或门口列队迎接客人,并按身份高低一一握手。

(十)介绍

会见双方如果是初次见面,可由秘书或翻译人员进行介绍,方法和要求与迎接时的介绍相同。

(十一)合影

会见后可安排宾主合影,以进一步表示友好,亦可留作纪念。

(十二)送别

会见结束后,主人应视情况将客人送至接见厅、会客室门口或车前,并握手道别,目送客人离去。

(十三)整理会见文件

会见一般不产生正式文件,但会见记录必须归档。会见现场的照片及合影照片也应当一并归档。

第五节 会 谈

一、会谈的含义和类型

(一)会谈的含义及相关术语

1. 会谈的含义

会谈是指双方或多方以平等的身份为达成某项共识或具体的协议而进行的磋商。会谈的内容广泛,既可以是重大的政治、经济、外交、军事、文化问题,也可以是具体的业务性和技术性问题。

2. 会谈的相关术语

(1)谈判。谈判是一种正式的会谈,必须具备以下四个特点:

①旨在就某一特定问题达成协议。

②谈判是一个"讨价还价"和"有予有取"的漫长的、艰难的、反复的过程。

③达成的协议必须对各方具有约束力,并通常需以某种书面形式予以正式确认。

④主谈人必须是双方的全权代表,是"说话算数的"。

(2)单独会谈。单独会谈即双方领导单独举行会谈,除翻译和记录员外,其他人员均不参加,会谈结果高度机密。

(3)限制性会谈。限制性会谈即由双方领导和少数高级助手之间举行会谈,会谈结果不公开。

(二)会谈和会见的联系与区别

1. 会谈和会见的联系

会见与会谈往往相辅相成。双方领导之间的会见往往为双方的正式会谈定下基调或创造条件;在会见中,双方领导之间达成的原则性共识往往要通过具体而细致的会谈加以系统化、条文化。会谈也可以为领导之间的高峰会见做先期准备。

为了使双方的交涉有回旋的余地,主要领导一般不直接参加实质性的谈判,而只在必要时才露面,通过会见定基调。真正的讨价还价都由低一级的官员和专家通过会谈进行。

2. 会谈和会见的区别

(1)身份要求不同。会见时,双方的身份高低可以不同,但会谈时双方的身份或规格除特殊情况外通常应当对等。

(2)目的不同。会见的目的较为广泛,沟通交流、照会抗议、慰问勉励、联络感情均可,不要求达成书面协议;而会谈都是非礼节性的,其目的是通过磋商达成共识或书面协议。有时尽管会在正式会谈之前安排非正式会谈或者非正式磋商,但其目的也是达成协议,因此它是正式会谈的组成部分。

(3)议题限制不同。会见双方可以各有议题,谈什么、不谈什么,由各方自行决定;会谈的议题必须在正式会谈前经各方协商一致,未经各方事先商定的议题不能在会谈时提出。

(4)约束力不同。会见一般以口头的方式达成谅解或共识,虽有会见记录,但无严格的约束力,双方用信誉作担保;而会谈达成的书面协议只要合法,对缔约各方均具有法定约束力。

(三)会谈的类型

1. 按会谈的目的划分

(1)解决争议的会谈。这类会谈的目的是"化干戈为玉帛"或者化对抗为对话,以谈判的方式来解决政治、军事、经济贸易等方面的争端。

(2)发展关系的会谈。这类会谈的目的是谋求发展关系和促进友好合作。政府合作、民间合作都可以运用会谈的方式达成意向,签署协议。

有的会谈兼有两种目的,既为解决争端,又为发展关系和促进合作。

2. 按会谈内容的多少划分

(1)综合性会谈,即把涉及双边关系中的一些相互关联的问题一起拿到谈判桌上来讨论,以期达到全面解决争端或全面发展关系的目的。这种会谈有时又称"一揽子会谈"。

(2)专题性会谈。专题性会谈是为解决某一专门性问题而举行的会谈。由于专题性会谈涉及的问题比较单一,与综合性会谈相比更容易达成共识。

3. 按会谈的性质划分

(1)预备性会谈。有些会谈涉及比较重要或敏感的问题,在正式会谈之前先就会谈的议题和程序进行磋商,称为预备性会谈或非正式会谈。预备性会谈可以在较低级别的官员之间进行。

(2)正式会谈,即双方具有全权资格的代表为正式交换意见而举行对等会谈。有时双方也可以组织正式代表团进行谈判。

4.按会谈当事人的数量划分

(1)双边会谈,即两个国家、两个组织之间的会谈。

(2)多边会谈,即两个以上的国家或组织之间举行的会谈。这种会谈实际上是以会议的形式举行的。

二、会谈的组织与安排

(一)明确会谈目的

会谈是目的性十分明确的活动。举行任何会谈,首先要明确会谈的目标,解决"为什么而谈"的问题。会谈的目标决定会谈的议题,制约会谈的过程和结果。

会谈的目标有两个层次:一是共同目标。总体来说,举行会谈是为了达成某项协议,但针对特定的谈判而言,目标应当具体而且明确。只有对会谈的共同目标达成一致,相关各方才可能坐到会谈桌前。从这个意义上说,确定会谈的共同目标是举行任何会谈的前提,也是会谈取得成功的第一步,这需要发起会谈的一方(也往往是会谈的组织者或主席方)与其他各方开展先期的沟通与磋商。二是各方的预期目标。尽管通过组织者与各方的共同努力,各方认同会谈的共同目标,但事实上每个参与方都会确定各自的预期目标以及策略,力求在谈判桌上获得主动权和最大的利益。但是,会谈是一项互惠互利的活动,常常需要各方做出妥协和让步,因此,会谈各方的目标应当在对各方的实际情况做出正确判断的基础上,根据有利有弊、利大于弊的原则来确定。会谈的预期目标可以有一定弹性,即确定最高目标和最低目标(即谈判的底线)。

(二)商定议题和议程

会谈的议题是指在会谈期间要达成共识并签署协议的事项。确定会谈的议题要注意两点:一是必须符合会谈的目标,凡是与目标不相符的问题,不能作为议题列入议程;二是会谈的议题需要各方事先通过磋商来确定,议题如未达成一致,会谈就无法启动,这也是与会见的不同之处。

会谈的议程是指会谈议题的先后次序。有的会谈涉及的具体议题较多,议题之间的关系也较为复杂,议题的先后顺序对会谈的进程和结果会产生一定的甚至关键性的影响,必须高度关注。会谈的议程应当同议题一起提交各方磋商确定。

(三)收集和分析信息

从某种意义上说,会谈是一种信息的交流和竞争的过程。谁掌握的信息准确和充分,谁就能掌握主动权。会谈前应当收集下列几方面的信息:

(1)对方的信息。谈判人员应在会谈之前通过各种渠道了解并分析对方(国家、国际组织、公司等)的背景、权限、状况(如公司的营运和资信状况)、谈判的意图、参加会谈的人员组成情况、谈判的预期目标和底线以及可能提出的条件、谈判策略等,从而为制定己方的目标和策略提供可靠的依据。

(2)业务方面的信息,即围绕会谈目标和议题的有关信息。如进行商务谈判,就必须收集有关货物的名称、规格、保险、检验、价格、付款方式以及市场、技术、金融等方面的信息。

(3)有关的政策、法律信息。

(四)确定会谈人员

由于参加会谈的各方常常以代表团的组织形式出现,因此会谈的人员配备十分重要,直接关系到谈判的成功与否。

1. 主谈人的确定

主谈人往往是谈判代表团负责人,在谈判中起关键作用。主谈人的确定要考虑以下几方面的问题:

(1)主谈人的全权代表资格。会谈都是法定组织之间正式交换意见,因此,除了法人代表或以法律形式明确授权的代表外,必须以书面形式明确授予主谈人全权代表的资格,这一点极其重要。

(2)主谈人的级别。主谈人的级别体现会谈的规格,应依据会谈议题的重要程度以及双方对会谈的期望来确定。会谈双方主谈人的身份要大致相等。

(3)主谈人的素质。主谈人应熟悉情况、擅长业务、老练稳重、机智敏捷,善于言词和交际。

2. 其他谈判人员的构成

谈判人员的群体知识、能力、性格等方面的结构以及内部的分工应当合理,如商务谈判一般应当配备律师、会计师和工程师。参加会谈人数的多少可根据会谈的需要而定。

应当事先对各方参加会谈的人员名单进行沟通。

(五)挑选记录员和译员

会谈工作人员主要是指记录人员和翻译人员,必须挑选熟悉会谈内容、具备扎实文字功底和熟练记录技能、外语过硬的人员担任。

(六)统一口径

在会谈中,团队内部口径的统一非常重要。内部口径不统一,既容易造成不好的政治影响,也可能被对方找出漏洞,导致被动。因此,会谈的目标和成员一旦确定,就应当作为重要原则和纪律。

(七)准备会谈文件

会谈文件主要是围绕会谈议题形成的共同文件(如合同、协议书、合作备忘录、联合声明等)的草案。会谈各方都有权提交共同文件的草案,然后就草案展开谈判。

(八)确定会谈的时间

会谈的时间安排应先征求对方的意见。有时双方可先就会谈的时间和议程安排进行磋商,取得一致。任何一方如要变动时间,必须征得另一方的同意。

(九)确定会谈的地点

确定会谈地点包括两层意思:一是确定主办地。主办地要通过协商确定。双边会谈可采取轮流主办的方式。多边会谈可以轮流主办,也可以由一方长期主办。二是确定具体场所。双边会谈的具体场所可安排在客人所住的宾馆会议室,以方便客人;也可以将会谈地点的安排与拜会和回拜综合起来考虑。

企业会谈地点安排实例

上海C公司与日本G株式会社在上海举行资本合作项目的谈判。谈判共安排两次,第一次安排在日方代表团抵达上海后的当天下午,在上海C公司的会议室举行,这是日方建议的,因为这个项目是日方主动提出并积极倡议的,这样的地点安排带有日方礼节性拜会中方的含义,也便于日方实地考察上海C公司。第二次会谈安排在第二天下午,在日方代表团下榻的宾馆会客室举行,含有主方回拜客方并为客方送行的意思。

(十)通知对方

会谈的时间、地点应当通过事先磋商确定,一旦确定不宜随便更改。一方如确实需要更改,应及时以电话或书面方式与对方协商。

(十一)会谈现场布置

(1)座位安排。与会见的座位安排一样,会谈座位的安排也包括三个方面:确定座位的格局、安排双方的座区和排列各方的座次。

双边会谈一般使用长方形或椭圆形的谈判桌,双方各坐一边,主方位于背门一侧或进门后的左侧。涉外会谈的双方主谈人位于中央,其他人员按右高左低的惯例排列;译员可安排在主谈人右边的位置,以方便双方的交流;记录员则安排在两端或后排。桌上应放置中外文席卡(如图7-13至图7-15所示)。

多边会谈的座位可摆成圆形、方型、T字形、多边形等,不同的座位形状往往蕴含不同的意义。

(2)国旗。举行涉外会谈时,为了显示会谈的庄重性,可在会谈桌上交叉或并排放置两国的国旗,也可以用落地旗架悬挂于两侧。

(3)扩音和同声翻译设备。如参加会谈的人数较多或公开举行会谈,允许记者采访或旁听,宜安装扩音设备。涉外会谈可配备同声翻译设备。

(4)餐饮。由于会谈往往需要较长的时间,因此应当准备足够的茶水、饮料或咖啡,有时为了抓紧时间谈判还需要准备工作餐。

(十二)迎送和合影

会谈中的迎接和送别以及合影的具体要求与会见时的迎接和送别相同。

(十三)新闻发布

会谈开始之前,可安排几分钟的记者采访和摄影。如举行不公开的会谈,在会谈开始后,除特别安排的电视采访外,其他采访人员一律退场。会谈结束后,双方可根据情况同时会见记者或分别举行记者招待会,也可通过其他方式发布会谈消息。对于接受采访或发布消息的方式,应当在会谈的准备阶段制订方案,报领导审批,并与会谈的对方进行协商。

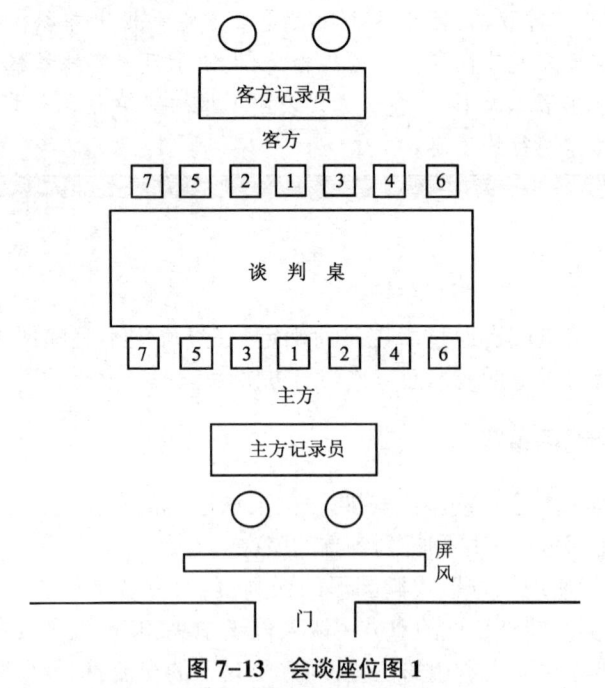

图 7-13　会谈座位图 1

(主方背门,1 为双方主谈人,2 为双方翻译,3~7 为双方参加会谈的人员)

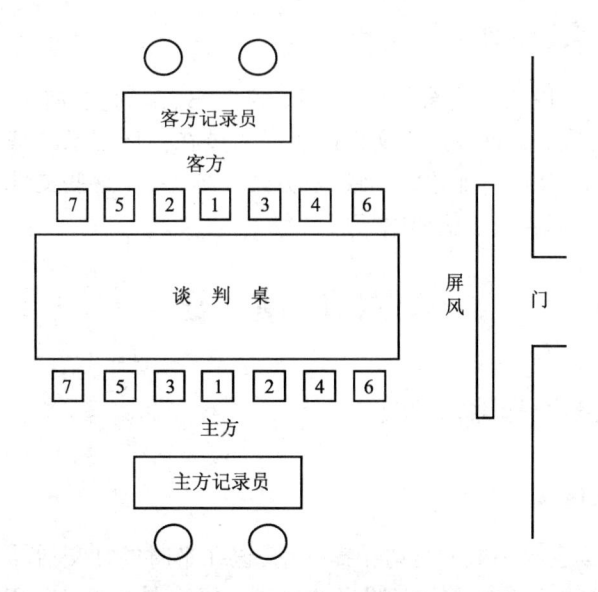

图 7-14　会谈座位图 2

（进门右边为客方,1 为双方主谈人,2 为双方翻译,3~7 为双方参加会谈的人员）

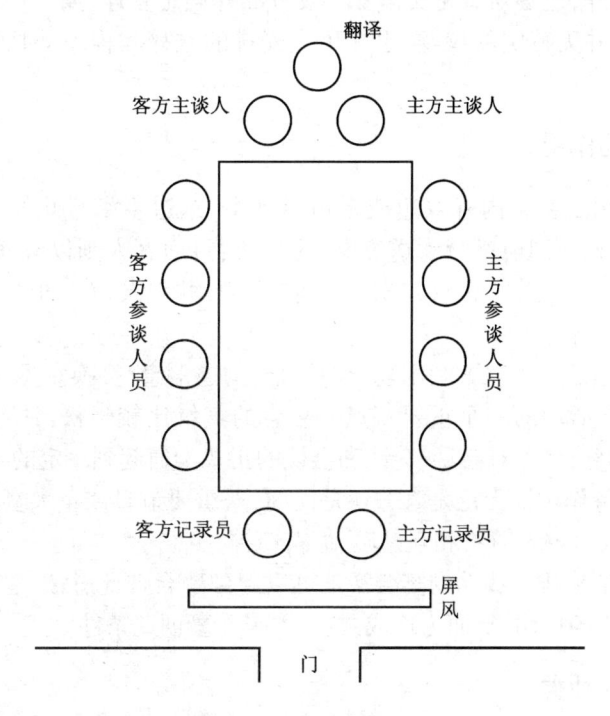

图 7-15　会谈座位图 3

（以主人和主宾的座位朝向为准,主左客右）

(十四)整理会谈文件

会谈如果成功,往往产生合同、协议书、议定书、条约、意向书、备忘录、会谈纪要、声明、宣言、公报等文件。这些文件由秘书人员在会谈记录的基础上整理、起草,然后提交各方讨论、磋商。如达成一致,双方还要签字,使这些文件生效。签字后的文件以及原始记录应当一起整理后归档。

第六节 宴 会

一、宴会的含义、作用和种类

(一)宴会的含义

人们常常把宴会与一般的宴请相提并论,这在平时的社交活动中并无大碍。严格来说,宴会和宴请这两个概念有明显的区别。宴会是人们为了达到特定目的,以宴请方式款待客人并安排致辞程序的社交礼仪活动。也就是说,宴会除了以聚会宴请为活动载体之外,还必须事先安排发言或致辞并确定程序,属于广义会议范畴;而一般的宴请活动并无特定的议题,也无事先安排的致辞和程序,因而不属于会议的范畴。

(二)宴会的作用

(1)礼仪作用。在国内外双边或多边活动中,东道主举行欢迎宴会,为客人接风、洗尘,或在客人离别前举行欢送宴会,为其饯行;而客人则以答谢宴会感谢主人的盛情款待。在宴会上,主客双方相互致辞、祝酒,共叙友谊。可见,宴请也是迎来送往常见的接待礼仪。

(2)沟通作用。宾主双方利用宴会的场合,沟通信息、交换意见、商谈工作、发表演讲,是当前宴会活动的一个重要特点。宴会的气氛比较轻松,具有非正式性。利用宴会来沟通信息,可以对会见、会谈和会议的正式沟通起到一定的补偿作用。

(3)庆贺招待作用。无论是官方还是民间,遇重要节日或重大喜事,都要举行各种形式的宴会进行庆贺招待,相互勉励,振奋精神。

(4)融洽感情作用。成功的宴会活动可以起到融合彼此感情、建立相互信任、缓和矛盾、化解危机的作用,从而为达成共识、取得共赢创造条件。

(三)宴会的种类

1. 按宴会的规格分

(1)国宴。国宴(state banquet)是以国家元首或政府首脑名义,为国家的庆典或为欢迎外国元首、政府首脑来访而举行的宴会。举行国宴时,宴会厅内悬挂有关各国国旗,安排乐队演奏有关国家的国歌和席间乐,排桌次和席位,宾主按身份依次就座,对餐具、酒水、菜肴、陈设以及服务员的装束和仪表有严格要求,席间宾主致辞和祝酒。

(2) 正式宴会。正式宴会(banquet dinner)的规格仅低于国宴,除不挂国旗、不奏国歌外,其余安排大体与国宴相同。正式宴会一般用于国际性会议和涉外交往的宴请,时间多安排在晚上。

(3) 便宴。便宴是一种非正式宴会。常见的有午宴(luncheon)、晚宴(supper),也有早餐(breakfast)。便宴形式简便,除安排主人与主宾坐在一起外,其他人也可以不排座次。菜肴可酌情增减,气氛比较随和亲切。便宴可用于招待国际性和国内各种会议或者活动的来宾。

(4) 工作餐会。工作餐会又分为工作早餐会(working-breakfast)、工作午餐会(working-lunch)、工作晚餐会(working-dinner),即利用进餐时间边吃边交换意见、讨论工作、发表演说。一些时间紧张的访问或谈判活动往往采用这种形式。有的工作餐会还采取"AA"制,由参加者各自埋单。

2. 按宴会的就餐方式分

(1) 围餐式宴会,即主人和客人按事先排列的座位以宴会桌为中心围坐就餐,由服务员按菜谱上菜。中式、西式宴会都可以采用这种形式。宴会桌可以有多种形状,如圆形、方形等。

(2) 自助式宴会,即冷餐会(buffet, buffet-dinner),通常在出席人数较多时举行。自助式宴会既可以在室内举行,也可以在室外举行;一般不排座位,客人站立而食,活动自由,取食随意,便于与会者之间的交流。食物以冷餐为主,食物与酒水连同餐具陈设在桌上让客人自取,也可由招待员端送。

(3) 半自助式宴会。半自助式宴会介于围餐式和自助式之间,一般设座位,由服务员按菜单上部分菜肴,而大部分食物则放在边上的餐桌上,让客人自由取食。

(4) 分餐式宴会,即由服务员事先将食物、菜肴分装在每个人的盘中,上菜时直接端给就餐者。西式宴会一般采用分餐式。

3. 按宴会的礼仪习俗分

(1) 中式宴会。中式宴会是我国传统的聚餐形式。宴会遵循中国的饮食习惯,以饮中国酒、吃中式菜肴、用中式餐具、行中国传统礼仪为主。

(2) 西式宴会。西式宴会是按照西方国家的礼仪习俗举办的宴会。其特点是遵循西方的饮食习惯,采取分餐制,以西菜为主,用西式餐具,讲究酒水与菜肴的搭配。

(3) 民族风格宴会,即按照特定民族的礼仪习俗举行的宴会,如哈尼族、彝族等少数民族的长桌宴。

4. 按宴会食物的特点分

(1) 普通宴会,即以冷菜、热炒、甜食、汤为主要食物的宴会。可以是围餐式,也可以是自助式;可以是中式,也可以是西式。

(2)酒会,又称鸡尾酒会(cocktail),形式较活泼,以酒水为主,略备小吃,不设座椅,客人可随意走动,便于广泛接触、交谈。酒会的时间较灵活,可长可短。一般在请柬上注明整个活动延续的时间,客人可在其间任何时候到达或退席。近年来,国际上举办大型活动时经常采用酒会的形式。国内的各种交往活动以及各种开幕、开张、签字仪式和其他庆典活动也较多地采用酒会形式。

(3)茶会(teaparty),顾名思义是请客人品茶,是一种简便的招待形式。茶会对茶叶和茶具的选择很讲究,有时也可用咖啡代替。在我国,茶会往往配饮料和水果,叫作茶话会。茶话会气氛较轻松活跃,既是一种宴请形式,也是一种会议形式。目前一些学术性、论坛性会议在会议休息时常常利用茶会的形式招待与会者,称为"咖啡时间",既简朴又典雅,很受欢迎。

5. 按宴会的活动形式分

(1)单纯性宴会。宴会中仅以酒菜款待客人并安排致辞。

(2)联欢性宴会。宴会中除酒菜款待和致辞外,还安排文艺表演或其他即兴活动。各种茶话会、酒会、冷餐会、庆祝宴会、辞旧迎新年会都可以采取这种联欢形式。

二、宴会的准备

(一)明确宴会的目的和主题

宴会是一种广义的会议活动,举办前首先应当明确宴请的目的和主题。宴会的目的和主题或为迎送来访者,或为庆祝某个节日,或为祝贺某项喜事。只有明确了目的和主题并且告知邀请对象,"师出有名",客人才会乘兴而来,高兴而归。

(二)确定宴会的规格和邀请名义

1. 确定宴会的规格

宴会的规格指两个方面:一是由哪一级别的组织或领导出面宴请,这要根据宴请的目的和对象以及对方接待我方时的规格来决定。宴会出面人的规格与宴请对象的身份要大体相当,非特殊情况不能低于宴请对象。宴会出面人身份低,会使客人感到被冷落,身份过高亦无必要。如宴请对象的身份高于接待单位的领导身份,应当安排该单位身份最高的领导出面宴请。如接待单位的身份最高的领导或因故不能出面宴请,应当由副职领导代表最高领导出面宴请。

二是指举办的宴会规格。这要根据来访的性质、举行宴会的目的和宾主双方的身份来确定。一般来说,双方的出席规格高,宴会规格也要相应提高。但宴会规格的高低是相对的,不是任何情况下都一定要高规格,关键是规格要适当,要符合举行宴会的目的和双方的身份。比如,欢迎外国元首或政府首脑来访,根据国际礼仪,一般以东道国国家元首或政府首脑的名义举行国宴。但有时为了体现宾主双方之间的亲密友好,也可以设便宴招待。表面上看,便宴的规格不高,但由于双方的身份相等,其实规格并未降低,而且便宴更加随意自然,更有利于沟通交流。

2. 宴请的名义

宴请的名义一般有两种:一种是以组织的名义举行宴会并出面邀请。共同举办的宴会由主办方联名邀请。另一种是以领导的名义举行宴会并出面邀请。以领导的名义举行宴会更具有亲切感和感召力。比如我国许多基层单位在新年到来之际都会以领导的名义举行宴会(年会),招待、慰问、感谢全体员工,以增强组织内部的凝聚力。

(三)确定宴请的对象

宴请的对象有两种:一是主宾。主宾是宴会的主要客人,宴会实际上就是为他们而举行的。二是主宾之外宴请的人员。主宾的随行人员或代表团成员以及与宴请目的有关的组织或个人都可以列入邀请范围。原则上,所邀请的有关的组织或个人应与主宾关系较好,还要考虑关系的平衡,避免引起猜测和不必要的误会。如举行多边宴会,对关系紧张的国家是否同时邀请要仔细斟酌,权衡利弊,对列入邀请范围的名单要慎重考虑,注意平衡。

(四)确定宴会的主持人和致辞人

1. 确定宴会的主持人

由于宴会要安排致辞,故需要主持人。宴会的主持人由主方安排有一定身份的人士担任,也可由主方的致辞人担任。

2. 确定宴会的致辞人

宴会上的致辞有以下几种安排方式:

(1)仅安排主方的领导致辞。致辞人可以是宴会的出面人(即主人),也可以是其他领导,但身份不能低于主持人。宴请多个国家或其他组织的客人时,大多采取这种安排方式。如大型会展活动中举行欢迎或答谢宴会,可安排主办方的领导致辞,对客人表示欢迎或欢送,对会议和客人访问的成功表示祝贺,对有关方面的支持表示感谢。

(2)主人和主宾都安排致辞。双边的宴会都采取这种安排方式,如在欢迎会上,主人致欢迎辞,主宾致答谢辞。双方致辞人的身份要一致。如致辞的内容涉及重大原则或敏感问题,要事先交换讲话稿,一般由主方先主动提供给客方。

(3)各方代表均安排致辞。如为庆祝喜事盛事举行宴会,除安排主办方致辞外,还可安排其他方面的代表致辞。这些致辞代表可以是合作单位、兄弟单位的领导,也可以是具有突出贡献的人士或群众代表。如邀请上级领导赴宴,也可请其致辞,但必须事先提出请求,让其做好准备。

(五)确定主方陪同人士和工作人员

1. 确定主方陪同人士

除了出面宴请的领导外,一般情况下主方还应当有若干人员陪同。确定宴会的陪同人员要注意以下几点:

(1)身份合适。如果举行多桌宴会,主桌由出面宴请的领导(主人)坐主桌,其他各桌都要确定一名主方的陪同人员。陪同人员要与该桌客人的身份大体相当。单桌宴请一般也要尽可能保持宾主双方人员身份的对应性。

(2)有助于沟通。举行宴会的目的常常是利用这种轻松形式进行沟通,因此确定陪同人员要从有助于双方沟通的角度考虑,尽量安排与沟通目的、议题有关的人员出席。

2. 确定主方工作人员

主方工作人员主要是秘书和翻译人员。秘书的任务是做好记录和安排、协调宴会期间的会务工作和礼仪服务工作。翻译人员的任务是做好宴会期间致辞的翻译以及领导个别交谈的翻译。挑选秘书和翻译人员的要求可参见本章第五节"会谈"的相关内容。

(六)确定宴会的形式

宴会的形式应根据宴会的规格、规模、经费以及时间安排来确定。如,举行一般的会议可设便宴欢迎与会者;会议规模较大、客人较多时,可举行冷餐会或酒会;如果时间较紧,可举行茶会或工作性会餐;公司年会可举行联欢性宴会。

(七)确定宴会时间

确定宴会时间要考虑以下两点:

(1)时间安排要适当。例如,欢迎宴会一般应当安排在客人到达的当天,最晚不超过第二天。

(2)照顾客人的习俗。

(八)确定宴会地点

确定宴会的地点要注意以下几点:

(1)规格适当,即设宴的宾馆或饭店是否具有同宴会的规格相适应的星级水平和服务水准。

(2)交通方便。宴会地点要使客人能方便抵达。

(3)考虑形式。宴会形式不同,场地安排也可做一些灵活变通。例如,正式宴会一定要在专门的宴会厅中举行,以体现庄重;冷餐会、酒会等也可放在露天举行。

(4)重视文化认同和差异因素。宴会地点的选择有时涉及文化的认同与差异比如,宴请海外华人华侨,选择具有中国传统文化氛围的饭店举办宴会,就能激发宴请对象的文化认同感;而涉外宴会的宴请对象往往来自不同国家,具有不同宗教信仰和文化背景,可能会对宴会地点比较敏感,因此要事先了解情况,注意协调,避免误解,尽量使各方满意。

(九)发出邀请

访问活动或会展活动中宴会的具体安排一般都在接待日程或会议日程中有所注明,只需提前以口头方式提醒邀请对象即可。对于单独举行的宴会,一般应在二、三周前发出请柬,至少应提前一周。对于已经口头约好的,最好也要补送请柬。发出邀请一定要用"请柬",不能用"邀请函"。请柬的内容包括宴请的目的、形式、时间、地点、主人的姓名或主办单位名称。对于需要安排座位的宴会,为了便于事先确切掌握出席情况以便安排,可要求被邀请者收到请柬后给予答复,如在请柬左下角注明"请答复(R.S.V.P.)"。如果仅要求对方在不出席时给予答复,可写明"不能出席者请答复(Regrets only)",并注明联系电话。也可在请柬发出后打电话询问对方是否出席。对于较为隆重、正式的宴会,应先排好座位,并在请柬左下角注明桌次号(Table No.××),再根据反馈的情况进行调整。举办大型宴会,还要注明与会者的座区和桌次。请柬的格式和写作要求参见第四章第九节"制发会议通知和证件"。

(十)拟定菜单

宴请的酒菜应根据接待的规格、预算的经费和宴请的形式来安排。

1. 订菜

宴会订菜应该注意以下几点:

(1)突出宴会的主题。宴会菜肴的种类、造型、名称以及服务方式等构成了宴会菜肴的形式。宴会的主题不同,其菜肴形式也不同。进行宴会菜肴设计时,要以宴会主题为依据,设计出适宜的菜肴形式。如欢迎宴会、告别宴会、庆祝宴会,三者主题不同,菜肴的种类、造型、名称也应各具特色,以增添宴会的气氛。

(2)尊重客人的习惯。订菜前要了解客人(尤其是主宾)的饮食习惯。宴会上献上一款客人喜爱的菜肴,会使客人感到亲切、温暖。要尊重客人的饮食禁忌。举行大型宴会要注意不选多数人不喜欢的菜肴。

(3)体现地方特色。我国的饮食文化中,粤菜、苏菜、京菜、川菜等菜系名闻遐迩,享誉海外,各地也有自己的特色菜。在尊重客人忌好、照顾客人饮食习惯的前提下,尽可能安排具有地方风味的菜系,能使宴会活动办得更有特色。

(4)遵守有关规定。国内举行各种公务宴会,必须严格执行有关管理规定和开支标准。国内公务宴会不备酒水。举行涉外宴会,酒菜的道数与分量要适中,过多会造成浪费,给客人留下不良印象,过少则不够礼貌。

2. 订酒

涉外宴会用酒大致有三类：第一类是餐前开胃酒，常用的有雪利、葡萄酒、马丁尼、金酒加汽水和冰块、威士忌加冰块等，一般只在进餐前喝一小杯；第二类是席间佐餐用酒，如红、白葡萄酒，也可用其他软饮料代替；第三类是餐后用酒，可上烈性酒，供客人选用。一般的冷餐会和酒会不分餐前、餐间和餐后，可供应各种酒和饮料供客人选用。

(十一) 布置现场

1. 主席台

小型宴会并不需要设置主席台，但如果举行大型宴会或者具有文艺联欢性质的宴会，设置主席台就很有必要。主席台上设讲台和话筒，也可悬挂会标。会标要揭示主题，如"××市20××年春节团拜会"。主席台上下可摆放鲜花，点缀气氛。

2. 国旗

举行国宴，要悬挂东道国和有关国家的国旗等。国旗悬挂的要求参见第四章第十二节"布置会场"。

3. 扩音设备

大型宴会现场应安装话筒扩音设备，以便宾主双方讲话、致辞。

4. 宴会桌型

中餐宴会的桌形主要为圆形；西餐宴会的桌形有方形、长方形、马蹄形、回字形或T字形等。

5. 摆台

餐具、酒具要美观大方、考究别致、配套齐全，这样能衬托宴会气氛。宴会前应根据宴会人数和酒菜的道数准备好足够的餐具和酒具，并且洗净、消毒、擦亮，摆放要规范。涉外中餐宴会除筷子外，还应摆上刀叉，以方便外宾用餐。桌布要浆洗熨平，餐巾折花要挺括、形象逼真。台面布局要合理，花草要清洁卫生，无异味。转台要灵活。

6. 桌次

两桌和两桌以上的宴会一般应当安排桌次。主人和主宾就座的桌子为主桌，其他均为次桌。

(1) 安排主桌的原则如下：

①远门。如果宴会桌总体格局面朝正门，主桌要安排在距离正门最远的一桌。

②近台。如果宴会厅设有主席台，主桌应靠近主席台。

③居中。以面朝宴会厅正门的方向或以主人的朝向为准，奇数桌横向并排时，中间的一桌为主桌。数桌围成众星拱月形时，位于中心的一桌为主桌。

④靠右。以面朝宴会厅正门的方向或以主人的朝向为准，并排两桌时，主桌靠右，次桌靠左。

(2)安排桌次的位置要掌握以下原则：

①近上远下。根据与主桌的距离远近确定桌次，靠主桌越近，桌次越高；反之，桌次越低。

②右上左下。以面朝宴会厅正门的方向或以主人的朝向为准，若干次桌与主桌并排或者与主桌距离相同时，主桌右侧的桌次高，左侧的桌次低。

每个次桌都应当安排主方有一定身份的人士陪同，其座位一般应当与主桌主人的位置同向，也可以面向主桌，特殊情况下也可与主桌侧向。

涉外宴会的桌次安排如图 7-16 至图 7-22 所示。

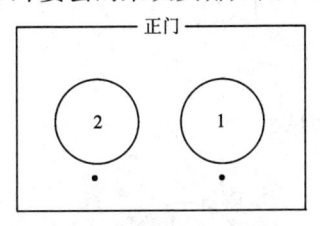

图 7-16　涉外宴会桌次安排 1
（以朝正门为准，主桌在右。●为各桌第一主人的位置，下同）

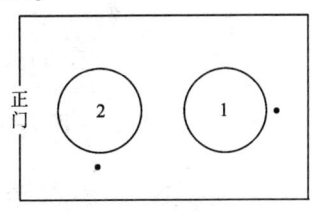

图 7-17　涉外宴会桌次安排 2
（里侧为主桌）

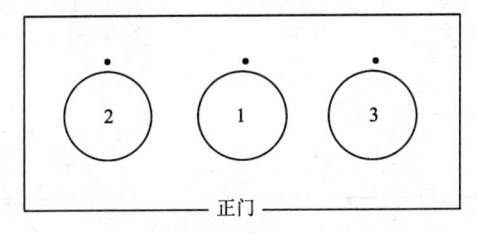

图 7-18　涉外宴会桌次安排 3
（主桌居中，右侧桌次高，左侧桌次低）

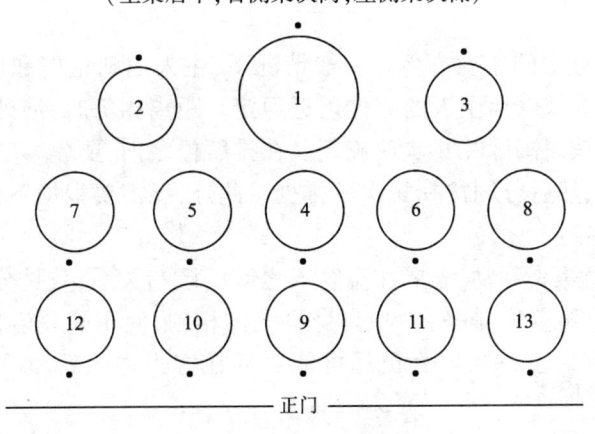

图 7-19　涉外宴会桌次安排 4
（次桌的桌次高低按与主桌的距离而定，距离相同时，以右高左低排序）

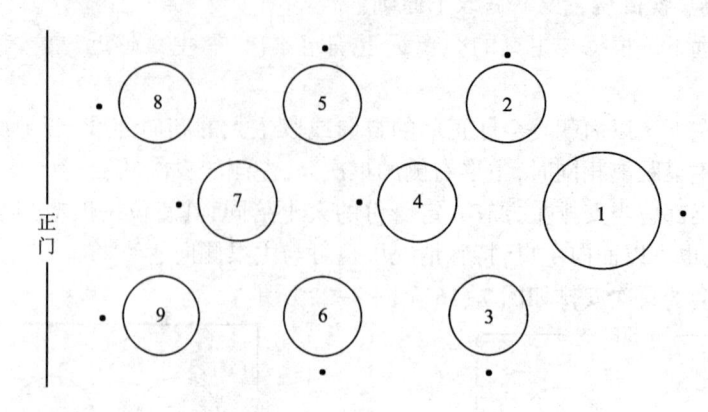

图 7-20　涉外宴会桌次安排 5

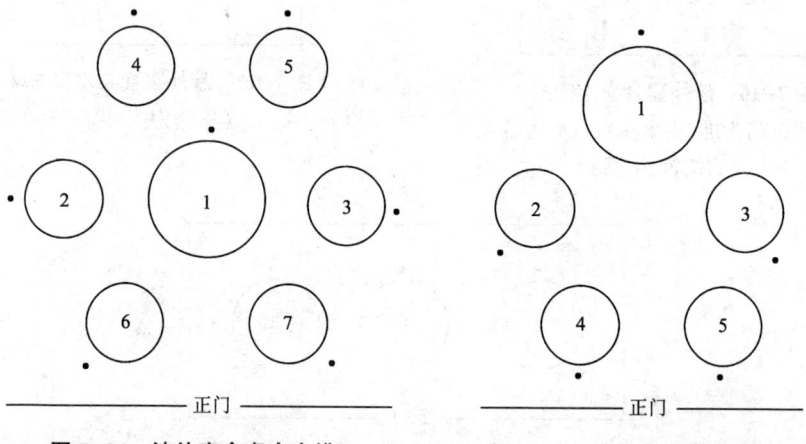

图 7-21　涉外宴会桌次安排 6　　　图 7-22　涉外宴会桌次安排 7

7. 席位

席位即同一桌中的座次高低。一般情况下,主人面朝正门和所有来宾居中而坐。其他席位的高低以离主人的座位远近而定。距离相等时,涉外宴请右高左低。客人席位的高低按照国际礼宾次序确定。在排席位之前,要先落实主、客以及有关方面出席的名单,然后分别按礼宾次序排列。此外,还需要根据下面两种情况做一些具体考虑和安排:

(1) 举行多边宴请活动,需要注意客人之间的政治关系,政见分歧大、两国关系紧张的客人,尽量不要安排坐在一起;身份大体相同、使用同一语言或属同一专业者,可以排在一起。主方陪同人员尽可能穿插在客人之间就座,以便同客人接触交谈。

(2) 举行双边宴请活动,主人面朝正门居中而坐(见图 7-23、图 7-24),也可以主人和主宾共同居中,主人居左,主宾居右(见图 7-25);主宾的身份如高于主人,为表示对他的尊重,可以请主宾坐在主人的位置上,而主人则坐在主宾的位置上,第二主人坐在主宾的左侧(见图7-26)或坐在主人的对面;主方出席人员中如有身份高于主人者,可安排其坐在主位,主人则坐在其左侧,主宾坐在其右侧(见图7-27);如主人夫人和主宾的夫人均出席,通常把女方排在一起,即主宾坐在主人的右方,主宾夫人坐在主人夫人的右方(见图7-28)。主宾偕夫人出席,而主人夫人因故不能出席,通常可请其他身份相当的女士做第二主人陪伴主宾夫人;如无适当身份的女士出席,也可把主宾夫妇安排在主人的左右两侧(见图7-29)。举行中餐宴会,上菜、撤菜处应尽可能安排主方陪同人员就座,以示礼貌。

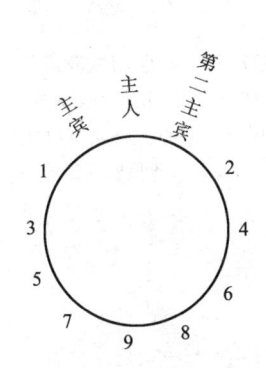

图 7-23　宴会席位安排 1
(主人居中,主宾和第二主宾则分坐两侧。1~9 为主客双方交叉就座)

图 7-24　宴会席位安排 2
(主人和第二主人面对面就座,译员坐在客人右侧。1~6 为主客双方交叉就座)

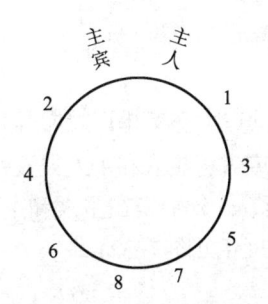

图 7-25　宴会席位安排 3
(宾主共同居中,主人居左,主宾居右,1~6 为客人按身份高低排列,7、8 为主方陪同人员)

图 7-26　宴会席位安排 4
(主宾的身份高于主人,居中,主人和第二主人则分坐两侧。1~9 为客人的身份高低次序)

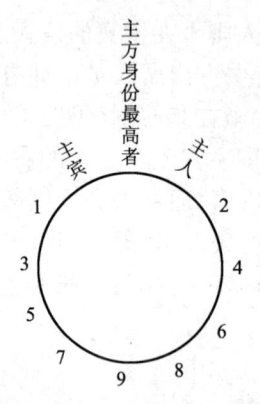

图 7-27　宴会席位安排 5

（主方身份最高者居中，
主人和主宾分坐两侧。
1~9 为客人的身份高低次序）

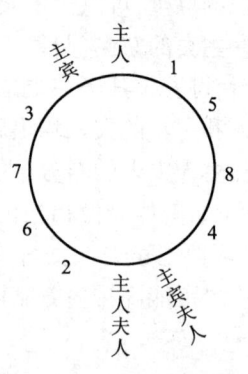

图 7-28　宴会席位安排 6

（此法将男方与女方分开安排座位，
有两个谈话中心，1~6 为其他客人
的席位，3、4 也可安排翻译）

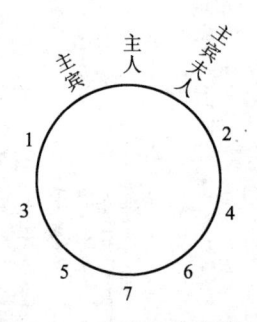

图 7-29　宴会席位安排 7

（此法将主宾夫妇排在主人两侧。1~7 为主方陪同人员与其他客人相间排列）

　　桌形如为长方形，主人和主宾面对面居中而坐，其他人员宾主交叉排列就座，但要注意两端 4 个角落最好由主方人员把边（见图 7-30、图 7-31）；或者将主人和主人夫人（或第二主人）安排坐在长方桌的两端，主宾和主宾夫人（或第二客人）分别坐在主人和主人夫人的右侧，这样既避免了客人坐在角落，又提供了两个谈话中心（见图 7-32）。

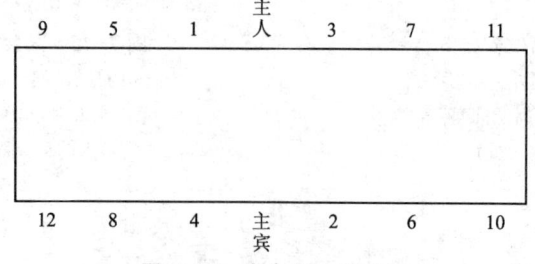

图 7-30　宴会席位排列 8

（此法的四个角落应当由主方陪同人员把边）

第七章 接待工作

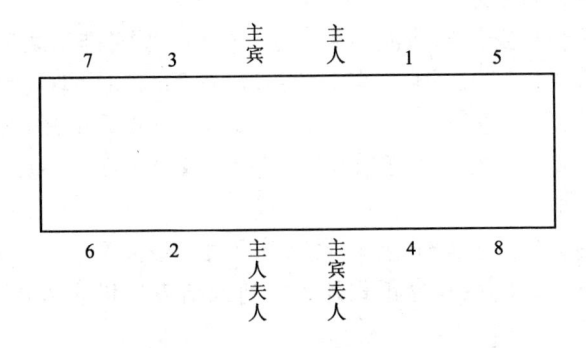

```
        7    3   主   主   1    5
                 宾   人
       ┌─────────────────────┐
       │                     │
       │                     │
       │                     │
       └─────────────────────┘
        6    2   主   主   4    8
                 人   宾
                 夫   夫
                 人   人
```

图 7-31　宴会席位排列 9

（此法有两个谈话中心，主人夫人和主宾夫人可以换成第二主人和第二主宾，
　　　　　四个角落应当由主方陪同人员把边）

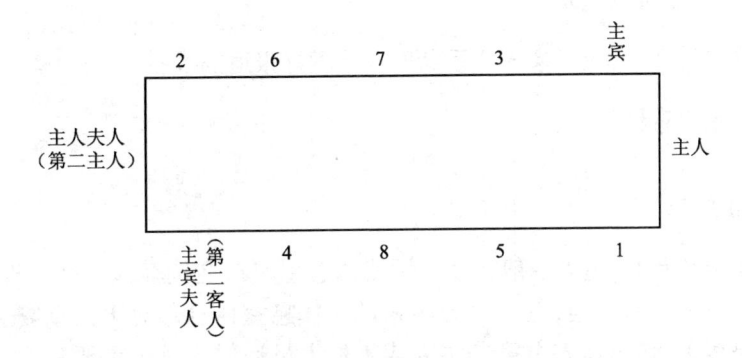

```
              2    6    7    3        主
                                      宾
            ┌─────────────────────┐
主人夫人    │                     │
（第二主人）│                     │   主人
            └─────────────────────┘
              4    8    5    1
            主
            宾
            夫（第
            人 二
               客
               人
               ）
```

图 7-32　宴会席位排列 10

（这种排法可避免客人坐在末端，同时可提供两个谈话中心）

（3）译员一般安排在客人的右侧，以便于翻译。也可以不安排席次，坐在主人和主宾的背后工作，另行安排用餐。

8. 入席指示标牌

宴会的入席指示标牌有以下几种设置方法：

（1）对于单桌的宴会，在桌上放置席卡，写上每个人的姓名。举行涉外宴请时，席卡应以中、外文书写。我国的惯例是，中文写在上面，外文写在下面。如相互熟识且不安排座次，也可不放席卡。

（2）对于多桌的宴会，除放置席卡外，每桌还要放置标明桌次的桌签，又称桌次牌。桌签用阿拉伯数字标注桌次。参加对象按组别就座的，还需标注组别名称。

（3）对于规模较大的宴会，主办单位可事先印制座席分布图或桌次排列示意图，挂在宴会厅门口或休息室内，或入场时发给每位客人，并在宴会厅内设座区指示牌，以便客人及时找到座区，对号入座。

9. 乐队伴奏或背景音乐

规格较高的宴会可安排乐队演奏席间乐,国宴必须安排乐队演奏国歌,一般的宴会可播放背景音乐。音乐要配合宴会的主题,起助兴和渲染气氛的作用,以轻音乐、钢琴曲和具有民族特色的音乐为主,也可选奏主宾喜爱的乐曲。乐队同座席之间要有一定距离。要控制好背景音乐音量,避免音量过大而影响宾主之间的交谈。

10. 休息室

重要的涉外宴会最好设有休息室,紧靠并可直接进入宴会厅。休息室通常安置茶几、沙发,备茶点、水果,在宴会正式开始之前或结束后供客人休息。休息室应有相应身份的人员接待客人。

11. 安全保卫工作

举办重要的宴会,应当事先布置好安全保卫工作。

(十二) 安排新闻报道

举办重要的宴会,应当事先联系新闻媒体做好报道的准备。

三、宴会的流程

(一) 迎宾

小型宴会开始前,主人一般在宴会厅或休息室门口迎接客人。客人抵达时主人应主动与其握手表示欢迎,然后引导客人进入休息室休息。对于大型宴会,主人只需迎候主要客人,其他客人由第二主人或工作人员迎候。对于重要宴会,客人抵达时可安排签名。签名册的设计与制作要精美,便于收藏保存、陈列纪念。

(二) 入场

对于小型宴会,客人到齐后,由主人陪同客人从休息室进入宴会厅,主人和主宾应走在前面,其他人按身份高低的次序依次进入。参加大型宴会的普通客人应提前进入宴会厅。主要客人到齐后,由主人陪同按礼宾次序排列先后进入宴会厅。这时全场起立,鼓掌表示欢迎,乐队奏欢迎曲。主人与主宾入席后,其他人方能坐下。

(三) 介绍双方来宾

主持人先做简短开场白,说明举行宴会的目的,对来宾表示欢迎。然后按身份从高到低的顺序介绍出席宴会的领导或者按先主后宾的顺序介绍宾主双方的主要来宾。每介绍一位,全场应鼓掌表示礼貌和欢迎。如为小型宴会,大家相互熟识,可免去介绍程序。

(四)宣布宴会开始

有些招待性或联欢性的宴会上,主持人可宣布:"××××××宴会(或年会、酒会、冷餐会、联欢会)开始。"

(五)致辞

致辞一般都放在宴会开始时,先致辞、后用餐。国外有些宴会也会把致辞安排在热菜之后、甜食之前。冷餐会和酒会的讲话时间则比较灵活。致辞前,主持人应介绍致辞人的身份。欢迎或欢送宴会的宾主双方都要致辞,顺序为先主后宾。这里所讲的"主"是举行宴会的主人,而不是东道主。如中方举行欢迎宴会,中方为主人,外方为客人;而外方在中国举行答谢宴会,则外方为主人,中方为客人。可事先交换讲稿,由主方先提供。

(六)祝酒

涉外宴会中宾主双方相互祝酒(又称敬酒),表达美好的祝愿,可使宴会的气氛达到高潮。宴会祝酒有以下方式:一种是致辞人宣读事先准备好的祝酒词,然后提议共同干杯;二是在一些便宴中,经主持人同意,参加对象可即兴致辞,然后提议共同干杯;三是主人与客人、客人与客人之间相互碰杯,相互祝愿。

(七)散宴和送别

对于小型宴会,吃完水果后宴会自然结束。主要客人起身告辞,主人送至门口或车前。对于大型宴会,可以由主持人在发表一番热情洋溢的祝词之后,宣布宴会结束。先请主要客人和领导退席,然后其他客人相互告别离去。离席时,乐队奏欢送曲。

第七节 礼宾次序、国旗升挂与接待礼仪

一、礼宾次序

(一)礼宾次序的含义和意义

所谓礼宾次序,是指国际交往中对出席活动的国家、团体、人士的位次按一定的规则和惯例进行先后次序的排列。礼宾次序涉及许多方面,如代表团入场的先后次序、代表的座次安排、大会发言的顺序、各国国旗悬挂的次序等。礼宾次序体现东道主对来宾所给予的礼遇,在国际交往中则表示对各国主权地位的一视同仁。

(二)安排礼宾次序的几种做法

(1)按来访者的身份与职务的高低排列。这是安排礼宾次序的主要依据,其中又分成两种情况:一种是单独接待一个国家代表团,一般以对方提供的正式名单或正式通知上的身份和职务高低次序为依据;另一种是同时接待多个国家代表团,按每个代表团的规格(即代表团团长的身份高低)来排列。如安排代表团观礼或召开理事会、委员会、会员大会等,就按出席代表团的团长身份高低排列。比较代表团之间的规格,应当坚持各国平等的原则。由于各国的国家体制不同,部门之间的职务高低不尽一致,因此要根据各国的规定,按相当的级别和官衔进行安排。

(2)按字母顺序排列。如果参加活动的国家较多,可以按各国英文国名首字母的顺序安排礼宾次序。首字母相同时,按第二个字母排列,以此类推。在国际性的会议、展览、国际体育比赛中,公布主办者、协办者、与会者名单,悬挂与会国、参展国的国旗,代表团入场、安排座位等,均可按各国国名的英文拼写字母顺序排列。为了避免一些国家总排列在前,可采取抽签的办法,以决定排列本次会议活动席位次序,使各国的机会均等。有时,国际性会展活动也可按其他语种的字母顺序排列礼宾次序。例如,2022年北京冬季奥林匹克运动会的开幕式上,各国运动员的入场次序就是按各国名称的简体中文字母顺序来确定的。

(3)按通知代表团组成的日期先后排列。在多边会议活动中,对同等规格的代表团,有时也可按来访国来函通知正式组团的日期或代表团抵达活动地点的时间排列礼宾次序。

由于实际情况较复杂,以上三种方法应综合运用。首先按正式代表团的规格(一般以代表团团长的身份与职务为准)排列,这是最基本的;当代表团的规格同等时,再按通知代表团组团的日期先后排列;当同时收到同等规格的代表团组团通知时,则按国名的英文字母顺序排列。以上三种方法也不是绝对的,有时安排礼宾次序时,还要综合考虑诸如国家关系、活动的性质和内容、语言交流、来宾对于活动的贡献大小,以及威望、资历等因素。但无论采取何种具体方法,主办方都应在邀请书中加以说明。

二、国旗升挂

在涉外接待活动中,有时需要升挂有关国家的国旗,以表示友好和尊重。

(一)升挂国旗的场合

(1)外国政要单独或率领代表团来访时,在重大礼仪活动场所,如欢迎仪式、欢迎宴会、正式会谈、签字仪式,以及其住所和交通工具上,可以升挂中国国旗和来访国国旗。

(2)国际性的会议、展览、仪式和文化体育活动,可以同时升挂中国国旗和有关国家的国旗。

(3)外国政府经援项目以及外商投资企业的奠基、开业、落成典礼和重大庆祝活动可以同时升挂中国国旗和有关国家的国旗。

(4)民间团体在双边和多边交往中举行重大庆祝活动时,可以同时升挂中国国旗和有关国家的国旗。

(二)升挂国旗的规则

1. 两国国旗并挂的规则

在中国境内举办双边活动需升挂中国和外国国旗(包括联合国旗)时应当做到:

(1)旗幅一致,即两国国旗应按照各国规定的比例制作,尽量做到旗的面积大体相等。

(2)主左客右。对于中方主办的活动,外国国旗置于上首(右侧);对于外方举办的活动,则中国国旗置于上首。这就是说,要以旗的正面为准,右方挂客方国旗,左方挂主方国旗。这里所谓的主方和客方不是以活动在哪个国家举行为依据的,而以由谁举办活动为依据。

2. 在中国境内需同时悬挂多国国旗时的注意事项

(1)同时悬挂中国国旗。

(2)在室外或公共场所,只能升挂与中国建立外交关系的国家的国旗。如要升挂未建交国国旗,必须事先征得省、自治区、直辖市人民政府外事办公室批准,并报外交部审批。

(3)旗杆高度应该划一,但中国国旗应置于荣誉地位,具体办法如下:①一列并挂时,以旗面面向观众为准,中国国旗在最右方;②单行排列时,中国国旗在最前面;③弧形或从中间往两边排列时,中国国旗在中心位置;④圆形排列时,中国国旗在主席台或主入口对面的中心位置。

(4)升挂时,必须先升中国国旗;降落时,最后降中国国旗。

3. 在国际性组织的驻地悬挂成员国的国旗

在国际性组织的驻地(如总部、办事处)悬挂成员国的国旗,按成员国在该组织确定的文字名称的第一个字母作为排列顺序。

4. 悬挂国旗的规则

悬挂国旗一般应以旗的正面面向观众,不能随意交叉悬挂、反挂、竖挂,更不得倒挂。如有必要竖挂或使用国旗的反面,必须按照有关国家的规定办理。如有的国家规定,国旗如需竖挂,必须另外制旗,将图案或文字转正。

> **悬挂国旗出错实例**
>
> 　　2000年2月23日,法国总理若斯潘率政府代表团访问以色列。为欢迎若斯潘的到访,耶路撒冷的市政工人连夜在该市的主要交通干道上悬挂起红、白、蓝三色旗。23日一早,立即有熟知各国国旗的人士提出疑问:明明是法国总理来访,为何要挂荷兰国旗?原来,法国国旗和荷兰国旗都是由红、白、蓝三色条纹组成,不同的是,法国国旗的三色条纹是纵向排列的,而荷兰国旗的三色条纹却是横向排列的。而耶路撒冷大街上飘扬的都是横向排列的荷兰国旗。于是,耶路撒冷的市政工人不得不紧急出动,进行紧张的、工程浩大的"换旗"行动。事后,以色列方面将责任推到了法国驻以色列大使馆身上,说他们在向法国使馆就国旗问题进行咨询时,使馆只说是红、白、蓝三色,却没有提醒条纹的排列方向,结果才会闹出如此笑话。可见,当需要竖挂和反挂有关国家的国旗时,一定要向有关方面问清楚细节,千万不可粗心大意。

三、接待礼仪

(一)约会和拜访

　　在主方的办公地点安排约会,主人应当提前在办公室或会见厅门口迎候。在第三地安排约会,主人应提前到达现场迎候。拜访和看望对方前应事先用电话约定,并按时抵达对方住所。过早抵达会使对方因准备未毕而感到难堪;迟迟不到则会让对方等候过久而显得失礼。因故迟到应向对方表示歉意。因故不能应邀赴约或取消推迟约会,应尽早有礼貌地通知对方,并以适当的方式表达歉意。抵达时如无人迎候,进门前应先按铃或敲门,按铃时间不宜过长,敲门不应过急过重。经主人允许后方可入内。无人或未经主人允许,不得擅自入内。一般情况下,尽量不要在休息时间打扰对方。如因事情紧急,不得不在休息时间约见对方,应在见面时先致歉意并说明理由。谈话应在室内进行。主人未邀请进入室内,则可退到门外进行谈话。无论是礼节性看望还是工作性拜访,谈话的时间不宜过长。告别时应有礼貌并感谢对方的接待。

(二)仪容

　　接待人员的仪容要求整洁、大方、得体。男士应当适时理发,修剪指甲,衣着整洁。涉外活动着西装并结领带。如出席隆重的活动,应着深色的西式衣裤,上、下身颜色要一致。室内活动不能戴帽子。无论天气多么炎热,不能当众解开纽扣、松开领带、脱下衣服。女士应当淡妆,但衣着不要千篇一律。不可袒胸露肩和穿超短裙。

礼仪人员可着统一的服装。

(三)称呼

对于国内客人,可称呼对方的职务、职称、学衔,也可称"同志""先生""女士""小姐"。对外国客人的称呼应根据对方的习惯。一般对男子称"先生",对已婚女子称"夫人",对不了解婚姻状况的女子或未婚女子称"女士"。在这些称呼前可冠以姓名、职称、职务。有时也可以对方的职务、职称和学衔来称呼,如"××大学校长斯特朗博士""杰克法官"。对外国部长以上(包括部长)的高级官员,大多数国家称为"阁下",亦可称为"先生"或称其职务。

(四)介绍

与客人相见,应先自我介绍。陪同领导看望、拜访客人时,秘书应先将领导介绍给客人,再将客人介绍给领导。如前去看望客人的领导和陪同人员较多,可按身份由高到低的次序逐一介绍。在其他活动场合为他人介绍时,应先了解双方是否有结识的愿望,不要贸然行事,尤其在涉外活动中更应谨慎。介绍时,应先把身份低、年纪轻的人介绍给身份高、年纪大的人,先把男士介绍给女士。

介绍时互递名片,应用双手递接名片,不能倒递或反递名片。

(五)握手

握手除了对客人表示欢迎、欢送外,还具有祝贺、感谢或相互鼓励的意思。握手时应当注意以下几点:

(1)一般应由主人、年长者、身份高者和女士先伸手,客人、年轻者、身份低者、男士应先问候对方,待对方伸手后再与其握手。

(2)年轻者和年长者握手,或身份低的人同身份高的人握手时,应稍稍欠身,或用双手握住对方的右手以示尊敬。

(3)男士与女士握手时,轻轻握其手指部分即可。

(4)当多人同时向一人伸手时,此人应依次一一握手,不能同时用双手与人交叉握手。

(5)握手时双目应注视对方,微笑致意,或者致以欢迎和问候。

(六)致意

远距离遇到客人时,一般举右手打招呼或点头微笑致意;距离较近时,应说声"您好"。如与相识的参加对象在一天中首次见面或在一次活动中初遇,应主动向对方问好;同一天或同一场合多次见面,或与不太熟识的参加对象见面,只需点头、举手、欠身或微笑致意即可。对方主动问好时,一定要礼貌回应。

(七)谈话

与人谈话时,表情要自然,距离要适中,语言要平易近人,表达得体。说话时可适当做些手势,但不宜过多,动作幅度不要太大,不能摇头晃脑,更不能用手指指点点、拍拍打打。

客人在个别谈话时,接待人员不要凑前旁听。如有要事需与某人说话,应待别人说完,不宜随便打断别人的说话。参加对象向接待人员询问问题或找不到地方时,接待人员应主动招呼、积极回答。与人交谈时,目光应注视对方,以示专心。谈话中有急事需要离开时,应向对方打招呼,表示歉意。

对第三者参与谈话应表示欢迎。多人谈话时,要照顾在场的所有人,不能只与一两个人谈话或只谈个别人知道或关心的事。如有人谈到一些不便谈论的问题,不应对此轻易表态,可转移话题或故意答非所问。谈话内容一般不要涉及疾病、死亡等不愉快的事情。不要随便询问对方的年龄、履历、收入、家庭、衣饰价格等私人问题。对于对方不愿回答的问题不要究根问底。对方对问题流露出反感时,应表示歉意或立即转移话题。不要随便同外国客人谈论对方国内的政治、宗教、民族矛盾等问题。谈话时若要问候对方,应根据客人的习惯。对外国客人一般不问"你吃饭了吗""你到哪里去",而应用"早安""晚安"等问候语。告别时可根据不同的对象选择不同的告别用语,如"很高兴与你相识,希望有再次见面的机会""望多多联系"等。

(八)举止

接待工作中举止应当文雅、庄重、大方。站立时身体不要歪靠一旁;不能坐在桌子上与客人交谈,坐时不要跷腿摇脚,坐在沙发上不要半躺;走路时脚步要轻,遇急事可快步行走,但不可慌张奔跑。在会议、会谈、会见及其他活动中,秘书如有急事通知领导或客人,应当轻轻走上前去耳语或递纸条告知。平时和客人同乘电梯、进门或入座时,应主动谦让。

(九)宴会礼仪

(1)邀请。邀请别人参加宴会,一定要用请柬或请帖。请柬或请帖要用信封装好但不一定要封口。邀请对象的姓名写在信封上。请柬要用毛笔或钢笔填写,不要使用圆珠笔。书写时字迹要清秀,写错的只能作废,不能涂改后发出。如果自己拟稿打印请柬,应将邀请对象的姓名顶格写在开头,不要写在结尾处。有些人将对方姓名写在结尾处,如"此致××××先生",这是不礼貌的。请柬或请帖要至少提前一个星期发出,以便邀请对象安排时间和日程。发请柬时要仔细核对名单,避免漏发和重发。一旦发现漏发要及时补救,必要时还应做一定的解释,以免产生不愉快。请柬发出后还可用电话落实,询问是否参加宴会。

(2)回复。接到主人的宴会邀请后,要尽快答复是否出席。如果请柬上注有"R.

S. V. P."(法文缩写:请答复)的字样,无论出席与否均应迅速答复。如注有"Regrets only"字样,则在不能出席时才答复。经口头约妥再另发的请柬,上面一般注有"To remind"(备忘)字样,可不必答复。答复的方式为电话和便函两种。接受邀请后不可随意变更,本人如因故不能出席,可派身份适当的代表出席,但事先要同主办方协商并征得同意。

(3)着装。出席宴会,着装应当非常讲究,这既是自身风度的体现,也是对他人尤其是对主人的尊重。参加比较庄重的宴会时,男子应着西装、戴领带,女士着装要大方。参加便宴或冷餐会可着便装,但一定要整洁。

(4)赴宴。出席宴会应当准时或提前几分钟到达。抵达后主动向宴会的主人问好。入席前应先了解自己的桌次、座位,或听从主人的安排。入席后,等主人或主持人宣布宴会开始,方能用餐。

入座时男士应帮助其右边的女宾挪动一下椅子,待女宾入席坐下时,再帮助她将椅子往前稍推一下。男士在女宾坐下后才坐。

进餐时举止要文雅,吃东西要闭嘴咀嚼,不要发出声音。嘴内有食物时,切勿说话。剔牙时要用手或餐巾遮口。主人夹菜时不能拒绝,并应表示感谢。如吃西餐,一次取食不宜过多。如参加冷餐会或酒会,招待员上菜时不要争先恐后;周围人未拿到第一份时,自己不要急于去取第二份。

宴会中一般都有相互祝酒。祝酒时,主人与主宾先碰杯,然后主人和主宾向大家祝酒,这时全体人员应站立举杯回敬,并与同桌相互碰杯。人多时也可同时举杯示意,不一定碰杯。在主人与主宾致辞、祝酒时,应暂停进餐,停止交谈。主人或主宾以及其他人前来祝酒时,应起立举杯。相互祝酒时,不必将酒喝干,象征性地喝一小口即可。不喝酒的人可以用苏打水或矿泉水代替。碰杯时要目视对方,点头致意或道谢。宴会中不要勉强劝人喝酒、吃菜。

宴会中发生不慎打翻酒水、碰落餐具等意外情况,应沉着应对,不必惊慌。餐具掉落可请招待员另送一副。酒水溅到邻座身上,应表示歉意,协助擦干。如对方是女士,则应迅速送上干净的餐巾或手帕,由其自己擦干。

(5)告退。告退不宜过早或过迟。一般客人不要先于主宾告辞。中途如有重要事情告退,应向主人和主宾说明,求得谅解,并向同桌道别。告别时应向主人表示感谢并得体地说上几句赞扬宴会的话。

思考与练习

1. 接待工作有什么特征?
2. 接待工作由哪些要素组成?
3. 秘书做好接待工作有什么意义?
4. 接待工作的环境准备包括哪些方面? 有哪些要求?

5. 如何做好接待工作的信息和物质准备？
6. 怎样做好迎送和陪同客人的工作？
7. 怎样组织安排好领导的会见？
8. 怎样组织安排好领导的会谈？
9. 宴会请的准备工作有哪些？
10. ××市人民政府举行国际友好城市联谊活动，有50个国际友好城市决定派团参加。其中，由市长率团的共10个，由副市长带团的共25个，由市长助理带团的共15个。请具体说明应当如何安排每一个代表团的礼宾次序。
11. 涉外接待活动中，两国或多国国旗悬挂有哪些规则？

第八章　信访、督查工作与危机管理

> 领会信访和督查工作的含义、要素、作用、原则;领会危机管理的含义、特点、类型、原则以及秘书在危机管理中的职责;掌握信访、督查工作和危机管理的方法、程序和要求,并能够综合应用。

第一节　信访工作

一、信访工作概述

(一)信访活动和信访工作的含义

信访是指公民、法人或者其他组织采用信息网络、书信、电话、传真、走访等形式,向各级机关、单位反映情况,提出建议、意见或者投诉请求(合称来信来访),依法由相应机关处理的活动。有关机关依规依法对人民群众的来信来访的受理过程被称为信访工作。

(二)信访工作的基本要素

(1)信访人。信访人既是信访活动的发起者,又是信访工作的对象。根据我国的法规,信访人包括我国的公民、法人和其他组织,也包括外国人、无国籍人和外国组织。信访人进行信访活动时,可以是单人,也可以是多人。信访人依法进行信访活动,其民主权利和合法权益受法律保护,任何组织和个人不得对信访人进行任何打击报复。信访人在信访活动中必须遵守有关信访活动的法律、法规。

(2)受理者。受理者是指依法接受并处理人民群众来信来访的法定组织,包括党和国家的各级领导机关、各民主党派、群众团体、国有企事业单位等。受理者是信访工作的主体,也是决定信访工作成败的关键因素。受理者必须遵守国家和地方有关信访工作的法规,依法受理信访人提出的信访事项,保护信访人的合法权益。受理者不遵守有关法规,应当承担法律责任。为确保信访工作开展,信访受理者应当设立信访机构或委派信访工作人员具体负责信访人提出的信访事项。

(3)信访事项。信访事项是信访人通过信访渠道表达并要求信访受理者处理的具体意见和要求。信访事项涉及的内容广泛,政治、经济、科技、教育、文化、卫生乃至人民群众的日常生活,无所不包。从信访事项的性质来看,有建议、批评、要求、表扬、检举、揭发、申诉、投诉等。

(4)信访渠道。信访渠道是指由信访受理者为信访人提供的反映意见和要求的形式以及确保信访信息畅通的工作方式、工作制度和工作机制。从信访形式看,除了写信和走访两种基本形式外,还包括由这两种形式派生出来的电话、传真、电子邮件、领导电子信箱、一网通办等形式。为保证信访信息的畅通以及信访事项的依法解决,信访受理者必须向社会公布信访工作机构的通信地址、电子信箱、投诉电话,信访接待的时间和地点,查询信访事项处理进展及结果的方式,与信访工作有关的法律、法规、规章,信访事项的处理流程,以及其他为信访人提供便利的相关事项,建立全国性的信访信息系统以及政府主导、社会参与、有利于迅速解决纠纷的工作机制。

(5)信访结果。信访结果是指受理者对信访事项的最后处理情况。信访事项的处理受信访人的维权意识和法律意识、信访诉求的合理程度、受理者的政策水平和处理能力等因素的制约,往往呈现不同情况,有的得到圆满解决,有的则不予受理。信访结果体现了信访工作的目的和意义,也是最终检验信访工作质量、衡量信访工作成效的标准。

(三)信访工作的作用

(1)有利于人民群众行使民主权利。党的二十大报告指出,发展全过程人民民主,保障人民当家作主。全过程人民民主是社会主义民主政治的本质属性,对于新时代新征程更好地发挥我国社会主义政治制度优势、全面建设社会主义现代化国家、全面推进中华民族伟大复兴,具有十分重要的意义。我国是人民群众当家做主的社会主义国家,人民群众依法参与管理国家事务、经济和文化事务、社会事务,这是社会主义制度优越性的体现,也是社会主义民主的重要方面。

(2)有利于广开言路,调动人民群众的积极性,提高领导决策的科学性。信访活动中所反映的意见、建议、批评,在很大程度上代表了人民群众的心声和愿望,其中不乏真知灼见,对拓宽领导决策的思路、提高决策的质量、规避决策的风险具有重要的作用。这些意见、建议和批评一旦被重视和采纳,不仅会极大地激发人民群众建设社会主义的积极性和创造性,还会产生良好的政治、经济和社会效果。

(3)有利于各级领导机关密切联系群众。党的二十大报告提出,要加强和改进人民信访工作,畅通和规范群众诉求表达、利益协调、权益保障通道。从某种意义上说,人民群众的来信来访是检查各级党政领导机关工作的"测量表",也是群众情绪、要求、愿望的"风向标",可以从侧面反映群众对领导机关工作的满意程度。而信访工作则是在领导机关和人民群众之间架起的一座"连心桥"。信访工作人员及时将人民群众的要求、愿望、困难、投诉上报给领导机关或转达到有关部门,依法予以办理,把党和政府的关怀和温暖及时送到群众的心上,从而加强党和政府与群众的血肉联系。

(4)有利于加强群众监督,反对腐败,纠正不正之风。信访工作是各级机关及其领导干部、工作人员加强党风和政风建设、接受群众监督、改进工作作风的重要途径。群众举报投诉渠道的畅通,能对腐败分子产生强大的威慑力,清除以权谋私、贪赃枉法的现象,端正党风和政风,维护党和政府的威信。

(5)有利于维护人民群众的合法权益,化解信访突出问题,促进社会和谐稳定。随着改革的日益深化,各种社会矛盾也会不断地出现,有的甚至会激化。这些矛盾一旦处理不当或者处理不及时,就会造成社会的不稳定,影响改革开放的顺利进行和社会的和谐发展。认真处理来信、接待来访,倾听人民群众的意见、建议和要求,深入细致地做好疏导工作,能够有效平息部分群众的情绪,达到党的二十大报告提出的"及时把矛盾纠纷化解在基层、化解在萌芽状态"的要求,从而促进社会和谐稳定。

(6)有利于树立领导机关良好的社会形象。信访工作的成败好坏,直接或间接地影响领导机关在人民群众中的形象。认真负责地受理群众提出的每一个信访事项,及时给予解决和答复,让信访人满意,能使领导机关获得良好的声誉,进而树立良好的社会形象;对于企业来说,还能提升品牌的知名度,提高综合竞争力。

(四)信访工作的原则

(1)坚持党的全面领导。要遵循党的二十大精神,把坚持党的全面领导贯彻到信访工作各方面和全过程,确保正确政治方向。

(2)坚持以人民为中心。要践行党的群众路线,倾听群众呼声,关心群众疾苦,千方百计为群众排忧解难。对信访人的信访权利要依法保护,任何组织和个人不得打击报复信访人。

(3)坚持依法按政策解决问题。群众的来信来访具有广泛性和复杂性。所反映的情况,有的证据确切属实或基本属实,有的则是道听途说、捕风捉影,材料基本失实或完全失实,还有的甚至是恶意的陷害和诬告;所提出的意见,有的出于爱护之心,积极中肯,有的则观点偏颇、言论偏激;所提出的要求,有的合情合理,确实应当解决,有的则要求过高,甚至是无理取闹。因此,信访工作必须依照法律政策,实事求是,做到重事实、重证据、重调查研究,将信访工作纳入法治化轨道,依法维护群众权益。

(4)坚持落实信访工作责任。信访工作党政同责、一岗双责,属地管理、分级负责,谁主管、谁负责。属地管理要求信访事项由其所在地的责任机关负责受理、办理和协调解决,要引导信访人就地反映问题,把问题项解决在当地。分级负责要求信访事项的处理属于哪一级职责范围的,就应当由哪一级机关处理,不准上推下卸。在明确信访事项的处理责任后,要做到谁主管、谁负责,努力做到小事不出村、大事不出镇、矛盾不上交。

(5)坚持源头治理化解矛盾。多措并举、综合施策,着力点放在源头预防和前端化解,把可能引发信访问题的矛盾纠纷化解在基层、化解在萌芽状态。信访内容的复杂性往往造成实际问题和认识问题的相互交织。有些来信来访反映的问题并不大,主要是信访人的思想和情绪受到影响。因此,在信访工作中要着力解决实际问题并进行耐心的疏导教育工作。要加强群众反映的突出矛盾纠纷的研究,分析造成矛盾纠纷的原因,采取有效措施,从源头上消除造成矛盾纠纷的潜在因素。

(五)信访工作机构及其工作人员的职责

我国实行党委统一领导、政府组织落实、信访工作联席会议协调、信访部门推动、各方齐抓共管的信访工作格局。乡镇街道以上各级党委、政府设立专门的信访部门。各级党委和政府信访部门以外的其他机关应当根据信访工作形势任务,明确负责信访工作的部门或者人员。信访工作部门和信访工作人员代表本机关、受理人民群众来信来访来电,其职责是:

(1)受理、转送、交办信访事项。
(2)协调解决重要信访问题。
(3)督促检查重要信访事项的处理和落实。
(4)综合反映信访信息,分析研判信访形势,为党委和政府提供决策参考。
(5)指导本级其他机关和下级的信访工作。
(6)提出改进工作、完善政策和追究责任的建议。
(7)承担本级党委和政府交办的其他事项。

二、信访工作的流程

(一)信访受理

1. 来信受理

来信包括邮寄、传真、电子邮件、领导电子信箱、一网通办和其他方式收到的书信,受理流程如下:

(1)收信。邮寄的来信要做到当日来信当日拆封。拆封前,秘书应当先检查一下信封内容,看来信是否属于本机关或本部门处理,以免错拆。拆封时应用剪刀沿封口剪开,不要剪去邮票、邮戳、邮编、地址等标记。拆封后,应取尽信封内的信纸和其他物品。对来信应先浏览一遍,以便对要信、急信及时处理。来信如缺张少页,应注明。信封应与信纸一并装订。信封内如附有其他单位的转办单、转办函或另套有信封,也应一起装订,以备查证。

领导电子信箱和一网通办平台应当设置自动收信回复功能并自动告知处理流程。

设传真接收信访的,应将传真机设置在自动接收功能上,以便24小时自动接收。

(2)阅信。所有来信应逐一阅读,不能抽读。阅读时集中注意力,仔细阅读全文,弄清来信意图和反映的每一个问题,分清办理责任,切忌一目十行、马马虎虎。

(3)登记。每一封群众来信都要进行登记。先在信件和传真件的首页上盖收信章,填上收信日期和来信编号,还要注明发件人的传真号码和传真时间。信访来信登记要用专门的登记簿(表),与其他公文分开登记。来信登记后还应填写来信处理单。来信处理单设拟办、批示等项目。其中来信内容、办理情况等几项要具体填写。来信处理单应与来信一起装订、运转、归档。

登记的项目包括:①顺序号;②收信编号;③来信人情况,包括姓名、单位、联系地址、邮政编码、电话号码等;④收信时间,以实际收到的时间为准;⑤来信方式,即邮寄、传真、电子邮件等方式;⑥事由;⑦附件,即信内夹带的其他书面材料和所有物品等;⑧转来单位,即转交来信的单位;⑨承办单位和签收人;⑩办理情况和结果。

群众来信处理单参考样式如表8-1所示。

表8-1　　×××××(单位名称)群众来信处理单

收信编号:

来信日期		来信形式	□书信　　□电子邮件　　□传真　　□其他		
来信人姓名		来信人数		附　件	
来信人单位		转来单位				
通信地址		邮　编				
电话号码		传真号码				
电子邮箱		手机号码				
事　由					
处理单位					
处理要求	1.调查	2.处理	3.办理结果报告	4.直接答复来信人	
	5.来信原件退回	6.本处理单退回	7.供参考	8.其他	
	请按上述	项办理	限办日期		
领导批示				领导签字: 批示日期:	
拟办意见				拟办人: 拟办日期:	
处理情况 (由处理 单位填写)				承办人: 承办日期:	

收信经办人:

填写日期:

(4)立案。立案是指将信访事项上报机关负责人审批,确定正式受理。报批立案时,秘书应将填写好的群众来信处理单附上原信(或传真件、电子邮件打印件)一并上报。来信较长且表述不清的,秘书要写成摘要,以方便领导阅批。报批时,秘书人员应做好拟办工作,提出办理来信的初步意见,同时说明过去对这一问题的处理情况和有关政策规定,以便领导在全面了解情况的基础上做出正确的批示。

2. 来访受理

来访受理不同于来信受理,它直接面对信访人。由于来访者的情况以及来访意图错综复杂,秘书人员既要态度热情,又要头脑敏捷,善于处理各种复杂的情况。

(1)接待。对每一位来访者,不论是初访还是重访,秘书都要态度谦和,礼貌招呼,给人以亲切感。

(2)登记。接谈前应先请来访者将自己的基本情况填写在来访登记单或来访处理单上,或由秘书人员询问来访者后代填。来访登记单项目包括:①来访编号;②来访人姓名;③性别;④年龄;⑤单位;⑥职务;⑦联系地址;⑧联系电话;⑨来访日期;⑩接待人姓名;⑪来访内容;⑫拟办意见;⑬领导批示;⑭办理和结果。其格式可参照群众来信处理单。单位较小、来信来访数量不多的,可将来信和来访合起来登记,合称"群众来信来访处理单"。

(3)接谈。接谈是来访接待的关键。接谈时,接待人员要耐心倾听,认真记录,对关键性问题或者重要情节应询问清楚,对来访人提交的材料和证据要仔细阅读、查看,同时告知来访人应对所反映问题的真实性负法律责任。接谈结束后应让来访人对来访记录进行过目确认,或要求其签字,并告知其如何处理来访事项的程序。

(4)现场处理。接谈过程中,秘书可根据不同情况做相应的现场处理:①来访者提出的询问或其他比较简单的问题,能当即答复解决的,应予以当面答复解决;来访者对政策不理解、一时想不通的,应做好耐心的解释和说服疏导工作。②对政策无明确规定、一时难以回答或虽有规定但需要进一步核实情况的,要向来访者说明准备处理的方法和程序。③对超过规定人数集体来访的,要向来访人说明有关规定,请他们派出不超过5名代表反映情况。④对少数无理取闹、扰乱信访秩序的来访人,应当对其进行劝阻、批评或者教育。经劝阻、批评和教育无效的,由公安机关予以警告、训诫或者制止。

(5)立案。报批立案时要把群众来访处理单以及来访记录一并上报给主管领导,同时提出拟办意见,由领导决定受理与否。

3. 来电受理

信访电话包括信访工作机构向社会公开的电话(如12345热线)、专门设置的首长电话(如省长、市长电话等)、监督电话、举报电话、投诉电话等。受理信访电话应配备专职人员或指定秘书人员。这类电话的用户线路和终端不能挪作他用,以确保信息的畅通。受理来电的流程如下:

(1)弄清身份。接听群众来电要先弄清来电人的姓名、单位、身份、联系方式,并逐项登记在群众来电处理单上。如果来电人不愿留下姓名,可在姓名一栏注明"未留姓名"。

(2)听记陈述。接听电话时要认真做好记录,弄清对方意图和重要细节,必要时可以采用电话录音。

(3)整理记录。无论是手工记录还是电话录音,都要及时整理成文,并摘出重点和要点,逐项填入群众来电登记簿和群众来电处理单中。群众来电处理单填写的项目包括:①来电编号;②来电时间;③来电人姓名;④单位;⑤职务;⑥联系地址;⑦联系电话;⑧接电话人;⑨来电内容;⑩拟办意见;⑪批办意见;⑫办理情况和结果。群众来电处理单应当与工作电话的来电处理单区别管理,在处理完毕后立卷归档。规模较小、群众来电数量不多的单位可以将群众来电与来信来访处理单合并制作,统一登记。

(4)立案。要求同前。

4.受理阶段的注意事项

(1)党委和政府信访部门以外的其他机关收到信访人直接提出的信访事项,应当予以登记;对属于本机关职权范围的,应当告知信访人接收情况以及处理途径和程序。不能当场告知的,应当自收到信访事项之日起15日内书面告知信访人,但信访人的姓名(名称)、住址不清的除外。对不属于本机关或者本系统职权范围的,应当告知信访人向有权处理的机关提出。不能当场告知的,应当自收到信访事项之日起15日内告知信访人向有权的机关提出。

(2)领导干部应当阅办群众来信和网上信访,定期接待群众来访,定期下访,化解群众反映强烈的突出问题。

(3)对已经或者依法应当通过诉讼、仲裁、行政复议等法定途径解决的,不予受理,但应当在15日内告知信访人依照有关法律、行政法规规定程序向有关机关提出。

(4)涉及两个或者两个以上行政机关的信访事项,由所涉及的行政机关协商受理;受理有争议的,由其共同的上一级行政机关决定受理机关;受理有争议且没有共同的上一级机关的,由共同的信访工作联席会议协调处理。

(5)应当对信访事项做出处理的行政机关分立、合并、撤销的,由继续行使其职权的行政机关受理;职责不清的,由本级人民政府或者其指定的机关受理。

(6)各级机关对可能造成社会影响的重大、紧急信访事项和信访信息,应当及时报告本级党委和政府,通报相关主管部门和本级信访工作联席会议办公室,在职责范围内依法及时采取措施,防止不良影响的产生、扩大。

(二)信访办理和督查

1.转送、交办

转送是指受理信访的机关按照"属地管理、分级负责"的原则,把信访事项转交给责任归属单位处理。交办是指向下级机关或责任部门交代办理信访事项。转送、交办时应填写转送(交办)单或附函说明转办的要求。转送、交办单一式两份,一份发给承办单位,另一份留用备查。如果问题涉及几个部门,应将有关内容分别摘抄或复印给各个有关部门处理。转送必须注意以下几个问题:

(1)对党委和政府信访部门或者本系统上级机关转送、交办的信访事项,属于本机关职权范围的,有关机关应当自收到之日起15日内书面告知信访人接收情况以及处理途径和程序;不属于本机关或者本系统职权范围的,有关机关应当自收到之日起5个工作日内提出异议,并详细说明理由,经转送、交办的信访部门或者上级机关核实同意后,交还相关材料。对属于本系统下级机关职权范围的,应当转送、交办有权处理的机关,并告知信访人转送、交办去向。

(2)对依照职责属于本级机关或者其工作部门处理决定的,应当转送有权处理的机关;情况重大、紧急的,应当及时提出建议,报请本级党委和政府决定。

(3)信访事项涉及下级机关或者其工作人员的,转送有权处理的机关。

(4)有关机关应当自收到转送、交办的信访事项之日起15日内决定是否受理并书面告知信访人,并按要求通报信访工作机构。

(5)任何机关及其工作人员不得将信访人的检举、揭发材料及有关情况透露或者转给被检举、揭发的人员或者单位。

(6)对转送信访事项中的重要情况需要反馈办理结果的,可以直接交由有权处理的机关办理,要求其在指定办理期限内反馈结果,提交办结报告。

2. 承办

承办即责任归属单位对上级机关或其他机关转送本单位办理的信访事项,进行具体地调查、核实、办理。承办的流程如下:

(1)落实责任。承办信访事项必须落实责任,具体有三种办法:①领导包案,即由领导包办部分重要的信访案件,这是加快办案进度、提高办案质量的重要方法。②成立专案组或调查组。如果信访事项涉及两个以上的部门或单位,可采取联合办案的方法。联合办案前应当确定主办单位与协办单位。③指定专人具体承办。一般的信访案件通常采用指定专人承办的方法。

(2)调查核实,即承办人在仔细研究信访材料的基础上,根据有关线索调查取证,认真听取各方面的意见,然后将来信、来访、来电所反映的情况与调查得到的情况进行比较、判断、分析、鉴定,依法提出处理这一问题的具体意见和建议。调查时,应当听取信访人陈述事实和理由;必要时可以要求信访人、有关组织和人员说明情况;需要进一步核实有关情况的,可以向其他组织和人员调查。

(3)听证合议。对重大、复杂、疑难的信访事项,可以举行听证。听证应当公开举行,通过质询、辩论、评议、合议等方式,查明事实,分清责任。

(4)上报审批。调查和听证之后,信访部门或秘书人员应将处理意见或建议形成书面报告,报请领导对审批,对重要的信访事项还需召开专门会议讨论研究,形成决定或决议。信访处理意见书应当载明信访人投诉请求、事实和理由、处理意见及其法律法规依据。

(5)落实处理。信访处理意见或建议,经领导批准或会议研究通过后,需具体落实处理。落实处理信访事项有以下三种情况:①请求事实清楚,符合法律、法规、规章或者其他有关规定的,予以支持;②请求事由合理但缺乏法律依据的,应当对信访人做好解释工作;③请求缺乏事实根据或者不符合法律、法规、规章及其他有关规定的,不予支持。

各级机关在处理申诉求决类事项的过程中,可以在不违反政策法规强制性规定的情况下,在裁量权范围内,经争议双方当事人同意进行调解;可以引导争议双方当事人自愿和解。经调解、和解达成一致意见的,应当制作调解协议书或者和解协议书。

(6)各级机关工作人员与信访事项或者信访人有直接利害关系的,应当回避。

3.督查

督查是指立案机关对转送给下级责任归属单位处理的信访事项进行检查督促,以保证交办的信访事项得到落实。有下列情形之一的,应当及时督查,并提出改进建议:

(1)无正当理由未按规定的办理期限办结信访事项的。

(2)未按规定反馈信访事项办理结果的。

(3)未按规定流程办理信访事项的。

(4)办理信访事项推诿、敷衍、拖延的。

(5)不执行信访处理意见的。

(6)其他疑难复杂信访问题和需要督查的情形。

收到改进建议的机关应当在30日内书面反馈情况;未采纳改进建议的,应当说明理由。

督办的方法有电话督办、书面督办、实地督办和会议督办等,参见本章第二节"督查工作"。

(三)信访办结

1.结案

结案是指立案的信访事项全部处理完毕。

(1)结案的标准。结案的标准是:事实清楚,结论正确,处理符合法律和政策,手续完备。如果有书面的调查结论和处理意见,应当同当事人见面并由当事人签署自己的意见和姓名。

(2)结案的时限。信访事项应当自受理之日起60日内办结;情况复杂的,经本行政机关负责人批准,可以适当延长办理期限,但延长期限不得超过30日,并告知信访人延期理由。

2.报告

对上级转送交办并已办理完毕的信访事项,应以书面形式向上级交办机关提交办结报告。

3. 答复

答复是指受理机关将信访处理的结果告诉信访人。答复是对信访人合法权利的尊重。受理机关或单位对每一项合法的来信、来访、来电,都应当予以答复。答复的方式有书面(即发函)答复、电话答复和当面答复(即回访)。答复要根据不同的对象、不同的信访要求和处理结果各有侧重。对属于认识上的问题,要进行宣传、解释;对已经采纳的批评、建议,应将落实情况告诉信访人并予以鼓励表扬;因条件不成熟暂时无法满足的要求、不能解决的问题、难以采纳的意见或建议,应当说明有关政策或者具体情况,以取得信访人的理解和支持;对要求过分或者无理取闹的信访人,除做好政策解释工作外,该批评的应批评。复信答复要写明时间,加盖公章并留存底稿。电话或当面答复应做好记录,以备查考。

4. 复查

信访人对信访事项的处理意见不服的,可以自收到书面答复之日起30日内请求原办理机关的上一级机关复查。收到复查请求的机关应当自收到复查请求之日起30日内提出复查意见,并予以书面答复。

5. 复核

信访人对复查意见不服的,可以自收到书面答复之日起30日内向复查机关的上一级机关请求复核。收到复核请求的机关应当自收到复核请求之日起30日内提出复核意见。信访人对复核意见不服,仍然以同一事实和理由提出投诉请求的,不再受理。

6. 立卷归档

信访工作中产生的文书材料包括群众来信、接谈和电话记录、传真件、录音和录像资料、登记簿册、转办和交办函、答复函、上复报告等。这些材料在平时就要注意收集齐全,在结案后加以整理,对其中具有保存价值的材料应立卷归档。任何人不得丢失、隐匿和擅自销毁信访材料。

各级机关、单位应当及时将信访事项录入信访信息系统,使网上信访、来信、来访、来电在网上流转,方便信访人查询、评价信访事项办理情况。

三、信访信息的分析和反馈

(一)信访信息分析和反馈的意义

信访信息是指信访工作机构或秘书人员从信访事项中直接获取或者经过综合研究提出的对领导工作有参考价值的情况、问题或建议。信访信息分析和反馈的意义有以下几方面:

(1)掌握社情民意。信访信息是社情民意的风向标,信访工作机构和秘书人员通过对来信来访的分析、综合、预测,可以了解人民群众在一段时期内关注的热点以及对党政机关工作的意见、建议和要求,并将这些信息及时反馈给领导机关,从而为领导机关和有关部门全面、及时掌握社情民意提供依据。

(2)提供政策建议。信访工作所涉及的很多问题与政策的制定和落实相关,也有相当一批信访人的批评和建议直接涉及政策性问题。信访工作机构和秘书工作人员通过对这部分信访信息进行深入发掘,展开专题调查和综合研究,积极向领导机关和有关部门提出完善政策、解决问题的建议,使信访工作成为领导机关决策的参谋和助手。

(3)改进信访工作。信访工作是一门科学,信访工作机构和秘书人员经常运用科学的方法,从来信来访中分析特定时期、特定区域群众信访活动的特点和发展趋势,不断总结信访工作的规律,从而指导信访工作的实践,提高信访工作的针对性和有效性。

(二)信访信息的反馈形式

1. 政策建议报告

信访工作机构或秘书人员对于信访人集中反映的有关政策性问题应当及时向本级机关报告,并在调查研究的基础上提出完善政策、解决问题的建议。

2. 信访情况分析报告

信访工作机构或秘书人员应当定期向本级人民政府提交信访情况分析报告。分析报告的内容包括:

(1)受理信访事项的数据统计,社会热点问题和信访典型案例及其成因。

(2)各部门办理转送件以及信访督查的情况。

(3)来信来访中群众提出的批评、建议被采纳情况。

3. 信访简报或动态

信访简报或动态是一种简要反映重要信访信息的内部报道,一般采取一事一报的方法。

4. 信访工作调研报告

信访工作调研报告即针对信访制度、信访机构、信访渠道诸方面存在的问题以及信访工作中的经验、教训展开专题或综合性的调查研究,深入分析原因,提出改进的具体建议而形成的书面报告,具有较高的理论和实践价值。

(三)信访信息分析和反馈的方法

(1)地区分析法,即以信访人居住的地域或者信访事项涉及的地区为分析对象,以了解这一地区信访活动的整体情况,比较这一地区和其他地区之间的差别,从中发现问题,分析原因,找出办法。

(2)单位分析法,即以信访事项集中指向的机关或单位为分析对象,找出这一机关或单位存在的问题,提出解决问题的办法。

(3)时间分析法,即以信访活动进行的时间或信访问题所针对的时间为分析对象,了解信访活动的时间性特点和规律,掌握信访活动的发展趋势,争取工作上的主动。

(4)问题分析法,即以某一阶段内信访活动所涉及的具体问题为分析对象,以了解信访问题的分布、比例和指向。比如,将信访问题分成情况类、建议类、举报类、求决类、申诉类等,每一类下面还可分成若干小类。通过分类比较分析,找出人民群众关注的热点及其变化的规律。

(5)因素分析法,即具体分析某一地区、某一单位、某一时期、某一问题的信访活动产生的变化、数量上升或下降的各项原因,并提出具体的对策。

在信访信息的实际分析中,以上5种分析方法往往综合运用,进行多角度的研究,以便把零碎的、分散的信访问题加工成系统的、对领导者的决策具有参考价值的信息。

(四)信访信息分析和反馈的要求

(1)实事求是。实事求是是信访工作的基本原则,也是信访信息分析和反映的基本要求。信访工作机构和秘书人员向领导机关和领导反映信访信息时一定要敢于说真话、报实情,一切从实际出发,不弄虚作假,让领导机关和领导真正了解群众的心声。

(2)围绕中心。信访工作机构和秘书工作人员要认真学习党的方针政策和国家的法律、法规,了解领导机关在不同时期和不同阶段的中心目标和工作重点,有目的、有针对性地为领导者提供信访信息。

(3)及时迅速。群众的信访活动是随着时代的发展而不断发展变化的。信访部门和信访工作人员应当及时地把信访活动的动态信息以及分析研究的成果提供给领导机关和领导,尤其是涉及敏感政治问题以及事关人民群众生命财产安全的信息,更应当争分夺秒,为领导机关和领导迅速采取应对措施赢得宝贵的时间。

企业秘书处理来信实例

上海一家五星级饭店公关部的李秘书收到一位客人的投诉信:他在该饭店住宿期间,饭店工作人员因疏忽未按时叫早而使他误了班机,既造成经济损失,又使他未能赶上一个重要会议。这位客人建议该饭店改进叫醒服务的手段,切实提高服务质量,防止此类事件的发生。收到此信后,李秘书先在来信登记簿上做了登记,并填写了来信处理单,随后做了调查,发现客人反映的情况属实。根据饭店的规定,客人投诉,每信必复;凡因饭店的过失造成旅客的经济损失,一律做适当补偿。于是,李秘书根据饭店的这一规定在处理单拟办意见栏上提出了给客人适当补偿并回歉意信的具体建议,将处理单附上投诉信原件一并呈报公关部经理。公关部经理批示同意后,李秘书起草了下面这份致歉信,在经理批准签字后及时发出。

尊敬的×××先生：

您好！

首先感谢您多次惠顾我饭店。我饭店工作人员由于疏忽未按时叫早，导致您10月5日误机，给您造成经济损失和工作上的麻烦，对此，我们深感遗憾和愧疚。此事反映出我饭店在管理和服务上还存在不可忽视的缺陷，应当引起我们的高度重视。我们决定采纳您的建议，立即改进叫早服务的手段，避免此类事件的再次发生。

作为对您所受损失的小小补偿，同时表达我们对您所提建议的谢意，我饭店将在您下一次入住时向您提供一次性500元(伍佰元)人民币的免费消费，有效期至20××年12月31日。此项免费消费已输入我饭店电脑管理系统，您只要在结账时出具您的身份证，电脑管理系统将自动在您的费用中抵扣。敬请照纳。

我们竭诚期待您的再次光临。

祝您身体健康，工作顺利！

××饭店公关部经理　钱××(签名)
二〇一〇年×月×日

回信发出后，秘书在来信处理单上做了留注，记下了处理的方式和结果，然后将来信处理单、来信以及复信的存本一起归卷保存。

第二节　督查工作

一、督查工作概述

(一)督查工作的含义和作用

督查是指对下级机关和部门贯彻落实领导机关决策和领导指示的情况展开督促检查的活动，又称督办、查办。决策与执行是现代管理中两个相互联系而又相互区别的运作环节。决策方案只有得到全面的贯彻和执行，才能最终实现决策的目标。但是，由于决策和执行往往是两个相对独立的系统，特别是当执行系统的层次和环节较多时，决策与执行之间难免会出现脱节现象。为了使领导机关的决策和领导的指示得到全面正确的贯彻落实，必须加强执行过程的督促检查，切实做到令行禁止，从而有效地维护领导决策和指示的权威性和严肃性，保障领导管理系统的健康运行和组织目标的顺利实现。

(二)督查工作的要素

(1)督查者,即提出督查任务并具体组织和实施督查过程的机构或秘书人员。督查工作必须有组织保障,秘书部门应当建立专司督查的机构或设置督查岗位,把督查任务落实到人。

(2)督查任务,即督查者围绕领导机关的决策或领导的指示所确定的督查目标、督查范围、督查事项以及督查要求。督查任务由督查工作机构或秘书人员提出并按规定流程交办,由督查对象落实执行。督查任务应当明确、清晰。

(3)督查对象,即具体落实执行领导机关决策或领导指示(即督查事项)并接受监督检查的机关或单位。督查对象对督查机关交办的督查事项负有法定责任。

督查对象对督查事项的重视和自觉是圆满完成督查工作的关键。

(4)督查方式,即确保督查目标实现和督查任务完成的督查制度、督查机制、督查流程和督查方法。督查方式应当科学、合理、规范、有效。

(5)督查结果,即督查任务的完成情况,也是反映督查工作质量的最终指标。督查工作必须件件落实,有查必果。

(三)督查工作的种类

督查工作涉及党务、立法、行政、司法等各个领域,就秘书部门的督查工作而言,主要分为以下两种:

(1)决策督查,即秘书系统围绕领导系统以文件、会议等形式做出的集体决策开展督促检查,保证决策得到正确执行。决策督查的范围包括上级领导机关制定的重要决策事项和本级机关制定的重要决策事项。

(2)专项督查。专项督查是相对于决策督查而言的,是秘书系统围绕上级和本级机关的领导针对某一特定事项所作的批示、口头指示或以其他方式交办的重要事项展开督促检查,保证这些事项得到及时落实。相对于决策督查来说,专项督查事项单一、面广量大、时限要求高,是一项经常性的秘书工作。

二、督查工作的流程和要求

(一)督查工作的流程

1. 立项登记

无论是重大决策还是领导的批示或交办的事项,一旦形成,就要列入督查范围,立项登记。立项登记的要求是:

(1)责任明确,包括承办责任明确和督查责任明确。要明确指定承办落实单位以及具体责任人。对于涉及几个单位或部门的问题,应确定主办单位和协办单位。

(2)时限明确。要明确督查事项承办落实的具体时限。

(3)登记项目明确。上级交办的督查事项登记项目包括交办日期、交办机关、交办方式(文件或电话交办)、交办事项内容、本单位领导批示、承办单位、承办时限、承办要求、办理情况、督查人等。本单位立项的督查事项登记项目包括督查事项名称、立项人、立项领导批示、交办时间、承办单位、承办人、承办期限、承办要求、督查人等。

2. 制订督查方案

对于重大决策的督查,立项后要尽快制订督查方案,交领导批准后执行。督查方案的内容包括:

(1)督查事项。写明项目名称或具体事由。

(2)制定决策的机关。

(3)主办与协办单位。

(4)交办方式。

(5)督查方法与流程。

(6)协调方法。如需要多方办理的事项,应写明协调的方法和步骤。

(7)承办落实单位报告的时限。

(8)督查部门及督查责任人。

(9)其他需要说明的事项。

3. 送批和交办

对于上级机关的重要决策事项或上级机关领导批示交办的事项,秘书部门在往下交办之前应将拟办意见或督查方案先行呈送本级领导批示。交办是指将督查事项向承办执行机关或部门做正式交代。交办方式主要有书面交办(督查通知或督查函)、会议交办和线上交办等方式,紧急情况下可采用电话交办。

4. 督查协调

督查事项交办后,要及时了解办理情况,针对问题提出督查意见,保证督查事项的落实。重要事项要重点督查,紧急事项要紧急督查,一般事项要定期督查。对于承办单位逾期未办结的事项,要填发督查催办单,限期办结。对于涉及两个以上部门办理落实的事项,一般情况下由主办部门负责协调。如问题较复杂,也可由督查部门会同主办部门进行协调。

督查协调的方法有以下几种:

(1)电信督查协调,即通过电话、微信、电子邮件、内部办公自动化系统等方式向承办执行督查任务的机关或部门了解情况,催促办理落实并要求报告办理落实的情况。电信督查方便易行,能当场得到有关信息。每次电话督查要做好记录。

(2)书面督查协调,即采取下发纸质督查通知或督查函的形式要求承办执行督查任务的机关或部门抓紧落实并限期报告情况。纸质督查通知或督查函要加盖督查部门的公章,以体现庄重性和权威性。

(3)实地督查协调,即督查人员深入承办执行督查任务的机关或部门,实地了解落实情况,发现问题,及时与有关方面会同协商,共同研究解决的办法。与电信和书面督查的方法相比,实地督查最直接,掌握的情况最真实、可靠,因而是督查工作的重要方法。

(4)会议督查协调,即由督查机构出面召集各承办机关或部门开会,了解情况,分析问题,交流经验,协调立场,共同研究加快办理时效和提高办理质量的办法。在督查重大而且比较复杂的决策事项时,由于需要协调的问题和方面较多,常常需要运用会议督查的方法。

5. 审核验收

由督查机构或秘书人员对承办落实机关或部门上报的办理工作答复报告进行审核,检验承办落实决策事项的质量与效果。对不符合要求的报告和办理不合格的事项,填发督查退办单,退回限期重办。

6. 反馈督查结果

督查事项办理落实并经验收合格后,督查部门要及时写出督查报告,向制定决策的领导机关或批示、交办的领导做出反馈。上级机关或上级机关领导交办的督查事项办理完成后,不仅要向本级领导反馈督查情况,而且还要经本级领导审查同意后,向上级机关和上级机关领导做出反馈。提交督查报告时应当附上承办落实机关或部门的答复报告。一时难以按时办理完毕的,要向上级交办部门说明理由以及进一步采取的措施。

督查报告和办理答复报告要按照正式公文的形式和要求撰写。内容要写明督查事项、调查情况、办理过程、采取的措施和效果、问题和建议等。

督查情况反馈后,领导如有批示要求重新办理或补办,秘书要重新交办,再次督查。

7. 立卷归档

督查过程中产生的文书要按规定流程立卷归档。

(二)督查工作的要求

(1)奉命督查和主动督查相结合。所谓奉命督查,是指根据领导的授权或批示,通过专门立项而进行的督查。奉命督查具有较强的权威性和直接性,即直接传达领导的指示,直接参与情况的调查,直接指导督查事项的执行。

所谓主动督查,是指在决策之后主动跟踪了解执行的情况,一旦发现问题,及时向领导者报告。主动督查具有经常性和普遍性的特点。主动督查中发现的问题,经领导者指示后,便转化为奉命督查。

(2)督促与检查相结合。督促与检查是督查工作相互联系的两个方面,其目的都是使领导的决策和各项指示得到落实。二者也有所偏重:督促偏重于决策执行的及时性,防止拖延误事;而检查不仅要了解决策的事项"是否办""何时办",还要了解"如何办"和"办得如何"等情况。可见,检查是对督促的深化。因此,在督查的具体过程中既要督促又要检查,把二者结合起来。

(3)督查与指导、协调相结合。决策的执行是一个极其复杂的过程。执行系统在执行决策指令、落实决策方案时,常常会碰到一些困难和问题,执行系统之间也会出现意见不一、相互扯皮和推诿的情况。因此,在督查过程中,要对执行系统进行必要的指导和协调,帮助其提高认识,消除分歧,统一步调,相互协作,使决策事项真正落到实处。

(4)督查与调查研究、反馈信息相结合。督查的过程也是调查研究、掌握决策执行的进展情况及其结果的过程。通过督查中的调查研究,发现问题,分析原因,总结规律,找出办法,并主动向领导者反馈,这是做好督查工作的重要方面。

(5)点与面相结合。督查工作要抓住重点,以点促面。一是要紧紧抓住上级领导和本级领导的重要决策事项和指示,一查到底,有查必复;二是要善于抓住督查事项办理过程中具有典型性、代表性的案例,总结经验教训,树立典型,指导和推动面上的决策执行,以提高督查工作的效率。

三、督查调研

(一)督查调研的作用

督查调研是督查机构或秘书人员深入实际,有计划、有目的地了解、分析、研究督查过程中出现的情况、经验和问题的过程,是督查工作的深化,也是督查工作的内在要求。其作用在于:

(1)反馈督查信息。通过督查调研,督查机构或秘书人员能深入了解领导机关决策和领导指示以及交办事项在具体执行和承办落实过程中出现的新情况、遇到的新问题,在准确分析原因的基础上提出相应的对策建议,为领导修正决策和再决策提供参考依据。

(2)提高督查水平。通过对督查对象、督查工作的过程和结果的调查、分析、比较,总结和掌握督查工作的科学规律,不断改进督查工作的方法,提高督查工作的水平,更好地为领导工作服务。

(二)督查调研的步骤

(1)明确目的,选好课题。督查调研是一项有目的的活动,实施调研前,首先要明确"为什么调研"和"调研什么",也就是要明确调研的目的,选定调研的课题,界定调研的对象。

(2)进行预研究。督查调研的课题确定后,要先进行预研究。调研人员要学习阅读有关文件,领会领导机关的决策意图和领导指示的精神,了解开展此次督查调研活动的背景和意义,初步了解调研对象的基本情况,做到心中有数,为开展实地调查做好充分的准备。

(3) 制订调查计划。督查调研计划的内容包括督查调研的目的、依据、指导思想、提纲、范围、对象、方法、工具、人员组成、时间安排等。

(4) 收集督查信息。具体方法如下：按调查提纲和调查问卷向受访者进行电话访问并做好记录；要求承办落实督查事项机关或单位以书面的形式报告办理的情况；发放并收集调查问卷，请受访者当场填写后回收或通过邮寄的方式回收；有选择地邀请部分调查对象参加调查会，了解情况；对重点受访者或经抽样确定的受访者采取当面个别访问的形式；调查人员深入调查现场，观察现场，然后把观察和体验的结果记录下来。

(5) 汇总、分析和反映督查调研信息。首先要汇总调查中所获得的所有材料，逐一确认每条信息的准确性；然后对材料进行统计分析和理论分析，解释现象，说明原因，找出规律，提出对策和建议；最后形成督查调研报告，呈报领导审阅和参考。经领导同意，可以简报或内部参考的形式在一定范围内散发传阅。

第三节　危机管理

一、危机管理概述

(一) 危机的含义

危机是指由自然或人为因素造成的、突如其来的、对组织造成较大损失和压力的事件或事故。由于导致危机的自然或人为因素事先难以完全预见和克服，任何组织在任何时候都可能面临危机。危机并不可怕，可怕的是临危失措。危机管理就是指社会组织对可能发生的危机事件进行预测、防范以及对已经发生的危机事件进行有效控制和妥善处理的过程。危机管理是现代领导科学必须正视的重要课题，也是领导实施管理控制无法回避的重要一环。秘书作为领导的参谋与助手，协助领导管理危机责无旁贷。

(二) 危机的特点

(1) 意外性。危机的发生常常出人意料，突如其来，令人猝不及防。即使对有些危机有所准备，但往往无法准确预料危机发生的具体时间、地点、范围和程度。因此危机一旦发生，事发单位以及当事人往往仓促上阵，被动应付。

(2) 危害性。危机一般都具有很大的危害性，无论是由自然原因引发的水灾、旱灾、虫灾、雹灾、雪灾、地震等，还是由人为原因造成的集体上访、聚众闹事、食物中毒、疾病流行、安全生产或质量事故等，或导致人身伤亡和经济损失，或损害组织的形象，严重的还会破坏社会稳定，产生不良的政治影响，甚至危及组织的生存和国家的安全。

(3)紧急性。危机都具有起事急、波及快的特征,如果不及时妥善处理应对,事态会迅速扩大、蔓延。特别是在发生初始,如不采取有效措施,及时建立正面的信息沟通渠道,很容易给小道消息和谣言以可乘之机,扰乱人们的视听,给解决危机造成很大的困难。

(4)可控性。危机虽然具有突发性、危害性和紧急性,但只要处置迅速、得当,就能将其危害控制在有限的范围内。有时通过努力,还可以将危机化为转机。也就是说,可控性是有条件的。如果对危机的性质和危害判断失误,或者处置不当、延误时机,往往会使危机滑向不可收拾的地步,甚至可能导致组织瓦解崩溃的极端后果。

(三)危机的类型

1. 按发生的原因分

(1)内源性危机。内源性危机即内部管理不善、服务欠周到,或内部人员违反管理制度、故意破坏导致的危机,如安全生产事故、产品质量事故、设备损坏事故、食物中毒事故、消费纠纷投诉、媒体曝光等。

(2)外源性危机。外源性危机即由外界自然灾害、战争、社会动乱、公共政策变化、合作伙伴违约、不法分子侵权等各种因素造成的危机,如人员伤亡、财产损失、合同违约、名誉受损、营销受阻等。

实际上,许多危机的产生往往是内因和外源相互作用的结果,因此在判断时,既要深入分析又要注意综合。

2. 按危机的性质分

(1)政治性危机,是指由人为因素导致的破坏社会稳定、危害国家利益的事件,如恐怖主义袭击、冲击政府机关、蓄意聚众闹事等。

(2)群众性危机,是指部分群众的游行、示威、静坐、罢工、罢课等事件。这类危机应同政治性危机区别开来,但如处理不当,有可能转化为政治性危机。

(3)治安性危机,即由发生杀人、抢劫、纵火、投毒、偷盗、寻衅滋事等治安案件导致的危机。

(4)自然性危机,是指由自然界不可抗力引起的事故和灾难,如地震、水灾、台风、泥石流、疾病流行等。

(5)事故性危机,是指管理制度的缺陷或者违反管理制度引起的事故,如生产事故、交通事故、质量事故、食物中毒事故、泄密事故等。

(6)公共性危机,是指组织外部突然发生的、对同一地区或系统的组织同时造成利益损失的公共事件,如金融风暴、社会动乱、停水、停电、停气以及其他与本组织相关联的公共危机事件。

(7)侵权性危机,是指社会组织遭他人假冒名义、盗用商标、伪造文件、窃取专利而造成经济和名誉损失的侵权事件。

(8)误解性危机。这类危机有两种情况:一种是组织内部工作失误或发生事故未及时准确发布信息导致的外界猜测或者传言;另一种是由外界的因素引起的危机,如某些竞争对手故意制造事端或谣言、引导对本组织不利的社会舆论,也有的是专家误导或媒体误报导致公众对本组织产生误解、怀疑,从而使组织形象受到严重破坏。后一种情况也会构成名誉侵权。

(四)危机管理原则

1. 高度重视,加强领导

危机事件往往涉及面广、影响和危害性大,一旦处理不慎,就会造成重大损失,甚至导致组织崩溃。因此,各级各类机关、单位的领导一定要树立危机意识,对危机保持高度的警惕性和敏感性,采取切实措施加强对危机的管理,危机发生后要迅速建立危机处理领导机构,实行统一部署、统一指挥,保证口径一致,不得政出多门、各行其是,确保信息和政令的畅通。对在危机处理过程中违反法律、法规、组织原则和纪律,有令不行、有禁不止的单位和个人,一定要严肃查处,追究法律和行政责任。

2. 分级负责,归口处理

分级负责原则要求:危机发生在哪一级,哪一级领导就应当负起责任。归口处理原则要求:危机事件属于哪个部门责任范围的,哪个部门就应当立即处理。总之,每一级领导、每一个部门都要做到责任明确。如果出现临阵脱逃、擅离职守或者相互推诿的情况,必须严肃处理。

3. 科学预测,积极防范

危机管理的重点在于预防危机,而不在于处理危机。"居安思危,未雨绸缪"是危机管理的核心。一般情况下,我们虽然无法准确预料危机发生的具体时间、地点、范围和程度,也常常无法抵御,但还是有相当一部分危机的发生有一定的规律可循,可以预测和防范,降低其发生的频率,在危机发生后将损失降到最低点。做好科学预测,积极防范的具体要求如下:

(1)对可以预见的自然灾害做好科学的预测分析,及时预报。

(2)对可能发生的政治性事件、群众性事件和责任事故,要通过多渠道了解信息,掌握动向,将危机消灭在萌芽状态。

(3)对过去曾经发生过的危机事件进行科学分析,找出"哪些时间容易发生""哪些地区或部位容易发生""哪些人群容易发生""哪些条件下容易发生"等规律,并以此作为制订预案和实施防范的依据。

(4)对可能发生的危机事件制订应急预案。预案的主要内容包括:①可能发生的危机的性质;②应对和处理危机的领导机构及其组成人员,主要责任人以及内部分工;③处理该项危机事件的流程和规则;④纪律和禁止事项。

(5)平时对参与危机处理的人员要进行经常性的培训和演习,使其掌握必要的知识和技能,提高其处理危机事件的能力。

(6)在容易发生事故的地方和部位张贴警示性标志,或将应急流程和办法公示于醒目处。

（7）平时做好处理危机事件所需的物品和器材的采购、保管、维护工作，保证其性能良好。

4. 快速反应，准确判断

危机管理的关键是捕捉先机，在危机危害组织之前对其实施控制。危机发生后，有关责任人员必须在第一时间到位，领导要靠前指挥，迅速弄清情况，准确判断性质，果断采取措施，防止事态扩大。

5. 坦诚公开，及时沟通

危机事件一旦发生，必然成为社会关注的焦点和街谈巷议的热点，隐瞒、遮盖不仅助长流言和谣传，造成公众的紧张恐慌心理，甚至会失信于民，严重损害组织的公信力。因此，除了涉及国家机密或商业秘密的信息必须保密之外，应当及时通过适当的传播渠道和手段（如对外举行新闻发布会或情况说明会、接受记者采访、发表声明或公告；对内召开干部会议或群众大会等）将危机发展的态势以及已经采取和将要采取的措施予以公开或传达，与公众进行有效的沟通，该道歉的要诚恳道歉，该承担责任的要主动承担责任，同时澄清事实、制止谣传，以缓解公众的情绪，消除公众的疑虑，争取公众的谅解和支持。

发生重大危机或造成人员伤亡的事件时，要按照有关规定及时向主管部门报告，不得缓报、瞒报和漏报。对可能会造成政治利益以及人员和财产更大损失的危机，应当直接报告更高的上级机关直至最高领导机关。报告有电话报告和书面报告两种形式，紧急情况先用电话报告，再进行书面报告。报告时要说明危机事件发生的时间、地点、肇事者、简要经过、伤亡人数和直接经济损失的初步估计、对危机发生原因的初步判断、采取的措施及危机控制的情况。

6. 稳妥善后，认真反思

危机事件的善后工作主要包含两个方面：一是损失补偿、经济恢复和群众情绪安抚，包括伤亡人员的抚恤和慰问、受灾群众的救济、经济损失的补偿、受灾地区的重建、生活秩序的恢复、群众的心理疏导等，这方面的善后工作要积极、慎重、稳妥，做到依法、依规、合情、合理，尽可能避免留下后遗症。二是通过认真反思，总结经验教训，恢复信心，重塑形象。从某种意义上说，这方面的善后工作更重要。首先，要通过周密的调查和认真的分析找出引起危机的各种原因。其次，要对危机管理工作进行全面的评价，详尽列出预警系统的组织和工作流程、危机处理计划、危机决策等危机管理各方面工作存在的问题，举一反三，亡羊补牢，建立或调整危机预警机制，尽可能防止类似的危机再次发生，或者在危机发生前有充分的准备，将危机造成的损失降到最低。最后，应当参考媒体对危机处理方式的意见，毕竟它们对于大众的态度有决定性的影响，这对组织大有裨益。

二、秘书在危机管理中的职责以及处置流程和方法

(一)秘书在危机管理中的职责

1. 保证信息畅通

信息在危机管理中具有举足轻重的作用。信息及时、准确,才能正确判断危机的性质,迅速采取有效的措施;反之,信息滞后、失实,就会延误时机,误导决策,以致造成不可收拾的局面。为此,必须做到:

(1)各级秘书部门要建立严格的危机信息报告制度以及迅速灵敏的信息网络,掌握所有领导以及部门负责人的通信联络方式,保证领导或有关部门在危机爆发的第一时间掌握信息,了解情况,作出判断,为控制危机和扭转局面赢得时间。

(2)危机期间,秘书部门作为信息枢纽,信息流动量成倍增加。为保证信息上通下达、及时传递,自危机发生之日起,秘书部门就要实行全天候值班,直到危机结束。

2. 做好跟踪调查

危机发生后,秘书部门要加强与事发单位或地区的联系,了解危机的发展动态,同时腾出人手,深入现场,实地调查研究,掌握第一手资料,及时向领导做出反馈。对重大危机事件,要组成由业务部门以及由有关专家参加的调查组,查明危机发生的原因、评估人员伤亡及财产损失的情况,确定危机的性质及责任,提出处理此次危机以及预防此类危机再次发生的具体措施。

3. 注意协调各方

危机事件的处理需要实行统一领导,各方配合协调。秘书接到危机报告后,除了立即向领导汇报和请示外,还要随时与公安、消防、卫生、交通、物资、新闻等有关方面保持密切沟通,互通信息,加强协调,使危机处理工作有条不紊地顺利进行。

4. 提供随行服务

危机事件中,领导必须紧急出动,亲临前线,现场指挥。作为秘书,要快速准备好必需的通信、记录、扩音、交通等工具和器材,陪同领导赶赴现场。抵达现场后,秘书要随时听候领导调遣,按时完成领导交办的各项任务;对领导的视察、谈话、开会、接见、慰问等活动要迅速做出安排,对领导的讲话和指示要做好详细记录,及时传达和反馈。

5. 写好书面材料

危机处理中,秘书要为领导写好情况报告、紧急通知、调查报告、新闻发言稿等书面材料;危机处理后,要为领导写好情况通报、总结报告、处理决定、整改意见等文书。所有的书面材料要妥善保存并按规定立卷归档。

(二)秘书处置危机的流程和方法

秘书接到危机事件的报告后,应根据不同的事件采取相应的措施。

1. 政治性、群众性危机的处置

(1) 立即用电话了解事件发生的地点、人数、形式等详细情况,必要时到现场调查,务必弄清情况,准确判断事件的性质。

(2) 立即向领导报告调查情况,并请示处置办法。

(3) 事先已制订预案的,经领导同意后通知有关部门紧急启动预案。如无预案,属于群众性事件的,通知群众所在单位的领导到现场进行疏导、劝散;个别人有过激行为的,要进行劝阻,必要时请公安部门依法采取恰当措施予以制止。如果属于恐怖袭击这类政治事件,要通知公安、武警等部门采取坚决措施。

(4) 安排好值班,确保信息的畅通。

(5) 事后协助公安等有关部门对事件进行深入调查,分析原因,准确定性,对群众的合理要求要及时予以满足,对有过激行为者进行教育,对违法者依法处理。

2. 灾害性危机、事故性危机的处置

(1) 接到报告后要立即详细了解灾害或事故的类型和性质、发生的地点和单位、波及的范围、目前的灾情和大致伤亡及损失情况,如果媒体已经报道,要找到报道的原件,然后立即向领导汇报,听候领导的指示。

(2) 根据领导指示通知有关部门启动相关的应急预案,如通知公安部门出动警力维持秩序,通知消防、卫生部门组织抢险、抢救,通知有关单位组织群众疏散避险等。

(3) 领导本人或安排人员赶赴现场了解第一手灾情及救灾情况,向领导及时反馈。遇到重大灾害,应陪同领导到达现场,为领导的现场视察、指挥、协调、慰问提供服务。

(4) 安排人员值班,保持信息的畅通。

(5) 协助领导和有关部门调查灾害或事故的原因。

(6) 组织安排新闻发布会,落实会场,向有关媒体发出邀请,或安排领导接受记者个别采访。

(7) 及时处理公众的来信、来访、来电,并根据领导确定的统一口径一一答复。对来信、来访、来电中反映的重要情况和意见要及时向领导汇报。

(8) 协助领导安排好后期的理赔、抚恤、治丧、慰问等相关工作。

3. 侵权、误解性危机处置办法

(1) 了解情况,搜集证据。秘书要迅速、详细了解侵权、误解性危机发生的地点、形式以及损失。对于侵权性危机要了解侵权方的法定名称和住址、侵权的手段以及直接或间接的证据;对于误解性危机要了解产生误解的原因。了解情况后及时向领导汇报。

(2) 根据领导指示,邀请有关专家和律师参加情况分析会,共同商讨应对措施。会议中秘书要做好记录,并根据会议决定迅速起草新闻发布稿、声明等文件材料。决定采取法律行动维护权益的,还要协助律师做好必要的证据收集、补充和法律文书的起草工作。

(3)安排新闻发布会或情况说明会,向有关媒体发出邀请,为领导撰写新闻发布稿,或安排领导接受记者个别采访。

秘书参与危机处理实例

20××年1月12日22时许,县委值班室电话铃声大作,值班秘书小刘迅速拿起电话:

"您好,这里是县委值班室。"

打来电话的是县中心医院王副院长:"刘秘书,不好了,我院急诊室刚刚收治了两位中毒患者,估计是毒鼠强中毒,患者现已神志不清,正在全力抢救。据说,这二人都是在县电影院附近的得仙酒楼吃夜宵时中毒的,请你们赶快处理。"

"在得仙酒楼吃夜宵的有多少人?"刘秘书问。

"不清楚。"王副院长回答。

刘秘书感到情况紧迫,必须马上处置。"这样吧,王院长,我这里马上向领导汇报,请你们务必做好抢救工作,同时立即组织其他的抢救人员,准备随时有新的中毒患者送来。"刘秘书果断地说。

"好,你放心,我这就去吩咐。"王副院长挂断了电话。

刘秘书立即拨通了分管卫生工作的贾副县长家中的电话,向他报告了这一情况。贾副县长说他马上前往县中心医院,并指示刘秘书立即通知县公安局迅速派人到得仙酒楼保护现场并调查取证,并尽快掌握其他吃过夜宵的人员情况,同时通知县卫生防疫站马上派人,兵分两路,一路去县中心医院协助查清中毒原因,另一路赶赴得仙酒楼取样分析。

刘秘书刚按照贾副县长的指示打完电话,电话铃又一阵急响,这次是县中心医院的钟院长来电,他接到王副院长报告后,已经赶到医院指挥抢救。钟院长在电话中说,目前又增加两名患者,但他们的抢救设备有限,如再有新的患者,恐怕难以应急。由于县卫生局主要领导正在外地考察,情况紧急,所以他请县里出面统一调度全县的医疗资源,以抢救可能出现的更多的中毒患者。

这时,刘秘书感到问题已经十分严重,于是他立即拨通了县委书记和县长的电话。

县委书记和县长接到刘秘书报告后,很快相互进行了沟通和分工,县委书记负责到得仙酒楼指挥公安部门和卫生防疫部门查清情况,县长和贾副县长负责指挥各医院做好抢救病人的准备,并及时调度和协调。

刘秘书的及时报告和协调为县领导以及各部门赢得了处理危机的宝贵时间。不到半小时,中毒病人便上升到8名,但由于各医院已经接到了通知,做好了准备,抢救工作进行得非常及时有序,除2名中毒人员因中毒太深,送治过晚,抢救无效死亡外,其余6名中毒人员经过医护人员的奋力抢救都脱离了生命危险。根据县领导要求，刘秘书连夜用电话向地委办公室报告了情况。

几小时后，县卫生防疫站经过毒物分析，确定此次事件的中毒药源为毒鼠强。公安部门通过紧张的现场取证和调查，终于查明本次中毒事件系蓄意投毒报复所致，犯罪嫌疑人于第二天上午被抓获。

为了消除群众的恐惧感、制止一度流传的谣言，县委和县政府在案件告破的当天，决定下午举行新闻发布会并通过县电视台直播，由贾副县长向全县群众以及新闻媒体通报本次事件的起因、后果以及县委和县政府处理此次危机的过程。贾副县长把新闻发布稿的拟写任务交给了刘秘书。刘秘书已经一夜未合眼，但接到任务后，他不顾疲劳，迅速拟稿。由于他参与了这次危机处理的全过程，对情况了如指掌，加上笔头功夫好，仅花了不到20分钟的时间就拟好了发布稿，并很快交到了贾副县长的手中。发布会上，贾副县长用翔实有力的证据击破了社会上流传的各种谣言，充分肯定了全县医疗机构在这次抢救中毒者的过程中所表现的大局观和责任感，对参与救治的医务人员表示感谢，同时赞扬了公安部门、卫生防疫部门雷厉风行、连续作战的专业精神，还提出了进一步加强对剧毒药品管理的初步打算。发布会举办非常成功。

刘秘书在这一危机事件的处理中临危不乱，信息传递及时准确，采取措施果断得当，拟写新闻发布稿迅速高效，事后受到了县领导的高度赞扬。

思考与练习

1. 信访工作的要素有哪些？
2. 信访工作的作用表现在哪些方面？
3. 信访工作要坚持哪些原则？
4. 试述信访工作的流程。
5. 怎样做好信访信息分析和反馈工作？
6. 督查工作的要素有哪些？
7. 怎样理解督查工作在领导决策过程中的作用？
8. 督查协调的方法有哪些？
9. 试述督查工作的流程。
10. 试述督查协调的要求。
11. 怎样搞好督查调研？
12. 危机有哪些特点？
13. 危机有哪些类型？

14. 危机管理的原则有哪些？
15. 试述秘书在危机管理中的职责。
16. 当社会上出现有关本企业的谣言时,秘书应当如何处置?

第九章 办公室日常事务

> 领会秘密的种类、值班的种类和主要任务、日常接待的种类和特点、完成领导交办事项的意义和特点;掌握并能综合应用秘书部门保密工作的要求和方法、值班的要求、日常来访接待的流程和方法、完成领导交办事项的要求、办公用品(用房、用车)管理的要求、秘书通话的程序和要求、收发传真的方法和要求、印章管理和介绍信管理的要求、大事记的种类和编写格式。

第一节 办公室日常事务概述

一、办公室日常事务的含义

秘书实务大致可以分为两类:一类是为领导的决策及其实施提供直接服务的事务,如撰写文书、办理公文、组织会议、安排活动、处理信访、督促检查等,这类工作紧紧围绕领导机关的职能展开,工作内容随领导工作重心的转移而变化,因此被称为政务服务;另一类工作则与领导的决策及其实施联系较为间接,如平时的书信收发、临时来访接待、电话接打、值班安排、印章与介绍信管理、大事记编写、办公室环境及用品管理等。与前一类事务相比较,这类事务更具有经常性和琐碎性,因而被称为办公室日常事务。在秘书工作中,政务服务和日常事务组成办理事务职能的"两翼",彼此联系,相互协同。政务服务具有主导性,日常事务管理具有从属性。离开了政务服务,日常事务管理就失去了方向,变得毫无意义;忽视日常事务管理,会影响政务服务功能的发挥,进而影响领导和领导机关职能的实现。

二、办公室日常事务的作用和特点

(一)办公室日常事务的作用

(1)信息枢纽作用。值班工作、来信处理、来访接待和电话接打等日常事务,是领导和领导机关了解群众的要求和愿望、掌握社会动向、联系上下机关以及接洽业务的重要信息渠道。保证这些渠道的畅通,有利于及时获得领导决策所需要的信息,并为处理各种矛盾和接洽各项业务赢得有利时机。

(2)精力补偿作用。办公室日常事务归根到底是为领导工作服务的,是领导事务的延伸和领导事务的有机组成部分。做好办公室日常事务工作,实际上就是使领导从烦琐的日常事务中解脱出来,集中精力进行宏观决策,抓好大事。

(3)后勤保障作用。领导以及整个领导机关职能的发挥离不开后勤物质的保障和支持。秘书部门作为领导和领导机关的综合办事部门,应当通过提供及时有效的后勤服务以及物质支持,确保领导工作和整个机关日常工作的顺利开展。

(4)树立形象作用。办公室日常事务工作的内容和性质决定了一个单位的办公室实际上就是一个单位的"窗口"。单位的领导通过这一"窗口"与群众、与社会进行沟通联系,而群众和社会也通过这一"窗口"了解党政机关和企事业单位的责任意识、服务态度、工作效率与诚信度。因此,办公室日常事务工作的好坏关乎领导的形象,关乎党政机关或企事业单位的形象。

(二)办公室日常事务的特点

办公室日常事务属于秘书实务的一部分,因此具有秘书实务的一般特征,此外还具备自身的一些特点:

(1)出现频率高。办公室日常事务之所以被冠以"日常"二字,是因为与一般的秘书实务相比,它出现的频率更高,秘书几乎每天要同它打交道。许多单位为了能够及时处理这些日常事务,还设置了专门的岗位,如前台秘书或文员,负责接转电话、收发传真、接待来访、打印文档、通知传达、完成临时交办事项等工作。较大的机关则设置专门的值班室,处理部分日常工作。

(2)事务头绪多。办公室日常事务头绪多、内容杂,涉及方方面面。第一章中所说的秘书实务的繁杂性特点就集中体现在办公室日常事务上。不仅如此,撰写文书、办理公文、组织会议、处理信访、督促检查等秘书实务中也存在大量的办公室日常事务,比如平时的文书收发工作,就包括正式公文、群众来信、客户投诉、商业信函、会议通知等,与文书、会务、信访、督查等工作相互联系。从这一点来说,办公室日常事务的范围不是绝对的,它与其他秘书事务具有一定的交叉性。

(3)工作规范严。秘书实务讲究规范,但办公室日常事务管理更强调规范性,如保密工作、值班工作、印章管理等,都需要严格按照法律、法规和规章办事,不得随心所欲。

(4)技能要求广。办公室日常事务管理工作需要多项技能的支持,如计算机文字速录、计算机软件运用、办公设备的使用和维护等,因此,要求秘书人员做到一专多能,甚至"多专多能"。在规模较大的机关中,还要在物业管理、设备维护、汽车驾驶等后勤保障方面配备相应的专业技术人员。

第二节 保密工作

一、保密工作的含义和内容

(一)保密工作的含义

秘密是指在一定的时间内只限一定范围的人员知悉的事项。将秘密控制在一定时间和范围内,称为保密。保密工作是指特定组织及其成员为达到保守组织秘密的目的所采取的一切手段和措施。

(二)保密工作的内容

保密工作是一项系统工程,从宏观角度来看,其内容包括制定保密法律、法规以及组织内部相应的保密规章,建立保密机构,开展保密宣传教育,研制开发和应用保密技术,进行保密检查督促,查处泄密事件,开展保密理论研究等方面。

二、秘密的种类

(一)按秘密的性质分

(1)国家秘密。国家秘密是关系到国家的安全和利益、依照法定程序确定、在一定时间内只限一定范围的人知悉的事项。这类秘密关乎国家的政治安全、经济安全、信息安全,必须严格保守。

(2)商业秘密。商业秘密是指不为公众所知悉、能为权利人带来经济利益、具有实用性并经权利人采取保密措施的技术信息和经营信息以及其他符合商业秘密构成要件的商业信息。有些商业秘密也是国家秘密。

(3)组织内部秘密。组织内部秘密是指特定组织内部在一定时间内只限一定范围的人知悉、不对外公开的事项,如正在酝酿而尚未确定的干部任免事项、招聘信息、调薪方案、领导之间的意见分歧等。这类秘密一旦泄露,轻则使领导工作被动,重则损害领导班子内部团结,破坏干部和群众关系,危害组织的内部氛围,干扰领导的工作部署,甚至败坏组织在社会上的形象,导致不可挽回的政治经济损失。

(二)按秘密等级分

1.国家秘密等级

(1)绝密级。绝密级国家秘密是最重要的国家秘密,一旦泄露会使国家安全和利益遭受特别严重的损害。

(2)机密级。机密级国家秘密是重要的国家秘密,一旦泄露会使国家安全和利益遭受严重的损害。

(3)秘密级。秘密级国家秘密是一般的国家秘密,一旦泄露会使国家安全和利益遭受损害。

2.商业秘密等级

企业应对商业秘密进行分级管理。根据商业秘密的秘密性、价值性以及泄露会使企业经济利益造成的损害程度,密级可分为核心商业秘密、重要商业秘密、一般商业秘密三级。

3.组织内部秘密等级

组织内部秘密等级由组织自行确定。

(三)按秘密存在的方式分

1.有形秘密

所谓有形秘密,是指那些看得见、摸得着、具有秘密信息的实物载体。有形秘密信息的载体多种多样,主要有以下几种:

(1)以文字、图形、符号记录秘密信息的纸介质载体,如涉密的文书、档案、电报、信函、数据统计、图表、地图、照片、书刊及其他图文资料等。

(2)以磁性物质记录秘密信息的载体,如记录秘密信息的计算机软盘和硬盘、磁带、录音带、录像带等。

(3)以电、光信号记录传输秘密信息的载体,如电波、光纤等。秘密信息加密后通过电波、光纤传输,再通过一定的解密技术还原。

(4)含有秘密信息的设备、仪器、产品等载体。这类载体有的可以从外观上直接反映出秘密的属性,有的则要使用关键性测试、分析手段才能够获得其中的秘密信息,如涉密的计算机系统。

2.无形秘密

所谓无形秘密,是指不具有一定的实体形态的、存在于人脑的、具有秘密特征的意识、思维、技能等,主要有以下几种:

(1)口头类秘密。口头类秘密看不见、摸不着,但普遍存在,如会议上口头传达的、需要保密的内容,领导口头交代给秘书的工作意图,双方口头达成的秘密承诺等。

(2)技能操作类秘密,即以技术运用、技能操作方式存在的秘密,如产品设计和制造过程中的技术诀窍、传统工艺、设计创意等。

有形秘密和无形秘密在一定条件下是可以相互转化的,如秘书将领导的内部指示和讲话记录下来,转化成纸质文书或音频载体,无形秘密就转化为有形秘密。秘书在处理秘密文件时,有形秘密就会被大脑摄取并储存,转化为无形秘密。

三、保密工作的要求

(一)强化责任,健全机构

保密工作关系到国家的安全和利益,关系到经济建设和社会稳定的大局,关系到一个企业的生死存亡,意义极其重大。因此,各级领导要在思想上高度重视,把保密工作列入经常性议事日程,作为一项长期任务认真抓好。具体要求是:

(1)实行保密工作领导责任制。机关负责人对本机关的保密工作负责。

(2)健全保密工作机构。机关应当根据保密工作需要设立保密工作机构(保密工作委员会或保密工作领导小组)或者指定人员专门负责保密工作,一般性单位的日常保密工作由秘书部门负责。

(3)机关负责人为本机关的定密责任人,根据工作需要,可以指定其他人员为定密责任人。定密责任人负责本机关的国家秘密确定、变更和解除工作。

(4)涉密岗位的工作人员对本岗位的保密工作负责。

(5)履行保密工作责任制情况应当纳入责任机构和责任人年度考评和考核内容。

(二)依法管理,完善制度

做好保密工作需要法律和制度保证。我国的宪法和保密法对保守国家秘密有明确的法律规定,此外还制定了一系列行政法规和规章,为做好保密工作创造了良好的法律环境,提供了有力的制度保障。各单位必须将保密工作纳入法制化轨道,做到有法必依、执法必严;同时以法律为依归,从本单位的实际出发,建立并且不断完善、加强本单位内部保密工作的规章制度。其主要内容有:

(1)专项保密制度,包括涉密载体、会议、新闻报道、通信、办公设备使用等保密制度。

(2)员工保密培训制度。要定期对员工进行保密培训,使他们牢固树立保密意识,掌握保密技术和技巧,养成保密的习惯。对新上岗的员工,特别是涉密的重点岗位人员,要进行重点培训。

(3)保密工作定期检查制度。对各项保密制度的执行情况要进行定期检查,以便及时发现保密工作中的漏洞和隐患,及时采取有效措施,将问题解决在萌芽状态,避免造成更大的损失。

(4)泄密责任追究制度。对违反保密规定造成泄密的事故,要严肃追究有关人员的责任,给予其相应的处罚,绝不能姑息纵容。对违法犯罪的,要追究法律责任。同时,要举一反三,吸取教训,亡羊补牢,改进工作。

(5)保密工作总结表彰制度。对于在保密工作中有突出贡献的单位和人员,要总结他们的先进事迹,进行表彰和奖励;对工作中的先进经验,要及时加以宣传和推广。

(三)积极防范,突出重点

积极防范是保密工作的着眼点和立足点。首先要提高警惕,从思想上高度重视保密工作,强化保密意识;其次要以防为主,未雨绸缪,以积极的姿态把工作做好,而不是消极预防。

对于保密工作还要区别情况,突出重点。这些重点是:

(1)应将绝密级秘密事项确定为重点,严加防护。

(2)应当将涉及绝密级或者较多机密级、秘密级国家秘密的机构确定为保密重点部门,加强监管。

(3)应将集中制作、存放、保管国家秘密载体的专门场所确定为保密重点部位,按照国家保密规定和标准配备、使用必要的技术防护设施、设备。

(4)应将接触秘密较多的领导人员、秘密所在的要害部门(部位)的工作人员以及经管秘密的专职人员列为重点,加强教育、培训和平时的检查督促。

(四)既确保秘密,又便利工作

保密工作中,既要确保秘密的安全,又要合理利用信息资源,使各项业务工作正常进行。为此要做到:

(1)定密必须与载体产生同时进行。凡需列入秘密范围的载体,应在其产生的同时由相应的机关和单位根据定密的权限确定密级、保密期限和知悉范围。

(2)确定秘密范围要准确。范围过窄,该确定为秘密的事项而未定密,会造成泄密事件的发生。范围过宽,不该确定为秘密的事项而确定为秘密,就会给业务工作带来许多不便。

(3)确定秘密等级要合适。秘密等级合适,不仅能够确保各项秘密的安全,也有利于秘密信息的合理利用。秘密等级定得过高,虽然秘密无恙,但会对信息的利用造成不必要的麻烦。确定秘密的等级,要综合考察该项秘密一旦泄露对国家及组织的安全和利益所造成损害的时间长短、损害范围的大小、经济损失量的多少等因素。

(4)确定保密期限要合理。任何一种秘密都是在一定时间只限一定范围的人员知悉的事项,这里的"一定时间"就是保密期限。《中华人民共和国保守国家秘密法》规定,国家秘密的保密期限应当根据事项的性质和特点确定。国家秘密的保密期限,除有明确规定外需定为长期外,绝密级不超过30年,机密级不超过20年,秘密级不超过10年。保密期限在1年及1年以上的,以年计;保密期限在1年以内的,以月计;保密期在1个月以内的,以日计。保密期限已满的,自行解密。不能确定期限的,应当确定解密的条件。商业秘密的保密期限由权利人自行确定。

(5)确定知悉范围要严格。应当根据工作需要将秘密事项限定在最小的知悉范围内。知悉范围能够限定到具体人员的,限定到具体人员;不能限定到具体人员的,限定到机关、单位,由机关、单位限定到具体人员。

(6)变更密级和保密期限以及解密要及时。机关和单位应当定期审核所确定的各项秘密。对在保密期限内因保密事项范围调整不再作为秘密事项,或者公开后不会损害国家及组织的安全和利益,不需要继续保密的,应当及时解密;对需要延长保密期限的,应当在原保密期限届满前重新确定保密期限,并通过法定程序公开。

(五)应用技术,严防窃密

当前,利用高新技术窃取秘密的事件屡有发生。技术越落后,秘密就越容易被窃取。因此,要确保国家秘密、商业秘密和组织内部秘密的安全,就应当加强保密基础设施建设和关键保密科技产品的配备,提高反窃密的技术能力。属于国家秘密的设备、产品的研制、生产、运输、使用、保存、维修和销毁,应当符合国家保密规定。涉密信息系统应当按照国家保密标准配备保密设施、设备。机关、单位对承载国家秘密的纸介质、光介质、电磁介质等载体以及属于国家秘密的设备、产品,应当使用国家秘密标志。国家秘密标志形式为"密级★保密期限"、"密级★解密时间"或者"密级★解密条件"。

四、秘书部门的保密工作

(一)载体保密

秘密的载体包括纸介质、光介质、电磁介质。载体保密除遵守保密工作的一般要求外,还要对以下环节严格把关:

(1)定密时,责任人应当认真审核密件,如发现不符合保密范围,或者密级、保密期限和知悉范围规定不当,应当予以纠正。

(2)校对与缮印环节要做到:

①纸质密件的校对与缮印应指定专门负责涉密文书缮校的人员,其他人员不得代劳。

②确保秘密标志正确。公文的国家秘密标志方法详见第二章第三节"文书的结构元素、体例和标印格式"。文书、资料汇编中如果包含密件,应当对每份密件的密级和保密期限单独使用标志,并在封面或者首页根据其中的最高密级和最长保密期限使用标志。摘录、引用密件中属于秘密的内容,应当其中最高密级和最长保密期限使用标志。文件中只有少量内容属于秘密的,除在文件首页标注相应的密级外,还可以直接在应保密的段落之前标明密级,或者以文字指明哪些内容属于秘密事项。商业秘密文件由权利人确定标志方式,但不得出现"★"标志。

③校对与缮印密件时产生的废纸、校样等应彻底销毁。

④对外委托国家秘密载体的印制业务,应当选择具有涉密印制资质的单位承接涉密印制业务。

(3)秘密载体应当通过机要交通、机要通信或者其他符合保密要求的方式传递。传递纸质密件时,信封上必须标明密级并加盖密封章。

(4)收发国家秘密载体,应当履行清点、编号、登记、签收手续。

(5)必须严格按规定或领导批准同意的知悉范围组织传阅密件,知悉范围不得随意扩大。

(6)如工作需要复制国家秘密载体或者摘录、引用、汇编属于国家秘密的内容,应当按照规定报批,不得擅自改变原件的密级、保密期限和知悉范围。复制件应当加盖复制机关戳记,并视同原件进行管理。

(7)阅办涉密文件及处理和保存国家秘密载体的场所、设施、设备,应当符合国家保密要求。

(8)秘密载体应当定期清退。销毁国家秘密载体应当履行清点、登记、审批手续,并送交保密行政管理部门设立的销毁工作机构或者保密行政管理部门指定的单位销毁。自行销毁少量国家秘密载体的,应当使用符合国家保密标准的销毁设备和方法,确保销毁的国家秘密信息无法还原。

(二)会议和活动保密

(1)人员方面:根据工作需要和保密要求限定出席、列席人员的范围。与会者的随行人员因特殊情况需要进入会场的,应报请批准。进入会议和活动场馆要严格执行检查证件和报到、签到手续。会议期间临时外出应当经过批准并记录在案。

(2)场馆方面:必须使用符合国家保密规定和标准的场馆。会议和活动结束后,工作人员应立即进行清场。清场的重点有两处,一是会议和活动场馆,二是与会者住地。清场的任务主要是检查有无遗留的可能造成泄密的物品或痕迹。

(3)设备方面:要事先告知参加人员不得携带入场的设备清单,已经携带的入场时一律交出集中保管。使用仪器设备记录涉密会议,要事先报批。会前要对会场内所有仪器设备进行防窃密、防泄密检测,会议期间要有专人管理和使用。

(4)载体方面:涉密会议和活动中使用的所有载体都要被列入保密范围,实行严格的签收制度和清退制度。

(5)时间方面:除了与会者和必要的工作人员外,不对外公开会议和活动的具体时间。

(6)传达和宣传方面:涉密会议如需要传达,要按规定的范围、规定的内容和规定方式进行。如需扩大传达的范围和内容,应报请上级机关批准。

(三)新闻宣传保密

(1)如需通过各种媒体发布信息,应当遵守有关保密规定。如可能涉及国家秘密、商业秘密或组织秘密,或者对其中某一内容是否需要保密没有把握时,应交保密工作部门进行保密审查,并由保密工作的责任人审核签发。

(2)部分内容涉及秘密事项的新闻或宣传文稿,应当做适当的技术处理,如采取删节、改编、隐去等保密措施,既保持文稿的完整性,又不泄露秘密。

(四)通信保密

1. 语音通信保密

(1)如需在电话中涉及秘密事项,必须使用具有保密功能的电话,不得利用普通的固定电话、无绳电话、移动电话、电视电话、对讲机、社交软件的语音功能传递秘密信息。

(2)平时用普通电话商量内部工作时,要留意周围环境是否安全。如有客人来访,应当中止通话或到其他地方进行通话。

(3)正式通话前必须先确认对方的身份并了解其是否有资格获得本单位的内部情况。在没有确认通话对象身份之前,或者对方的身份虽然明确,但无法确定其是否有权获得信息时,不能透露本单位的内部信息。

(4)通话后要确认挂机,防止未挂机导致泄密。

2. 传真通信保密

(1)传送或接收秘密级和机密级文书应当使用具有保密功能的传真机。

(2)不得使用传真机传递或接收绝密级文书。

(3)涉密文书传真后,应取回原件保存,以免遗忘在传真机上导致泄密。

(4)在使用带有图像记忆功能的传真机传递或接受涉密文书后,要删除图像,防止他人复制。

3. 电报通信保密

(1)涉密信息必须使用密码传送。

(2)密码电报不得翻印、复制。

(3)不得密电明复,不得明电、密电混用。

(五)使用办公设备保密

1. 使用复印机保密

(1)复印秘密文件的复印机应当符合保密要求,放置在机要室由机要人员专用。

(2)用公用复印机复制内部文件时,应避免无关人员在场。

(3)使用具有图像记忆功能的复印机后,应立即删除自动保存的图像。

(4)复印后将原件取回保存。

(5)产生的废纸要立即投入碎纸机当场粉碎,不得再次利用。

2. 使用计算机保密

(1)计算机显示屏放置要隐蔽,不要直接对着门窗或通道。客人来访时应迅速启动屏幕保护程序或直接关闭显示屏。

(2)离开计算机一定要关闭系统。

(3)用计算机传递秘密信息要使用加密器,但绝密级事项不得用计算机传递。

(4)用计算机打印秘密文档时,应确保周围环境的安全。

(5)存有秘密信息的计算机应当专人专用,秘密数据要用密码保护。他人必须使用时,应采取指定盘区、限制存取范围等技术措施。

(6)用计算机系统存储、处理、传送国家秘密,必须使用按照国家保密标准配备的保密设施、设备,并按照涉密程度实行分级保护。存有秘密信息的软盘、光盘等载体应当标有密级标志,保存在安全的地方,不得随便携带外出。

维修电脑的泄密隐患实例

G公司文员谢丽的电脑录入技术十分娴熟,不仅速度快,而且准确度高,在全公司可谓首屈一指。进入G公司三年多来,谢丽用电脑给大大小小的领导打印的文件不计其数。为了避免以后重复录入打印,谢丽总是将文件保存在硬盘中,而领导们要查找过去打印的文件,也都喜欢到她的电脑中查阅。久而久之,谢丽的电脑中存储了大量的公司文件。一天,谢丽的电脑突然坏了,几个同事帮忙鼓捣了半天还是没能修好,只好送到外面的电脑维修店去修理。第二天,电脑便修好并取了回来。可是不久,公司的一些重要客户却被另一家同行业公司拉了过去。

【评析】

根据上述材料,我们虽然不能说G公司的客户信息泄露、重要客户被拉走同电脑维修有必然联系,但有一点可以肯定,G公司的保密工作存在重大隐患和致命的漏洞。众所周知,任何一家商业公司都拥有自己的商业秘密,作为管理决策层,公司的领导首先要树立保密意识,制定并严格执行保密制度,平时要经常对员工进行保密教育和培训,将保密措施落到实处,这是确保公司商业秘密安全的关键。而恰恰在这一点上,G公司出现了重大失误。其次,作为公司的文员,谢丽经常接触公司的秘密信息,属于秘密相对集中的要害岗位的工作人员,应当具备起码的保密知识,对自己的工作采取必要的保密措施。比如,对存储了公司大量秘密信息的电脑要进行加密,无特殊情况,不得让他人使用电脑或请不可靠的人维修;必须让他人使用或上门维修电脑时,秘书(或文员)本人必须在场监督;外送修理电脑时,应当取下硬盘或者将涉密数据拷贝出来后将硬盘格式化;等等。然而,谢丽似乎什么都没有做。正是由于存在上述隐患,G公司的商业秘密的泄露在所难免,这实在是一次深刻的教训。

第三节　值班工作和日常接待

一、值班工作

(一)值班工作的含义

值班的一般含义是指在当值的班次里担任工作。秘书工作中所称的值班,其具体含义是指在正常工作时间之外或为保证机关单位信息畅通和正常运作,专门安排的、在固定的时间和地点处理日常事务和临时事项的工作。

(二)值班的类型

1. 按值班的时间分

(1)常设性值班。一些重要的党政机关或较大的企事业单位建立常设性值班室,有固定的值班人员,实行全天候值班制度。

(2)休假日值班。一般机关或企事业单位在休息时间(如晚间和节假日)安排值班。

(3)临时性值班。临时性值班主要是指遇到或为防范一些突发性事故或突发性事件而采取的临时值班措施,如防汛防台值班。

2. 按值班的内容分

(1)综合性值班。这类值班负责处理本单位的各类临时性事务,如大中型机关或企事业单位的总值班室。

(2)专项性值班。专项性值班指针对某项专门工作的值班,值班人员只负责处理特定的事务,如安全值班。

(三)值班工作的主要任务

(1)承办临时事项。无论是常设性值班还是临时性值班,都要承办领导指示和其他部门委托的临时事项,包括临时性会议通知、向有关单位转达领导的指示、催查领导指示落实情况、根据领导意图安排和落实接待任务、了解上级部门领导在本地区进行考察活动的情况等。

(2)接待临时来访人员。对于临时到访的客人,在正常工作时间内由各职能部门或秘书接待,而在休息时间和节假日则由轮流值班的人员接待。在较大的机关,无论是正常工作时间还是休息时间和节假日,都由常设性值班室负责接待。

(3)处理来电来函。平时的来电来函都由职能部门或秘书部门受理,休息时间或节假日则往往由值班室代为收受。函电内容重要或紧急的,应立即报告有关领导或转告有关部门,而对于一般来电和来信,值班人员只负责记录和登记,不直接答复或表态,也不能随便拆信。

(4)安排值班人员。一般机关的休假日值班基本上采取各部门工作人员轮流值班的办法。轮流值班人员的名单可由各部门提出,经秘书部门初步安排并与各有关部门协商后报领导审定。经领导审定的名单及时间安排应绘制成表格印发各有关部门,通知到有关人员,必要时公之于众。

值班表应明确载明下列项目:
①值班表的适用期限,如"10月1—7日"。
②值班的具体时间。
③值班的具体地点。
④当值人员所在部门及姓名,如多人值班,应明确负责人。
⑤值班要求。

值班表参考格式如表9-1所示。

表9-1　　××公司(集团)国庆期间值班表
(20××年10月1—7日)

日期	10月1日	10月2日	10月3日	10月4日	10月5日	10月6日	10月7日
姓名	钱必良 郭为良	朱颖 张晓明	李聪 李志强	夏晓峰 殷伟康	李荣融 方克明	王维 邱志伟	王长荣 季孝梁

值班时间:上午8时—下午6时
值班地点:公司值班室(××大厦1409室)
值班要求:1.按时值班,人不离岗;
　　　　　2.认真做好电话记录、接待记录和值班日志;
　　　　　3.有事需向办公室请假,不得擅自调换值班时间。

　　　　　　　　　　　　　　　　　　　　　　　　××公司(集团)
　　　　　　　　　　　　　　　　　　　　　行政办公室 2007年9月27日

(5)掌握领导日程安排及外出情况。值班人员应对领导班子成员的日程安排及外出情况了如指掌,尤其当领导外出时,要掌握与其联系的方式,一旦出现紧急情况可以及时联络。

(6)协调安全保卫工作。较小单位的休息时间和节假日值班往往要兼顾安全保卫工作。有的大单位在休息和节假日安排专门人员进行安全保卫值班,这种情况下,总值班人员应当做好协调工作。

(四)值班工作的要求

1.认真负责

值班工作具有联络上下左右、应对紧急情况和展示窗口形象等重要作用,值班人员在思想上应当高度重视,认真负责地做好每一项工作。

2. 礼貌待人

在值班中,值班人员经常要接待来访、接听电话。待人热情、说话和气、举止文明能给来访者和来电者留下良好印象,从而塑造领导机关和企事业单位良好的社会形象。

3. 遵守制度

值班工作应当制度化、规范化,值班人员应当遵守制度,按章办事。这些制度包括:

(1)岗位责任制。无论是固定值班人员还是轮流值班人员,都要明确岗位职责,坚守岗位,不得擅离职守,这是值班工作最基本的制度。

(2)请示报告制度。值班期间,遇到重要事项或者没有把握答复处理的事项,必须请示领导;重要信息应当及时向领导报告;紧急情况可以边处理边报告。

(3)交接班制度。值班人员交接时一定要办理交接手续,做到文电交接清楚、值班记录交接清楚、未办事项交接清楚。实行全天值班的,应实行当面交接班。实行白天值班或夜间值班的,可采取电话交接或书面交接(即把需要交接的事项写在交接书或值班日志上,由下一班值班人员处理)。

(4)保密制度。凡涉及国家或单位秘密的事项,必须按保密规定办理。

(5)安全防范制度。值班中要特别注意防盗、防火、防诈骗。对要害部位要定时检查巡视;对陌生的来访者既要热情礼貌,又要保持警惕。

4. 做好记录

值班记录是保存值班信息的重要载体,其作用一是用于交接班,保证值班工作的连续性,二是以备将来查考。

(1)电话记录,内容包括来电人单位、来电人姓名、来电时间、来电内容、回电号码、记录人姓名。

(2)接待记录,内容包括来访单位、来访人姓名、来访时间、来访事由、联系方法、接待人姓名。

(3)值班日志。值班日志是对当天值班过程中接收的信息和办理的事项的全面记录,包括收到或接到的电话、电报、传真、信函,接待的来访,领导要求办理的临时事项等。

二、日常接待

(一)日常接待的含义和特点

日常接待是指大型活动、正式访问、值班和信访接待以外,秘书平时在前台或办公室内的接待活动。秘书日常接待具有以下特点:

(1)接待对象的不确定性。日常接待的对象广泛而且复杂,既有事先约好的客人,也有临时来访的客人;既有本系统上、下级单位的人,也有媒体记者、合作伙伴、消费者、管理部门的人。因此,秘书在接待时首先要辨明对方的身份。

(2)接待时间的随机性。日常接待中除少数是事先约定的外,有大量是临时甚至突然发生的,无法事先预测、事先准备。一旦发生,秘书手头的工作常常因客人的临时到访而中断。

(3)接待事项的多样性。日常接待的事项巨细不一,有的事项关系到组织的生死存亡,有的则属于纯事务性联系,如接转关系、寻人问事。无论属于哪一种事项,秘书都要认真接洽。

(二)日常接待的形式

(1)前台接待。前台接待是目前公司中普遍设置的专门负责来访客人的登记和引领、电话总机的接听与转接、邮件的接收与发放、报刊的订阅及管理、文件的打印和复制以及员工考勤管理等工作的岗位。从接待角度看,前台接待是日常接待的一种形式,凡临时到访的客人都由前台秘书或文员先行接待、登记,然后引领、导访。

(2)办公室接待,即在办公室接待客人。在不设前台接待的单位中,办公室秘书往往是第一接待人。

(三)日常来访接待的流程、方法和要求

1.接待领导预约的客人

(1)礼貌招呼,辨明身份。如初次见面,要说"您好,欢迎到我们公司来""您是××先生吧,我是陈总的秘书,陈总正等着您"。如对客人较为熟悉,可适当寒暄。如果来访者较为年长,秘书应当起身欢迎。对不认识的客人应确认其身份。

(2)通报领导。招呼客人、确认身份后,请客人稍等,立即通报领导。

(3)安排休息。如客人早到,领导暂时不能接待,可先将客人引至休息室或接待区稍候,如等候时间较长,应斟上茶水,递上一些报刊资料,如企业概览、年鉴等。

(4)引导开门。通报领导后,秘书应将客人引至领导办公室或会客室。进门前,要主动为客人打开房门。

(5)介绍。如领导与客人不熟,秘书要做介绍,一般应当先向客人介绍领导,再向领导介绍客人。

(6)引座、倒茶。进入领导办公室后,安排客人就座并给客人倒上热茶,夏天则递上矿泉水。如接待室内备有咖啡等饮料,可征询客人意愿,然后递上客人喜欢的饮料。有的领导会客时有自己的固定座位,因此座位安排要根据领导的习惯。如领导未到,则对客人说:"您请坐,×经理马上就到,请稍等。"

(7)退出。客人安顿后,秘书可退出。退出时要轻轻带上房门。有时领导也会让秘书留下做记录。

(8)送客。客人离开时秘书应与其礼貌告别,或代领导送其至电梯口或者乘上轿车。

2. 接待临时来访的客人

（1）礼貌招呼。无论临时来访的客人是相识的还是陌生的，秘书招呼时都要热情、礼貌。

（2）辨明身份，了解来意，区别处理。具体方法和要求是：①上级部门的领导或工作人员来访，应立即通报领导。领导如表示立即会见，秘书便将其迅速引至会客室或领导办公室。如领导暂时无法接待，可请示领导如何处理，再按领导的指示办。②本单位的一般干部或普通员工求见领导，要问清事由。事项重大、情况紧急的，立即通报领导；一般汇报请示或反映问题，视领导的忙闲安排。如领导正好有空，可请示领导是否立即安排；如领导正忙，则另行安排通知。③外单位不熟悉的客人来访，应要求其出示介绍证或证明信函，以便确认其身份。如来访者身份重要或事关重大，应立即通报领导，再根据领导的意见处理；属于职能部门办理的事项，可告知来访者应当联系的部门和具体联系人；秘书能够独立解决的事项，应自己接待办理，并做好记录，事后报告领导；来访者要求会见领导，但实际上不必由领导接待的或者是无理纠缠的，秘书要耐心解释，做好挡驾工作。④对于领导暂时无法接待的客人，可请其留下姓名、地址、电话，另行安排通知。⑤领导明确指示不会见的客人，应委婉而又巧妙地予以拒绝。

如领导同意立即会见客人，其余的接待流程、方法和要求同接待预约的客人。

（3）对于有些临时到访的客人，领导暂时无法会见，需要另行安排时间。对这类会见的安排要注意以下几点：

①了解来访事项的缓急程度和客人对安排会见的时间要求。

②根据领导的既定日程，向领导提出会见时间的建议。如情况重要而且紧急，可以适当调整领导原来的日程。

③领导同意后，及时告知客人。如客人认为时间不合适，可做进一步协调。

④客人接受时间安排后，立即向领导汇报。

⑤秘书按预定时间做好领导会见的各项准备，并提醒领导准时赴约。

第四节　完成交办事项和管理办公用品及用房、用车

一、完成领导交办事项

（一）完成领导交办事项的含义和意义

领导交办事项是指领导临时交付给秘书处理的工作。秘书完成领导交办事项有以下意义：

（1）有利于领导集中精力抓大事。现代化管理的过程是一个信息、人事、财物相互作用的过程，必然会产生大量的事务。在个人精力有限的现实条件下，领导必须

把有限的精力集中于计划、组织、指挥、协调和控制等管理环节,而把管理过程中产生的一些具体事务交给部下去做。秘书作为领导的助手,应当根据领导的指示和意图,完成其临时交办的各项具体事务。

(2)有利于提高领导工作的效率。领导交办事项是在领导开展具体工作的过程中产生的,属于领导工作的一部分。秘书通过及时有效地承办临时交办事项,满足领导工作的临时或紧急需要,对提高领导工作的效率有极大的作用。

(二)领导交办事项的特点

(1)随机发生、时间紧迫。领导交办的事项大都是随机发生的,秘书一般很难预见,事先也无法制订计划。一旦发生,往往任务紧迫,限时完成,不得拖延。因此,秘书要学会随机应变,灵活处理好做好计划内工作和完成交办事项的关系。

(2)内容广泛、包罗万象。领导交办的事项涉及面非常广,内事外事、大事小事、难事易事、公事私事、公开事保密事,无所不包。只要是领导工作中临时发生、需要办理的事项,都可以交给秘书去完成。

(3)事从领导、各有侧重。领导交办事项的范围、类型和多寡同领导的领导风格、办公习惯和使用秘书的方式有着极大的关系。领导性格豪放,信任下属,则往往托付秘书办理大事、要事;领导个性拘谨,事必躬亲,或对秘书信任不够,则交办的事项偏重于具体事务。作为秘书,应当努力适应领导的工作风格和习惯,重视每一项交办事项,认真、细致、准确地完成交办事项。

(三)完成领导交办事项的要求

(1)注意保密。领导交办的事项,有的带有一定的机密性,有的则具有隐私性。这里所说的隐私性是指领导因为忙于工作不能分身而可能耽误的个人事务。领导交办这类事项,合情合理,也往往出于对秘书的信任。办理这类交办事项,秘书一定要注意保密。即使是一些琐碎小事,秘书也应当做到只做不说、多做少问。

(2)准确及时。领导交办的事项是领导工作的有机组成部分,能否准确及时按照领导的意图完成,直接关系到领导工作的效率,甚至关系到领导的工作目标能否顺利实现。因此,接到交办事项后,秘书首先应当做到"三个准确"和"两个及时":准确领会领导意图、准确把握具体要求、准确了解实际情况;及时办理、及时汇报。

(3)协调有序。在秘书工作中,完成领导交办事项具有优先的地位,这是由交办事项起事急、时间紧的特点决定的。但是,秘书工作是一个整体,在完成领导交办事项的同时,还应当协调好与其他工作的关系,既要满足领导临时的、紧急的工作需要,又要有条不紊地做好其他各项工作。有时秘书可能还会同时接到领导交办的多个事项,甚至还可能接到多位领导同时下达的交办事项,这种情况下,秘书一定要区分轻重缓急,做到忙而不乱、协调有序。

二、管理办公用品、用房和用车

(一)管理办公用品

办公用品泛指办公处所内除建筑装饰物品和基本设施之外的办公所需的设备、器具和易耗品。常用的办公用品包括办公家具、办公设备和文具三大类。管理的要求是：

1. 合理计划

办公用品种类多、流量大，对领导工作和整个机关工作的影响不可忽视。事先制订计划，可以有效地防止办公用品断档脱节影响机关工作的正常开展。

2. 厉行节约

办公用品使用很容易出现浪费的现象，秘书人员应当严格把好计划、采购、保管、发放、使用、检查等环节，并配合领导进行厉行节约的宣传教育，反对并切实制止铺张浪费。

3. 确保重点

在办公用品经费有限的情况下，要确保使用的重点。首先要确保领导办公用品的使用需要，其次要保证工作性质较为重要的部门和客观上办公用品消耗较大的部门的需要。

4. 健全制度

办公用品的管理要靠健全的规章制度保障，这些制度包括：

(1)采购招标制度。对于大批量的办公用品的采购要实行公开招标制度，杜绝暗箱操作，防止产生腐败，降低采购成本，提高采购质量。

(2)进货登记制度。所有办公用品都必须进库统一保管并进行严格的登记，不允许有账外"小仓库"或未经登记就以个人名义使用和保管。

(3)专人保管制度。平时的办公用品保管要专人专职，有明确的岗位职责和奖惩制度。

(4)领导审批制度。对办公用品的计划制订、供应商确定、价格谈判方案、经费使用、重要办公用品的领用，要实行领导审批制度。

(5)领用签字制度。领用办公用品，要填写办公用品领用登记簿，由领用人详细填写用品的名称、数量、用途、领用时间等项目，并在领用人一栏中签字，做到"谁领用、谁签字、谁负责"。

(6)维护保养制度。办公用的设备和器材使用中要倍加爱护，平时要定期保养，以延长其使用寿命。

(二)管理办公用房

秘书管理的办公用房主要是领导和秘书的办公室、储物室、接待室、会议室、机要室、档案室、打字复印室、值班室等。办公用房管理的要求是：

(1)安全、保密。这包括人身安全和财产安全两方面。秘书管理的办公用房是领导集中办公、接待、开会和举行重要活动的场所,确保人身安全是办公用房管理的第一要务。办公用房中的设备安装和使用要符合安全标准和规定,做到防火、防漏电;大型会场要配备足够的消防设施和器材,保证在紧急情况下能够正常启用安全通道和逃生口。此外,对办公用房内的重要物资应采取必要的防盗措施,加强防范。

秘书管理的办公用房也常常是领导商量机要大事和秘书处理机要信息的场所,在选址、设计和装修时要充分考虑保密的要求,确保领导开会、谈话、阅读机要文件以及秘书处理秘密文书、保管秘密档案时的信息安全。

(2)适用、整洁。办公用房中的办公设备和器材要配备齐全,以满足领导和秘书开展工作的需要。办公用房室内要做到光线明亮、通风良好、堆物整齐,周边环境应当保持安静、整洁。

(3)周到、合理。管理办公用房的根本目的是用好办公用房。办公用房主要是为领导服务的,有时也常常要为其他部门服务。例如,会议室经常要向单位内各部门开放使用,为此要建立使用登记制度。当借用会议室的部门较多时,还应加以协调,合理调度,尽可能满足各部门的需要。

(三)管理办公用车

领导办公用车一般由秘书部门直接管理。用车管理的目标是为领导及时提供安全、高效的用车服务。用车管理的内容和要求主要有以下几方面:

(1)服务及时。领导用车及时与否直接影响领导的工作效率,秘书要及时了解领导用车的需求,提前与驾驶员取得联系,做好随时出车的一切准备。如果领导加班,秘书要安排驾驶员值班,随叫随到。

(2)统一调度。领导用车应当由专人统一调度,其他人员因公需要临时借用,需经秘书同意,并确保不影响领导用车。

(3)安全第一。对驾驶员要经常进行安全教育,促其不断提高驾驶技术,掌握应付紧急情况的技能;平时加强对车辆的维护和保养,出车前进行严格的安全检查,确保领导用车安全。

第五节　接打电话与收发传真

一、接打电话

电话是秘书沟通信息、联系工作时最基本、最常用的工具。秘书除了联系秘书事务外,还常常代领导联系沟通、处理事务,因此电话是一个机关对外联系的重要渠道,应当予以重视。随着通信技术的日新月异,电话设备不断更新迭代,除了传统的座机,智能手机已经高度普及。微信等社交软件的语音通话和视频通话功能也受到人们的欢迎,使用率越来越高。本节所指的接打电话包含语音和视频通话。

(一)主叫通话程序

(1)做好准备。通话前的准备主要包括两个方面:一是内容准备。通话前先要考虑好打给谁、何时打、说什么、怎么说这几个基本问题,对于重要事项的通话要列出提纲、理出要点,避免遗漏。用电话传达领导口头指示应先做好记录、拟好稿子。对于一般事项也应打好腹稿,做好答复对方提问的准备。二是记录准备。事先准备好记录用的本子、电话记录单和笔,需要录音的要事先打开录音设备。

(2)确认对方。电话接通后,要确认对方是正确的通话对象。秘书可以这样询问:"您好!是××公司吗?"如果对方先自报家门,而且正是要联系的单位,则可以继续通话:"××先生在吗?我是××公司的秘书,麻烦您请他听电话。"如果打错了电话,要表示歉意并立即挂断电话。

(3)陈述内容。在确认对方是自己的通话对象后,秘书应按事先准备的内容准确、清楚、完整地向对方陈述。对于一些重要的内容,如会议的时间、地点、出席对象的变化,一定要重点陈述并予以强调。对方如有疑问要耐心解答。

(4)主动复述。通话时,设备、环境以及人为因素的干扰会影响信息传递和接收、理解的准确性。在通话内容陈述完毕后,秘书应询问对方是否听清,对于重要信息还要主动复述,也可以请对方复述,以便及时纠正双方陈述、理解和记录上的出入。

(5)礼貌告别。一般通话由主叫方提出结束通话的请求。秘书可以这样说:"您看还有什么问题?"对方表示没问题了,主叫方才可结束通话。告别时要用礼貌用语。

(6)检查挂机。固定电话挂机后,要检查电话是否切实挂断,如未挂断,不仅来电无法呼入,还可能造成泄密。

(二)被叫通话程序

(1)准备记录。秘书应当养成随时准备记录电话的职业习惯,平时要将记录用的纸(或记录本)和笔放在桌上固定的地方,一听到电话铃响,立即准备记录。需要录音的,立即打开录音设备。

(2)摘机应答。秘书最好在第二声铃响之后、第三声铃响之前迅速摘机应答,理由有三:一是具有"来电显示"功能的电话机、电话交换机在第一声和第二声铃响之间传送来电信息,如在第二声铃响之前摘机,会影响来电的显示。二是有的主叫方在拨出号码后发现错误,即使马上挂机,被叫电话也已开始振铃。如果被叫方在第一声铃响后马上摘机,容易造成无效应答。三是铃响时间过长会延误对方的时间,显得不够礼貌。第二声铃响之后立即摘机应答,既体现对客户的尊重,又能展示讲求工作效率的良好形象。如果因故不能及时摘机应答,应在摘机后主动向对方说一声"对不起,让您久等了",以示歉意。应答对方应当用"您好",而不要用"喂"。

(3)自报家门。自我介绍是通话的基本礼节,是尊重对方的表现。此外,通话时首先说话的是被叫方,因此,被叫方摘机后应当主动自报家门,以便对方判断电话拨打是否准确。

(4)辨明身份。如果主叫方已做自我介绍,则可进行正式通话。但如果主叫方未做自我介绍,秘书就应当用礼貌的方式了解对方的身份和来电意图,尤其是找领导的电话更应如此。如果领导暂时不能接电话,秘书要做好解释。切记在未弄清对方身份和意图之前不要盲目把电话转给领导,也不要轻易和对方讨论有关自己单位的情况。

(5)听记陈述。对方陈述通话内容时,秘书应注意倾听,弄清意图,记住细节。凡有不清楚、不明白的地方,一定要请对方重复或者解释。事后及时向领导汇报。

(6)复述内容。被叫方主动复述来电内容,既可以与主叫方核对信息,也有助于自己加强记忆。对一般的通话内容可做简要复述,对重要的通话内容应做详细复述。

(7)告别挂机。一般情况下主叫方先告别,被叫方回敬对方"再见",也可以向对方表示感谢。在确认对方挂机后,再轻轻放下听筒,并检查是否挂好。

(三)秘书通话的要求

1. 陈述清楚

由于电话沟通无法借助手势、表情等辅助手段,完全依靠口头表达来进行,因此通话时双方陈述的清楚准确就显得尤为重要。陈述清楚包括意图明确、内容清晰、表达准确、口齿清楚、声音适中。话筒应离下巴 10 厘米左右,使用免提式电话机时,嘴巴应离话筒 40 厘米左右,太近会因音量太大而造成声音失真,太远则使对方听不清楚。

2. 简短扼要

秘书通话要在确保准确清楚的前提下做到时间简短、言简意赅、讲求高效。这样做,一方面避免了无效占用电话资源,降低通话的成本;另一方面提高了其他电话呼入的效率,加快了信息的传递速度。

3. 语言礼貌

(1)用语礼貌。通话前用"您好"致意并主动自我介绍;迟接电话应说"对不起,让您久等了";询问对方身份应说"您贵姓"或"我怎么称呼您";要求重复内容应说"对不起,我没听清楚,请您重复一遍";挂机前可根据不同对象分别采用"再见""谢谢""请多联系"等告别用语。

(2)态度温和。秘书通话的语气、态度要温和,努力创造一种相互尊重的气氛,即使对方语言粗俗或双方话不投机,秘书也应当以礼相待,切不可在通话时耍态度、发脾气。

(3)语速适中。通话时要掌握好语速。语速过快,对方来不及听清;语速过缓,使人感到很别扭,不舒服。

4. 行为文明

(1)回电或铃响后接电话要迅速,以免让对方久等。如正在接待客人,可向客人说:"对不起,您稍等,我接一下电话。"

(2)对于长时间的通话,在接通电话后要先询问对方是否有足够的时间,如对方觉得不方便可另约时间。

(3)尽可能在对方的工作时间内与其电话联系,非紧急的情况下不要在对方休息时打电话或将电话打到对方的家中。

(4)通话时不随便打断对方,必须打断时,应先征得对方同意。双方发生争执时,要注意倾听对方的意见,等对方说完后再发表自己的看法。

(5)通话时不应随便离开电话与他人说话,以免引起对方的不快。必须临时与其他人说话时,应请对方稍候并表示抱歉。

(6)通话中其他电话机铃响或听到第三方呼叫等待的通知音时,可向对方说明情况,请求暂时中止通话,但必须尽快处理完后一个电话。回到原来的电话时,应当向对方表示歉意。如果后一个电话更为紧急,且通话时间可能较长,应当马上向原通话的一方说明,取得谅解,并承诺主动再与其联系,然后挂机。

(7)挂机前应征求对方意见。固定电话挂机时动作要轻婉。

5. 注意保密

保密的具体要求详见本章"保密工作"一节。

6. 保持警惕

秘书接到的电话种类繁杂,其中难免会有恶意骚扰、欺诈行骗的电话,对此秘书要保持警惕。

(1)正式通话前,秘书应先辨明对方的身份。如果难以在电话中证实,先将对方反映的情况记录在案,不做表态,事后通过其他途径调查核实。

(2)安装"来电显示"功能,一旦发现对方利用电话行骗、骚扰或恶作剧,可查出对方的电话号码,掌握证据。

(3)对涉及重要问题的来电可同时录音,留下音频文件,以备查证。

7. 记录规范

电话记录既起备忘作用,又是重要的凭证和依据。对于重要的通话,应在通话后及时整理原始记录,并填写电话记录或电话处理单。电话记录或电话处理单的格式要统一、规范,项目设计要齐全、合理。具体要求参见第八章第一节。

8. 办理及时

对于需要办理的电话,秘书应当及时分办,或将电话处理单呈领导阅批,或直接转交业务部门处理。属于秘书职责范围的,秘书应立即着手办理。来电内容如属客户投诉或属群众反映问题、提出要求的,应另填写群众来电处理单,纳入投诉处理或群众来信来访处理范围。

二、传真收发

传真机收发文书和图像方便、快捷,是秘书人员处理信息的常用设备。秘书人

员使用传真机收发文书,除按照说明书要求操作外还要注意以下几个方面:

1. 书写、打印

用传真机发送的文书有两种:一种是原件,如公文、申请表、登记表、发票、证书、照片等;另一种是机关之间通过传真相互告知、备忘、确认的来往文书,具有法律效力。对于后一种文书,可以先用计算机打印或亲笔书写,签字盖章后再用传真机发送。书写打印这类文书除应符合文书写作的基本要求外,还要做到字迹清晰端正,字号不小于四号,使用深色墨水或油墨,以确保传送的清晰度。

对外发送重要的传真件应当使用统一规范的传真拟稿纸,项目设置要便于双方对传真件进行管理和将来的查考利用。具体要注意以下事项:

(1)拟稿纸。稿件标题为单位名称+传真(传真件),如"上海××××有限公司传真"。"传真"二字一定要标注,以区别于其他的文书。

(2)编号。可参照公文的发文字号编号方法(机关代字+年份+流水号),如"沪生研办传字〔20××〕15号"。

(3)注明主送机关名称、收件人姓名、传真和电话号码。

(4)注明发送机关名称、发送人姓名、传真和电话号码、地址和邮编。

(5)注明发送日期,对于急件还要注明发送的具体时间。

(6)注明总页数和页号。为了防止传送过程中出现掉页故障,必须写明总页数和页号。

此外,还可根据每个单位的具体情况设置其他相关的项目。

传真件实例

××××(单位名称)传真

××传字〔20××〕××号

收件单位			地址	
收件人		联系电话		传真号
发送单位			地址	
经办人		联系电话		传真号
发送日期	年 月 日 时 分	总页数		签发人
事由(标题)				

(以下书写或打印传真件的正文)

2. 登记

对于重要的传真件,无论是发送还是收到都应当进行登记。登记有两种方式:对于用传真机发送的正式公文,在发文登记簿的"传送方式"一栏中注明"传真"(详见第三章第三节);对于其他文书可建立专门的传真发送登记簿,逐项进行登记,以便日后查考。如果原稿未采用上述传真件格式,发送后需在页面上注明传真编号、发送日期、收件人单位名称和姓名等信息(应当与传真发送登记簿一致)。

3. 保存原稿

发送完毕后,务必从设备上取回原稿,防止信息泄露。有保存价值的原稿应当妥善保存,按规定保管和归档。

4. 运转、办理

收到传真件后,按文书处理程序及其要求运转、办理。

第六节　印信管理和大事记

一、印章管理

(一)印章的作用

(1)凭信作用。印章历来和权力、责任、信用相联系,对下象征权力,对上承担责任,对外代表信用。文书材料一经加盖印章,就代表制文机关对其法定效力的确认,开始施行法定的职权或者承担法定义务。

(2)标志作用。印章中的印文标明发文机关的法定名称,文书中的发文机关名称必须与其相一致,而且最终应当以印文为准。保密章、急件章、收文章、校对章、合同专用章等事务性印章还具有表明其具体功能的作用,可代替手工书写的标志,既规范统一又方便易行。

(二)印章的种类

(1)正式印章,又称公章,代表一个单位的正式署名,具有法定的权威性和现实的证明效力。

(2)套印章。套印章用于铅印大批量文件时的盖章,其款式和法定效力与正式印章相同。

(3)电子印章。电子印章不同于实物印章,它是一种模拟实物印章的数字技术,通过计算机生成、显示,其视觉外观与对应的实物印章完全相同,仅用于电子公文的盖章,与对应的实物印章的效力相同。

(4)钢印,一般加盖在证明性公文或证件的相片上,起证明持证人身份的作用。

(5)领导签名章。领导签名章是为机关单位领导行使职权而刻制的个人姓名章,其作用是代替领导的亲笔签字,与领导的亲笔签字具有同样效力。领导签名章有以下三种样式:第一种是按领导亲笔书写的姓名字样刻制的,无外框,用于命令、任免通知等下行公文和重要的凭证。第二种是用楷书、隶书等字体刻制的,一般为方形或长方形,有外框,用于代替一般的签字。第三种是电子签名章。电子签名章并非书面签名的数字图像化,而是指数据电文中以电子形式所含、所附,用于识别签名人身份并表明签名人认可其中内容的数据。通俗地说,电子签名就是通过密码技术对电子文书的电子形式的签名,它的效力与手写签名或私人印章相同。

(6)专用章。专用章是机关或单位为开展某一类特定工作而专门刻制的印章,款式应与正式印章有区别。专用章除刊单位名称外,还应刊"×××专用章"字样。主要有:

①合同专用章,用于法人之间签订合同,具有法定效力。

②出入证专用章,用于机关、单位人员出入的证件,只在机关、单位内部有效。

③财务专用章,用于单位收到款项时出具的收据,有法定效力,但收据必须由财务开出且所涉经济内容不存在违法事项。

④收文章,是机关、单位的办公室或者收发室在收发文件过程中使用的专门印章。盖收文章有两种情况:一种是盖在所收文件的回执上,表明文件已经收到。另一种是加盖在收到的文件上的,刊有收文单位名称、收文号、收文日期、归档日期等内容,便于登记管理。

⑤校对章,用于校对文稿时盖在修改的文字上,证明修改的有效性。校对章除刊有单位名称外,并刊"校对章"字样。应严格控制校对章的使用,文件有重大差错或错误较多,则不应使用校对章,而应重新印制。

⑥保密章,分为绝密、机密、秘密、内部文件等,用于涉密文书及其传递时的信封上。

⑦急件章,分为急件和特急件两种,用于紧急文书及其传递时的信封上。

⑧注销章,用于被注销的文书或证件,证明其已丧失法定效力。

(三)印章的构成要素

印章(指公章)构成要素由印章的印材、形状、印文、图案和尺寸规格等要素构成的。

(1)印材,即制作印章的质料。常用的印材有角质、木质、橡胶、塑料、钢材等。电子印章非实物印章,采用数字化技术制作。

(2)形状。党政机关和企事业单位、社会团体的正式印章一律为正圆形。其他公务印章可视情况而定,一般有正方形、长方形、椭圆形、三角形等形状。

(3)印文。正式印章的印文必须是机关和单位的法定名称。如名称字数过多不易刻制,可以采用规范化简称。地区(盟)行政公署的印章冠省(自治区)的名称。自治州、市、县级人民政府的印章不冠省(自治区、直辖市)的名称。市辖区人民政府的印章冠市的名称。乡(镇)人民政府的印章冠县级行政区域的名称。

印文的文字应使用国家规定的简化字,字形为宋体字,圆形章自左而右环行,方形章自左向右横排。领导签名章字体可根据个人书写习惯而定。实行民族区域自治的地方人民政府的印章可以并刊汉字和相应的民族文字。

(4)图案。国务院、国务院各部委及直属机构、办事机构,经国家机构编制管理部门认定具有行政职能的国务院直属事业单位,国务院部委管理的国家局,国务院部委的外事司(局),国务院部门的内设机构和所属事业单位法定名称中冠"中华人民共和国"或"国家"的单位,县及县以上各级人民代表大会常务委员会、人民政府、人民法院、人民检察院、专门人民法院、专门人民检察院以及我国驻外使领馆等的正式印章,其中央应刻有国徽。

上述机关或单位以外的国务院各部门、国家行政机关内设机构或直属单位、地区(盟)行政公署、乡镇人民政府以及企事业单位、社会团体的正式印章中央刊五角星图案。

党的各级机关的正式印章中央刊党徽。

国务院的钢印、国务院有关部委外事用的火漆印,中央刊国徽。其他确需使用钢印的单位,其钢印中央刊五角星。

(5)印章的尺寸规格。正式印章的尺寸大小应符合下列规定:

①国务院的正式印章,直径为6厘米。

②下列机关或单位的正式印章直径为5厘米:各省、自治区、直辖市人民政府;国务院办公厅和国务院各部委;正部级的国务院直属机构、办事机构;正部级的国务院直属事业单位;国务院议事协调机构和临时机构。

③下列机关或单位的正式印章直径为4.5厘米:副部级的国务院直属机构、办事机构;副部级的国务院直属事业单位;国务院部委管理的国家局;自治州、市、县级(县、自治县、县级市、旗、自治旗、特区、林区,下同)和市辖区人民政府以及地区(盟)行政公署。

④国务院有关部委外事用的火漆印、乡(镇)人民政府的印章,以及驻外使领馆的印章,直径为4.2厘米。

⑤国家行政机关内设机构或直属单位、企事业单位、社会团体的印章,直径不得大于4.5厘米。

⑥党的机关的正式印章尺寸规格一般与同级行政机关的印章相同。

⑦套印章的尺寸大小与正式印章相同。

⑧国务院的钢印,直径为4.2厘米。其他确需使用钢印的单位,其钢印的直径最大不得超过4.2厘米,同时不得小于3.5厘米。

⑨其他印章或戳记的尺寸大小由使用单位自行确定。

(四)印章的刻制管理

刻制印章是印章管理工作的首要环节,必须严格执行国家的有关规定。凡机关或单位的正式印章(包括钢印、套印章、电子印章),一律不得私自刻制。

刻制正式印章一般有两种情况:一种是由上级主管领导机关刻制颁发的,另一种是由本单位按照印章刻制的规定落实办理的。

下级机关领取上级颁发的正式印章时,必须由专人持本单位领导签名的介绍信领取,并严格履行接印手续。本单位如需要自己刻制正式印章,必须事先以"请示"文种报经上级主管领导机关审核批准。报批时,应同时将上级主管领导机关批准本单位成立的正式公文和按照有关规定拟定的包括印章式样、尺寸、印文、图案、字体等内容的章程一并上报。批准后,由印章的制发单位开具公函,附上章样到所在地的公安部门办理登记手续,由公安部门指定专门的刻章单位刻制。印章刻制完毕,原刻字单位一律不得留存章样。

单位内部使用的领导签名章、办事章、校对章、合同章以及其他戳记无须报请上级机关批准,但应凭本单位的介绍信到指定的刻制单位进行刻制。

(五)印章的启用管理

机关或单位的正式印章经上级主管领导机关颁发或按规定刻制后,必须做好启用前的各种必要的准备,如选定印章的启用时间、提前向有关单位发出正式启用的通知并附上印模、填写"印模卡"一式两份(一份留存,另一份交上级机关备案)。在正式印章启用通知所规定的生效日之前,不得使用该印章。

(六)印章的保管

(1)专人负责。印章应选择可靠的专人负责保管。一般情况下,印章的保管者也是具体用印者。因此,秘书部门对于保管和使用印章的人员必须严格审查和挑选,并应加强平时的教育和考查,对不合格者应坚决调离。

(2)确保安全。印章应选择安全保险的地方存放和保管,如机要室或办公室的保险箱内。如存放在办公桌的抽屉里,则应当装配牢固的锁。经管人员不得将锁存印章的钥匙委托他人代管,也不得将钥匙插入锁孔后离去,以免印章被人盗盖,造成严重后果。

(3)防止污损。平时使用印章要注意轻取轻放,避免破损。同时要注意经常洗刷,防止印泥和其他污物将刻痕填塞,以保持图案和印文的清晰。

(七)印章的使用管理

1.用印程序

盖用单位公章,用印人必须填写用印申请单,经本单位的主要负责人或经主要负责人授权的专人审核签名批准。一般证明用印可由机关的秘书长或办公厅(室)主任批准,或遵循领导所确认的用印惯例。如有不明确的情况,应请示领导核准。盖用职能部门的印章也必须由本部门的主要负责人审核签名批准。

用印时应当使实际盖印的文件数量和用印申请单上的份数完全一致。不得在空白的公文纸上或空白的介绍信上盖印。

用印后,应当进行用印登记。登记的项目有用印目的、文件名称、编号、签发人、领用人、盖印人等。

2. 印章的位置

(1)正式公文只在文件落款处加盖公章。公章一律用红色,与正文或附件标志的距离不能超过1行,以防止被人在空白处私自加入其他内容。具体要求详见第二章第三节。

(2)带存根的公函或介绍信、证明信要分别盖骑缝章和文末落款章。

(3)对于调查材料、旁证材料、档案复制材料,为证明各页之间的完整联系,应将同一文件的每一页均匀错开,骑各页加盖公章。

(4)对于证明档案摘抄(复印)材料真实性的文件或者证实证明材料书写者的身份以及需要由单位证明的文件,应在复印件或其他材料最后一页的末尾空白处书写证明词并盖章,或在文件指定的位置盖章。

(八)印章的停用和销毁

机关或单位如发生合并、撤销、名称更改的情况,原印章应立即停用。停用印章要发文通知有关单位,附上印模,说明停用原因和停用时间,并宣布原印章失效。废印章必须及时送交原制发机关封存或销毁,或者按公安部会同有关部门另行制定的规定处理,不得在原使用单位长期留存。

原制发印章的单位对废印章应当登记注销。除某些重要单位具有保存价值的印章须存档保管外,一般单位的废印章应集中起来,定期销毁。销毁印章应当报经单位负责人审核批准。主管印章的人员应在销毁现场实地监销。所有销毁的印章都要留下印模存档,以备日后查考。

(九)电子印章管理

(1)电子印章(包括电子公章和法人电子签名章)通常只用于电子文书,其形状、印文、图案等外观形式以及法定效力与正式印章相同。

(2)电子印章必须由向政府主管机关申请并统一制作颁发,任何单位和个人不得自行制作使用。

(3)电子印章及密码必须由指定的秘书人员或签名人自行保管和使用。保管人员不得向任何人提供操作程序及密码。

(4)保管电子印章的人员如有变动,应立即通知主管机关,以便及时更改密码。

(5)电子印章的停用和销毁管理要求与实物印章相同。

二、介绍信和证明信管理

(一)介绍信管理

1. 介绍信的作用

介绍信是向接洽单位介绍本单位派遣人员的姓名、身份和接洽事宜的专用书信,通常由被派遣人员携带前往接洽单位联系工作,当面出具给对方,既证明被派遣人员的身份,又代表一个机关和单位的法定授权。

2. 介绍信的格式

(1)固定式。固定式介绍信采用批量定制,由持出和存根两部分组成,使用时只要按项目填写即可,较为方便。持出和存根印有编号,便于核查。固定式介绍信的样式见图9-1。

(2)便函式。便函式介绍信用于手工书写或计算机打印。无论书写还是打印,都要使用印有单位名称的信笺。便函式介绍信的样式见图9-2。

3. 介绍信的保管

单位的各种介绍信平时应由秘书专门保管,并存放在带锁的抽屉里,随用随取,用后放回,确保安全。秘书休假、出差时,由秘书部门负责人指定他人临时保管。

4. 介绍信的领用

(1)领用介绍信要先由领用人填写申请书,说明申请人姓名、联系单位、联系时间和联系事项,经主管领导批准方可开具。

(2)对于下级单位要求转开上级单位的介绍信,应由主管领导在下级单位的介绍信上签字同意,秘书方可转开介绍信。

(3)领用申请书和下级单位的介绍信要附在存根后面一起保存,以备日后查考。

(4)领用人要履行签字手续,以示对领用的介绍信负完全的责任。对于固定式介绍信,要在存根上签字;对于临时书写的介绍信,要在专用登记簿上签字。

5. 介绍信的填写

(1)无论是固定格式还是便函式,都应载明联系单位、被介绍人姓名、身份、政治面貌(党派之间联系工作、进行政治审查时须填写)、人数、联系的事项、有效期限、填写日期。

(2)持出联和存根的内容必须一致。不得出现存根空白或漏填的现象。

(3)因便函式介绍信无存根,因此要建立专用登记簿,在其上进行逐项登记,以备查考。登记的项目和内容应当与介绍信完全一致。

(4)一般情况下不得开具空白介绍信。特殊情况下需开空白介绍信,领用人必须说明理由和用途,并经领导批准。开出后对未使用的空白介绍信要及时退回作废。

(5)介绍信如有个别填写错误,可进行修改并加盖校对章,或在修改处加盖公章。如有重大错误,必须作废后另外填写。

```
NO.000501          上海××××公司介绍信(存根)
                       ××介字第 28 号
北京××××公司：
   兹介绍我公司 ×××、×××等贰位同志前往你处联系 ××××××××事
宜。
   (有效期五天)
                                     上海××××公司
                                     ××××年×月×日


...........................................


NO.000501
                       上海 ××××公司

                         介  绍  信

北京 ××××公司：
   兹介绍我公司 ×××、×××等贰位同志前往你处联系 ××××××
××××××事宜，请予接洽。
   此致
敬礼！


                                     上海×××公司
                                     20××年×月×日



   (有效期五天)
```

图 9-1 固定式介绍信样式(在划线处填写)

6.介绍信的盖章

对于固定式介绍信,除盖落款章外,还要盖骑缝章。对便函式介绍信只需盖落款章。

```
┌─────────────────────────────────────────────────────────┐
│                   上海××××公司                          │
│                                                         │
│                   介   绍   信                          │
│                                                         │
│   北京××××公司：                                        │
│       兹介绍我公司丘××、贾××两位同志前来贵公司商谈委托加工××产品事宜，望接  │
│   洽为盼！                                               │
│           此致                                          │
│   敬礼                                                  │
│                                                         │
│                              （盖章：上海×××公司）       │
│                              20××年×月×日              │
│                                                         │
│                                                         │
│   地址：上海中山北路××号        邮编：20××××            │
│   电话：××××××26              传真：021××××××27         │
└─────────────────────────────────────────────────────────┘

图9-2  便函式介绍信样式(在单位信笺上书写打印)

7. 介绍信存根的保存

介绍信存根要与领用申请书、下级单位接转介绍信、作废的介绍信和退回的空白介绍信粘在一起，妥善保存一定时期，以备查证，任何人不得擅自销毁。

(二) 证明信的管理

1. 证明信的作用

证明信是用来证明某人的身份、经历或者证明某项事实的专用书信。出具证明
```

信是一种法律行为,证明人应承担法律责任。

2. 证明信的拟写

证明信的内容涉及面广泛,但基本格式有两种:

(1)固定式,即根据某项特殊需要而统一印制证明信,如"工资证明""工龄证明""学历证明"等。这种格式的证明信一般都有存根和编号。填写时,正本(即持出联)与存根的内容要一致。

(2)便函式。和介绍信不同的是,绝大部分证明信都是临时书写的。单位出具的证明信可由秘书拟写,也可由其他部门拟写,有时也可由当事人拟写。证明信的内容一般包括接受证明信的组织或个人名称、证明事项涉及的人名、单位、时间、地点、主要事实、证明人身份、证明人签名和证明日期。出具证明信应当实事求是,客观真实,清楚准确,简明扼要。

3. 证明信的审核与盖章

以单位名义出具的证明信必须经主管领导审核、同意并签字。未经领导同意,秘书不得私自盖章。

对有存根的固定式证明信要盖两个章,即落款章和骑缝章。对临时书写的证明信只需盖落款章。

4. 证明信的登记与存档

(1)固定式证明信的存根要妥善保存一定时间。

(2)对临时书写的证明信要登记注册。对重要问题的证明应保存领导签发的原稿和一份正本(即存本),并立卷归档。

证明信实例

××公司:

　　李××,男,2016年9月至2020年7月在我校××系××专业学习,学号××××,2017年10月至2019年10月担任系学生会主席,2019年5月加入中国共产党。

　　特此证明

　　　　　　　　　　　　　　证明人:钱××(时任××专业辅导员)

　　　　　　　　　　　　　　　　　　××大学党委办公室(章)

三、大事记

(一)大事记的含义和作用

大事记是以时间为线索记载一级组织或一个单位重大事件和重要活动的纪实

性文书。它通过如实记载重大事件和重大活动,为后人认识一个单位的历史,研究、总结历史的经验和教训提供依据,具有重要的历史价值。大事记中记载的内容也是编撰一个地方或一个组织的史、志、年鉴以及宣传组织形象的基本素材。

(二)大事记的种类

(1)综合性大事记。综合性大事记一般以年度为期限,综合记载一个组织各方面的大事。

(2)专题性大事记,即以某项重大的活动或重大的事件为主题进行记载。

(三)大事记的结构和写法

1. 标题

综合性大事记标题由记载范围(可以是机关名称,也可以是地区名称)+文种(即大事记)组成,如《××有限公司大事记》,如果分年度编写,则还需写明年份;专题性大事记标题还必须写明具体的领域和主题,如《中国水文大事记》《北京、张家口申办2022年冬季奥运会大事记》。

2. 记载的时间范围

记载起止时间也可用括号列于标题之下。

3. 前言

专题性大事记一般应有前言,说明编撰的目的、意义、指导思想、体例、记载的时间范围和材料来源。单位内部的综合性大事记可以没有前言。

4. 正文

大事记正文的写作要求是:

(1)题材重大、材料翔实。大事记的内容应当是一级组织做出的重要决定、所做的重要工作、举办的重要会议或活动、重要的人事变动、取得的重要成果和荣誉、发生的重大事件等,采用的材料必须真实、确凿。

(2)时间为序、一事一记。大事记一律按重大事件或活动发生的时间线索编排。年度综合性大事记一般以月份和日期为条目,如同一天有若干件大事,再以事件发生和发展的时间节点为条目。如同时记载几项时间跨度较大的重大事件,也可以把事件的名称或主题作为条目。大事记要一事一记,即每个条目只写一件事情。

(3)内容概括、记述完整。比如记载重要决议、决定事项,要写明该决议、决定的制定背景、目的、意义、名称、制定机关、制定程序、主要内容、发至范围;又如记载重要会议,应写明举办会议的背景和目的,会议的名称、时间、地点、主题、主要出席人物以及取得的主要成果等;记载获得的重要荣誉,应写明荣誉的称号和等级、获奖人姓名或团队名称、颁发机构、颁发的日期等;记载危机事件,一般要写明危机的起因、经过、时间、地点、涉事人员、波及范围、损失情况、采取的措施和处理结果等。

(4)语言简明、用词恰当。大事记应当使用陈述性语气,语言要简洁、明了、严谨、恰当，不使用祈使句、疑问句、感叹句和虚拟语气。

大事记写作实例

北京、张家口申办2022年冬季奥运会大事记（节录）

2013年11月3日

中国奥委会正式致函国际奥委会，提名北京市、河北省张家口市为2022年冬奥会的申办城市。

2014年3月14日

国际奥委会宣布，中国北京、波兰克拉科夫、挪威奥斯陆、哈萨克斯坦阿拉木图和乌克兰利沃夫5个城市正式申办2022年冬奥会。

2014年7月7日

国际奥委会宣布，中国北京与挪威奥斯陆、哈萨克斯坦阿拉木图三座城市正式入围2022年冬奥会候选城市。

2014年8月1日

以中国书法"冬"字为创作主体的北京申办2022年冬奥会的标识，在北京冬奥申委第一次全体会议上正式亮相。

2014年8月26日

北京2022年冬奥申委赞助企业签约仪式举行，北京银行股份有限公司等8家企业成为2022年冬奥申委赞助企业。

2014年10月1日

挪威奥斯陆在当地时间1日正式退出申办2022年冬奥会，候选城市只剩下北京和哈萨克斯坦的阿拉木图。

2014年11月1日

北京申办2022年冬奥会宣传片正式推出。2014年12月上旬北京申办2022年冬奥会的所有场馆全部获得国际冬季体育单项组织的认证。

2014年12月25日

曾经执导北京申办2008年奥运会宣传片的我国著名电影导演张艺谋正式以北京申办2022年冬奥会主宣传片总导演的身份亮相。

2015年1月6日

北京冬奥申委在瑞士洛桑向国际奥委会提交2022年冬奥会申办报告。

2015年3月下旬

国际奥委会评估委员会实地考察北京和张家口。

2015年6月1日

国际奥委会公布2022年冬奥候选城市评估报告，中国得到认可。

2015年7月31日

国际奥委会投票选出2022年冬奥会举办城市,北京/张家口获胜。

【评析】

　　这篇大事记记载了北京、张家口申办2022年冬季奥运会从2013年11月3日提交申请函到2015年7月31日申办成功的全过程,属于专题性大事件。结构安排以时间为线索,紧紧围绕申办2022年冬季奥运会这一主题组织材料,用简明扼要的语言将一件件重大事件发生的时间、地点、相关的机构和人士、主要活动的内容、最终的申办结果完整地串接起来,极具史料价值。

思考与练习

　　1. 办公室日常事务的作用和特点表现在哪些方面?
　　2. 按性质、秘密等级和存在方式来分,秘密有哪些种类?
　　3. 试述保密工作的要求。
　　4. 载体保密、会议保密、新闻宣传保密、通信保密、使用办公设备保密有哪些具体要求?
　　5. 值班工作有哪些任务和要求?
　　6. 怎样接待领导预约的客人和临时来访的客人?
　　7. 怎样安排领导的临时性会见?
　　8. 完成领导交办事项的要求有哪些?
　　9. 办公用品和用房管理的要求有哪些?
　　10. 试述秘书通话的程序和要求。
　　11. 平时应当如何保管和使用公章?
　　12. 试写一份便函式介绍信和一份证明信。
　　13. 试写一份大事记。
　　14. 阅读下列实例,试加以分析。
　　一天,张秘书正背朝着门用电脑打印公司的销售计划,这时一位客人进来。"请问李总在吗?"客人问。
　　"预约了吗?"张秘书随口问道,双眼仍盯着电脑显示屏。
　　"约什么约? 我要找你们老总谈谈!"客人有点恼怒。
　　张秘书朝客人瞟了一眼,觉得有点眼熟,但一时想不起来是谁,于是便说:"等一下。"然后起身走进隔壁李总的办公室。几分钟后,张秘书回到自己办公室,发现客人已经离去。
　　请从做好日常接待和保密工作的角度指出并具体分析张秘书的做法有何不妥。